Architektur der Demokratie

ARCHITEKTUR DER DEMOKRATIE

Bauten des Bundes 1990–2010

HATJE CANTZ

Herausgeber
Bundesministerium für Verkehr,
Bau und Stadtentwicklung

Konzeption, Koordination und
Projektbegleitung
Stephanie Zierl, BMVBS
Jürgen Marotzki, BMVg
Olaf Asendorf, BBR
Martin Seidel

Redaktion
Martin Seidel

Katalogtexte
Martin Seidel,
Andreas Denk und Gabriele
Wiesemann

Verlagskoordination
Cristina Steingräber

Verlagslektorat
Birte Kreft mit Wibke Günther
und Clemens von Lucius

Gestaltung
Matthias Wittig, Jonas Vogler
und Claudia Wittig
fernkopie, Berlin

Verlagsherstellung
Christine Emter

Reproduktionen
LVD Gesellschaft für
Datenverarbeitung mbH

Schrift
Akzidenz Grotesk
Eureka Mono

Papier
Garda Matt, 150 g/m^2
Caribic silbergrau, 80 g/m^2

Gesamtherstellung
Firmengruppe APPL

Erschienen im
Hatje Cantz Verlag
Zeppelinstraße 32
73760 Ostfildern
Tel. +49 711 4405-200
Fax +49 711 4405-220
www.hatjecantz.de

ISBN 978-3-7757-2345-9 (Deutsch)
ISBN 978-3-7757-2356-5 (Englisch)

Printed in Germany

Umschlagabbildung vorne
Casino für die Bundesanstalt für
Landwirtschaft und Ernährung
sowie das Bundesamt für Bauwesen
und Raumordnung, Bonn

Umschlagabbildung hinten
Literaturmuseum der Moderne, Marbach

Die Aufsätze geben die persönliche
Meinung der einzelnen Urheber wieder.

ZUWENDUNGSBAUMASSNAHMEN

Vorwort

Das Wort Architektur geht zurück auf die beiden altgriechischen Wurzeln »ἀϱχ« (arch) und »τέχ« (tech), die die Begriffe des Anfangens und Anführens sowie des Hervorbringens, Bildens und Bauens beinhalten. Sie verbinden sich im Wort Architektur zu einer schöpferischen, vielschichtigen und sehr umfassenden Tätigkeit und bezeichnen die Beschäftigung des Menschen mit dem gebauten Raum. Tagtäglich ist der Mensch von gebauten Räumen und von Architektur umgeben. Alle menschlichen Lebensbereiche werden von Architektur gestaltet: Familie, Arbeit und Freizeit. Dabei wird das menschliche Zusammenleben durch die gebaute Umwelt entscheidend geprägt. Die eigene Identität, der soziale Zusammenhalt, die wirtschaftliche und gesellschaftliche Entwicklung werden von ihr nachhaltig bestimmt.

Der öffentliche Bauherr ist dabei in einer herausragenden Verantwortung: Seine Bauten stehen in besonderem Maße im Blickpunkt der Öffentlichkeit. Sie dienen dem Vollzug bundesstaatlicher Aufgaben, sie beheimaten die Legislative, die Exekutive, die Judikative, die Wissenschaft, die Kunst und Kultur. Häufig stehen diese öffentlichen Gebäude an zentraler, markanter Stelle im Stadtbild. Sie beeinflussen dieses ganz entscheidend. Sie veranschaulichen das baukulturelle Niveau und Selbstverständnis unseres Staates und unserer Demokratie. Sie sind nationale wie internationale Visitenkarten und prägen das »Gesicht« unseres Landes.

Nach der Wiedervereinigung Deutschlands im Jahr 1990 und dem Beschluss, Parlament und Kernbereiche der Regierung von Bonn nach Berlin zu verlagern, entstanden in der neuen Bundeshauptstadt viele öffentliche Neu- und Umbauten für den Bundespräsidenten, den Bundestag, den Bundesrat und wesentliche Teile der Bundesregierung. Große Medienpräsenz und breites Publikumsinteresse begleiteten in den Neunzigerjahren die Planungen und Baufortschritte der Berliner Parlaments- und Regierungsbauten. Viele dieser für die städtebauliche Neuordnung des ehemals geteilten Berlin wichtigen Gebäude entwickeln sich seitdem zu Wahrzeichen der Bundeshauptstadt Berlin wie der Deutsche Bundestag mit seiner gläsernen Kuppel oder das Bundeskanzleramt im Spreebogenareal mit seiner besonderen Formsprache.

Parallel zu diesen sehr spektakulären und baukulturell herausragenden Regierungsbauten entstanden seit der Wiedervereinigung in den Bundesländern und im Ausland – zuweilen fast unbemerkt, manchmal auch unter reger Beteiligung der Öffentlichkeit – zahlreiche zivile und militärische Bauten für Bundesinstitutionen aller Ressorts, für Gaststreitkräfte sowie für Institutionen und Einrichtungen, die maßgeblich durch den Bund gefördert werden, sogenannte Zuwendungsbaumaßnahmen. Zu diesen Bauten kamen in den letzten Jahren die mit den Auslandseinsätzen der Bundeswehr entstandenen Bauaufgaben auf dem Balkan und in Afghanistan hinzu.

Alle diese Baumaßnahmen beweisen, dass Baukultur keineswegs nur dort entsteht, wo es um Repräsentatives geht. Außerhalb der großen Bühnen wird mit der gleichen Professionalität und Leidenschaft baukulturelle Qualität und Leistungsfähigkeit bewiesen. Gelungene Beispiele hierfür finden sich in der gesamten Bundesrepublik, in Ost- und Westdeutschland, aber auch bei Bauten des Bundes im Ausland. Dabei kommt es nicht auf die Größe der Projekte an. Neben den sogenannten Leuchtturmprojekten wie dem Neubau für das Friedrich-Loeffler-Institut auf der Insel Riems, dem Neubau des Umweltbundesamtes in Dessau oder dem Neubau der Offiziersschule des Heeres in Dresden, die wesentlich zur Stärkung der Standorte im Osten, zur Verbesserung der Infrastruktur und zur Förderung der regionalen Wirtschaftskraft beitragen, sind es auch die kleinen Maßnahmen, in denen sich die Vorbildfunktion und die besonderen Qualitätsansprüche des Bundes

Seite 10/11: Reichstagsgebäude und Paul-Löbe-Haus, Berlin

widerspiegeln. Wesentlich ist, dass der Qualitätsbegriff beim Bauen nicht eindimensional, sondern umfassend definiert wird: Städtebauliche, architektonische, soziokulturelle, technische, funktionelle, ökologische und wirtschaftliche Aspekte müssen in einem angemessenen Verhältnis und für den gesamten Lebenszyklus eines Gebäudes berücksichtigt werden. Mit der Formulierung baupolitischer Ziele hat sich der Bauherr Bund klare und nachprüfbare Qualitätsgrundsätze für staatliches Bauen gesetzt, an denen sich die neuen Bauten messen lassen müssen. Neben den baupolitischen Zielen ist der Bauherr Bund auch allgemeinen politischen Zielen verpflichtet, zum Beispiel der Mittelstandsfreundlichkeit bei Vergaben, der Förderung von Innovationen und dem Klimaschutz. So investiert der Bund seit 2006 massiv in die Reduzierung der CO_2-Emissionen und die energetische Sanierung von Bundesgebäuden.

Die Ihnen heute vorliegende Publikation *Architektur der Demokratie. Bauten des Bundes 1990–2010* steht in der Tradition der Baudokumentationen *Stein auf Stein. Ein Bildbericht über Bauaufgaben und Bauten des Bundes 1949–1964*, *Bauten des Bundes 1965–1980* und *Demokratie als Bauherr. Die Bauten des Bundes in Berlin 1991 bis 2000.* Während die ersten beiden Dokumentationen die Bauten der »Bonner Republik« präsentieren, zeigt die dritte Publikation die repräsentativen Gebäude der »Berliner Republik« in der Hauptstadt Deutschlands. Heute möchten wir Sie einladen, die Vielfalt des zeitgenössischen Bauens des Bundes zu entdecken. Dabei finden Sie in dieser Dokumentation vom Bund nach der Wiedervereinigung in der gesamten Bundesrepublik und im Ausland fertiggestellte Maßnahmen sowie in Planung befindliche Projekte. Machen Sie sich selbst ein Bild vom Bauen des Bundes im wiedervereinigten Deutschland und folgen Sie den Architekten bei ihrer schöpferischen Tätigkeit!

Wolfgang Tiefensee

BUNDESMINISTER FÜR VERKEHR, BAU UND STADTENTWICKLUNG

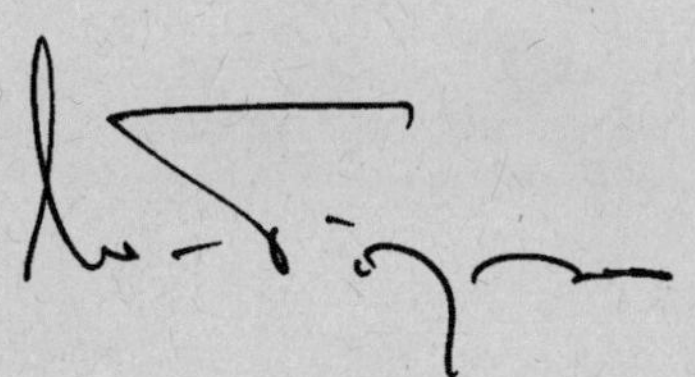

Dr. Franz Josef Jung

BUNDESMINISTER DER VERTEIDIGUNG

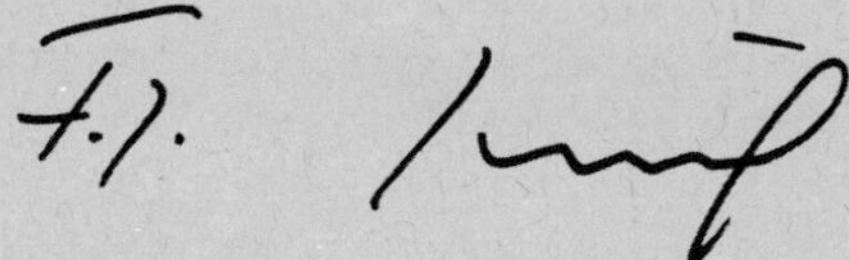

Das baukulturelle Engagement des Bundes: Architektur der Demokratie

ENGELBERT LÜTKE DALDRUP

EINE POLITISCHE KULTUR DES BAUENS

Die Bauten des Staates im wiedervereinigten Deutschland sind das Thema dieses Buches. Öffentliches Bauen umfasst große und kleine Bauaufgaben, aufsehenerregende Lösungen für herausragende Regierungsbauten ebenso wie die gute Gestaltung von weniger prominenten Verwaltungs- und Funktionsbauten. Die Qualität des öffentlichen Bauens und das Baukulturverständnis des Bauherren Bund sollen in dieser Bilanz in ihrer ganzen Bandbreite vorgestellt werden.

Bei den in diesem Buch versammelten Gebäuden ist der Bund selbst Gestalter. Aber seine Verantwortung reicht weit darüber hinaus. Denn die Beispiele für das Bauschaffen des Staates machen nur einen Teil der »politischen Kultur des Bauens« aus, sozusagen den sichtbaren, offen auf der Hand liegenden Teil. Mit diesem Artikel soll der Verantwortung des Bundes nachgegangen werden, die er für die Baukultur in Deutschland trägt, wobei der Begriff Baukultur weiter gefasst ist.

Der Staat entfaltet Wirksamkeit in erster Linie durch sein politisches Handeln. Sichtbarkeit und Präsenz und damit Wirkung im Sinne eines Qualitätsanspruchs erlangt er aber ganz wesentlich auch durch seine Bauten. Der Bund, und hier vor allem das Bundesministerium für Verkehr, Bau und Stadtentwicklung (BMVBS), übernimmt durch seine eigenen Bauwerke Verantwortung für ein breites und gesellschaftlich verankertes Verständnis von Baukultur in diesem Land. Hier steht das BMVBS jedoch bei Weitem nicht allein da. Es gibt eine Vielzahl von Akteuren, die am Bauen und Gestalten unserer Umwelt in den Städten und Kulturlandschaften beteiligt sind. Viele von ihnen tun das mit hohem Engagement und professionellem Verständnis für die Baukultur, wie zum Beispiel die Planer und Architekten, Landschaftsarchitekten, Ingenieure, Denkmalpfleger oder Künstler. Immer mehr Bauherren, darunter große Industrie- und Dienstleistungsunternehmen, Unternehmen der Wohnungswirtschaft, aber auch Investoren aus der Immobilienwirtschaft tun das Ihre, um gutes Planen und Bauen in Deutschland zu fördern und zu fordern. Nicht zuletzt nehmen die Mitarbeiterinnen und Mitarbeiter in den Genehmigungsbehörden, den Planungs- und Bauverwaltungen der Gemeinden und Länder, entscheidenden Einfluss darauf, was und wie gebaut werden darf. Aber auch viele zivilgesellschaftliche Akteure mischen sich in die Frage ein, wie ihre Städte und Häuser aussehen sollen. Sie alle »leben« Baukultur, sei es nun absichtsvoll oder unbewusst.

Welche speziellen Aufgaben übernimmt dann der Bund? Welche Verantwortung trägt er? Er baut und hat gerade mit den herausragenden Bauwerken der politischen Repräsentation des demokratischen Staates eine Schlüsselposition für die sichtbare Baukultur in diesem Land inne. Aber darüber hinaus übernimmt oder finanziert er zahlreiche große und kleine Bauaufgaben im ganzen Land bis hin zur öffentlichen Infrastruktur. Seine Aufgaben reichen von der klassischen Baugesetzgebung über die Maßnahmen der Städtebauförderung bis hin zu zentralen Strategieaussagen zur Stadtentwicklung wie der Leipzig-Charta zur nachhaltigen Europäischen Stadt und der nationalen Stadtentwicklungspolitik. Aus all diesen Facetten setzt sich die Baukulturpolitik in diesem Land zusammen. Von der Architektur der Demokratie soll im Folgenden die Rede sein.

Reichstagsgebäude, Berlin

REPRÄSENTATION DES STAATES Mit ihren eigenen Bauten muss die Bundesrepublik Deutschland den angemessenen baulichen Ausdruck für die gesellschaftliche und politische Verfasstheit, für die Repräsentanz der demokratischen Gremien und der Regierung dieses Landes, mithin des Staates im umfassenden Sinne bestimmen. Wenn man die letzten zwanzig Jahre in Deutschland betrachtet, wird deutlich, in welch großem Umfang der Bund baute. (In Infrastruktur und öffentliche Gebäude wurden weit mehr als zweihundert Milliarden Euro investiert.) Die deutsche Wiedervereinigung, der Umzug von Parlament und Regierung von Bonn nach Berlin und die Neuansiedlung von zahlreichen Einrichtungen an unterschiedlichsten Standorten in den Bundesländern brachten eine Vielzahl von Neu- und Umbauaufgaben mit sich. Infolge des großen Bauvolumens stellte sich nicht nur die Aufgabe des Prozessmanagements, für den Staat bedeutete es auch eine große Chance, seine aufgrund der deutschen Wiedervereinigung neu zu buchstabierende gesellschaftliche und politische Verfasstheit zu gestalten. Bundestag und Bundesregierung, aber auch viele andere staatliche Institutionen mussten neue Standorte, überzeugende architektonische Formen und einen demokratisch legitimierten baulichen Ausdruck finden.

Die Bilanz des Bauens für die Demokratie weist eine große Vielfalt auf. Sie reicht von der Sanierung gründerzeitlicher Gebäude bis hin zu Neubauten im ehemaligen Grenzstreifen mitten in Berlin, von Betonhochhäusern bis hin zur Sanierung einer filigranen Moderne, von der Umnutzung einstiger DDR-Staatsbauten bis hin zur Weiternutzung und Neuinterpretation von Bauten aus der Zeit des Nationalsozialismus.

Die großen und weithin bekannten Regierungsbauten der letzten fünfzehn Jahre in Berlin erzählen eine Geschichte des »Ankommens«. Nach dem so lange währenden Interimszustand der Bonner Regierungsbauten, die zum Teil erst heute, in der Weiternutzung und dem Umfunktionieren ihre eigentliche Bestimmung zu finden scheinen, tritt eine neu ausformulierte Idee von Repräsentativität und Staatlichkeit auf die Tagesordnung des wiedervereinigten Deutschlands. Sie manifestiert sich etwa beim Umbau des Reichstagsgebäudes mit seiner begehbaren gläsernen Kuppel von Norman Foster; man kann sie ablesen an den Gesten der Offenheit und Geschlossenheit und der Verwebung von Innen- mit Außenräumen beim Bundeskanzleramt im Spreebogen von Axel Schultes und Charlotte Frank. Sie findet ihren Ausdruck in Ministeriumsneubauten – exemplarisch sei das Auswärtige Amt von Thomas Müller und Ivan Reimann genannt – sowie in den vielen Bestandsumbauten für Ministerien im Berliner Zentrum. Sie reicht weiter über die Sanierung von hochkarätigen historischen Kulturbauten des Welterbes auf der Berliner Museumsinsel bis hin zum Humboldt-Forum im Areal des Berliner Schlosses, das ab dem Jahr 2010 nach den Plänen des Wettbewerbssiegers Franco Stella aus Vicenza gebaut wird.

Der Bund als Bauherr hat mit seinen Bauten ein Bild der Berliner Republik geprägt, das auf Dauer und Verlässlichkeit angelegt ist. Besonders hervorzuheben sind der neu gewonnene großstädtische Standort und der Beitrag der Parlaments- und Regierungsbauten zur Wiederherstellung des städtebaulichen Kontextes in der Hauptstadt Berlin. Die Bundesbauten tragen zu einem nicht unerheblichen Teil dazu bei, den Ost- und Westteil der nach dem Fall der Mauer wiedervereinigten Stadt strukturell neu zu vernetzen. Hierin steckt ein Bekenntnis zur Hauptstadt Berlin, vor allem aber ein Bekenntnis für das Städtische, deutlicher und stärker als das in Bonn je angestrebt war oder zu erzielen gewesen wäre.

Bauliche Lösungen zu finden ist oft ein langwieriger Prozess, der schon vor dem Architekturentwurf beginnt und mit der Fertigstellung des Bauwerks noch nicht zu Ende ist. Im Nachhinein beginnt eine Phase der Aneignungen und Wertungen. Auch beim Bundeskanzleramt in Berlin dauerte es eine gewisse Zeit, bis Fachleute und eine interessierte Öffentlichkeit zu einem gemeinsamen Urteil über diese bemerkenswerte neue Architektur gelangten. Die diskursive Verständigung über den Standort, die Lösungssuche in einem Architekturwettbewerb sowie die Aneignung des neu Gebauten stehen als Prozess dem Gedanken der Demokratie vielleicht näher als der letztendlich gefundene bauliche Ausdruck selbst. Das soll die Bedeutung der baulichen Symbolik und Repräsentation nicht schmälern, sondern die zu ihrer Findung notwendigen Verfahren und Debatten würdigen. Die leidenschaftliche Auseinandersetzung um die Reichstagskuppel verkörpert dies exemplarisch. Zu Beginn der Neunzigerjahre konnten viele ihre Aversionen gegen das Kuppelmotiv und den gebauten Ausdruck einer – wie sie meinten – rückwärtsgewandten Politik nicht verhehlen. Die ausgebrannte Reichstagskuppel war für sie das Symbol des verbrecherischen Naziregimes und des totalitären »Dritten Reiches«. Das Bild der Rotarmisten, die am 2. Mai 1945 die Fahne der Sieger, der Roten Armee, auf dem Reichstag hissten, hatte sich für alle Zeit in das Bildgedächtnis eingebrannt.

Kuppel des Reichstagsgebäudes, Berlin

Auf der anderen Seite standen die Kuppelbefürworter, die eine Anlehnung an die historische Form gerade als »Symbol der demokratischen Souveränität« und das Reichstagsgebäude als ein »Denkmal der Demokratie« angesehen hatten, wie der ehemalige Bauminister Oskar Schneider es formulierte. Dass überhaupt eine Antwort möglich war, die Geschichtsbewusstsein und zeitgenössischen Ansprüchen gleichermaßen gerecht wurde, dass man dem monumentalen Gebäude eine solche neue, heutige und demokratische Wirkung abverlangen konnte, wurde für viele vielleicht erstmalig angesichts der Verhüllung des Reichstags durch Christo und Jeanne-Claude überhaupt vorstellbar.

Diese spektakuläre Kunstaktion hat den »Bann gebrochen« und den Weg frei gemacht für eine erneute, vorurteilsfreie Aneignung und Umgestaltung des Gebäudes. So wurde für die Öffentlichkeit in Berlin, Deutschland und der Welt der monumentale wilhelminische Bau in gewisser Weise rehabilitiert.

Den Reichstag in die heutige Zeit zu transformieren, war die Aufgabe von Norman Foster. Der Ältestenrat des Deutschen Bundestags beschloss 1993, den Architekten auf der Grundlage seines überarbeiteten Wettbewerbsvorschlags mit dem Umbau des Reichstagsgebäudes zu beauftragen. Im Frühjahr 1995 entschied er sich für die moderne Version einer Kuppel. Gut vier Jahre später wurde sie fertiggestellt.

Die Form der Kuppel, wie man sie heute kennt, entspricht allerdings nicht dem historischen Vorbild von Paul Wallot. Sie entspricht auch nicht Fosters Ursprungsidee aus dem Wettbewerb für die Umgestaltung des Gebäudes: Foster hatte zunächst eine leichte, alles überspannende Dachmembran vorgesehen.

Wer an der Demokratie als Bauherr zweifelt, dem sei empfohlen, die Entscheidungsfindung jener Neunzigerjahre in den Protokollen der Ausschüsse, Beratungsgremien und des Deutschen Bundestags selbst nachzuvollziehen. Darin kann man einen parlamentarischen Bauherrn erkennen, der eine klare Haltung zum Standort Berlin und zur Aufgabe des Reichstags und überdies eine eigene ästhetische Position zur gewünschten architektonischen Aussage vertritt. Die »Demokratie als Bauherr« war mit all ihren »Spielregeln« in der Lage, eine überzeugende architektonische Gesamtlösung durchzusetzen.

Der Architekt wiederum hat nach einigem Zögern die Anregungen und Forderungen seiner Bauherren angenommen und sein Können in ihren Dienst gestellt. Nachdem in einem intensiven Diskussions- und Entscheidungsprozess Baldachinlösungen und zylindrische Geometrien sowie unterschiedliche und – wie man seinerzeit befand – unbefriedigende Kuppelvarianten zu den Akten gelegt worden waren, hat sich Norman Foster die vehement vom Parlament eingeforderte Form zu eigen gemacht und eine eigenständige, schöpferische Leistung vollbracht. So eindeutig und stark die letztendlich gefundene Kuppelform ist, so unzweifelhaft bezieht sie ihre Wirkung nicht allein aus dem Zusammenklang mit der historischen Bausubstanz und aus dem Kontrast zwischen dem monumentalen Kubus und der gläsernen Transparenz. Vielmehr erlangt die architektonische Lösung vor allem dadurch Überzeugungskraft, dass sie die Kuppel nicht allein als eine nach außen wirkende Gestalt, sondern auch als einen nutzbaren Innenraum interpretiert. Die besondere Leistung bestand darin, die Kuppel transparent auszubilden und mit den beiden versetzten Rampen zur Aussichtsplattform und mit dem inneren Spiegeltrichter, der gleichzeitig der Lichtführung und Lüftung dient, auszustatten. So entstand ein völlig neues, hochkomplexes Raumgefüge.

Bundeskanzleramt, Berlin

Heute erhebt sich – weithin sichtbar – die gläserne Konstruktion über dem Sitzungssaal des Deutschen Bundestags; täglich drängen Tausende Besucher auf die Aussichtsplattform und schauen den Parlamentariern bei ihrem politischen Geschäft sozusagen über die Schulter. Die Kuppel auf dem Reichstag avancierte zu einem der beliebtesten Orte Berlins und wurde zu einem Symbol für die Demokratie als Bauherr.

Demokratie ist von Offenheit und der Augenhöhe zwischen Regierenden und Staatsbürgern geprägt. Sie richtet sich an den Menschen als Bürger, als engagiertes Mitglied der Gemeinschaft, als Inbegriff und Träger einer universalen Freiheitsidee, als Menschen eben. An die Stelle der Repräsentation des Staates tritt das Gewicht des politischen Gemeinwesens. Demokratie als Staatsform beruht auf den Menschen und darf eben keine Schwellen zwischen »Herrschaft« und »Beherrschte« aufbauen, keine Überlegenheit oder Herablassung demonstrieren. Deshalb ist die architektonische Herrschaftsgeste der Demokratie als Bauherr fremd.

Bundeskanzleramt, Berlin

BAUKULTUR IN DER BREITE Bauen nimmt die Architektur in den Dienst. Die bedeutenden Beispiele der Bauten für die Verfassungsorgane und die Obersten Gerichte sowie die herausragenden Kultur- und Wissenschaftsbauten stellen dabei den Teil dar, der besonders im Blickpunkt der Öffentlichkeit steht. Aber auch eine Vielzahl von Bauten der Verwaltung und Verteidigung an ganz unterschiedlichen Standorten der Republik und mit zumeist sehr speziellen Funktionen verkörpert das staatliche Bauen. Diese Gebäude für die Alltagsaufgaben des Staates bilden die große Mehrheit der Bauaufgaben der öffentlichen Hand. Ohne große Gesten repräsentieren sie im besten Wortsinn zeitgenössisches Bauen, bei dem sich die Demokratie als Bauherr jeden Tag wieder aufs Neue beweisen muss. Mit einem Anteil von etwa fünfzehn Prozent ist die öffentliche Hand ein durchaus gewichtiger Bauherr, der die gebaute Umwelt erheblich prägt.

Bildung, Kultur, Verwaltung und Wissenschaft sind die klassischen Felder, auf denen der Bund durch eigene Bauten Präsenz entfaltet. Der ebenso wichtige wie umfangreiche Bereich des Baus und der Unterhaltung von Wasserstraßen, Schienenwegen, Bundesfernstraßen und Autobahnen steht in dieser Veröffentlichung nicht zur Debatte. Gleichwohl sind Bahnhöfe, Straßen und Brücken mit ihren zumeist technisch anmutenden Gestaltungsdetails von eminenter Bedeutung für die Stadt- und Landschaftsbilder. Das ist bei herausragenden historischen Ingenieurbauwerken wie dem Schiffshebewerk Niederfinow oder auch bei spektakulären Neubauten wie der Strelasundquerung und der Kehler Rheinbrücke leicht nachvollziehbar. Umgekehrt wird Baukultur schmerzlich vermisst, wenn bei den zumeist großen und aufwendigen Gesamtmaßnahmen der technischen Infrastruktur eine gestalterische Linie und erkennbare Qualitätsmaßstäbe fehlen. Staatliches Bauen ist unteilbar: Auch Autobahnen oder ICE-Neubautrassen müssen sich baukulturellen Qualitätsmaßstäben stellen. Hier gibt es offensichtlich – trotz mancher vorzeigbarer Brücke und landschaftlich gut integrierter Neubautrasse – noch viel zu tun, damit auch in diesem Bereich baukulturelle Maßstäbe stärker durchgesetzt werden. Der Bundesinitiative »Architektur und Baukultur« stehen hier noch umfangreiche Aufgaben bevor, und die Bundesrepublik Deutschland als Bauherr ist mit ihren nachgeordneten Behörden und den für den Bund tätigen (Straßen)-Bauverwaltungen der Länder gefordert, eine durchgehende qualitätsvolle Gestaltung unserer Umwelt zu erreichen.

Im Hochbaubereich sind wir seit Jahren auf einem guten Weg. Dort gibt es zahlreiche herausragende Beispiele wie das Umweltbundesamt in Dessau, die Deutsche Welle in Bonn, das Bundesarbeitsgericht in Erfurt oder das Ozeaneum in Stralsund, die kraft ihrer gestalterischen Präsenz auf die Baukultur in diesem Land identitätstiftend wirken. Dabei ist die Qualität von öffentlichen Gebäuden nicht nur an der architektonischen Form zu messen. Sie muss einer Vielzahl von Kriterien gerecht werden. Auch der öffentliche Bauherr bewegt sich im Spannungsfeld zwischen »Baukunst« und Zweckerfüllung, Wirtschaftlichkeit und Nachhaltigkeit.

Welchen Anforderungen stellt sich der öffentliche Bauherr Bund bei seinen eigenen Baumaßnahmen? Öffentliche Bauten müssen nachhaltig sein im ökologischen Sinne, in ihrer Nutzungsflexibilität sowie in ihrer Lage und Einfügung in den Stadtraum. Selbstverständlich hat der öffentliche Bauherr gleichzeitig eine besondere Verantwortung für den wirtschaftlichen Einsatz von Steuergeldern. Qualität entsteht als Optimum aus allen Ansprüchen zusammen. Die architektonische und städtebauliche Qualität ist das Fundament. Wichtige baupolitische Ziele, die sich in den Bauten des Bundes widerspiegeln, sind neben Funktionalität und Wirtschaftlichkeit die Qualität und Gestaltkraft der Architektur, der Gebrauchswert für die Nutzer, nachhaltiges und energieeffizientes Bauen sowie der Einsatz innovativer Baustoffe und -verfahren, die Beachtung der Belange des Denkmalschutzes, die Ideenfindung über Wettbewerbe und die städtebauliche Integration. Dahinter steht der in zahlreichen Bauwerken zum Ausdruck kommende Anspruch, im eigenen Verantwortungsbereich einen konkreten Beitrag zur Baukultur in Deutschland zu leisten.

GRUNDLAGEN UND RAHMEN FÜR DIE BAUKULTUR Gutes Bauen basiert auf stimmigen städtebaulichen und stadtentwicklungspolitischen Rahmenbedingungen. Im Bau- und Planungsrecht wurden in den letzten Jahren die Instrumente für eine integrierte Stadtentwicklung gestärkt. Die Aufstellung von Bebauungsplänen im Innenbereich wurde erleichtert, und es wurde eine rechtliche Basis für die Stärkung der Baukultur geschaffen, indem man diesen Aspekt als öffentliches Interesse im Baugesetzbuch verankert hat. Vor allem die Städtebauförderung hat sich seit Jahrzehnten in der Behebung und Minderung von städtebaulichen Missständen in den Städten und Gemeinden bewährt. Auch nach der Entflechtung vieler Gemeinschaftsaufgaben in der Föderalismusreform unterstützen Bund und Länder weiterhin gemeinsam die Stadtentwicklung und helfen durch die Bereitstellung von öffentlichen Fördermitteln in den Stadtquartieren. Bund und Länder geben die Schwerpunkte und Programmstrategien vor, etwa für die »Sanierung und Entwicklung«, für den »Städtebaulichen Denkmalschutz«, für die »Soziale Stadt« und den »Stadtumbau« in Ost und West. Seit 2008 gibt es zudem das Bund-Länder-Programm für aktive Stadt- und Ortsteilzentren. Im Jahr 2009 wurde das in den neuen Bundesländern sehr erfolgreiche Programm Städtebaulicher Denkmalschutz auch in den alten Ländern eingeführt und ein spezielles Förderprogramm für die dreiunddreißig deutschen Weltkulturerbestädte geschaffen. Der Bund postuliert damit nicht nur eine sozial gerechte, ökologisch nachhaltige, wettbewerbsfähige und nicht zuletzt schöne und attraktive Stadt, sondern er ist auch mit Finanzhilfen an ihrer konkreten Realisierung vor Ort beteiligt.

DER BUND ALS ANWALT VON BAUKULTUR Der Staat muss öffentlich für die Baukultur eintreten, er kann diese nicht allein durch sein eigenes, gutes Bauen verkörpern. Der öffentliche Bauherr steht in der Pflicht, für eine der Baukultur in diesem Land aufgeschlossene Atmosphäre und ein allgemeines gesellschaftliches Bewusstsein für Baukultur Sorge zu tragen. So kann er auch diejenigen erreichen, die durch ihr praktisches Handeln beim Entwickeln von Standorten, bei Investitionen im Bereich von Neubau und Sanierung Tatsachen schaffen. Hier gelingt es, baukulturelle Maßstäbe zu setzen; nicht selten werden aber auch baukulturelle Ansprüche in der Praxis konterkariert. Für Baukultur einzutreten meint auch, Privatpersonen zu überzeugen. Insofern ist der Bund ein wesentlicher Akteur der Baukultur. Er ist gefordert, die Anliegen der Baukultur in der Öffentlichkeit zu vertreten, für sie zu werben und zu streiten.

Baukultur und damit eine gut gestaltete bauliche Umwelt liegen im öffentlichen Interesse. Bauen, auch das Bauen von Privatpersonen, hat immer einen öffentlichen Charakter, da es in den öffentlichen Raum der Städte und Kulturlandschaften wirkt. Hier ist der fachliche und politische Treuhänder gefragt. Als Moderator, als Fachmann und auch als Partei muss er entschieden für die Baukultur eintreten. Nicht alles Bauen mag eine große öffentliche Präsenz oder Wirkung entfalten, aber die Gesellschaft lebt von der öffentlichen Verständigung über ihre

Angelegenheiten in den Städten, Regionen, in den Bundesländern und auf der Ebene des Bundes. Letzten Endes geht es dabei um eine wahrnehmbare eigene Position des Bundes – »good governance« ist ein unverzichtbarer Bestandteil eines modernen Staatsverständnisses. Das Bundesministerium für Verkehr, Bau und Stadtentwicklung kann als aktiver Streiter für Qualität und Nachhaltigkeit und damit für Baukultur diesen Debatten eine Plattform bieten, einen Rahmen und eine Struktur geben und Nachdruck verleihen.

Immer mehr Kommunen stellen die Baupraxis vor Ort in Gestaltungsbeiräten, an runden Tischen, in lokalen und regionalen sowie Landesinitiativen der Baukultur zur Diskussion. Gut, wenn es auf diese Weise gelingt, einen Konsens zwischen Verwaltung und Politik, Planern, Architekten und Eigentümern sowie zivilgesellschaftlichen Kräften, den Vertretern von Wirtschaft, Wissenschaft und Kultur in den Städten und Gemeinden herzustellen. Hier wird Baukultur als gemeinschaftlich getragener Qualitätsanspruch am konkreten Beispiel verhandelt. Wenn es gelingt, diesen verlässlich zu vereinbaren und nicht immer wieder zur Disposition zu stellen, profitieren auch private Eigentümer, Investoren und professionelle Entwickler davon. Dazu gehört als wichtige Voraussetzung, dass in den Bauverwaltungen auf allen Ebenen eine grundlegende Gestaltkompetenz vorhanden ist. Qualifizierter Bausachverstand und baukulturelles Engagement sind in den öffentlichen Verwaltungen unverzichtbar. In Bund, Ländern und Gemeinden wird vor allem im »Alltagsgeschäft« des Planens, Bauens und Genehmigens das baukulturelle Erscheinungsbild Deutschlands geprägt.

Was für die kommunale Ebene richtig ist, das gilt auch für den Bund. Baukultur ist eine Frage der selbstverständlich gelebten ebenso wie der professionell verfügbaren, der öffentlich nachprüfbaren und der allgemein verständlichen Qualitätsmaßstäbe aller, die an Planung und Bauen beteiligt sind. Das schließt auch jene mit ein, die von sich behaupten, sich nicht für Gestaltungsfragen zu interessieren, sich dafür nicht zuständig zu fühlen oder zu wenig zu wissen. Insofern sollte es Praxis werden, dass sich technische Spezialisten, Fachleute für Wirtschaftlichkeit und Vergabeverfahren sowie auch zupackende Leute vom Bau mit den Experten für die gestalterische Qualität verbünden.

Der Bund hat mit der »Initiative Architektur und Baukultur« für diese Aufgaben zahlreiche Partner in den Initiativen und Verbänden der planenden Berufe und Kulturinstitutionen gefunden; seit der Gründung der Bundesstiftung gibt es für die Baukultur gewissermaßen eine zentrale Instanz und unabhängige Intendanz. Seit Mitte 2008 ist die Bundesstiftung Baukultur arbeitsfähig. Die Baukultur in diesem Land hat nun eine Adresse, ein Gesicht, eine Stimme und wird – das ist zu hoffen – sich Autorität in der Gesellschaft erarbeiten. Der Bund selbst ist darüber hinaus als Anreger, Vermittler und kompetenter Ansprechpartner für Fragen der auch im baukulturellen Sinne nachhaltigen Stadtentwicklung gefordert. Mit der nationalen Stadtentwicklungspolitik haben Bund, Länder und Gemeinden eine gemeinsame Plattform für den Dialog mit der Zivilgesellschaft über zentrale Handlungsfelder der räumlichen Entwicklung geschaffen: Gutes Bauen und Strategien der Baukultur sollen im Rahmen der nationalen Stadtentwicklungspolitik umfassend gefördert und – vor allem mit Blick auf Kreativität und Innovation – unterstützt werden. So wird eine politische Kultur des Bauens zur Baukultur.

Organisation und Aufgaben der Bundeshochbauverwaltung

MICHAEL HALSTENBERG

Der Bauherr Bund trägt eine besondere Verantwortung. Seine Bauten stehen im Blickfeld der Öffentlichkeit und müssen hohe Qualitätsstandards hinsichtlich ihrer Gestaltung, der Funktionsgerechtigkeit, Sicherheit und Wirtschaftlichkeit erfüllen. Sie müssen strengen Kriterien der Nachhaltigkeit und Energieeffizienz genügen und durch innovative Baustoffe, Techniken und Verfahren überzeugen. Um seine baupolitische Vorbildfunktion wahrnehmen und bestmögliche Ergebnisse erzielen zu können, führt der Bund bei seinen Bauvorhaben im In- und Ausland grundsätzlich Wettbewerbe durch. Für Planung, Bau und Betrieb seiner Gebäude hat er Grundsätze formuliert und steigert das baukulturelle Gesamtniveau mit einem anspruchsvollen Kunst-am-Bau-Programm.

ORGANISATION UND RECHTLICHE GRUNDLAGEN Für die allgemeinen und grundsätzlichen Dinge der zivilen und militärischen Bundesbauten trägt das Bundesministerium für Verkehr, Bau und Stadtentwicklung die Verantwortung. Innerhalb der Bundesregierung ist die Zuständigkeit für das eigentliche Bauen auf zwei Ressorts verteilt: das Bundesministerium für Verkehr, Bau und Stadtentwicklung (BMVBS) und das Bundesministerium der Verteidigung (BMVg). Das BMVBS übt als Oberste Technische Instanz die Fachaufsicht bei der Durchführung der zivilen Hochbauaufgaben im In- und Ausland aus. Das Verteidigungsministerium dagegen ist Oberste Technische Instanz bei der Durchführung der in- und ausländischen Verteidigungsbauaufgaben und auch zuständig für Militärbauten, die von der NATO oder den Gaststreitkräften finanziert werden. Die mit den Baumaßnahmen der Gaststreitkräfte verbundenen Grundsatzangelegenheiten wiederum sind Sache des BMVBS, wie auch die Gesamtabstimmung des jährlichen Bauvolumens und die zivilen Baumaßnahmen der Gaststreitkräfte.

Die Konzentration aller Bauaufgaben des Bundes auf nur zwei Ministerien ist aus unterschiedlichen Gründen geboten. Die Bauverwaltung ist zunehmend mit Baumanagementaufgaben beschäftigt. Gleichzeitig gestaltet sich das Bauen wegen der stärkeren Berücksichtigung des Nutzungszeitraums, der Lebenszyklusbetrachtung, eines modernen Risiko- und Qualitätsmanagements sowie durch anspruchsvolle energetische und nachhaltigkeitsorientierte technische Vorgaben immer komplexer. Personal, das diesen Anforderungen genügt und in technischen, wirtschaftlichen und rechtlichen Belangen hoch qualifiziert ist, kann nur dann bereit gestellt werden, wenn die Organisationseinheiten groß sind und Synergie- und Skaleneffekte zum Tragen kommen. Ohne entsprechendes Personal wäre eine Steuerung nicht möglich, mit anderen Worten: Die Projekte könnten nicht ordnungsgemäß abgewickelt werden.

Des Weiteren ist zu beachten, dass nicht nur Hochbaumaßnahmen im Geschäftsbereich des Bundesministeriums für Verkehr, Bau und Stadtentwicklung liegen, sondern auch der Bau, die Instandhaltung und die Finanzierung der deutschen Wasserstraßen, der Schieneninfrastruktur und der Bundesfernstraßen. Die übergreifende Zusammenarbeit – zum Beispiel beim Vergaberecht und anderer Regelungen wie der Honorarordnung für Architekten und Ingenieure, beim Bauproduktengesetz, den Richtlinien für Planungswettbewerbe oder der Öffentlich-Privaten Partnerschaft – kommt im BMVBS, dem wichtigsten Investitionsressort der Bundesregierung, daher in einem viel stärkeren Maß zum Tragen, als dies in anderen Ressorts möglich wäre.

Zuständigkeiten und Verfahrensabläufe von Hochbaumaßnahmen des Bundes regeln die Richtlinien für die Durchführung von Bauaufgaben des Bundes (RBBau). Danach ist das Bundesamt für Bauwesen und Raumordnung (BBR) als dem BMVBS nachgeordnete Bundesoberbehörde für die Bauangelegenheiten der Verfassungsorgane, der Obersten Bundesbehörden sowie der Bundeseinrichtungen in Berlin insgesamt und die zivilen Bauaufgaben im Ausland zuständig. Das BBR hat seinen Hauptsitz in Bonn und Außenstellen in Berlin. Es entstand 1998 durch die Zusammenlegung der Bundesbaudirektion und der Bundesforschungsanstalt für Landeskunde und Raumordnung und wurde zum 1. Januar 2004 um die Bundesbauämter I und II der Oberfinanzdirektion Berlin erweitert. Das BBR ist Teil der Bauverwaltung. Als Ressortforschungseinrichtung des BMVBS umfasst es auch ein Bundesinstitut für Bau-, Stadt- und Raumforschung (BBSR), das wissenschaftliche Aufgaben wahrnimmt und das Ministerium in Fragen des Wohnungswesens und Städtebaus, der Raumordnung, der Bauwirtschaft und des Bauwesens berät.

Die Bauangelegenheiten im Spreebogen Berlin hat die Bundesbaugesellschaft Berlin (BBB) abgewickelt. Die privatrechtlich organisierte BBB wurde im Rahmen des Regierungsumzugs von Bonn nach Berlin 1993 zur Planung und Durchführung des Kanzleramtes und der Parlamentsgebäude gegründet. Nachdem die Bauten realisiert sind, wurde die BBB zum 1. Januar 2009 in das Bundesamt für Bauwesen und Raumordnung eingegliedert. Mit der Zusammenführung des Bundesamtes für Bauwesen und Raumordnung, der Bundesbaugesellschaft Berlin sowie des 1992 gegründeten Instituts für Erhaltung und Modernisierung von Bauwerken e.V. an der Technischen Universität Berlin ist die Neustrukturierung und notwendige Zusammenführung der bundeseigenen Bauverwaltung im Jahre 2009 vollzogen.

Bei den übrigen, außerhalb von Berlin und Bonn anstehenden Bauaufgaben greift der Bund gemäß dem Finanzverwaltungsgesetz auf die Bauverwaltungen der Länder zurück. Außer mit dem Land Berlin, wo das BBR umfassend tätig ist, hat der Bund mit allen Ländern Verwaltungsabkommen geschlossen und die operative Erledigung der Bauaufgaben Landesbehörden, Landesbetrieben, Sondervermögen des Landes oder landesunmittelbaren juristischen Personen des öffentlichen Rechts vertraglich übertragen. Die Bundesbauverwaltung ist dem Bereich der Beschaffung zuzuordnen und daher nicht im hoheitlichen Bereich oder der Gesetzesausführung tätig. Der Bund könnte deshalb die Beschaffung von Gebäuden auch eigenständig organisieren. Gleichwohl verzichtet der Bund aus Gründen der Zweckmäßigkeit auf eigene flächendeckende Einrichtungen. Die Länder handeln auf Rechnung des Bundes und sind insoweit »Organ« des Bundes und damit auch dessen fachlichen Weisungen unterworfen. Dagegen liegen die Organisations- und Personalhoheit sowie die Dienstaufsicht bei den Ländern.

Nach dem Grundgesetz (Artikel 87 b) ist die Bundeswehrverwaltung zwar für den Sachbedarf der Streitkräfte verantwortlich, das Bauwesen ist aber ausdrücklich ausgenommen. Bei dieser Entscheidung mögen auch historische Entwicklungen eine Rolle gespielt haben. Ein wesentlicher Gesichtspunkt für diese Entscheidung liegt aber auch im föderalistischen Ausbalancieren der Zuständigkeiten von Bund und Ländern. Der Gesetzgeber wollte unwirtschaftliche, unter Umständen auch kompetenzrechtlich konkurrierende Doppelstrukturen vermeiden und die Nutzung und Auslastung der bestehenden Baubehörden der Länder sicherstellen. Für die Bauten der Bundeswehr bedient sich das Verteidigungsministerium daher in Berlin der Bauverwaltungen des Bundes und in den Bundesländern ebenfalls der Bauverwaltungen der Länder. Das Aufgabenspektrum reicht von militärisch genutzten Anlagen über Verwaltungs-, Unterkunfts-, Wirtschafts- und Betreuungsgebäude bis hin zu Rechenzentren, Labor- und Schulgebäuden oder Krankenhäusern.

Bei Bauvorhaben der Bundeswehr im Rahmen von Auslandseinsätzen verhält es sich anders. Denn im Einsatzland gibt es keine Bauverwaltungen, auf die der Bund zurückgreifen könnte. Außerdem gilt grundsätzlich das Baurecht des Einsatzlandes, sodass dort die aus nationalem Recht abgeleiteten Befugnisse keine Rolle spielen würden. Es ist daher Sache der Bundeswehrverwaltung, für die Streitkräfte Baumaßnahmen im Ausland durchzuführen beziehungsweise zu organisieren, die im Inland die Bauverwaltungen des Bundes und der Länder wahrnehmen würden. Auch ist zu berücksichtigen, dass bei der Umsetzung dieser militärischen Projekte (insbesondere unter Sicherheitsaspekten) Besonderheiten gelten. Die Wehrverwaltung verfügt als Oberste Technische Instanz über das notwendige Know-how, das militärische Spezialwissen und die notwendigen Kommandostrukturen, um die baulichen Anforderungen schnell und effizient umzusetzen.

BAUEN IM AUFTRAG Die Liegenschaften des Bundes werden bis Ende des Jahres 2010 überwiegend der Bundesanstalt für Immobilienaufgaben (BImA) übertragen, die – als nunmehr kaufmännisch ausgerichtetes Immobiliendienstleistungsunternehmen – seit Januar 2005 die Aufgaben der früheren Bundesvermögensverwaltung fortführt und die Immobilien, die der Bund zur Erfüllung seiner Aufgaben nicht mehr benötigt, vermarktet. Mit der Übernahme und der Verwaltung des staatlichen Eigentums in dem von der BImA strategisch angestrebten wert- und kostenoptimierten »Einheitlichen Liegenschaftsmanagement« (ELM) des Bundes gehen auch die Haushaltsmittel aus den Einzelplänen der Ressorts in den Wirtschaftsplan der Bundesanstalt über. Von der Eigentumsübertragung können insbesondere die Dienstliegenschaften der Verfassungsorgane, der Obersten Bundesbehörden und Obersten Bundesgerichte ausgenommen werden.

Sofern die Immobilie noch nicht in das Liegenschaftsmanagement der Bundesanstalt übergegangen ist, sind für deren Betrieb und Unterhaltung die Nutzer und hausverwaltenden Dienststellen zuständig. Zusammen mit ihrer übergeordneten Obersten Bundesbehörde sind sie »Bedarfsträger«. Zu den Aufgaben eines Bedarfsträgers gehört es, kleine und große Neu-, Um- und Erweiterungsbaumaßnahmen in Gang zu setzen, Art und Umfang des Bedarfs zu beschreiben und zu begründen und als Unterhaltungspflichtiger die Haushaltsmittel für den jährlichen Bauunterhaltungsbedarf zu veranschlagen. Ist dies geschehen, werden die Bauverwaltungen des Bundes und der Länder aktiv.

ART DER AUFGABEN Die Bauverwaltung der Bundesrepublik Deutschland führt nicht nur Neubaumaßnahmen durch. Sie hält diese auch instand und führt Modernisierungen durch. Ihre Aufgaben sind objektbezogen oder objektübergreifend. Zu den objektbezogenen Kernaufgaben gehört die Wahrnehmung der Pflichten des sachverständigen öffentlichen Bauherrn. Diese Rolle umfasst insbesondere das Mitwirken an der Projektvorbereitung, die baufachliche Beratung des Bedarfsträgers bei der Bedarfsplanung, das Mitwirken bei der Untersuchung baulicher Realisierungsvarianten und geeigneter Liegenschaften sowie die Projektleitung, -steuerung und -koordinierung. Ein großer Teil der objektbezogenen Planungsleistungen werden an freiberufliche Architekten, Ingenieure und Sonderfachleute vergeben, die die Verantwortung für die von ihnen erbrachten Leistungen tragen. Für die ordnungsgemäße und wirtschaftliche Verwendung der Haushaltsmittel im Ganzen aber bleibt die Bauverwaltung verantwortlich. Auch bei einer Vergabe von Planungsleistungen muss die Bauverwaltung die Projektleitung in der Hand behalten. Praxisbeispiele zeigen immer wieder, dass sich Qualitäts- und Kostenkontrolle nicht an Dritte delegieren lassen. In dem Maße, wie Freiberufler an den Planungsaufgaben beteiligt werden, wachsen die Managementleistungen an die verwaltungseigenen Fachkräfte. Denn eine gewisse Eigenplanung und Bauüberwachung sind unverzichtbar, wenn sich der öffentliche Bauherr Kontrollmöglichkeiten, Fach- und Entscheidungskompetenz und auch »Sprachfähigkeit« gegenüber externen Partnern erhalten will. Dies gilt auch aus Sicht der privaten Planer, die insbesondere während der eigentlichen Bauphase auf sachkundige Ansprechpartner angewiesen sind und selbst häufig den Kompetenzverlust öffentlicher Bauherren beklagen. Ob und in welchem Umfang die Bauverwaltung externe Büros einschaltet, hängt im Übrigen von den Kapazitäten der Bauverwaltung und vom Gebot wirtschaftlichen Handelns ab. Die Eigenerledigung vieler Bauaufgaben bleibt in vielen Fällen wirtschaftlicher. Um andererseits unwirtschaftliche Bereithaltungskosten zu vermeiden, bietet es sich gerade bei Großprojekten auch an, Personal befristet einzustellen.

Presse- und Informationsamt, Berlin

Mit der Erfüllung der »objektübergreifenden« Aufgaben schafft die Bauverwaltung die Voraussetzung dafür, dass die Bauprojekte nach den haushaltsrechtlichen Vorschriften wirtschaftlich, gestalterisch, funktionell und technisch einwandfrei und nach einheitlichen Grundsätzen durchgeführt werden. Zu den objektübergreifenden Aufgaben zählen etwa das Erstellen einschlägiger Regelwerke zu Kompetenzfragen oder zum Vergabe- und Vertragswesen; dazu gehören die Auswertung durchgeführter Projekte oder Verwaltungstätigkeiten ebenso wie die Mitwirkung bei der Entwicklung von Honorarordnungen oder Aus- und Weiterbildungskonzepten.

VIELFALT DER AUFGABEN Das Spektrum der realisierten Projekte ist groß. Es reicht von Bauten für den Bundespräsidenten, den Bundesrat und den Deutschen Bundestag über das Bundesverfassungsgericht, das Bundeskanzleramt bis hin zum Presse- und Informationsamt, dem Bundesrechnungshof und all den übrigen Obersten Bundesbehörden mit ihren nachgeordneten Geschäftsbereichen. Weitere Schwerpunkte bilden die Obersten Bundesgerichte, die Bauten für museale und kulturelle Zwecke, für die innere Sicherheit und Verbrechensbekämpfung sowie für Fachbehörden, Institute und Einrichtungen der Ressortforschung.

Auf der Grundlage eines vom BMVBS und den Gaststreitkräften vereinbarten Zusatzabkommens zum NATO-Truppenstatut sind die Bauverwaltungen auch zuständig für die Bauten der Gaststreitkräfte in der Bundesrepublik Deutschland. Die vom Bund eingeschalteten Länderbauverwaltungen stellen, zum Beispiel bei Vergabefragen, die Einhaltung des deutschen Baurechts sicher und sorgen nicht zuletzt auch dafür, dass kompetente

Fachleute und -firmen, zumeist aus Deutschland, beauftragt werden können. Die Kosten für die Baumaßnahmen und die Instandhaltung der Liegenschaften sowie den Betrieb tragen die Gaststreitkräfte.

Das Bundesamt für Bauwesen und Raumordnung hat im Ausland zahlreiche deutsche Vertretungen, Kulturinstitute und Schulen gebaut und betreut zur Zeit auch eine große Zahl laufender Projekte. Das BMVBS wirkt – auch im Hinblick auf die deutsche Mitfinanzierung dieser Projekte – beratend bei Bauprojekten internationaler und supranationaler Institutionen mit, so etwa bei der im Jahre 2008 begonnenen Sanierung des Hauptquatiers der Vereinten Nationen in New York, dem avisierten Neubau des Internationalen Strafgerichtshofs in Den Haag, den Neubauten des NATO-Hauptquartiers in Brüssel beziehungsweise des Europarats in Straßburg. Zu den Projekten für supranationale Institutionen im Inland gehören der im Jahre 2000 fertiggestellte Neubau des Internationalen Seegerichtshofs in Hamburg und die bauliche Entwicklung des UN-Campus im ehemaligen Regierungsviertel der Bundesstadt Bonn, für den die Bauverwaltung des Bundes ebenfalls zuständig ist.

Einsatzliegenschaft, Kunduz

Auch an der Durchführung von sogenannten Zuwendungsbaumaßnahmen, bei denen der Bund eine wesentliche Mitfinanzierung leistet, beteiligt sich die Bauverwaltung nach Maßgabe der »Richtlinien für die Durchführung von Zuwendungsbaumaßnahmen« (RZBau), um eine zweckgerichtete Mittelverwendung sicherzustellen. Allein oder zusammen mit Ländern, Kommunen oder Dritten unterstützt der Bund nichtstaatliche Einrichtungen, die wichtige wirtschafts- und gesellschaftspolitische Aufgaben verfolgen, bei der Umsetzung von Bauprojekten. Zu den klassischen Zuwendungsbaumaßnahmen gehören Berufsbildungs- und Berufsförderungswerke, überbetriebliche Ausbildungsstätten, Einrichtungen der gesellschaftspolitischen und demokratischen Bildungsarbeit, Baudenkmale und Museen von besonderer nationaler und kultureller Bedeutung sowie Forschungs- und Technologieeinrichtungen.

Die veränderte sicherheitspolitische Lage und die gewachsene Verantwortung Deutschlands in der Europäischen Union sowie unter dem Dach der Vereinten Nationen und der NATO haben dazu geführt, dass die Bundeswehr heute weltweit im Einsatz ist. Die Liegenschaftsaufgaben im Ausland übernimmt die territoriale Wehrverwaltung, insbesondere das Bundesamt für Wehrverwaltung. Wie beim Neubau des Einsatzlazaretts Prizren im Kosovo oder der Einsatzliegenschaft in Kunduz, Afghanistan, schaltet es bei Bau und Betrieb dieser Infrastruktureinrichtungen im Einzelfall die Bauverwaltungen der Länder ein. Darüber hinaus stützt sich das Verteidigungsministerium auch auf die Deutsche Gesellschaft für Technische Zusammenarbeit (GTZ) GmbH.

ÖFFENTLICH-PRIVATE PARTNERSCHAFTEN Bei der klassischen Haushaltsfinanzierung stammen die Mittel für ein öffentliches Investitionsobjekt aus dem öffentlichen Haushalt. Die Bauverwaltung wickelt die Baumaßnahme in der Regel unter Einschaltung privater Planer und Unternehmen ab. Anschließend erfolgt der Betrieb durch den jeweiligen Nutzer beziehungsweise die Bundesanstalt für Immobilienaufgaben. Bei

Max Rubner-Institut, Karlsruhe

Betrieb durch den Nutzer werden die Betriebs- und sonstigen Nutzungskosten laufend und jährlich in den Nutzerhaushalten dezentral veranschlagt. Bei der Planung der investiven Kosten öffentlicher Hochbauprojekte hat man in der Vergangenheit die Betriebs- und Nutzungskosten nicht ausreichend berücksichtigt. Vielmehr konzentrierte man sich auf die Baukosten, die zur Gesamtwirtschaftlichkeit einer Investitionsmaßnahme aber nur zum Teil beitragen. Ein weiteres Problem besteht darin, dass selbst notwendige Schritte zur Instandhaltung oft von der Liquidität der Haushalte abhängig gemacht werden. Aufgrund unzureichender oder nicht rechtzeitiger Unterhaltungsmaßnahmen werden Gebäude und Liegenschaften daher oft nicht wirtschaftlich verwaltet. Im Extremfall entstehen Instandhaltungsstaus, die durch Substanzverlust unangemessene Betriebskosten und aufwendige Baumaßnahmen verursachen und zu höheren Kosten führen.

Vor diesem Hintergrund strebt der Bund mit der Beschaffungsvariante der Öffentlich-Privaten Partnerschaft (ÖPP) in geeigneten Fällen eine höhere Effizienz gegenüber den bisherigen Verfahren der Eigenrealisierung an. Als ganzheitliches Modell umfasst die Öffentlich-Private Partnerschaft Planung, Finanzierung, Bau und Betrieb und gegebenenfalls auch die Verwertung öffentlicher Infrastruktureinrichtungen durch private Partner. Mit dem umfassenden ÖPP-Lebenszyklusansatz sollen mögliche Synergien genutzt und die ökonomischen Auswirkungen eines Projektes über seine gesamte Nutzungszeit transparent werden, um Herstellungs- und Folgekosten zu optimieren.

Die von der ÖPP erwartete Gesamtkostenoptimierung ergibt sich aus der Umsetzung des Lebenszyklusansatzes, aus einer optimalen Risikoverteilung zwischen privatem Sektor und öffentlicher Hand sowie aus dem Rückgriff auf das technische Know-how und die Erfahrungen, die Private mit vergleichbaren Projekten gemacht haben. Im Einzelfall kann ÖPP darüber hinaus einen Beitrag zum kontinuierlichen Werterhalt der öffentlichen Infrastruktur leisten. Ob sich die erwarteten Vorteile tatsächlich einstellen, müssen in jedem Einzelfall entsprechende Wirtschaftlichkeitsuntersuchungen und konkrete Angebote der Unternehmen zeigen. Unabhängig davon ist es geboten, auch bei konventionell realisierten Maßnahmen die Themen Risikomanagement, lebenszyklusorientierte Veranschlagung und Bewirtschaftung schon bei der Planung mit einzubeziehen, um die Gebäude damit insgesamt wirtschaftlicher bauen und betreiben zu können. Insofern erweist sich ÖPP auch als Effizienztreiber für die klassischen Strukturen.

VORBILDFUNKTION UND QUALITÄTSANSPRUCH DES BUNDES Bundesbauten prägen häufig ganz wesentlich das Stadtbild und schaffen Orte, die identitätsbildend und gemeinschaftsstiftend wirken. Der Bund bekennt sich – insbesondere als Bauherr – zu seiner baukulturellen Vorbildfunktion. Um zu guten, auch wirtschaftlich guten Ergebnissen zu gelangen, muss er Qualitätsstandards definieren, die auch einen objektiven Vergleich unterschiedlicher Möglichkeiten der Bedarfsdeckung und die Bewertung alternativer Beschaffungsvarianten wie Miete, Mietkauf, Leasing, ÖPP oder Eigenbau und -betrieb erlauben. Nur so kann er zu einer sachlichen Einschätzung der Wirtschaftlichkeit kommen und Qualität und Kosten in ein richtiges Verhältnis bringen.

Vorbildhafte Qualität, die allen Baumaßnahmen zugrunde liegen sollte, ist ein mehrdimensionaler Begriff. In der Architekturtheorie wird Qualität über verschiedene Kriterien definiert. Schon nach Vitruv (1. Jahrhundert vor Christus) oder Leon Battista Alberti (1404–1472) etwa sind dies »firmitas« (Festigkeit, Stabilität),

»utilitas« (Nützlichkeit, Funktion) und »venustas« (Anmut, Schönheit). In einem vergleichbaren Sinn bedeutet Bauqualität heute städtebauliche und architektonische Entwurfsqualität, Nutzungsqualität, technische Qualität sowie ökologische und energetische Qualität. Diese Eigenschaften müssen bei jedem Projekt ausgewogen sein. Als eine weitere Qualität ist die Prozessqualität mitsamt der Einhaltung vorgegebener Termine und Kosten zu beachten.

Für eine dauerhafte Bauqualität sind die Prinzipien der Nachhaltigkeit mit ihrer Vernetzung ökologischer, ökonomischer, technischer und soziokultureller Aspekte von besonderer Bedeutung. Der Bund schöpft die Energieeinsparpotenziale konsequent aus. Er senkt, wo immer möglich, die Betriebskosten und entspricht der Selbstverpflichtung der Regierung zur Reduzierung der CO_2-Emissionen. Für alle Phasen des Lebenszyklus seiner und der von ihm geförderten Gebäude strebt er eine Minimierung des Verbrauchs von Energie und Ressourcen sowie eine möglichst geringe Belastung des Naturhaushaltes an. Dabei sind Einsparungen in der Planung natürlich nur dann sinnvoll, wenn sie in der Nutzungsphase nicht höhere Kosten für Betrieb und Instandhaltung nach sich ziehen.

Unabhängig von diesen Grundsätzen ist das Bauen des Bundes auch allgemeinen baupolitischen Zielen verpflichtet. Dazu zählt die Mittelstandsfreundlichkeit, die sich bei der Vergabe oder bei der Förderung von Innovationen zeigt. Die Mittel zur Durchsetzung dieser Ziele sind vielfältig. Sie bestehen unter anderem in einer flexiblen Planungskultur und Prozessqualität. Ihren Ausdruck finden diese in offenen Planungswettbewerben und in der frühzeitigen Einbeziehung aller Beteiligten. Neben transparenten und fairen Vergabeverfahren ist auch ein professionelles Risikomanagement wichtig.

Die Umsetzung all dieser Ansprüche und Ziele ist nur mit einem gut ausgebildeten und hoch motivierten Personal möglich. Deshalb gehört auch die zeitgemäße Aus- und Fortbildung zu den Qualitätsgrundsätzen des Bundes, der sich dementsprechend für den Erhalt und die Förderung der Ausbildung für den gehobenen und höheren technischen Verwaltungsdienst einsetzt.

Die in den ersten zwanzig Jahren im wiedervereinigten Deutschland realisierten Bauten zeigen, dass der Bund den Herausforderungen einer zukunftsfähigen Baukultur gewachsen und für neue Aufgaben gerüstet ist.

Verwaltungsgebäude des Europarats, Straßburg

BAUEN FÜR DIE VERFASSUNGSORGANE UND DIE BUNDESREGIERUNG

Seit der Wiedervereinigung Deutschlands entstanden in der Zuständigkeit des Bundesministeriums für Verkehr, Bau und Stadtentwicklung als Bauherr des Bundes für zivile Bauaufgaben zahlreiche Bauten für die Verfassungsorgane und die Obersten Bundesbehörden. Die Durchführung dieser Bauprojekte lag in der Verantwortung des dem Bundesbauministerium nachgeordneten Bundesamtes für Bauwesen und Raumordnung und im Bereich des Berliner Spreebogens der privatwirtschaftlich organisierten Bundesbaugesellschaft Berlin mbH. Bundeskanzleramt, Paul-Löbe-Haus und Marie-Elisabeth-Lüders-Haus wurden als »Band des Bundes« neu erbaut, der Reichstag und Schloss Bellevue saniert und erweitert, Schloss Meseberg am Huwenowsee als neues Gästehaus der Bundesregierung vor dem Verfall bewahrt. | Repräsentative Solitäre aber sind nur ein Teil der Bauaktivität des Bundes und stehen nicht im Vordergrund. Der Großteil der Ministerien bezog sanierte Altbauten. Auch die Neubauten in Berlin und Bonn sind nicht selten Verwaltungsbauten, unspektakulär und bescheiden, dabei wirtschaftlich, umweltbewusst und nachhaltig. Für das Bundesministerium für Umwelt, Naturschutz und Reaktorsicherheit in Berlin wird ein Gebäude aus dem Jahre 1916 nach ökologischen Kriterien generalsaniert und durch einen Neubau mit den Standardwerten eines Passivhauses ergänzt. Bezeichnend für das Selbstverständnis von Bundesbauten ist auch das Bundesministerium für Gesundheit. Auf einem ehemaligen Kasernengelände in Bonn-Duisdorf entstand eine »technologische Architektur« mit intelligenter Haustechnik. Als »Arbeitswelt der Zukunft« ist das Gebäude nutzungsflexibel und bietet damit die Möglichkeit zu einem breiten Nutzungsspektrum in seinem Lebenszyklus. Damit verbunden weist es wie viele Regierungsgebäude eine andere Tugend auf: städtebauliches Potenzial. Dieses wird auch in Berlin immer wieder gesucht. Der Erweiterungsneubau für das Bundesministerium für Ernährung, Landwirtschaft und Verbraucherschutz soll in unmittelbarer Nähe von Reichstag, Pariser Platz und Holocaust-Denkmal das Viertel aufwerten, in dem sich noch heute einzelne Kriegsschäden zeigen. | Baukultur auf hohem Niveau erfordert auch immer eine authentische Architektursprache. Der Neubau für das Bundeslandwirtschaftsministerium folgt der städtebaulichen Grundstruktur, den Fluchtlinien und Traufhöhen der barocken Friedrichstadt, behauptet seine Zeitgenossenschaft aber, indem es das strenge Blockraster mit einer geschwungenen Fassade auflockert. Auch ein dezidiert modernes Gebäude wie der karge Sockelbau für das Fortbildungszentrum des Auswärtigen Amtes in Berlin setzt zwischen zwei Altbauten einen markanten Akzent. Gleichzeitig wird das Gebäude – nicht zuletzt durch den Travertin, der bereits beim Neubau des Auswärtigen Amtes Verwendung fand – als Ensemblebau und präzise städtebauliche Setzung erfahrbar. | Beim Neubau für das Bundesministerium des Innern in Berlin stellt der Dialog zwischen dem Entree über den öffentlichen Stadtraum und der Sicherung gegenüber den umgebenen Grünbereichen für die Planer eine schwer lösbare Herausforderung dar. Auf dem nicht leicht zu beplanenden Grundstück greifen drei unterschiedlich hohe Z-förmige Bauten ineinander, die durch ihre Verschränkung zwei auf die Maßstäblichkeit der umliegenden Räume reagierende Höfe freistellen. Wie selbstverständlich fügt sich damit das Gebäude in das unregelmäßig zugeschnittene Grundstück ein.

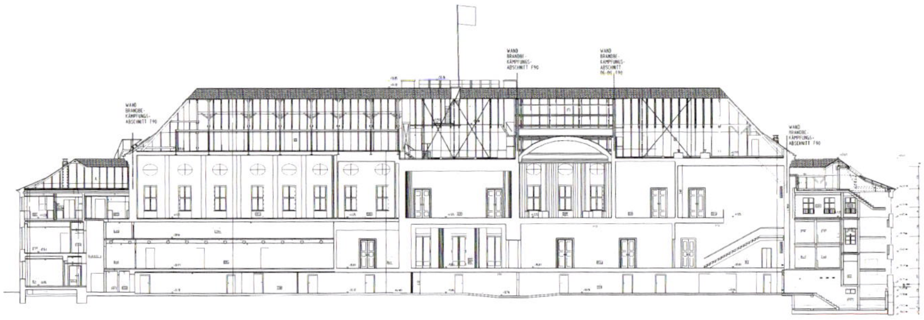

SANIERUNG UND MODERNISIERUNG DES SCHLOSSES BELLEVUE AMTSSITZ DES BUNDESPRÄSIDENTEN

BERLIN _DIREKTVERGABE UND VOF-VERFAHREN 1999 UND 2003 _BAU 2000-2005

Das Schloss Bellevue wurde zwischen 1785 und 1790 als Wohnschloss des Prinzen August Ferdinand von Preußen errichtet. Es ist eine dreiflügelige klassizistische Anlage, die durch Zurückhaltung und Harmonie besticht. Bis 1918 blieb das Schloss nahezu unverändert. Dann wurde es neuen Bedürfnissen angepasst. In der Weimarer Republik diente Bellevue als Bildergalerie und als Museum für Deutsche Volkskunde, 1938/39 war es Reichsgästehaus.

Im Zweiten Weltkrieg wurde das Schloss schwer beschädigt. Da man davon ausging, dass Berlin bald wieder Hauptstadt eines ungeteilten Deutschland sein werde, richtete man das restaurierte Schloss 1958/59 als provisorischen Amtssitz des Bundespräsidenten her. Dabei griff der Berliner Architekturprofessor Carl-Heinz Schwennicke mit der Einrichtung einer Eingangshalle und eines Großen Saals im Obergeschoss entscheidend in die Raumabfolge ein. In der Ausstattung wurde Klassizismus mit Stilelementen der Nachkriegsmoderne kombiniert.

Nachdem unterdessen die Villa Hammerschmidt in Bonn offizieller Amtssitz und Bellevue nur noch repräsentativer Wohnsitz des Bundespräsidenten geworden war, entschied sich der Bund 1987 anlässlich der 750-Jahr-Feier Berlins, Schloss Bellevue verstärkt auch für kulturelle Veranstaltungen zu nutzen und beauftragte 1986/87 den Architekten Otto Meitinger mit der Wiederherstellung eines einheitlicheren Erscheinungsbildes des Schlosses.

Wiederum neue Anforderungen an das Gebäude entstanden, als nach der Wiedervereinigung Richard von Weizsäcker als amtierender Bundespräsident 1994 entschied, seinen offiziellen Amtssitz nach Berlin zu verlegen. Die vorhandene technische Infrastruktur, insbesondere auch die Kommunikations- und Medientechnik, war nicht mehr zeitgemäß und zum Teil unwirtschaftlich und unzureichend. Von 2000 bis September 2003 wurden parallel zum Protokollbetrieb die dringlichsten Einzelmaßnahmen durchgeführt und der Nordflügel umfassend saniert und instand gesetzt. Bei der 2004/05 anschließenden Sanierung von Mittelbau und Südflügel musste Bellevue geräumt und die Veranstaltungen ins Schloss Charlottenburg verlegt werden. Haustechnik, Klimatechnik sowie die Strom-, Wasser- und Abwasserleitungen wurden komplett erneuert, die Gebäudehülle denkmalgerecht hergerichtet und die Veranstaltungs- und Konferenzräume den heutigen medialen Anforderungen angepasst. Diese Maßnahmen, zu denen auch die Einrichtung barrierefreier Zugänge gehörte, wurden möglichst behutsam und so durchgeführt, dass die Renovierungen »unsichtbar« blieben. Im Januar 2006 erfolgte die Schlüsselübergabe an Bundespräsident Horst Köhler. Seitdem ist Schloss Bellevue wieder Ort glanzvoller Veranstaltungen des Bundespräsidenten.

PROJEKT
Sanierung und Modernisierung des Schlosses Bellevue – Amtssitz des Bundespräsidenten
STANDORT
Spreeweg 1, 11010 Berlin
_AKTEURE
BAUHERR
Bundesministerium für Verkehr, Bau und Stadtentwicklung (BMVBS)
DURCHFÜHRUNG
Bundesamt für Bauwesen und Raumordnung (BBR)
NUTZER
Bundespräsident, Bundespräsidialamt
ARCHITEKTEN
Pitz & Hoh Werkstatt für Architektur und Denkmalpflege GmbH, Berlin
TECHNISCHE GEBÄUDEAUSRÜSTUNG
pin planende ingenieure, Berlin
Ingenieurbüro Heimann, Berlin
_TERMINE
PLANUNGSVERGABE
1999 und 2003 (Direktvergabe und VOF-Verfahren)
BAUBEGINN
2000 und 2004
FERTIGSTELLUNG
2005
_GEBÄUDEDATEN
HAUPTNUTZFLÄCHE HNF
3 900 m²
BRUTTOGRUNDFLÄCHE BGF
10 400 m²
BRUTTORAUMINHALT BRI
42 400 m³
_KOSTEN
Gesamtbaukosten
KG 200 bis 700, brutto
24 Mio. EUR

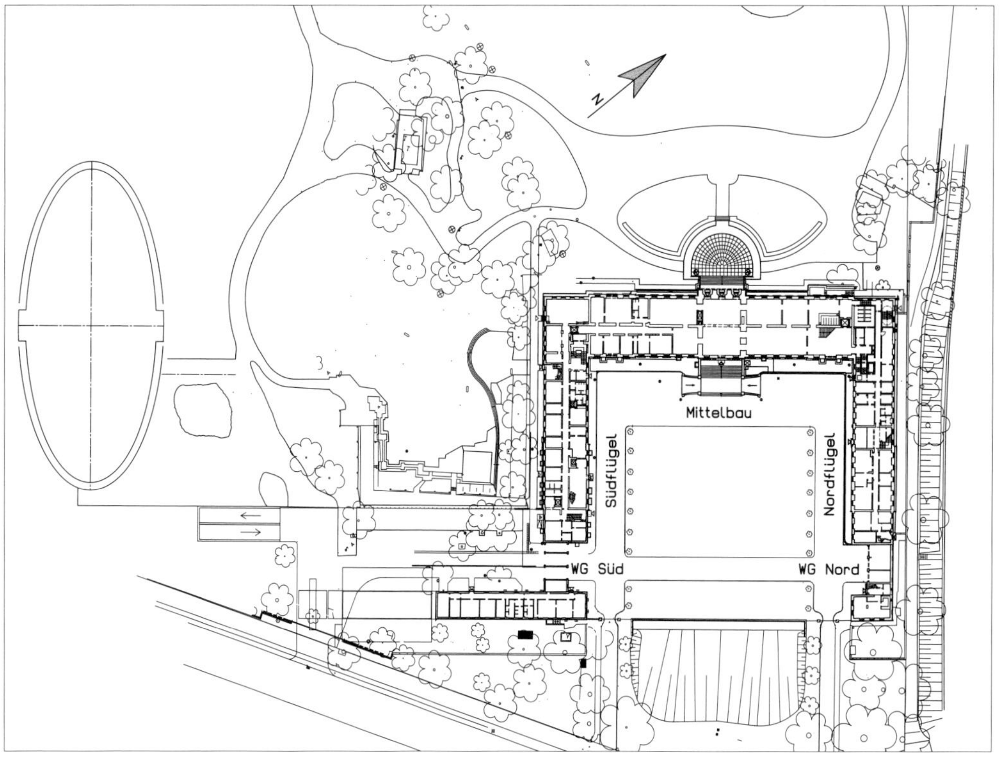

ERWEITERUNGSNEUBAU FÜR DAS BUNDESVERFASSUNGSGERICHT

KARLSRUHE _WETTBEWERB 2002/03 _BAU 2005-2007

Das Bundesverfassungsgericht ist ein Verfassungsorgan und als »Hüter« der Verfassung zugleich das höchste deutsche Gericht. Die Gebäude des Amtssitzes des Bundesverfassungsgerichtes stehen innerhalb des Schlossbezirks am Rande des Botanischen Gartens der Stadt Karlsruhe. Entworfen vom Berliner Architekt Paul Baumgarten, gebaut von 1965 bis 1969 und inzwischen unter Denkmalschutz gestellt, sind sie ein bedeutendes Zeugnis der deutschen Demokratie.

Mit der nach der Wiedervereinigung stark gestiegenen Anzahl der Normenkontrollverfahren wuchs auch die Zahl der Mitarbeiter. Das Gericht benötigte daher weitere Büroräume und eine Bewirtungsmöglichkeit für repräsentative Anlässe. Als Bauplatz für eine wirtschaftliche, dabei aber dem baumgartenschen Bestand architektonisch angemessene Erweiterung kam nach intensiven Überlegungen und Auseinandersetzungen nur ein benachbarter kleiner Teil des Botanischen Gartens in Betracht.

Der Berliner Architekt Michael Schrölkamp konzipierte einen kompakten dreigeschossigen Baukörper, der die Fluchten der benachbarten Bestandsgebäude aufnimmt, sich mit seiner Gestaltung aber auch auf den Botanischen Garten bezieht. Die Arbeitsräume verteilen sich auf mehrere Geschosse. Speiseraum und -ausgabe befinden sich im abgesenkten Erdgeschoss. Küche, Technik- und Lagerräume sind, um das oberirdische Volumen zu verringern, im Untergeschoss untergebracht. Ähnlich wie bei den von Baumgarten geplanten fünf Pavillons ist der Neubau durch einen verglasten Gang mit dem Bestand verbunden.

Im Innern erschließt eine Stahl-Holz-Treppe alle Geschosse. In den Büroräumen bilden Raumproportionen, Belichtung und die überwiegend in Weiß mit farblichen Akzenten gehaltene Möblierung eine harmonische Einheit.

Die Architektur setzt auf den Kontrast zwischen der rationalen rechteckigen Gebäudeform und der lebendigen Parklandschaft. Die Fassade nimmt das Motiv des Gartens auf und führt die Flora in einer vor die Fassade gestellten Pergola in der Vertikalen fort. Das Stahlgerüst wird dabei zum vermittelnden Element. In Faserbetontrögen sind hier im Halbschatten wachsende Formgehölze gepflanzt: kleinwüchsige Kiefer, grüner Schlitzahorn und Weißdorn. Durch unterschiedliche Größen und Anordnungen der Elemente entsteht ein Spiel mit Maßstäben und räumlicher Tiefe. Die Schmalseiten des Gebäudes wurden farblich passend zu den Bestandsgebäuden mit eloxierten Messingplatten verkleidet.

Im abgesenkten Garten zwischen Erweiterungsbau und Bestand spiegeln die Gräser mit ihren Bewegungen Wind und Wetter wider.

PROJEKT
Erweiterungsneubau für
das Bundesverfassungsgericht
STANDORT
Schlossbezirk 3, 76131 Karlsruhe
_AKTEURE
BAUHERR
Bundesministerium für Verkehr,
Bau und Stadtentwicklung (BMVBS)
DURCHFÜHRUNG
Landesbetrieb Bundesbau
Baden-Württemberg, Staatliches
Hochbauamt Baden-Baden
NUTZER
Bundesverfassungsgericht
ARCHITEKTEN
Michael Schrölkamp, Berlin
TECHNISCHE GEBÄUDEAUSRÜSTUNG
fc.ingenieure, Heidelberg
Staatliches Hochbauamt Baden-Baden
_TERMINE
PLANUNGSVERGABE
2002/03 (Wettbewerb)
BAUBEGINN
2005
FERTIGSTELLUNG
2007
_GEBÄUDEDATEN
HAUPTNUTZFLÄCHE HNF
800 m²
BRUTTOGRUNDFLÄCHE BGF
1 700 m²
BRUTTORAUMINHALT BRI
5 400 m³
_KOSTEN
Gesamtbaukosten
KG 200 bis 700, brutto
4,2 Mio. EUR
KG 300 und 400, brutto
2,7 Mio. EUR

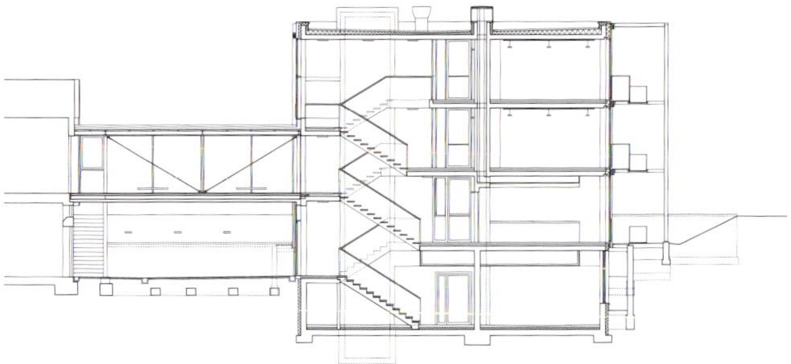

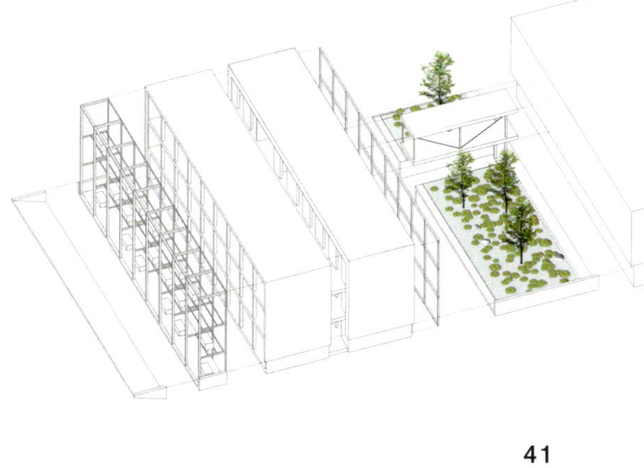

GRUNDSANIERUNG HOCHHAUS MIT ANBAU FÜR DAS BUNDESMINISTERIUM FÜR ERNÄHRUNG, LANDWIRTSCHAFT UND VERBRAUCHERSCHUTZ

BONN _VOF-VERFAHREN 1997 _BAU 1999-2000

Das Bundesministerium für Ernährung, Landwirtschaft und Verbraucherschutz (BMELV) gehört zu den Ministerien, deren erster Dienstsitz in Bonn verblieben ist. Untergebracht ist es neben dem Gesundheits- und Arbeitsministerium auf der bundeseigenen Liegenschaft an der Rochusstraße in einem Verwaltungsgebäude aus dem Jahr 1968. Sep Ruf, der große Architekt des Wiederaufbaus in Deutschland, hatte die schlichte Hochhausarchitektur gebaut, die auf ihre Weise die Bescheidenheit der Bonner Republik repräsentiert.

Bis 1997 war der Ruf-Bau Sitz der Personalabteilung des Bundesverteidigungsministeriums. Nach der Entscheidung, das in die Jahre gekommene Hochhaus als ersten Dienstsitz des Bundesministeriums für Ernährung, Landwirtschaft und Forsten – so sein damaliger Name – zu nutzen, legte das Düsseldorfer Büro Ingenhoven Architekten Pläne für dessen Sanierung und Modernisierung vor. Rund siebzehn Millionen Euro investierte der Bund in das Projekt.

Die in der Grundstruktur wenig veränderte Architektur kombiniert dreizehn Geschosse mit einer aufgesetzten gläsernen Attika und einer Dachterrasse und einem danebenliegenden Flachbau. Es galt, das Vorhandene den heutigen Funktionsanforderungen eines modernen Ministeriums anzupassen. Vor allem mussten gesundheitsschädliche Baustoffe entfernt und die an mancher Stelle der Fassade nicht mehr ausreichend gegebene Sicherheit des Gebäudes gewährleistet werden. Bei der Sanierung und Modernisierung ging es nicht nur um alte Materialien und um die grundlegende Erneuerung der Gebäudetechnik. Im Unter- und im Erdgeschoss wurde das Raumprogramm auf die Nutzerbedürfnisse des Ministeriums abgestimmt. Im Anbau verbesserte man die Lichtverhältnisse durch Deckendurchbrüche. Bislang ungenutzte Flächen gestaltete man zu einer Bibliothek und zu hellen Konferenzräumen mit Dolmetscherkabinen und ausreichender Medienausstattung um.

Eine zentrale Rolle bei der Sanierung spielte die Fassade. Nachdem Platten aus der rostigen Verankerung zu brechen drohten, wurde die Fassadengestaltung zu einer Herausforderung. Der Architekt griff bei der Sanierung, wie er sagte, »auf die ebenso sparsamen und einfachen wie robusten Klimaprinzipien alter Bauernhäuser« zurück und spannte vor die Betonsteinfassade eine zweite Schale aus Ganzglasscheiben, wobei die Brüstungen als Wärmespeicher dienen und eine zusätzliche Kühlung und Klimatisierung der Büroräume nicht notwendig sind. Die dunkelgrünen Brüstungsfelder bestimmen den Eindruck der Architektur entschieden mit. Deren Gestaltung mit organischen Strukturen übernahm der Künstler Stefan Laskowski.

PROJEKT
Grundsanierung Hochhaus mit Anbau für das Bundesministerium für Ernährung, Landwirtschaft und Verbraucherschutz
STANDORT
Rochusstraße 1, 53123 Bonn
_AKTEURE
BAUHERR
Bundesministerium für Verkehr, Bau und Stadtentwicklung (BMVBS)
DURCHFÜHRUNG
Bundesamt für Bauwesen und Raumordnung (BBR)
NUTZER
Bundesministerium für Ernährung, Landwirtschaft und Verbraucherschutz (BMELV)
ARCHITEKTEN
Generalplaner
Ingenhoven Architekten GmbH und Co. KG, Düsseldorf
_TERMINE
PLANUNGSVERGABE
1997 (VOF-Verfahren)
BAUBEGINN
1999
FERTIGSTELLUNG
2000

_GEBÄUDEDATEN
HAUPTNUTZFLÄCHE HNF
5 400 m²
BRUTTOGRUNDFLÄCHE BGF
11 400 m²
BRUTTORAUMINHALT BRI
34 700 m³
_KOSTEN
Gesamtbaukosten
KG 200 bis 700, brutto
17 Mio. EUR
KG 300 und 400, brutto
13 Mio. EUR

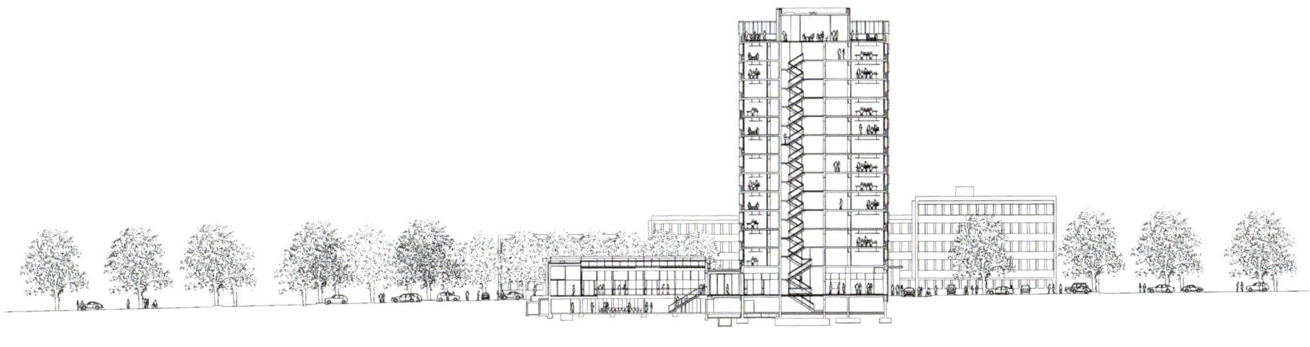

NEUBAU FÜR DAS BUNDESMINISTERIUM FÜR GESUNDHEIT

BONN _WETTBEWERB 2004 _BAU 2005-2007

Die konzentrierte Unterbringung des Bundesministeriums für Gesundheit (BMG) an der Rochusstraße in Bonn-Duisdorf folgte der Absicht, die Bundesbehörden in Bonn nach dem Umzug von Parlament und Kernbereichen der Regierung möglichst auf bundeseigenen Liegenschaften zusammenhängend und wirtschaftlich unterzubringen. So bilden im Bonner Westen das Bundesgesundheitsministerium, das Bundesministerium für Familie, Senioren, Frauen und Jugend (BMFSFJ), das Bundesministerium für Ernährung, Landwirtschaft und Verbraucherschutz (BMELV) sowie das Bundesministerium für Arbeit und Soziales (BMAS) einen Campus.

Der vom Düsseldorfer Architekturbüro Petzinka Pink konzipierte und 2007 fertiggestellte Neubau für das Bundesministerium für Gesundheit ist von weiten Grünflächen umgeben. Das dreiteilige Gebäudeensemble bietet Platz für rund vierhundert Ministeriumsbeschäftigte und besteht aus einem Hochhaus mit dreizehn Obergeschossen, einem zweistöckigen Verbindungsbau mit einer repräsentativen überdachten Vorfahrt sowie einem sechsgeschossigen Gebäudeband, das parallel zur Grünachse des Quartiers verläuft. Die Architektur bildet ein attraktives städtebauliches Pendant zum Hochhaus des Bundesministeriums für Ernährung, Landwirtschaft und Verbraucherschutz. Die Architektur verzichtet auf Symbolik. Aus der modulhaften Wiederholung vertikaler und horizontaler Stöße und Züge entwickelt die Fassade vielmehr eine konstruktiv geprägte, dabei plastisch durchgebildete lebhafte Struktur. Zum Eindruck des Neubaus trägt auch der sandfarbene Werkstein wesentlich bei, der den transparenten Glasflächen und den im Sonnenlicht glänzenden Metallflächen ein solides Gerüst gibt.

Petzinka Pink nutzen die Vorzüge einer intelligenten Haustechnik. Das von ihnen als »technologische Architektur« und »Arbeitswelt der Zukunft« vorgestellte Bundesgesundheitsministerium hat keine Doppelfassade und keine Klimaanlage. Stattdessen ist es den Beschäftigten des Ministeriums dank windgeschützt eingebauter Lüftungsflügel möglich, die Fenster zu öffnen und mit individuell steuerbaren Lamellen ein Klima nach ihren Bedürfnissen zu schaffen. Die niedrigen Kühllasten werden über die Heiz- und Kühlelemente einer thermischen Bauteilaktivierung und eine natürliche Lüftung abgeführt.

PROJEKT
Neubau für das Bundesministerium für Gesundheit
STANDORT
Rochusstraße 1, 53123 Bonn
_AKTEURE
BAUHERR
Bundesministerium für Verkehr, Bau und Stadtentwicklung (BMVBS)
DURCHFÜHRUNG
Bundesamt für Bauwesen und Raumordnung (BBR)
NUTZER
Bundesministerium für Gesundheit (BMG)
ARCHITEKTEN
Generalplaner
Petzinka Pink Architekten, Düsseldorf
_TERMINE
PLANUNGSVERGABE
2004 (Wettbewerb)
BAUBEGINN
2005
FERTIGSTELLUNG
2007
_GEBÄUDEDATEN
HAUPTNUTZFLÄCHE HNF
9 300 m²
BRUTTOGRUNDFLÄCHE BGF
17 200 m²
BRUTTORAUMINHALT BRI
62 800 m³
_KOSTEN
Gesamtbaukosten
KG 200 bis 700, brutto
28 Mio. EUR
KG 300 und 400, brutto
22 Mio. EUR

HERRICHTEN DES BERLINER DIENSTSITZES DES BUNDESMINISTERIUMS FÜR UMWELT, NATURSCHUTZ UND REAKTORSICHERHEIT

BERLIN _WETTBEWERB 2003 _BAU 2007–2010

In Berlins neuer Mitte um den Potsdamer Platz gibt es nur noch wenig alte oder zumindest ältere Bausubstanz. Ein geschichtsträchtiges Stück wilhelminischer Architektur hat sich als bundeseigene Liegenschaft fragmentarisch an der Ecke Stresemann-/Erna-Berger-Straße erhalten. Es ist das unter Denkmalschutz stehende ehemalige preußische Landwirtschaftsministerium aus dem Jahr 1916, das im Laufe der Zeit etliche Blessuren erlitten hat. Während des Zweiten Weltkriegs wurde ein Bunker mit einer 2 Meter dicken Betondecke quer in das Gebäude hineingeschoben. Später brannte das Dach ab und die Ornamente am Außenbau sowie im Innern wurden zerstört. Die Zentrale Konsumgenossenschaft der DDR, die das Gebäude als Teil der Grenzanlagen in Beschlag nahm, beließ es bei einem Flachdach – und hatte andere Sorgen als die kriegsbedingt abhandengekommene Bauornamentik oder den Erhalt der Gesimse und Pilaster einer wilhelminischen Natursteinfassade.

Seit 2007 wird das Gebäude für das Bundesumweltministerium, das bislang provisorisch am Alexanderplatz zur Miete untergebracht ist, vom Berliner Architekturbüro Geier Maass Pleuser generalsaniert und durch einen Neubau ergänzt. Voraussichtlich Ende 2010 wird es fertiggestellt und das neue Zentrum Berlins städtebaulich weiter aufwerten.

Die Renderings zeigen einen Altbau mit restauriertem und teilweise modern ergänztem Bauschmuck und einem steil aufgerichteten Walmdach. Daneben gibt es den mit spitzem Winkel auf die Straßenecke zulaufenden sechsstöckigen Neubau, dessen hellbeige Fassade auf Rhythmuswechsel und auf das Spiel mit Achsen und akzelerierenden Fensterbreiten setzt.

Eines der Markenzeichen des Ministeriums wird ein original erhaltener Abschnitt der Hinterlandmauer sein. Die Mauerreste werden in das Gebäude integriert und als »Herzstück« des dort befindlichen Ausstellungsraums frei zugänglich sein. Von den fünf Obergeschossen dieses gläsernen Foyers laufen Brücken über die Mauer hinweg und verbinden den Neubau, der den Leitungsbereich des Ministeriums beherbergt, mit dem Altbau.

Die Verbindung von Altbau, Neubau und den Mauerrelikten bezeichnen die Architekten als »Interaktion der Fragmente«. Der Neubau lehnt sich in Struktur, Material und Farbe an den Altbau an, bewahrt sich dank seiner strengen Geometrie und der Ausbildung gläserner Fugen aber seine Eigenständigkeit.

Die Planungen von Geier Maass Pleuser werden den baupolitischen Anliegen des Bundesumweltministeriums, nämlich Energieeffizienz, Ressourcenschonung und Nachhaltigkeit, gerecht. So wird der Neubau ein Niedrigstenergiehaus mit den Standardwerten eines Passivhauses sein, während der Altbau mit der Glasüberdachung des Innenhofs eine Sanierung nach ökologischen Kriterien erfährt.

PROJEKT
Herrichten des Berliner Dienstsitzes des Bundesministeriums für Umwelt, Naturschutz und Reaktorsicherheit
STANDORT
Stresemannstraße 128, 10117 Berlin
_AKTEURE
BAUHERR
Bundesministerium für Verkehr, Bau und Stadtentwicklung (BMVBS)
DURCHFÜHRUNG
Bundesamt für Bauwesen und Raumordnung (BBR)
NUTZER
Bundesministerium für Umwelt, Naturschutz und Reaktorsicherheit (BMU)
ARCHITEKTEN
Geier Maass Pleuser Architekten, Berlin
TECHNISCHE GEBÄUDEAUSRÜSTUNG
Acerplan, Berlin
GT-Plan, Berlin
_TERMINE
PLANUNGSVERGABE
2003 (Wettbewerb)
BAUBEGINN
2007
FERTIGSTELLUNG
2010

_GEBÄUDEDATEN
HAUPTNUTZFLÄCHE HNF
8 400 m²
BRUTTOGRUNDFLÄCHE BGF
21 100 m²
BRUTTORAUMINHALT BRI
89 800 m³
_KOSTEN
Gesamtbaukosten
KG 200 bis 700, brutto
50 Mio. EUR
KG 300 und 400, brutto
45 Mio. EUR

ERWEITERUNGSNEUBAU AM BERLINER DIENSTSITZ DES BUNDESMINISTERIUMS FÜR ERNÄHRUNG, LANDWIRTSCHAFT UND VERBRAUCHERSCHUTZ

BERLIN _VOF-VERFAHREN 2003/04 _BAU 2006-2009

Der Berliner Dienstsitz des Bundesministeriums für Ernährung, Landwirtschaft und Verbraucherschutz (BMELV) war zu klein geworden. So wurde beschlossen, das 1903 errichtete Gebäude, in dem einst das Kaiserliche Geheime Civil-Cabinett untergebracht war, zu erweitern. Diese Lösung bot sich an, da direkt neben dem bestehenden Dienstsitz an der Ecke Wilhelm-/Französische Straße Flächen und die ehemaligen Gebäude der Hochschule für Musik Hanns Eisler zur Verfügung standen.

Das beauftragte Berliner Büro Anderhalten Architekten inszeniert das geplante Miteinander von Neubau und wilhelminischem Altbau funktional, repräsentativ und kontrastreich. Ein markanter sechsgeschossiger Baukörper fällt durch die horizontale Gliederung mit anthrazitfarbener Natursteinverkleidung auf und reizt die Gegensätze aus: Er setzt Stein gegen Glas, lässt die Fensterbänder vertikal verspringen und sondert sich gegenüber dem um eine Attika ergänzten wilhelminischen Altbau durch eine vertikal geschlossene Mauerkante ab. Mit Foyer, Besucher- und Konferenzräumen sowie einer Cafeteria zeigt sich der Neubau im Erdgeschoss als weltoffener, eleganter Glaskörper, dessen Fluchtlinien und Traufhöhen der städtebaulichen Grundstruktur der barocken Friedrichstadt folgen. Gleichzeitig lockert die auf der Nordseite dezent ein- und ausschwingende Fassade das strenge Blockraster auf. Hinter der Fassade verbirgt sich ein unregelmäßig geformtes, »Canyon« genanntes schmales Atrium.

Großen Wert legte der Bund als Bauherr und Nutzer auf Energieeffizienz, Nachhaltigkeit und schonenden Umgang mit Ressourcen. So ist unter anderem der Anteil an Speichermassen hoch, und die Geschossdecken verfügen über eine integrierte Baukerntemperierung.

Auf der Ostseite wird für das Ministerium die einstige Musikhochschule der DDR saniert. Das heterogene Gesamtensemble aus Altbau, Neubau und ehemaliger Musikhochschule wird einen begrünten Innenhof umschließen. Mit der Baumaßnahme für das BMELV erfährt das Viertel, in dem sich in unmittelbarer Nähe von Reichstag, Pariser Platz und Holocaust-Denkmal noch immer einzelne Kriegsschäden zeigen, eine weitere städtebauliche Aufwertung.

PROJEKT
Erweiterungsneubau am Berliner Dienstsitz des Bundesministeriums für Ernährung, Landwirtschaft und Verbraucherschutz
STANDORT
Wilhelmstraße 54, 10117 Berlin
_AKTEURE
BAUHERR
Bundesministerium für Verkehr, Bau und Stadtentwicklung (BMVBS)
DURCHFÜHRUNG
Bundesamt für Bauwesen und Raumordnung (BBR)
NUTZER
Bundesministerium für Ernährung, Landwirtschaft und Verbraucherschutz (BMELV)
ARCHITEKTEN
Anderhalten Architekten GmbH, Berlin
TECHNISCHE GEBÄUDEAUSRÜSTUNG
Dresdner ÖKOTHERM GmbH, Dresden
_TERMINE
PLANUNGSVERGABE
2003/04 (VOF-Verfahren)
BAUBEGINN
2006
FERTIGSTELLUNG
2009

_GEBÄUDEDATEN
HAUPTNUTZFLÄCHE HNF
7 400 m²
BRUTTOGRUNDFLÄCHE BGF
17 400 m²
BRUTTORAUMINHALT BRI
64 200 m³
_KOSTEN
Gesamtbaukosten
KG 200 bis 700, brutto
42 Mio. EUR
KG 300 und 400, brutto
35 Mio. EUR

BUNDESMINISTERIUM DES INNERN

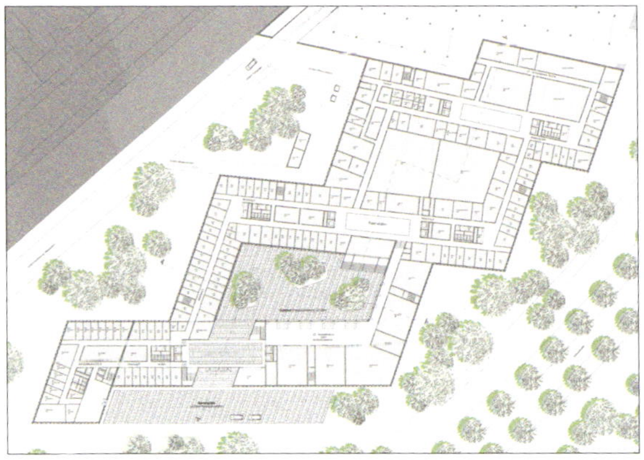

NEUBAU FÜR DAS BUNDESMINISTERIUM DES INNERN

BERLIN _WETTBEWERB 2006/07 _BAU 2011–2014

Zu den letzten Dienstsitzen, die in Berlin noch provisorisch untergebracht sind, gehört neben dem ebenfalls vor dem Umzug stehenden Bundesministerium für Umwelt, Naturschutz und Reaktorsicherheit (BMU) auch das 1999 mit dem ersten Dienstsitz nach Berlin verlagerte Bundesministerium des Innern (BMI). Bisher ist es auf drei Standorte in Alt-Moabit, an der Bundesallee und am Fehrbelliner Platz verteilt. Aus wirtschaftlichen, funktionalen und vor allem auch aus Sicherheitsgründen wurde vor einigen Jahren ein in zwei Bauabschnitten zu realisierender bundeseigener Neubau beschlossen, der die Berliner Bereiche des BMI an einem Ort in Berlin-Mitte mit ausreichenden Erweiterungsmöglichkeiten zusammenführt.

Entsprechend der Bedeutung des mit rund zweihundert Millionen Euro veranschlagten Bauvorhabens wurde ein zweiphasiger Realisierungswettbewerb ausgeschrieben, der die Möglichkeiten der Bebauung auf dem zur Verfügung stehenden Grundstück gründlich ausloten sollte. Nicht weniger als zweihundertachtzig Architekturbüros nahmen in der ersten Phase teil. Schließlich siegte der Entwurf der Berliner Architekten Thomas Müller und Ivan Reimann, dessen »unaufdringliche Präsenz« die Wettbewerbsjury überzeugte.

Der neue Dienstsitz liegt in unmittelbarer Nachbarschaft zum Bundeskanzleramt von Axel Schultes Architekten und zum Hauptbahnhof von gmp Architekten am Spreeufer. Thomas Müller und Ivan Reimann, die auch das Auswärtige Amt am Werderschen Markt entworfen haben, reagieren mit einem flächeneffizienten Grundriss auf die durchwachsene städtebauliche Situation und reizen die Möglichkeiten des architektonisch nicht leicht zu beplanenden Grundstücks aus. Drei Z-förmige Bauten greifen ineinander und vermeiden die Monotonie sich endlos hinziehender Wände, indem sie die gewaltige Baumasse schlank auf die Gebäudeflügel verteilen, die zwei unterschiedlich große Höfe freistellen.

Die Gebäudehöhe variiert zwischen vier Geschossen an der nördlichen Eingangsseite und neun Geschossen auf der repräsentativen Südseite.

So zeigt sich der Baukörper aufgelockert, obwohl er ein immenses Volumen hat und die Travertinfassaden eine weniger dynamische als vielmehr harmonisch-ruhige Textur aufweisen.

Im Gebäudeinnern verspricht der Entwurf eine interessante und abwechslungsreiche Wegeführung. Konsequent durchgezogene Fenstermodule unterstützen die Flexibilität bei der Raumnutzung und eine effiziente Tageslichtausnutzung. Hohe Energieeffizienz und das Grundprinzip nachhaltigen Bauens kennzeichnen die Planung.

PROJEKT
Neubau für das Bundesministerium des Innern
STANDORT
Alt-Moabit, 10557 Berlin
_AKTEURE
BAUHERRIN
Bundesanstalt für Immobilienaufgaben (BImA)
DURCHFÜHRUNG
Bundesamt für Bauwesen und Raumordnung (BBR)
NUTZER
Bundesministerium des Innern (BMI)
ARCHITEKTEN
Thomas Müller Ivan Reimann Architekten, Berlin
_TERMINE
PLANUNGSVERGABE
2006/07 (Wettbewerb)
BAUBEGINN
2011
FERTIGSTELLUNG
2014
_GEBÄUDEDATEN
NUTZFLÄCHE NF
40 300 m²
BRUTTOGRUNDFLÄCHE BGF
74 500 m²
BRUTTORAUMINHALT BRI
301 300 m³
_KOSTEN
Gesamtbaukosten
KG 200 bis 700, brutto
199 Mio. EUR
KG 300 und 400, brutto
152 Mio. EUR

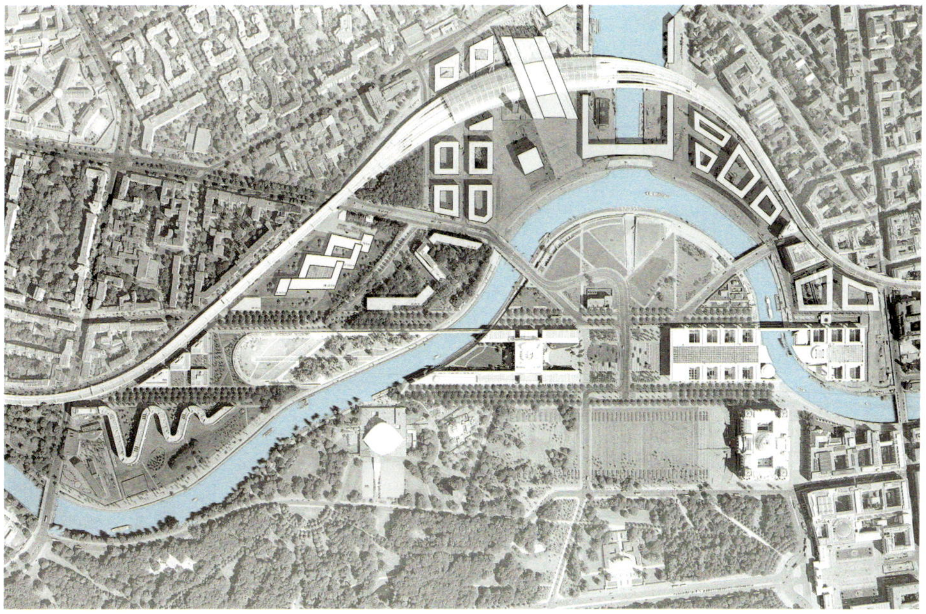

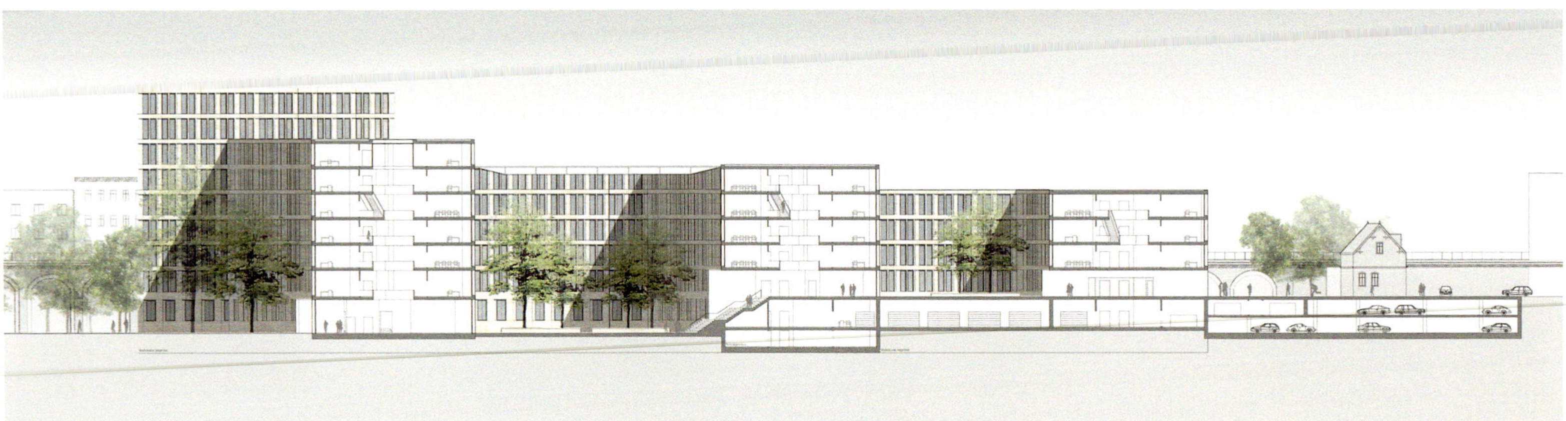

BUNDESMINISTERIUM DES INNERN

UM- UND NEUBAU FÜR DAS FORTBILDUNGSZENTRUM DES AUSWÄRTIGEN AMTES

BERLIN _WETTBEWERB 2007 _BAU 2009/10

Auf den Erweiterungsbau des Auswärtigen Amtes am Werderschen Markt von Thomas Müller Ivan Reimann Architekten folgt spreekanalabwärts mit dem ehemaligen Reichsbankgebäude das Hauptgebäude des Auswärtigen Amtes und darauf das sanierte Nebengebäude Oberwasserstraße 11–12. Das anschließende Haus Oberwasserstraße 13 wird derzeit für die Angehörigen des Auswärtigen Amtes zu einem Fortbildungszentrum umgebaut und eingerichtet. Das 1910/11 errichtete, mit seinen klassizistischen und modernen Architekturelementen unter Denkmalschutz gestellte kontorhausähnliche Gebäude soll erhalten und saniert werden, dabei aber, zurückgesetzt vom Spreeufer, an der Kreuzstraße einen eigenen Eingang erhalten.

Zu der Baumaßnahme gehören die Sanierung und der Umbau des Altbaus zum Fortbildungszentrum. In diesem Rahmen entsteht ein Gefüge aus Seminar-, Schulungs-, Büro- und Nebenräumen, und es werden bautypologisch prägnante Konstruktionselemente wie Voutendecken und Stützen freigelegt.

Der international ausgelobte Wettbewerb für das Zentrum forderte auch ein neues Eingangsgebäude mit einem über die Kreuzstraße führenden Übergang zwischen dem denkmalgeschützten Gebäude Oberwasserstraße 13 und dem nördlich anschließenden Gebäude Oberwasserstraße 11–12. Als Sieger des Wettbewerbs hat der Schweizer Architekt Rolf Mühlethaler aus Bern dafür einen Sockelbau entworfen.

Dieser besteht aus einem genial einfachen Baukörper mit heller Travertinfassade, der durch seine Geschlossenheit auffällt. Lediglich schmale Fensterschlitze, die sich innen trichterförmig erweitern, und eine Fensterwand im Erdgeschoss strukturieren den skulpturalen Bau.

Der Architekt verbindet die beiden bislang durch die Kreuzstraße getrennten historischen Gebäude und das geplante Fortbildungszentrum mit der Gesamtliegenschaft des Auswärtigen Amtes auf zweierlei Arten. Ein als »Durchlader« konzipierter Fahrstuhl vermittelt innen zwischen den unterschiedlichen Geschosshöhen von Alt- und Neubau. Außerdem verbindet eine aus dem Sockel heraus entwickelte quaderförmige Brücke die Gebäude in Höhe der zweiten Etage.

Mühlethalers Intervention setzt zwischen den Altbauten einen besonders markanten Akzent und hebt sich durch kompaktes Volumen und völlige Eigenständigkeit von den Nachbarbauten ab. Gleichzeitig wird das Eingangsgebäude – nicht zuletzt durch den Travertin, der auch bei Müller Reimanns Erweiterungsbau des Auswärtigen Amtes Verwendung fand – als konsequent aus dem Bestehenden heraus entwickelter Ensemblebau und als präzise städtebauliche Setzung erfahrbar. Das Innere ist abwechslungsreich nach dem Prinzip von »Verengung und Öffnung« organisiert. Auch das über Trichter gefilterte Licht wird in der weiß gehaltenen Eingangshalle für eine intensive Raumerfahrung sorgen.

PROJEKT
Um- und Neubau für das Fortbildungszentrum des Auswärtigen Amtes
STANDORT
Oberwasserstraße 13, 10117 Berlin
_AKTEURE
BAUHERR
Bundesministerium für Verkehr, Bau und Stadtentwicklung (BMVBS)
DURCHFÜHRUNG
Bundesamt für Bauwesen und Raumordnung (BBR)
NUTZER
Auswärtiges Amt (AA)
ARCHITEKTEN
Rolf Mühlethaler Architekt BSA SIA, Bern (CH)
TECHNISCHE GEBÄUDEAUSRÜSTUNG
CEP, Berlin
ibn, Berlin
_TERMINE
PLANUNGSVERGABE
2007 (Wettbewerb)
BAUBEGINN
2009
FERTIGSTELLUNG
2010
_GEBÄUDEDATEN
HAUPTNUTZFLÄCHE HNF
2 000 m²
BRUTTOGRUNDFLÄCHE BGF
5 300 m²
BRUTTORAUMINHALT BRI
18 600 m³
_KOSTEN
Gesamtbaukosten
KG 200 bis 700, brutto
12 Mio. EUR
KG 300 und 400, brutto
9 Mio. EUR

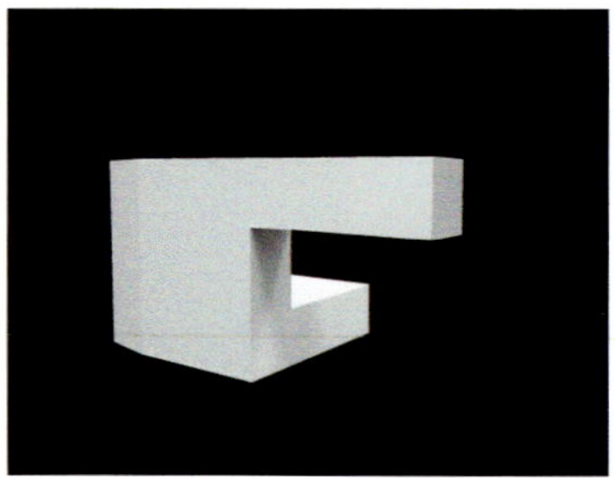

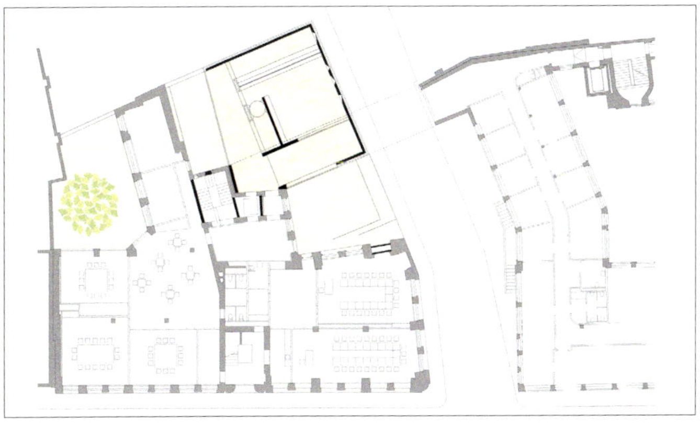

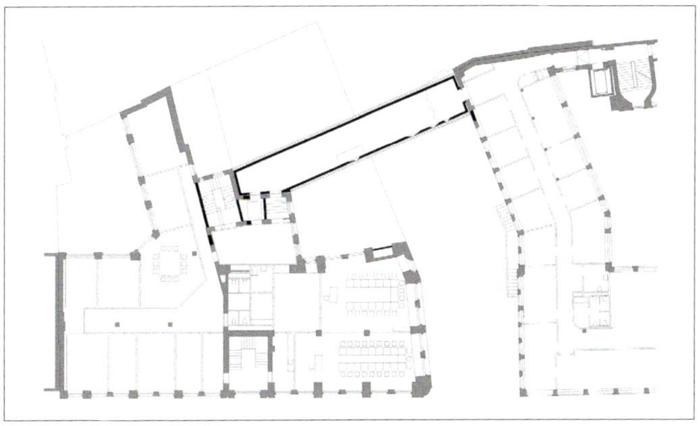

SCHLOSS MESEBERG, SANIERUNG UND RESTAURIERUNG DER SCHLOSSANLAGE MIT PARK NACH BAROCKEM VORBILD ALS GÄSTEHAUS DER BUNDESREGIERUNG

GRANSEE _DIREKTVERGABE 2004 _BAU 2005-2007

Schloss Meseberg am Huwenowsee ist kein üppig ausladendes Prunkschloss, sondern ein klassizistischer Barockbau eher bescheidenen Ausmaßes – ein rechtes Kleinod, dessen Architekt unbekannt ist. Dennoch spielt Schloss Meseberg, etwa 60 Kilometer nördlich von Berlin gelegen, seit Januar 2007 als neues Gästehaus der Bundesregierung eine herausragende Rolle.

Eine in Achsen eingeteilte Parkanlage, zwei als Gästehäuser genutzte Gebäuderiegel, ein ehemaliges Kastellanhaus, ein Pavillon und ein Ehrenhof umspielen durchaus lieblich das Schloss, in dem unter anderem bereits Jacques Chirac, Romano Prodi und George W. Bush empfangen wurden. Die Architektur und die mit historischen Deckengemälden, Wandschmuck, Kachelöfen und Mobiliar ausgestatteten Räume sind repräsentativ. In vier Suiten im Obergeschoss können die Staatsgäste nächtigen, im Erdgeschoss befinden sich die Empfangssäle, die Bibliothek und ein Kaminzimmer.

Alles scheint, als sei es nie anders gewesen. Doch das 1738 errichtete Schloss blickt auf eine bewegte Geschichte zurück. Vielfach wechselten die Besitzer. Ende des 19. Jahrhunderts bezogen Nachfahren Gottfried Ephraim Lessings das Gebäude, das Theodor Fontane in seinen *Wanderungen durch die Mark Brandenburg* »Zauberschloss« nannte. Doch mit dem Schloss in dem kleinen, hundertfünfzig Einwohner zählenden Ort am Huwenowsee ging es zwischenzeitlich stark bergab. Weltwirtschaftskrise und Inflation forderten ihren Tribut und führten zu unbeständigen Eigentumsverhältnissen. Im Zuge dunkler Machenschaften Hermann Görings und später auch infolge der Bodenreform durch die sowjetische Besatzungsmacht kam es zu Enteignungen. Nach dem Krieg waren hier ein Lebensmittelgeschäft, ein Kindergarten, das Gemeindebüro und andere Einrichtungen untergebracht. Der Bau verfiel zunehmend. Schon die DDR plante die Nutzung als Begegnungsstätte der Akademie der Wissenschaften. 1995 erwarb die Messerschmitt Stiftung als größte private Denkmalschutzorganisation der Bundesrepublik Deutschland das, was von Schloss Meseberg übrig geblieben war. Fünfundzwanzig Millionen Euro ließ die Stiftung in die Restaurierung fließen und rettete damit das als Baudenkmal eingestufte Schloss, den Barockpark und die Ruine des Lessing-Mausoleums vor dem endgültigen Verfall. Dabei galt es nicht nur, die Fassaden zu rekonstruieren, im Innenbereich den Bestand zu sichern und historische Türschlösser, Fensterbeschläge und Konsolen anzufertigen. Bei Grabungen stieß man auf Fundamente und begann danach zu rekonstruieren. Es kam zur erneuten Einfriedung des Ehrenhofs, der bereits im 18. Jahrhundert abgerissen worden war, und zum Aufbau jenes längst schon vom Erdboden verschwundenen barocken Kastellanhäuschens sowie der Nebengebäude des ehemaligen Kavaliershauses und des Marstalls. Die Bundesregierung mietete das Schloss anschließend zu einem symbolischen Mietzins für zunächst zwanzig Jahre. Zusätzlich investierte sie dreizehn Millionen Euro insbesondere in die umfangreiche Sicherheits- und Kommunikationstechnik und einen angemessenen Rahmen zum Empfang bedeutender Staatsgäste.

PROJEKT
Schloss Meseberg, Sanierung und Restaurierung der Schlossanlage mit Park nach barockem Vorbild als Gästehaus der Bundesregierung
STANDORT
Meseberger Dorfstraße 29-31, 16775 Gransee - OT Meseberg
_AKTEURE
BAUHERRIN
Messerschmitt-Stiftung, München
DURCHFÜHRUNG
Messerschmitt-Stiftung, München
NUTZER
Bundeskanzleramt
BAUFACHLICHE BERATUNG
Bundesministerium für Verkehr, Bau und Stadtentwicklung (BMVBS) und Bundesamt für Bauwesen und Raumordnung (BBR)
ARCHITEKTEN
Förster & Plietzsch, Leipzig
TECHNISCHE GEBÄUDEAUSRÜSTUNG
IPRO-Berlin
_TERMINE
PLANUNGSVERGABE
2004 (Direktvergabe)
BAUBEGINN
2005
FERTIGSTELLUNG
2007

_GEBÄUDEDATEN
HAUPTNUTZFLÄCHE HNF
2 200 m²
BRUTTOGRUNDFLÄCHE BGF
5 600 m²
_KOSTEN
Gesamtkosten
KG 100 bis 700, brutto
Messerschmitt-Stiftung
25 Mio. EUR
Bundesrepublik Deutschland
13 Mio. EUR
(mit Erstausstattung)

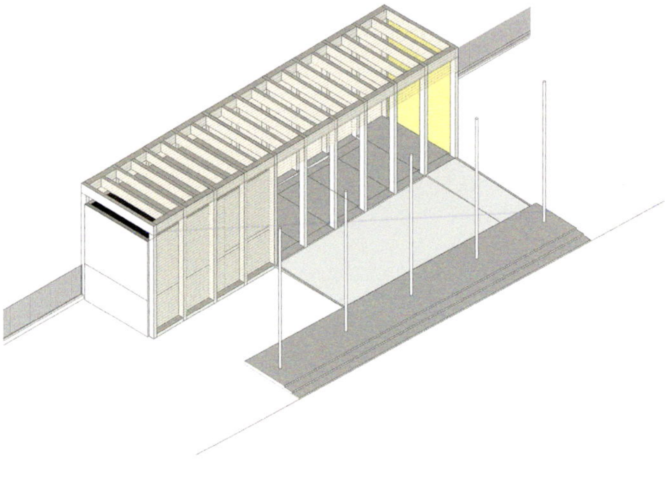

NEUBAU DES EHRENMALS DER BUNDESWEHR

BERLIN _ARCHITEKTEN- UND KÜNSTLERWETTBEWERB 2007 _BAU 2008/09

Im November 2008 begannen auf dem Areal des Bendlerblocks die Arbeiten am Ehrenmal der Bundeswehr. Hier am Berliner Dienstsitz des Verteidigungsministeriums soll künftig zentral der Soldaten gedacht werden, die seit Gründung der Bundeswehr im Jahre 1955 im Dienst ihr Leben verloren haben. Zur Lösung dieser bedeutenden Aufgabe hatte das Verteidigungsministerium ein Auswahlverfahren mit sechs renommierten Künstlern und Architekten durchgeführt.

Der im Ergebnis dieses Verfahrens beauftragte Münchner Architekt Andreas Meck hat das begehbare und räumlich erfahrbare Ehrenmal als eine 32 Meter lange, 8 Meter breite und 10 Meter hohe Struktur aus Stahlbetonfertigteilen konzipiert. Eine über die Stahlbetonkonstruktion gelegte, fein durchbrochene Bronzehülle reagiert sensibel und vielfältig auf unterschiedliche Lichtsituationen. In die teilweise offene Hallenarchitektur integriert sich auf der Südseite als Ort des Gedenkens der Raum der Stille. Hier erfährt die strenge Ordnung und tektonische Schichtung des Ehrenmals eine Irritation: Als Symbol für die Macht des Todes wird sich die letzte Bodenplatte aus der Bodenebene herausschieben und sich so dem orthogonalen Raumgefüge widersetzen.

Das Ehrenmal der Bundeswehr bewegt sich im Grenzbereich von Architektur und Kunst. Es ist nach den Idealmaßen des Goldenen Schnitts proportioniert und einer eingängigen Bildsprache verpflichtet. Die bronzene Fassadenhaut prägt das Erscheinungsbild und symbolisiert mit den halbierten ovalen Durchbrüchen – in Anlehnung an die geteilten Erkennungsmarken der Soldaten – den Tod. Bedeutungsvoll verlieren sich die Raumgrenzen des Raumes der Stille im Dunkel, während die Namen der Toten körperlos in einem LED-Display hinter dem lichtdurchlässigen Beton der Deckenplatte im Raum schweben. Verhaltener Goldglanz auf der gegenüberliegenden Wand steht für Transzendenz und Hoffnung. Eine eingelassene Reliefinschrift trägt die Widmung: »Den Toten unserer Bundeswehr. Für Frieden, Recht und Freiheit.«

Das direkt an die westliche Grundstückskante gerückte Ehrenmal der Bundeswehr schließt sich an den erhöhten Fahnenplatz in der Mittelachse des Platzes des Bendlerblocks an. Verschiebbare Elemente an den Längsseiten des Gebäuderiegels erlauben, den normalerweise öffentlich zugänglichen Eingang an der Hildebrandstraße zu schließen und das Ehrenmal für Zeremonien auf der Ostseite zum Paradeplatz hin zu öffnen.

PROJEKT
Neubau des Ehrenmals der Bundeswehr
STANDORT
Bendlerblock, Stauffenbergstraße 18, 10785 Berlin
_AKTEURE
BAUHERR
Bundesministerium für Verkehr, Bau und Stadtentwicklung (BMVBS)
DURCHFÜHRUNG
Bundesamt für Bauwesen und Raumordnung (BBR)
NUTZER
Bundesministerium der Verteidigung (BMVg)
ARCHITEKTEN
Prof. Andreas Meck, München
TECHNISCHE GEBÄUDEAUSRÜSTUNG
Ingenieurbüro Walter Bamberger, Pfünz
_TERMINE
PLANUNGSVERGABE
2007 (Architekten- und Künstlerwettbewerb in der Zuständigkeit des BMVg)
BAUBEGINN
2008
FERTIGSTELLUNG
2009
_GEBÄUDEDATEN
BRUTTOGRUNDFLÄCHE BGF
200 m²
_KOSTEN
Gesamtbaukosten
KG 200 bis 700, brutto
4,0 Mio. EUR
KG 300 und 400, brutto
2,8 Mio. EUR

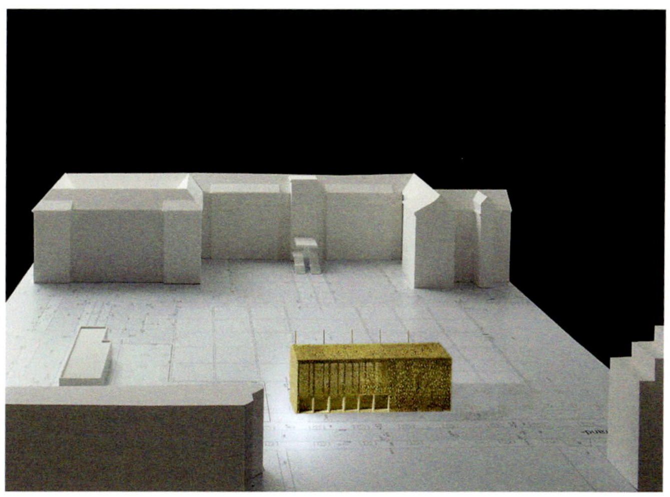

BAUEN FÜR DIE OBERSTEN GERICHTE

Es gehört seit jeher zum föderalen Prinzip der Bundesrepublik Deutschland, dass die leitenden Bundesorgane nicht in der Hauptstadt zentriert, sondern auch auf die Länder verteilt werden. Nach der Wiedervereinigung ging es erneut um Ausgleich und Strukturbildung. Das Bundesverfassungsgericht und große Teile des Bundesgerichtshofs blieben in Karlsruhe. Das Bundesarbeitsgericht aber wurde von Kassel nach Erfurt verlegt und das Bundesverwaltungsgericht von Berlin nach Leipzig. Die von der Föderalismuskommission getroffene Entscheidung für den Dienstsitz Leipzig und für das Gebäude des ehemaligen Reichsgerichts war auch ein Bekenntnis zur herausragenden wilhelminischen Architektur. Gleichzeitig war dies ein geschichtliches Bekenntnis zu einem Justizpalast, der einst die neue nationale Rechtseinheit des 1871 gegründeten Deutschen Reiches und die neuen Anforderungen an die Rechtsprechung mustergültig verkörpert, später unter dem nationalsozialistischen Regime aber eine unrühmliche Rolle gespielt hatte. | Der Neubau für das Bundesarbeitsgericht in Erfurt ist ein modernes Haus des Rechts, das den typologischen Wandel der Gerichtsgebäude in der demokratischen Gesellschaft klar vor Augen führt. Die Architektur, ein viergeschossiger Kubus, vermeidet das mit älteren Gerichtsbauten einhergehende Pathos einschüchternd großer Portale und steiler Treppen und lässt von außen nicht einmal erahnen, welche Funktion das Gebäude hat. | Die Würde einer Institution muss sich nicht in großen architektonischen Gebärden ausdrücken. Beim mehrfach ausgezeichneten Neubau des Senats- und Bibliotheksgebäudes für den Bundesgerichtshofs in Karlsruhe haben die Architekten den aus Sicherheitsgründen nicht mehr öffentlich zugänglichen Bundesgerichtshof zum Stadtraum klar abgegrenzt. Mit kleinen architektonischen Gesten aber setzen sie auch Zeichen der rechtsstaatlichen Transparenz demokratischer Entscheidungsprozesse. | Deutlich treten die Sicherheitsbedürfnisse beim Neubau für die Generalbundesanwaltschaft beim Bundesgerichtshof in der Karlsruher Südweststadt zu Tage. Eine 5 Meter hohe Mauer ruft den Terror des Deutschen Herbstes 1977 mit der Ermordung des Generalbundesanwaltes Siegfried Buback und seiner Begleiter in Erinnerung. Hinter den Mauern aber stemmt sich das Gebäude mit Macht gegen den Funktionalismus der deutschen Nachkriegsarchitektur. | Obwohl die Sicherheitsmaßnahmen die Erscheinung der Gerichtsgebäude prägen, sind die Beispiele in Leipzig, Erfurt und Karlsruhe auf ihre Art alle ein Qualitätsbekenntnis im Sinne der Baukultur.

NEUBAU FÜR DIE GENERALBUNDESANWALTSCHAFT BEIM BUNDESGERICHTSHOF

KARLSRUHE _WETTBEWERB 1985/86 _BAU 1994 1998

Von dem am Rande der Karlsruher Südweststadt gelegenen Neubau der Generalbundesanwaltschaft sieht man zunächst kaum mehr als die mit Lisenen und Blendwerk verzierte Mauer. Deren sicherheitsbedingte Höhe von 5 unüberwindbaren Metern ist dem Terror des »Deutschen Herbstes« 1977 mit der Ermordung des Generalbundesanwaltes Buback und seiner Begleiter geschuldet.

Ende der Achtzigerjahre wurde wegen massiven Platzmangels die räumliche Trennung von Bundesgerichtshof und Generalbundesanwaltschaft beschlossen. Der Entwurf für den Neubau für die Generalbundesanwaltschaft stammt von Oswald Mathias Ungers (1926–2007). Die über einem quadratischen Grundriss auf einem ehemaligen Industriegelände errichtete Anlage umfriedet ein modernes Stadtpalais, das sich aus einem rückwärtigen U-förmigen Winkelbau und einem eingestellten Halbkreis zusammensetzt. Beide Teile umschließen einen fünfgeschossigen, überdachten Innenhof, der als Eingangsbereich dient.

Der Dienstsitz des Generalbundesanwalts ist eine typische »Ungers-Architektur«. Alles ist einer Architekturphilosophie untergeordnet, die aus elementaren Formen Harmonie und aus der Harmonie das Grundgesetz des Bauens ableitet. Aus modular durchdeklinierten Quadraten und Halbkreisen hat Ungers Grund- und Aufriss des Gebäudes und der ganzen Anlage entwickelt. Bis hin zu den Hof- und Grünflächen sind sämtliche Details diesem Raster und Ordnungsprinzip unterworfen. Auch der Sockel und die erlesenen Materialien mit ihrem differenzierten Feinschliff, der über die Wirkung und Helligkeit des Steines entscheidet, sowie die weiß verputzten Fassaden im Innern gehören zum festen Repertoire der »Ungers-Architektur«.

Die auf Repräsentation bedachte Ästhetik der Generalbundesanwaltschaft stemmt sich gegen den »Bauwirtschaftsfunktionalismus« (Heinrich Klotz) der Nachkriegszeit. Halb Architektur, halb auch schon Skulptur, hat sich das Gebäude seit 1998 im Alltag der rund zweihundert Beschäftigten bewährt. Es ist ein Solitär entstanden, welcher der Umgebung verpflichtet bleibt. Das Mauergebäude folgt dem Blockrand des Karlsruher Südwestens und auch die Natursteinfassade aus aufgehelltem fränkischem Jurakalkstein zollt dem Genius Loci, den historischen öffentlichen Bauten des barocken und klassizistischen Karlsruhe, ihren Tribut.

PROJEKT
Neubau für die Generalbundesanwaltschaft beim Bundesgerichtshof
STANDORT
Brauerstraße 30, 76135 Karlsruhe
_AKTEURE
BAUHERR
Bundesministerium für Verkehr, Bau und Stadtentwicklung (BMVBS)
DURCHFÜHRUNG
Landesbetrieb Bundesbau Baden-Württemberg, Staatliches Hochbauamt Baden-Baden
NUTZERIN
Generalbundesanwaltschaft beim Bundesgerichtshof
ARCHITEKTEN
Prof. O. M. Ungers und Partner GmbH, Köln
TECHNISCHE GEBÄUDEAUSRÜSTUNG
INTEG GmbH, Bietigheim-Bissingen
Dipl. Ing. Tomaschewski und Partner, Karlsruhe
_TERMINE
PLANUNGSVERGABE
1985/86 (Wettbewerb)
BAUBEGINN
1994
FERTIGSTELLUNG
1998

_GEBÄUDEDATEN
HAUPTNUTZFLÄCHE HNF
6 100 m²
BRUTTOGRUNDFLÄCHE BGF
19 700 m²
BRUTTORAUMINHALT BRI
82 200 m³
_KOSTEN
Gesamtbaukosten
KG 200 bis 700, brutto
43 Mio. EUR
KG 300 und 400, brutto
32 Mio. EUR

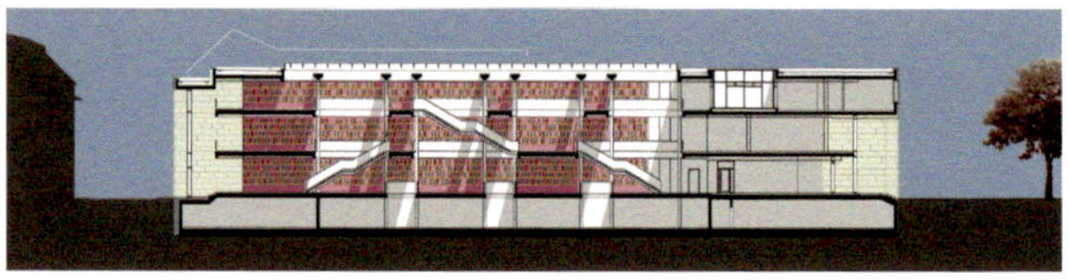

ERWEITERUNGSNEUBAU FÜR DEN BUNDESGERICHTSHOF

KARLSRUHE _WETTBEWERB 1998/99 _BAU 2000-2003

Gerichtsbauten assoziiert man vielfach mit freistehenden wilhelminischen Monumentalbauten. Man denkt an schwere Polstersockel, repräsentative Freitreppen, an Säulen und Stufen, große Raumhöhen und an Kuppeln, die die Stadtsilhouette prägen.

Der Bundesgerichtshof (BGH) in der Karlsruher Innenstadt unweit des Schlosses vereint auf engem Raum unterschiedliche architektonische Typen, Stile und Ausdrucksformen. Das zwischen 1885 und 1918 in neobarocken Formen errichtete Erbgroßherzogliche Palais im Süden, das in der Architektursprache der Sechzigerjahre erbaute Scheibenhaus von Erich Schelling auf der Westseite und der 2003 fertiggestellte Neubau des Senats- und Bibliotheksgebäudes der Braunschweiger Architekten Dohle + Lohse rücken auf dem vier Hektar großen parkähnlichen Gelände zu einem städtebaulich homogenen und dabei spannungsvollen Ensemble zusammen.

Den mit hellem römischem Travertin verkleideten Erweiterungsbau des 1950 gegründeten Bundesgerichtshofs führen die Architekten Dohle + Lohse mäanderförmig um den großen Senatshof. Jeder Bereich hat im ständigen Wechsel von offenen und geschlossenen Formen sein eigenes Gepräge. Das im nördlichen Quertrakt untergebrachte Foyer öffnet sich über drei Geschosse nach außen. Der auf der Westseite gelegene Gebäudeflügel mit Sitzungssälen und Büros ist dagegen im Erdgeschoss komplett verglast, im Obergeschoss mit rhythmisch in die Natursteinfassade gesetzten Fenstern versehen. Der Gebäudeblock, der auf der Ostseite die umfangreiche Bibliothek des BGH sowie ein kleines Museum zur Rechtsgeschichte beherbergt, setzt im Eingangsbereich eine zweigeschossige Verglasung in ein Spannungsverhältnis mit dem auskragenden Lochfassadenstreifen des abschließenden dritten Geschosses. Die dem Hof zugewandte Seite spielt in unaufdringlicher Bildsprache mit dem Wechsel von massivem, symbolisch als Buchrücken herausgestelltem Mauerwerk und tief eingezogener schmaler Verglasung.

Der mehrfach ausgezeichnete Bau der Braunschweiger Architekten folgt dem Blockrand des fächerförmigen Karlsruher Stadtgrundrisses und nimmt die Fluchtlinien der klassizistischen Umgebungsbauten auf. Er verleiht dem Areal eine klare städtebauliche Struktur und grenzt den aus Sicherheitsgründen nicht mehr öffentlich zugänglichen Bundesgerichtshof klar zum Stadtraum ab.

Doch es gibt diskrete Öffnungen und Verbindungen: Ein gläserner Durchbruch zwischen Neubau und dem angrenzenden Bestandsbau gewährt von der Herrenstraße im Westen dezente Blicke auf den Senatshof. Den Großen Sitzungssaal, in dem letztgültige Urteile verkündet werden, öffnen die Architekten zur Straße hin mit zwei flankierenden vertikalen Fensterstreifen – auch dies ein Sinnbild der Transparenz demokratischer und rechtsstaatlicher Entscheidungsprozesse sowie ein Zeichen der Einsicht, dass sich die Würde einer Institution nicht in großen architektonischen Gesten ausdrücken muss.

PROJEKT
Erweiterungsneubau für den Bundesgerichtshof
STANDORT
Herrenstraße 45a, 76133 Karlsruhe
_AKTEURE
BAUHERR
Bundesministerium für Verkehr, Bau und Stadtentwicklung (BMVBS)
DURCHFÜHRUNG
Landesbetrieb Bundesbau Baden-Württemberg, Staatliches Hochbauamt Baden-Baden
NUTZER
Bundesgerichtshof (BGH)
ARCHITEKTEN
Dohle + Lohse Architekten BDA, Braunschweig
TECHNISCHE GEBÄUDEAUSRÜSTUNG
NEK Ingenieure, Braunschweig
_TERMINE
PLANUNGSVERGABE
1998/99 (Wettbewerb)
BAUBEGINN
2000
FERTIGSTELLUNG
2003

_GEBÄUDEDATEN
HAUPTNUTZFLÄCHE HNF
8 100 m²
BRUTTOGRUNDFLÄCHE BGF
12 600 m²
BRUTTORAUMINHALT BRI
53 800 m³
_KOSTEN
Gesamtbaukosten
KG 200 bis 700, brutto
27 Mio. EUR
KG 300 und 400, brutto
20 Mio. EUR

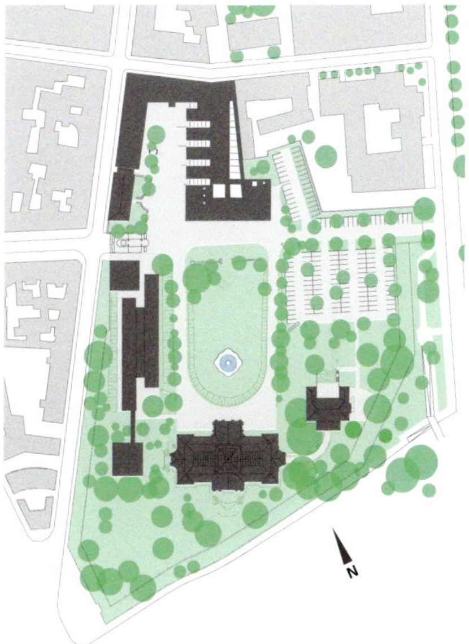

BUNDESVERWALTUNGSGERICHT

VERLEGUNG DES BUNDESVERWALTUNGSGERICHTS NACH LEIPZIG IN DAS EHEMALIGE REICHSGERICHTSGEBÄUDE

LEIPZIG _VOF-VERFAHREN 1994/95 _BAU 1998-2002

Als die unabhängige Föderalismuskommission 1992 entschied, den Sitz des Bundesverwaltungsgerichts von Berlin ins ehemalige Reichsgericht nach Leipzig zu verlegen, war das ein Bekenntnis sowohl zur Geschichte des neuen Dienstsitzes als auch zur Qualität der Architektur. Ludwig Hoffmann und Peter Dybwad hatten das Reichsgericht zwischen 1888 und 1895 am südlichen Rand des Leipziger Stadtzentrums in der Tradition italienischer Palazzi errichtet. Neben dem kurz zuvor fertiggestellten Reichstag von Paul Wallot war damit einer der wichtigsten Monumentalbauten des wilhelminischen Kaiserreichs geschaffen: ein von Schloss- und Museumsarchitekturen beeinflusstes Stück Staatsarchitektur, das auf einer 126 mal 76 Meter großen Fläche einen Gartenhof und einen Wirtschaftshof umschließt und mit klassisch durchkomponierten zweigeschossigen Fassaden, massivem Bossenmauerwerk, einem sechssäuligen Portikus an der Eingangsseite und vor allem der Kuppel das Stadtbild prägte. Der Justizpalast symbolisierte die neue nationale Rechtseinheit und die neuen Anforderungen an die Rechtsprechung und verlieh dabei dem architektonischen Selbstverständnis des 1871 gegründeten Deutschen Reiches einen mustergültigen Ausdruck.

Unter dem nationalsozialistischen Regime spielte das Reichsgericht dann eine unrühmliche Rolle. Zu DDR-Zeiten diente das im Krieg erheblich beschädigte Gebäude zunächst als Kunstmuseum, es beherbergte das Leipziger Georgi-Dimitroff-Museum, das Geografische Institut und verwandelte sich in Teilen zum DEFA-Aufnahmestudio. Dabei verschlechterte sich der Zustand des Gebäudes zusehends.

Das denkmalgeschützte Gebäude war unansehnlich und die vielfach gerühmte Klarheit des parataktischen Raumgefüges durch zweckfremde An-, Ein- und Umbauten empfindlich gestört. Die Sanierungsmaßnahmen führte das Sächsische Immobilien- und Baumanagement in Zusammenarbeit mit dem Wiesbadener Büro Gehrmann Consult zwischen 1998 und 2002 im Auftrag des Bundes durch. Dabei galt es, den alten Zustand der Räume wiederherzustellen und den reichen Dekor der Skulpturen, Stuckverzierungen, Decken- und Wandgemälde zu erhalten oder zu restaurieren. Für fünfundsechzig Richter und einhundertachzig Justizangestellte sowie für die zweihundertdreißigtausend Bände zählende Bibliothek musste Platz geschaffen werden. Dafür wandelte man im Erdgeschoss ehemals private Nutzungsbereiche in Büros um, was eine sichtbare Vergrößerung der Fenster nach sich zog. Darüber hinaus setzte man dem Flachdach eine von der Straße aus nicht sichtbare gläserne Bürospange in Leichtbauweise auf. Die Sitzungssäle auf der Westseite des ersten und zweiten Hauptgeschosses, die viergeschossige Bibliothek hinter dem Mittelrisalit des Nordflügels und die Büros der einzelnen Senate in den Gebäudeecken wurden auf ihren ursprünglichen Zustand zurückgeführt und, wo notwendig, den neuen Erfordernissen angepasst.

Zu den Neubauten gehören neben dem gläsernen Bürobereich im Dachgeschoss die Aufzüge in den Innenhöfen und in der Kuppelhalle, die Tiefgarage sowie die Sicherheitsschleuse des Empfangsbereichs. Der Sanierungsphilosophie entsprechend verwendete man dafür Glas, um den Eindruck des Alten so wenig wie möglich zu stören und doch die Intervention nicht zu verbergen.

PROJEKT
Verlegung des Bundesverwaltungsgerichtes nach Leipzig in das ehemalige Reichsgerichtsgebäude
STANDORT
Simsonplatz 1, 04107 Leipzig
_AKTEURE
BAUHERR
Bundesministerium für Verkehr, Bau und Stadtentwicklung (BMVBS)
DURCHFÜHRUNG
Staatsbetrieb Sächsisches Immobilien- und Baumanagement (SIB) Niederlassung Leipzig I
NUTZER
Bundesverwaltungsgericht
ARCHITEKTEN
Gehrmann Consult GmbH und Partner KG, Wiesbaden
TECHNISCHE GEBÄUDEAUSRÜSTUNG
Eser, Dittmann, Nehring & Partner GmbH, Beratende Ingenieure, Tamm und Stuttgart
Gehrmann Consult GmbH und Partner KG, Wiesbaden
_TERMINE
PLANUNGSVERGABE
1994/95 (VOF-Verfahren)
BAUBEGINN
1998
FERTIGSTELLUNG
2002

_GEBÄUDEDATEN
HAUPTNUTZFLÄCHE HNF
13 700 m²
BRUTTOGRUNDFLÄCHE BGF
37 600 m²
BRUTTORAUMINHALT BRI
193 000 m³
_KOSTEN
Gesamtbaukosten
KG 200 bis 700, brutto
76 Mio. EUR
KG 300 und 400, brutto
62 Mio. EUR

NEUBAU FÜR DAS BUNDESARBEITSGERICHT

ERFURT _WETTBEWERB 1995 _BAU 1996–1999

Drei Jahre nach der deutschen Wiedervereinigung beschloss die Föderalismuskommission die Verlegung des Bundesarbeitsgerichts von Kassel nach Thüringen. Nachdem man sich auf Erfurt als Standort geeinigt hatte, entstand im Park unterhalb der barocken Zitadelle Petersberg der neue Dienstsitz. Die Berliner Architektin Gesine Weinmiller entwarf einen viergeschossigen Kubus, der als Solitär auf weitem Grundstück ein selbstbewusstes städtebauliches Pendant zur mächtigen Zitadelle bildet.

Im Vorfeld gab es große Aufregung um den Bau. Kaum ein Gebäude in der Geschichte der Bundesbauten hatte so heftige Kontroversen hervorgerufen wie das im Jahre 2000 eingeweihte Bundesarbeitsgericht in Erfurt. »Klotz« war noch einer der harmloseren Vorwürfe. Nun hat man sich an den Bau gewöhnt, sogar ausgesöhnt und zollt ihm vielfach Anerkennung. Die Fachwelt würdigte an dem Gebäude, das mit dem Thüringer Staatspreis für Architektur und Städtebau ausgezeichnet wurde, die Rationalität sowie das freie Spiel klarer Formen und erlesener Materialien.

Der vom Park großflächig umspielte Solitär lässt nicht an ein Oberstes Gericht denken, eher an ein Bank- oder Versicherungsgebäude. Er ist vornehm, geheimnisvoll und sucht den Ausgleich von Repräsentation und Offenheit. Es gibt keine typologischen Hinweise, noch nicht einmal kleine architektonische Zeichen oder Gesten, was im Gebäude vor sich geht beziehungsweise was dessen Aufgabe ist. Das Achsraster der Pfosten-Riegel-Fassade zeigt eine von Waagrechten und Senkrechten geprägte unhierarchische Struktur, die durch die geschossweise versetzten Schieferpaneele und das Spiel von Sichtbeton, kanneliertem Naturstein und milchig grünen Schiebeläden aufgelockert wird. Die minimalistische Textur ist keine Einladung, das Gebäude visuell zu erkunden und weiterzudenken. Was sich hinter der Fassade abspielt, wie Grundriss und Räume organisiert sind, darüber gibt die Hülle keine Auskunft.

So umschließt das von außen nach innen entwickelte Gebäude unvermutet zwei Höfe. Von Westen gelangt man durch den ersten Innenhof zum Eingang mit Sicherheitskontrolle und von dort zum zweigeschossigen Foyer, von dem aus die öffentlichen Bereiche des Casinos im Erdgeschoss und die große Bibliothek des Bundesarbeitsgerichts im ersten Obergeschoss zugänglich sind. Dahinter erschließen sich die um ein größeres zweites Foyer gelegten Verhandlungssäle.

Das Gebäude vermeidet einschüchterndes Pathos. Wo in einem wilhelminischen Gerichtsbau steile Treppen zum Verhandlungssaal hinaufführen und ihren Respekt fordern, wird man bei Weinmiller über eine Rampe hinabgeführt. Die Ausstattung mit Eichenpaneelen, Teppichböden oder gediegen-grünlichen Gneisplatten des Bodens ist edel, erhaben und setzt – wie die aus einem Raster abgeleitete Grundrissbildung – die architektonische Ästhetik des Gebäudes mit ihren abstrakten Tendenzen fort.

PROJEKT
Neubau für das Bundesarbeitsgericht
STANDORT
Hugo-Preuß-Platz 1, 99084 Erfurt
_AKTEURE
BAUHERR
Bundesministerium für Verkehr, Bau und Stadtentwicklung (BMVBS)
DURCHFÜHRUNG
Thüringer Landesamt für Bau und Verkehr (TLBV)
NUTZER
Bundesarbeitsgericht (BAG)
ARCHITEKTEN
Gesine Weinmiller Architekten, Berlin
TECHNISCHE GEBÄUDEAUSRÜSTUNG
Alhäuser + König, Hachenburg und Erfurt
_TERMINE
PLANUNGSVERGABE
1995 (Wettbewerb)
BAUBEGINN
1996
FERTIGSTELLUNG
1999

_GEBÄUDEDATEN
HAUPTNUTZFLÄCHE HNF
7 800 m²
BRUTTOGRUNDFLÄCHE BGF
20 700 m²
BRUTTORAUMINHALT BRI
81 000 m³
_KOSTEN
Gesamtbaukosten
KG 200 bis 700, brutto
52 Mio. EUR
KG 300 und 400, brutto
37 Mio. EUR

Bauen für die Gemeinschaft

DER ARCHITEKT IVAN REIMANN
IM GESPRÄCH MIT OLAF ASENDORF
UND MARTIN SEIDEL

Martin Seidel: Herr Reimann, von Ihrem Büro Thomas Müller Ivan Reimann Architekten stammt der Neubau des Auswärtigen Amtes am Werderschen Markt. Derzeit sind Sie mit der Planung des neuen Innenministeriums beschäftigt. Welche Erfahrungen haben Sie mit Bundesbauten gemacht?

Ivan Reimann: Die sind gar nicht so anders als bei anderen Bauprojekten. Bei öffentlichen Bauten ist das Planungsprozedere viel stärker geregelt und demokratisiert. Der Vorteil ist, dass die einzelnen Planungsschritte klarer definiert sind, dass sie auch meistens abgeschlossen werden, bevor man mit dem neuen anfängt und dass es wenig Überraschungen gibt. Der Nachteil ist, dass der bürokratische Aufwand größer ist und sich alles in die Länge zieht.

Seidel: Wie ist das beim Auswärtigen Amt und dem Innenministerium?

Reimann: Das sind in sich jeweils ganz andere Konstellationen. Bei der Planung des Auswärtigen Amtes gab es ein sehr begrenztes Zeitfenster. Viele Entscheidungen mussten daher für einen öffentlichen Bauherren schnell und unbürokratisch getroffen werden. Zum anderen sind wir beim Auswärtigen Amt als Generalplaner angetreten. Dadurch hatten wir zwar einen sehr großen Koordinierungsaufwand und mussten auch größere Risiken eingehen. Aber wir hatten zu jedem Zeitpunkt den Überblick über alle Entscheidungen, Kosten, funktionalen und technischen Abhängigkeiten. Beim Innenministerium sind die Zeiträume sehr lang, und wir sind einer von vielen einzelnen Planungsbeteiligten – mit allen Abhängigkeiten, die das mit sich bringt.

Olaf Asendorf: Wer ist Ihnen als Bauherr lieber, der Staat oder der einzelne finanzkräftige Unternehmer?

Reimann: Es ist schwer darüber pauschal zu urteilen. Man hat es immer mit konkreten Personen zu tun – bei privaten wie bei öffentlichen Trägern. Diese Personen sind manchmal kompetent, entscheidungs- und risikofreudig und manchmal nicht. Wir hatten sowohl bei privaten als auch öffentlichen Bauherren Projekte, die sehr gut beziehungsweise relativ schlecht liefen. Die Gründe dafür lagen in der Projektorganisation sowie an den beteiligten Personen, aber nicht daran, dass der Bauherr öffentlich oder privat war.

Seidel: Wie steht der öffentliche Bauherr zur »Baukunst«? Denkt er in Qualitätsfragen mit?

Reimann: Wir hatten private Auftraggeber, die an architektonischer Qualität sehr interessiert waren, die uns freie Hand gelassen haben, solange wir innerhalb des Budgets und des Terminplans geblieben sind. Wir hatten auch welche, die an Qualität überhaupt nicht interessiert waren und sehr unschön – und auch inkompetent – versucht haben, uns zu maßregeln. Aber auch beim öffentlichen Bauherren kann es passieren, dass, um ja nichts falsch zu machen, nur nach technischen und wirtschaftlichen Kriterien entschieden wird. Der öffentliche Bauherr ist aber insofern meistens näher an Qualität dran, als die Wettbewerbe breiter angelegt und die Jurys größer und anspruchsvoller zusammengesetzt sind. Die öffentlichen Institutionen nutzen die Gebäude selbst und sind schon aus diesem Grund an Qualität interessiert. Außerdem beugt sich der öffentliche Bauherr in der Regel dem Urteil und der Kompetenz der Jury, auch wenn er selbst anders entschieden hätte.

Asendorf: Stichwort »Demokratie als Bauherr«: Dazu fallen einem die gläsernen Behnisch-Bauten ein, die die Transparenz der Demokratie verkörpern sollen. Im Gegensatz dazu steht das »steinerne Berlin«, das einer ganz anderen, selbstbewussten Architekturauffassung gehorcht. Wie sieht Ihre Philosophie aus? Hat die Frage, wie sich der Staat in Gebäuden repräsentieren kann, bei der Planung des Auswärtigen Amtes und des Innenministeriums eine Rolle gespielt?

Reimann: Unbedingt. Wenn man für die Öffentlichkeit baut, also für die Gemeinschaft, muss man sich in der Architektursprache und der Bauweise für konsensfähige Lösungen einsetzen, die nicht nach ein paar Jahren veraltet sind. Es stellt sich die Frage nach gemeinsamen Wertevorstellungen und deren Ausdruck in der Architektur. Das heißt nicht, dass man nach dem allgemeinen Geschmack plant. Es kann sogar heißen, dass man sich schnelllebigen Geschmackstrends widersetzt. Man muss die Sehnsucht nach dem, was aus der Vergangenheit kommt, und das Interesse am Aktuellen, Modernen als zwei gleichberechtigte Seiten des heutigen Lebensgefühls ernst nehmen und beides als Rahmenbedingung der Planung berücksichtigen. Beim Auswärtigen Amt zum Beispiel haben wir zwar die städtebaulichen und architektonischen Bezüge zu dem alten Gebäude aufgenommen, uns aber gleichzeitig davon abgesetzt, weil das alte Gebäude für eine Vergangenheit steht, mit der man sich nicht identifizieren will. So haben wir ein anderes Material gewählt und eine andere Architektursprache gefunden, die zwar »steinern« und massiv ist, aber auch mit großen Glasflächen operiert und mit großen, offenen Höfen das Volumen aufbricht. Wir haben ganz bewusst die monumentale Imperialachse der alten Reichsbank im Empfangshof aufgenommen, sie aber zur Stadt hin aufgebrochen und das Gebäude in verschiedene Richtungen orientiert. Es war der ausdrückliche Wunsch aller Beteiligten, das Gebäude in die Stadt zu integrieren. Und einer der Gründe, warum wir den Zuschlag bekommen haben, war, dass unser Büro als einziges einen zur Stadt hin offenen verglasten Hof geplant hat, der sehr gut angenommen wurde und bis heute nicht nur als Eingangshalle, sondern als öffentlich zugänglicher Treffpunkt mit Café, Laden und sonstigen Einrichtungen fungiert. Heute sind die Sicherheitsvorstellungen viel gravierender. Das Innenministerium ist ein riesiger Komplex, der mit großem Sicherheitsabstand von der Stadt abgeschirmt ist. Man hat sich bewusst einen Ort ausgesucht, an dem das Gebäude als Solitär stehen kann, ohne dass es im Verbund mit der Stadt funktionieren muss. Wir haben versucht, das durch die Orientierung des Gebäudes, durch Vorfahrten, Zugangsmöglichkeiten und Verbindungsebenen zu relativieren. Aber die extrem gestiegenen Sicherheitsanforderungen bleiben nicht ohne Einfluss auf die Architektur. Dabei ist uns auch hier wichtig, dass zumindest für die Mitarbeiter im Gebäude »öffentliche« Räume entstehen, die wie im Auswärtigen Amt das stereotype Hauptprogramm ergänzen und Möglichkeiten bieten, anders zu arbeiten und zu kommunizieren. Es ist ganz wichtig, dass öffentliche Gebäude auch öffentliche Räume anbieten, wie weit oder eng auch immer der Begriff »öffentlich« bei verschiedenen Bauvorhaben – Schule, Ministerium oder Bundesnachrichtendienst – zu fassen ist.

Seidel: Apropos Glas und städtebaulicher Kontext. Was halten Sie von Günter Behnischs Akademie der Künste am Pariser Platz, die die Gemüter erregt, weil sie gläsern ist und aus der Reihe tanzt?

Reimann: Ich persönlich hätte auf das Glas verzichtet. Frank O. Gehry hat ja nebenan mit der DZ Bank gezeigt, wie man die Gestaltungsvorgaben aufnehmen und dabei seinem Stil treu und sehr modern bleiben kann. Er hat hier eines der beeindruckendsten Häuser der letzten Jahre gebaut. Das Gebäude der Akademie dagegen ist aus meiner Sicht nicht ganz so gut gelungen. Dies wäre für mich ein gewichtigerer Kritikpunkt als die Tatsache, dass das Gebäude »gläsern« ist.

Asendorf: Um die Qualität der Architektur und das Bewusstsein dafür zu steigern, hat der Bund die Bundesstiftung Baukultur ins Leben gerufen. Welche Rolle spielt diese Stiftung aus Ihrer Sicht?

Reimann: Aus meiner Sicht gehört es auch zu den Aufgaben einer Bundesstiftung zu zeigen, dass bestimmte Abläufe und Verfahren notwendig sind, wenn Qualität entstehen soll. Die öffentlichen Bauherren müssen sich dann aber daran halten. Man kann zum Beispiel nicht einerseits Qualität fordern und auf der anderen Seite die

Architektenleistungen in immer kleinere Abschnitte mit einzelnen Planungs- und Leistungsphasen aufteilen, diese dann an verschiedene Büros vergeben und so den Einfluss der Architekten im Planungs- und Bauprozess immer weiter einschränken. Das ist schizophren. Es muss einen Willen geben, architektonische Qualität nicht nur verbal einzufordern, sondern tatsächlich auch auf die Beine zu stellen und Rahmenbedingungen dafür zu schaffen. Dabei muss man den Architekten zutrauen, kompetent und verantwortlich zu planen. Bringt man dieses Vertrauen nicht auf, kann man sich solche Stiftungen und Initiativen sparen.

Asendorf: Ziel der Stiftung ist es, qualitätvolle Architektur nach außen zu vermitteln. Sollte sie speziell auch für zeitgenössische Architektur werben?

Reimann: Ich glaube nicht, dass es um stilistische Fragen gehen sollte. Die Stiftung sollte deutlich machen, dass sich architektonische Qualität nicht auf geschmackliche oder formale Kriterien festlegen lässt. Sie muss das Bewusstsein für Qualität steigern, dann entfaltet sich zwangsläufig eine Diskussion darüber, worin diese Qualität liegt.

Seidel: Was kann man machen, um das Bewusstsein für architektonische Qualität zu steigern?

Reimann: Wenn man das allgemeine öffentliche Qualitätsbewusstsein stärken will, müssen an den Architekturveranstaltungen, Diskussionen und Vorträgen Personen beteiligt werden, die in der Lage sind, klare Haltung zu formulieren und zum Mitdenken und zum Widerspruch zu animieren. Oft sind wir nur mit »Wischiwaschi-Konsenshaltungen« konfrontiert. So entstehen Projekte, die niemanden ärgern, aber auch niemanden erfreuen. Man könnte sich in diesen Zusammenhängen auch überlegen, einem Bauherrn, der ein paar Mal hintereinander ein misslungenes Gebäude hat bauen lassen, eine »saure Zitrone« als Preis zu verleihen. Das würde sicherlich seine weitere Bautätigkeit beeinflussen, zumindest die Haltung der Stadt gegenüber diesem Bauherrn ändern. Das wäre der Qualität sehr zuträglich. Die Qualitätsdiskussionen sind viel zu sehr auf Architekten fixiert. Bauherren sind eigentlich noch wichtiger: Ohne gute Bauherren gibt es keine gute Architektur, denn die Bauherren suchen sich ja die Projekte und Architekten aus.

Asendorf: Es gab aus der Baukulturdiskussion heraus die Überlegung, eine Art »Schwarz-Weiß-Buch« einzuführen, das gute Beispiele neben schlechten auflistet. Gescheitert ist das nur am Einwand der Architekten, dass sie sich ja nicht gegenseitig »in die Pfanne hauen« dürften.

Reimann: Warum soll man nicht sagen dürfen, was ein schlechtes Gebäude ist? Und warum nicht fragen, weshalb es so geworden ist? Ist der Architekt mit der Aufgabe nicht fertiggeworden? Hat der Bauherr das Projekt kaputt gemacht? Es ist dabei allerdings sehr wichtig, dass Architekten und Journalisten dabei nicht ideologisch urteilen und Architektur nach ihren persönlichen formalen Vorlieben bewerten anstatt nach der Stimmigkeit des Werkes, der Qualität der Ausführung und der funktional-technischen Nachhaltigkeit. Auch muss man bei der Kritik bedenken: Wenn Architekten über Architektur reden, reden sie über die oberen drei, vier Prozent der Bautätigkeit. Da wäre es ungerecht, jemanden schlecht zu machen, der es immerhin geschafft hat, zu den oberen drei Prozent zu gehören, ohne gleichzeitig die namenlose Masse der übrigen siebenundneunzig Prozent zu erwähnen. Denn über diese siebenundneunzig Prozent, die nur als Umweltverschmutzung bezeichnet werden können, spricht keiner. Sie werden bei der Diskussion ausgeblendet, weil sie nicht als Architektur wahrgenommen werden. Das scheint mir das eigentliche Problem.

Seidel: Wie kann man das Problem beseitigen?

Reimann: Indem wir unser Blickfeld und Problembewusstsein erweitern und in die Diskussion einbeziehen. Lassen

Sie uns bei der Diskussion, was unter Architektur zu verstehen ist, das gesamte Spektrum betrachten: von den anspruchsvollen Gebäuden über Supermärkte, Einfamilienhäuser und Industrieanlagen bis hin zu abartigen Billigsthotels. Die Ergebnisse einer solchen Betrachtung könnte man in einer Ausstellung zeigen, die sich mit dem Schlechten beschäftigt – das würde ich gerne mal machen. Es geht dabei nicht um Schuldzuweisung, sondern um eine Erweiterung des Blickfeldes. Es würde reichen, einfach nur mit der Kamera durch die Gegend zu fahren und zu zeigen, was es in den Vorstädten und entlang der Autobahn so alles gibt.

Asendorf: Noch einmal zurück zum öffentlichen Bauherrn. Welches Vergabeverfahren – offener Wettbewerb, beschränkter Wettbewerb – halten Sie für das richtige?

Reimann: Man muss dafür sorgen, dass die jüngeren Architekten eine Chance haben, zu einem Preis zu kommen und Aufträge zu bearbeiten. Meine Frau, Gesine Weinmiller, wurde Mitte der Neunzigerjahre nach einem gewonnenen offenen Wettbewerb als junge Architektin mit dem Bundesarbeitsgericht in Erfurt beauftragt, ihrem ersten echten Projekt. Für das fertige Bauwerk hat sie dann den »Thüringer Staatspreis für Architektur und Städtebau« und den »Architekturpreis Beton« gewonnen. Und auch die Nutzer sind zufrieden. Heutzutage wäre ein solcher Auftrag nicht mehr möglich, denn offene Verfahren gibt es heute kaum. Noch vor zwanzig Jahren nahmen Architekten, die aus der Hochschule kamen, solange an Wettbewerben teil, bis sie einen gewonnen hatten oder durch Preise und Auszeichnungen bei der öffentlichen Hand so bekannt waren, dass man sie zu kleineren, beschränkten Verfahren einlud. Dieser Weg ist heute verschlossen, weil es zu wenig Verfahren gibt und weil an den wenigen offenen Verfahren dann Hunderte von Leuten teilnehmen, was das Wettbewerbswesen zu einer Lotterie verkommen lässt.

Asendorf: Der Bund schreibt zahlreiche offene Wettbewerbe aus. Für Kommunen und kleinere Verwaltungen ist das kaum zu machen.

Reimann: Es gab Zeiten, da wurde jeder Kindergarten öffentlich ausgeschrieben. Als Architekt konnte man gar nicht bei allen Wettbewerben mitmachen. Heute haben Sie im Jahr zwei, drei, vier offene Wettbewerbe. Und alle, die keine Chance haben, in die begrenzten Verfahren reinzukommen, nehmen daran teil. Das Ergebnis ist eine unglaubliche Verschwendung von Arbeit und Ressourcen.

Seidel: Wie steht es um beschränkte Wettbewerbe?

Reimann: Die öffentliche Hand muss die Auswahl der Teilnehmer rechtfertigen können. So kommt es zwangsläufig zu Kriterien wie Bürogröße, Erfahrung, Referenzen. Wenn Sie noch keine Bauten vorzuweisen haben, brauchen Sie sich gar nicht zu bewerben – manchmal werden zwar ein paar Leute dazugelost, aber aus Hunderten von Bewerbern! Der Bund selbst kann es natürlich nicht lösen – Städte und Kommunen haben darauf zu achten, dass auch bei privaten Projekten Wettbewerbe stattfinden. Je mehr konkurrierende Verfahren es gibt, umso mehr haben jüngere Büros die Chance, den Architektenberuf auszuüben. Gibt es nur wenig Verfahren, teilt sich zwangsläufig eine kleine Gruppe von etablierten und bekannten Büros die Aufträge. Diese Begrenzung auf erfahrene Planer kann in nur einigen wenigen Fällen richtig sein – nämlich bei sehr großen, komplexen Projekten, die ein unerfahrenes Büro nur schwer bewältigen könnte.

Seidel: Abschließend die Frage: Welche Vorteile haben sich für Sie aus den öffentlichen Aufträgen ergeben?

Reimann: Ich kann ganz direkt sagen: Unser Büro in der heute bestehenden Form gäbe es nicht, wenn es den Wettbewerb, das öffentliche Vergabewesen nicht gegeben hätte.

Asendorf / Seidel: Ein perfektes Schlusswort. Herr Reimann, wir danken Ihnen für das Gespräch.

Erwartungen an den öffentlichen Bauherren

DIE ARCHITEKTIN GABRIELE GLÖCKLER IM GESPRÄCH MIT OLAF ASENDORF UND MARTIN SEIDEL

Martin Seidel: Frau Glöckler, Sie bauen seit Anfang der Neunzigerjahre. Ihr bekanntestes Projekt ist die im Bau befindliche Erweiterung der Deutschen Nationalbibliothek in Leipzig – ein öffentlicher Auftrag. Was ist das Besondere daran?

Gabriele Glöckler: Besonders ist sicherlich die komplexe Staffelung: Auftraggeber ist die Bundesrepublik Deutschland; genutzt wird der Bau vom Beauftragten für Kultur und Medien; erstellt wird er vom Bundesministerium für Verkehr, Bau und Stadtentwicklung (BMVBS). Das BMVBS lässt sich vertreten von der Oberfinanzdirektion Chemnitz, und die wiederum vom Staatsbetrieb Sächsisches Immobilien- und Baumanagement. Das ist schon eine interessante Struktur mit einer Vielzahl von Beteiligten, die bemerkenswerterweise sehr konstruktiv zusammenarbeiten.

Seidel: Was unterscheidet den öffentlichen vom privaten Auftrag?

Glöckler: Bei einer Zwischenpräsentation hat die Generaldirektorin der Nationalbibliothek, Frau Dr. Niggemann, kürzlich gesagt: »Das habe ich bestellt und das möchte ich haben.« Natürlich gibt es im Laufe eines Planungs- und Bauprozesses immer Abweichungen und Weiterentwicklungen, aber der »Grundsatzentwurf« für den Wettbewerb bleibt die Basis. Und das ist es, was den öffentlichen ganz deutlich von dem privaten Bauherrn unterscheidet, dass er sich wirklich dem Ergebnis verpflichtet.

Seidel: Nimmt der öffentliche Bauherr, der vielzitierte »Bauherr Demokratie«, seine Vorbildfunktion wahr? Ist er – trotz neuer Formen wie Öffentlich-Privater Partnerschaft und Beteiligung von Investoren – immer noch näher an der Baukunst dran?

Glöckler: Ich sehe schon die Verantwortung für Qualität und den Willen, neue Technologien einzusetzen – auch wenn sich das natürlich immer im Rahmen der Wirtschaftlichkeitsberechnungen abspielt. Ich glaube auch, dass der öffentliche Bauherr den Mut haben sollte und haben muss, immer einen Schritt mehr zu wagen. Wie Sie wissen, haben manche Museen das Problem, immer mehr entmachtet zu werden, weil die Sammler hineinregieren – das sollte eigentlich anders sein. Der öffentliche Bauherr hat die Aufgabe, das zu tun, was der private Bauherr nicht tun kann. Er muss Strukturen schaffen, in denen Architektur sich optimal entfalten kann.

Olaf Asendorf: Die vom Bundesministerium für Verkehr, Bau und Stadtentwicklung gegründete Bundesstiftung Baukultur ist eine Kommunikationsstiftung. Sie fördert nichts, sie will nur den Diskussionsprozess in Gang setzen. Wenn Sie jetzt den Vorsitzenden, Herrn Braum, irgendwo treffen würden, was würden Sie ihm sagen? Worüber würden Sie mit ihm reden wollen?

Glöckler: Ich hätte im Moment kein wirkliches Anliegen. Ich bin derzeit in einer relativ privilegierten Situation. Ich habe bei allen meinen Projekten gute Partner. Das heißt: Ich muss den hohen Erwartungen, die an mich gestellt werden, entsprechen. Und das wiederum bedeutet viel, viel Arbeit. Die muss ich erst mal erledigen. Dann kann ich die Qualität der Architektur an sich verteidigen. Ich will zeigen, dass ich umsetze, wofür ich kämpfe, also Gebäude so zu realisieren, wie ich sie entworfen habe.

Seidel: Haben Ihrer Ansicht nach die unterschiedlichen Initiativen für die Architektur das Bewusstsein für architektonische Gestaltung verändert, eine neue Sensibilität für die Gestaltung der Umwelt geschaffen?

Glöckler: Ich glaube nicht, dass sich die Dinge von heute auf morgen verändern lassen. Das braucht Zeit.

Seidel: Sollte es mehr »Aufklärungsarbeit« geben? Wie weit soll das gehen? Stichwort »Architekturvermittlung« oder »Architektur als Schulfach«!

Glöckler: Qualitätsbewusstsein ist keine Frage der Fachdisziplin. Wahrscheinlich verändert sich das Bewusstsein, wenn sich die gebaute Umwelt »verbessert«. Man lernt dann zu unterscheiden zwischen gut und schlecht.

Asendorf: Es gab Überlegungen, zur Hebung der Baukultur »Schwarz-Weiß-Listen« zu erstellen. Auf der einen Seite stehen die guten, auf der anderen die schlechten Bauobjekte. Was halten Sie davon?

Glöckler: Das ist ein ganz schwieriges Unterfangen, wenn man sagt, so geht es nicht! Wer soll das entscheiden? Es ist auch immer die Frage, was von wem wie oft geprüft wird. Bei der Waldschlösschenbrücke in Dresden gab es viele, die mitredeten. Je mehr aber mitentscheiden, desto zäher und schwieriger werden auch die Einigungsprozesse. Und für die Kreativität sind Kompromisse nicht unbedingt förderlich.

Asendorf: Was halten Sie von Kunst am Bau? Vielen Architekten gilt sie als überflüssig und bestenfalls als Anhängsel ihrer Architektur. Andere finden sie wichtig und gut und wollen den Künstler von vornherein mit einbeziehen.

Glöckler: Ich habe eigentlich einen sehr engen Bezug zu Kunst und weiß, was Künstler denken, was Architekten denken. In den Achtzigerjahren hat man noch geglaubt, Künstler seien die besseren Architekten – aber ich habe das Gefühl, die Verhältnisse sind so langsam wieder ins rechte Lot gerückt. Ich mache meine Arbeit so gut ich kann, das gilt für Inhalt und Form. Ich bin mir aber bewusst, dass ich kein Künstler, sondern Architekt bin. Wie ja auch Künstler keine Architekten sind. In vielen Fällen aber gibt es diese Schwierigkeit, weil grundsätzliche Standortbestimmungen nicht stattfinden und weil – aus der Sicht zumindest des einen von beiden – unerlaubt Hoheitsgebiete betreten werden. Zu bedenken ist ja, dass Kunst am Bau eine andere Disziplin ist als freie künstlerische Arbeit. Es geht um ein Zusammenspiel mit dem Gebäude und nicht um Dekoration.

Seidel: Was passiert in Sachen Kunst am Bau bei der Nationalbibliothek in Leipzig?

Glöckler: Da ist die Situation besonders. An einem bestimmten Punkt kamen wir mit architektonischen Mitteln nicht weiter. Im Hof des Neubaus steht ein Trafohäuschen, für das bauliches Repertoire einfach nichts zu bieten hat. Aus Respekt vor der Kunst habe ich mir selbst eine Grenze gesetzt, die ich nicht überschreiten will. Und so wurde die Umkleidung dieses Häuschens zum Thema des dortigen Kunst-am-Bau-Wettbewerbs, den übrigens Olaf Metzel gewonnen hat.

Seidel: Kunst am Bau ist nicht nur eine ästhetische, sondern als Instrument der Künstlerförderung auch eine politische und wirtschaftliche Frage. Sollte jeder Neubau Kunst am Bau haben?

Glöckler: Im Prinzip ist Kunst am Bau wichtig, nur manchmal eben nicht. Aber wer soll das entscheiden, wann und wo man sie braucht? Das ist das Problem der Demokratie. Von daher scheint mir das derzeitige Verfahren schon das richtige zu sein. Das eigentliche Problem liegt darin, dass der Kunst-am-Bau-Wettbewerb die Frage, wo die Kunst die Architektur unterstützt und wo sie diese bremst, nicht stellt und dass der Künstler ein Konzept entwickeln soll, ohne mit dem Architekten darüber gesprochen zu haben, wo die richtigen Stellen, wo die richtigen Tonlagen sind. Aber das ist Freud und Leid des Wettbewerbswesens.

Asendorf: Da Sie von Freud und Leid des Wettbewerbswesens sprechen: Soll der öffentliche Bauherr Architekturwettbewerbe offen ausschreiben? Oder wären beschränkte Ausschreibungen oder Direktvergaben besser?

Glöckler: Wettbewerbe sind ein ganz wichtiges Instrument. Es ist ein architektonisches »Trainingslager«, in dem man nur seinem Gewissen verantwortlich ist. Aber man muss ab und zu auch mal einen Wettbewerb gewinnen. Denn ich stimme zu: Offene Wettbewerbe, bei denen Hunderte von Bewerbungen eingehen und abgelehnt werden, sind Vernichtung von Volksvermögen. Auch sind die ganz offenen Bewerbungsverfahren vielen Büros zu riskant. Damit verliert der Bauherr aber einen erheblichen Teil der Architektenlandschaft. Gerade die großen Büros nehmen immer seltener an diesen Wettbewerben teil.

Seidel: Was kann man verbessern?

Glöckler: Man müsste vor allem nur eine überschaubare Zahl von Büros einladen und weitere Teilnehmer aus Bewerbungen auswählen. Auch wird in den ganz offenen zweistufigen Wettbewerben in der ersten Phase schon zu viel verlangt. Es würde reichen, wenn man seine Konzepte zunächst nur in Skizzenform präsentieren müsste. Dann sollten die Juroren schneller entscheiden, welche Bewerbungen aussichtsreich sind und weniger Bewerber weiterschicken. Diese könnte man dann ab der zweiten Phase eines dreistufig erweiterten Wettbewerbs finanziell entlasten.

Asendorf: Das wäre mit mehr Aufwand verbunden.

Glöckler: Ja. Für Einladungs- oder kombinierte Wettbewerbe müssten sich Bauherren und Juroren intensiver mit der Architektenlandschaft auseinandersetzen, was aber sinnvoll und über das Internet leicht möglich ist. Denn im Moment, wo praktisch alle Wettbewerbe europaweit ausgeschrieben sind, halten die Jurys oft nach international bekannter und erkennbarer »Labelarchitektur« Ausschau. Sich mit Konzeptskizzen auseinanderzusetzen und daraufhin eine Entscheidung zu treffen, bedeutet für den Bauherrn und die Jury mehr Arbeit. Der Aufwand könnte sich aber lohnen. Man muss sich nur das erfolgreiche niederländische Model der Architekturförderung ansehen. In Deutschland muss man vierzig Jahre alt sein, bis man bauen darf – und kurz danach ist man schon wieder zu alt.

Asendorf: Der öffentliche Bauherr darf Architekten nicht aufgrund ihres Alters bevorzugen.

Glöckler: Es geht zunächst auch nicht um Bevorzugung, sondern um das Fördern junger Architekten. In den Niederlanden werden junge Büros mit Studienprojekten, Zuschüssen für Ausstellungen, Publikationen oder Existenzgründungen sozusagen auf den Weg gebracht.

Seidel: Wie einfach oder kompliziert sind denn die organisatorischen Abläufe, Vorschriften und Regularien?

Glöckler: Darin läge auch eine wichtige Aufgabe für den öffentlichen Bauherrn. Man sollte den Architekten schon in Sachen Bürokratie – nicht nur im Sinne der Projektsteuerung – entlasten und ihn durch die Instanzen führen.

Seidel: Was bedeutet die Arbeit für einen öffentlichen Auftraggeber für Sie? Was ein gewonnener Wettbewerb, was das gebaute Gebäude?

Glöckler: Bei einem Teilnahmeverfahren hatten wir Erfolg, weil der Auftrag Deutsche Nationalbibliothek in Leipzig unsere Reputation war. Da kommt dann alles zusammen. Größe und Bedeutung des Gebäudes, gewonnener Wettbewerb, Entwurf und nicht zuletzt der Bauherr. Einem Büro, das ein solches Projekt realisiert, traut man Qualität auf allen Ebenen zu und die kann man dann beweisen. Das ist das Interesse des Bauherrn, das ist unser Interesse und unser Beitrag zur Baukultur: Wir müssen erst mal das umsetzen, was wir versprochen haben. Und dann kommt – das ist jetzt sehr schwäbisch – der nächste Schritt.

Asendorf / Seidel: Frau Glöckler, wir danken Ihnen für das Gespräch.

BAUEN FÜR MUSEALE UND KULTURELLE ZWECKE

Das einem Kulturstaatsministerium ähnelnde Amt des »Beauftragten der Bundesregierung für Kultur und Medien« wurde erst 1998 eingerichtet. Traditionell aber fördert die Bundesrepublik Deutschland seit ihrer Entstehung die Kultur und setzt sich für den Erhalt bedeutender Baudenkmäler, archäologischer Stätten und Landschaftsgärten ein. | Zahlreiche Museen und Gedenkstätten werden von der Bundesbauverwaltung im Geschäftsbereich des Bundesministeriums für Verkehr, Bau und Stadtentwicklung baufachlich betreut oder als Zuwendungsbaumaßnahmen baufachlich unterstützt und baulich gefördert. Im Brennpunkt stehen Projekte von herausragender geschichtlicher, kultureller, politischer, architektonischer, städtebaulicher oder wissenschaftlicher Bedeutung. Etwa das Humboldt-Forum mit der Teilrekonstruktion des Berliner Schlosses. Mehrere dieser Kriterien erfüllt in Berlin auch das sanierte und um ein Wechselausstellungsgebäude bereicherte Zeughaus, in dem das Deutsche Historische Museum untergebracht ist. Das historische Zeughaus ist der größte erhaltene Barockbau Berlins und weist als Zeughaus, später als Ruhmeshalle der brandenburgisch-preußischen Armee, dann als DDR-Museum für Deutsche Geschichte selbst eine interessante Geschichte auf. | Besonders engagiert sich der Staat für Gedenkstätten. Wo einst der nationalsozialistische SS- und Polizeistaat seine Schaltstellen etabliert hatte, entsteht in der Berliner Niederkirchnerstraße das internationale Dokumentations- und Begegnungszentrum für die Stiftung Topographie des Terrors. Nach der Überwindung des Ost-West-Konflikts wurde der funktionslose Regierungsbunker Bad Neuenahr-Ahrweiler zurückgebaut und dient nun in Teilen als Museum. | Ursprünglich als Bürogebäude für die Abgeordneten des Deutschen Bundestags konzipiert und nach der Umzugsentscheidung sowie dem Hochwasserschaden als Funkhaus für die Deutsche Welle genutzt, macht der 2002 fertiggestellte Schürmann-Bau das von bedeutenden Bauten geprägte ehemalige Bonner Regierungsviertel um eine architektonische Attraktion reicher. | Zu den Aufgabenbereichen des Beauftragten der Bundesregierung für Kultur und Medien gehört die Deutsche Nationalbibliothek. Als zentrale Archivbibliothek und als nationalbibliografisches Zentrum der Bundesrepublik Deutschland steht auch sie im öffentlichen Blickpunkt. Bis zum Jahr 2007 wurde das historische Gebäude am Standort Leipzig saniert, funktionell angepasst und das historische Erscheinungsbild wiederhergestellt. In zeitgenössischer Formensprache entsteht seit 2007 ein extravagant geschwungener Erweiterungsbau, der belegt, dass sich architektonische Fantasie besonders bei Kulturbauten entfalten kann.

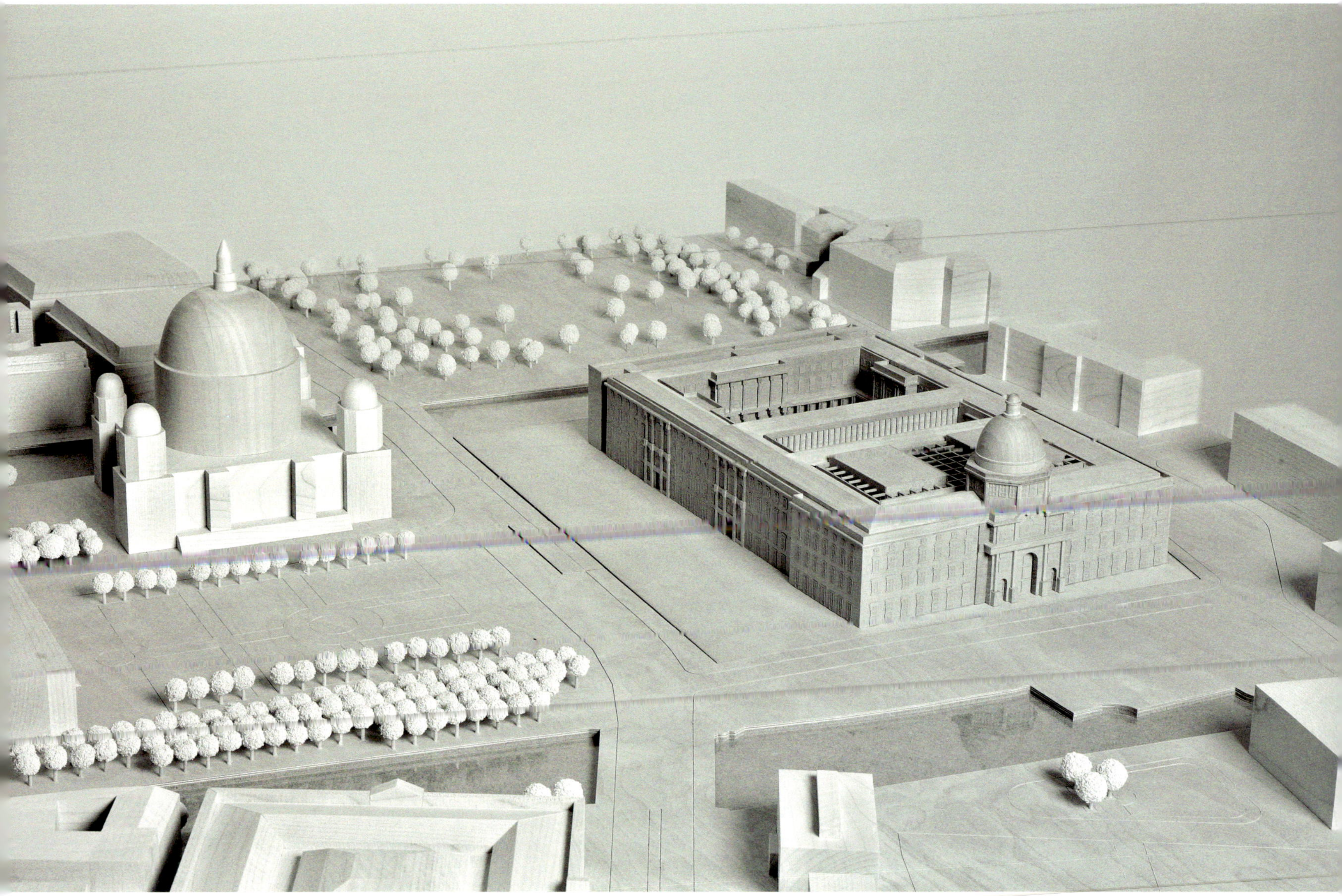

WIEDERERRICHTUNG DES BERLINER SCHLOSSES UND BAU DES HUMBOLDT-FORUMS

BERLIN _WETTBEWERB 2007/08 _BAU 2010–2013

1950/51 wurde das im Zweiten Weltkrieg schwer beschädigte Berliner Schloss gesprengt. Selbst die DDR-Regierung beschlichen in der Folgezeit immer wieder Zweifel am Sinn dieser Unternehmung, und man dachte gelegentlich sogar über einen späteren Wiederaufbau an anderer Stelle nach. Nach der Wende ergaben sich neue Möglichkeiten. Viele wollten und wollen – aus Gründen der Identität – die Wiederherstellung des ab 1699 von Andreas Schlüter zur barocken Königsresidenz ausgebauten Schlosses. Andere waren und sind – aus Gründen der Authentizität – dagegen. Mit seinen Beschlüssen aus den Jahren 2002 und 2003 ist der Deutsche Bundestag der Empfehlung der Expertenkommission »Historische Mitte Berlin« gefolgt und hat gemeinsam mit dem Senat von Berlin den Wiederaufbau des Berliner Schlosses mit dem kulturell-wissenschaftlichen Nutzungskonzept als Humboldt-Forum beschlossen.

Ende 2007 erfolgte die Ausschreibung eines internationalen Architektenwettbewerbs. Im November 2008 sprach die international besetzte Jury dem italienischen Architekten Franco Stella den ersten Preis zu. Stellas Vorschlag folgt exakt den Vorgaben. Diese schreiben verbindlich die Rekonstruktion der historischen Fassaden an drei Außenseiten und die Rekonstruktion dreier barocker Fassaden im Schlüterhof vor. Laut Wettbewerbsvorgabe galt es auch, an den historischen Stadtgrundriss anzuknüpfen und sich an der Kubatur des Schlosses zu orientieren. Das Raumprogramm mit funktionalen Anforderungen an Flächen und Raumhöhen war ebenso vorgegeben wie die Wiedererrichtung einer Kuppel, die seit Mitte des 19. Jahrhunderts weithin sichtbar die repräsentative neue Eingangsseite des Schlosses auf der Westseite überhöhte.

Für weiterführende Gestaltungs- und Konzeptionsfragen gab es jedoch einen deutlichen Spielraum. So durften der ehemalige Apothekerflügel und die zur Spree gelegene Ostseite zeitgenössisch geplant werden und die wechselvolle Geschichte des Schlosses – von den mittelalterlichen Anfängen über die barocken Zwischenstufen bis hin zur Sprengung und der Errichtung des Palastes der Republik – reflektieren.

Entsprechend der Empfehlung des Preisgerichtes soll Franco Stellas Entwurf ab 2010 zur Ausführung gelangen. Er verbindet drei barocke Fassaden und Portale mit einer Ostseite, welche die historische Formensprache in ein zeitgenössisches Idiom übersetzt. Ganz neu führt er ein »Schlossforum« ein, das den Lustgarten mit der Stadt verbindet.

Für das Berliner Schloss sind vier kulturell-wissenschaftliche Hauptnutzungen vorgesehen: Teilbestände der Zentral- und Landesbibliothek Berlin, die außereuropäischen Sammlungen der Stiftung Preußischer Kulturbesitz, die abgelegen in Dahlem untergebracht sind, und die Humboldt-Universität unter anderem mit einem flexibel nutzbaren »Konzeptraum«. In der Agora als gemeinsamen Eingangs- und Veranstaltungsbereich soll mit zeitgenössischen Kulturveranstaltungen aller Art auch an die alte »Volkshaustradition« des Palastes der Republik angeknüpft werden.

Am Knotenpunkt von Museumsinsel und den Wissenschaftsbauten Unter den Linden soll das Humboldt-Forum Brücken schlagen. Die Dahlemer Sammlungen verkörpern dabei die »neue außereuropäische Welt« und fördern im Zusammenspiel mit den Beständen der benachbarten Museumsinsel ein ganzheitliches und globales Zeit- und Kulturverständnis.

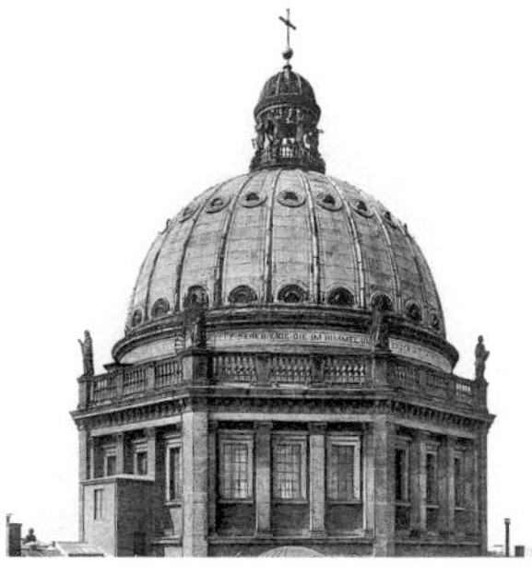

PROJEKT
Wiedererrichtung des Berliner Schlosses und Bau des Humboldt-Forums
STANDORT
Schlossplatz, Berlin-Mitte
_AKTEURE
BAUHERRIN
Bundesrepublik Deutschland, vertreten durch das Bundesministerium für Verkehr, Bau und Stadtentwicklung (BMVBS) in Kooperation mit dem Land Berlin
DURCHFÜHRUNG
Bundesamt für Bauwesen und Raumordnung (BBR)
NUTZER
Staatliche Museen zu Berlin – Stiftung Preußischer Kulturbesitz, Zentral- und Landesbibliothek Berlin, Humboldt-Universität Berlin
ARCHITEKTEN
Francesco Stella Architetti, Vicenza

_TERMINE
PLANUNGSVERGABE
2007/08 (Wettbewerb)
BAUBEGINN
2010
FERTIGSTELLUNG
2013 (bauseitig)
_GEBÄUDEDATEN
HAUPTNUTZFLÄCHE HNF
40 000 m²
BRUTTOGRUNDFLÄCHE BGF
87 000 m² (Wettbewerbsentwurf)
BRUTTORAUMINHALT BRI
574 000 m³ (Wettbewerbsentwurf)
_KOSTEN
Gesamtbaukosten
KG 200 bis 700, brutto
Kostenobergrenze 552 Mio. EUR
incl. Erstausstattung,
davon Bund 440 Mio. EUR,
Land Berlin 32 Mio. EUR,
erwartete Spenden 80 Mio. EUR

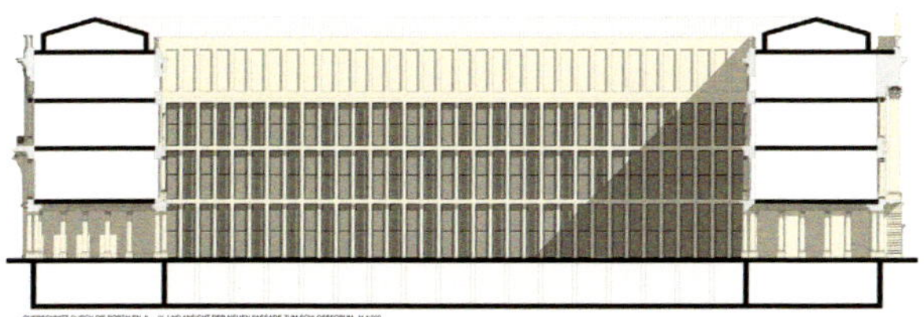

QUERSCHNITT DURCH DIE PORTALEN II – IV UND ANSICHT DER NEUEN FASSADE ZUM SCHLOSSFORUM M 1:200

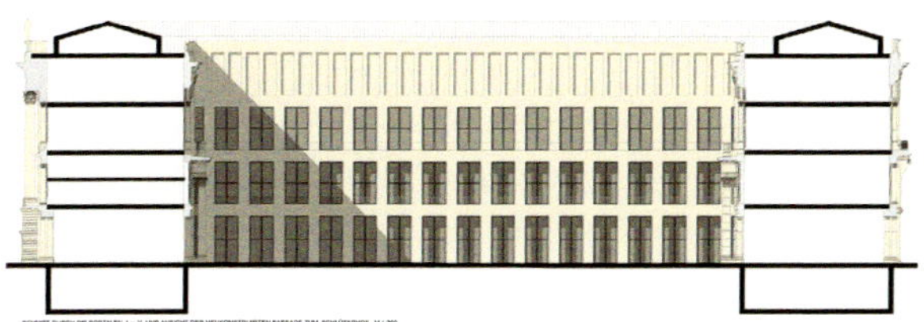

SCHNITT DURCH DIE PORTALEN I – V UND ANSICHT DER NEUKONSTRUIERTEN FASSADE ZUM SCHLÜTERHOF M 1:200

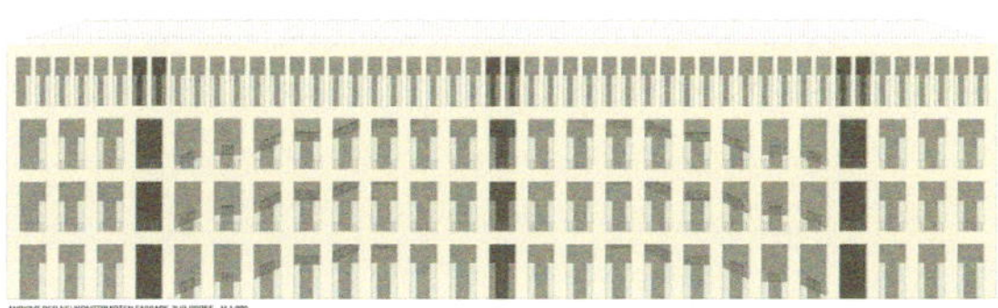

ANSICHT DER NEUKONSTRUIERTEN FASSADE ZUR SPREE M 1:200

DETAIL DER NEUKONSTRUIERTEN FASSADE ZUM SCHLÜTERHOF M 1:50

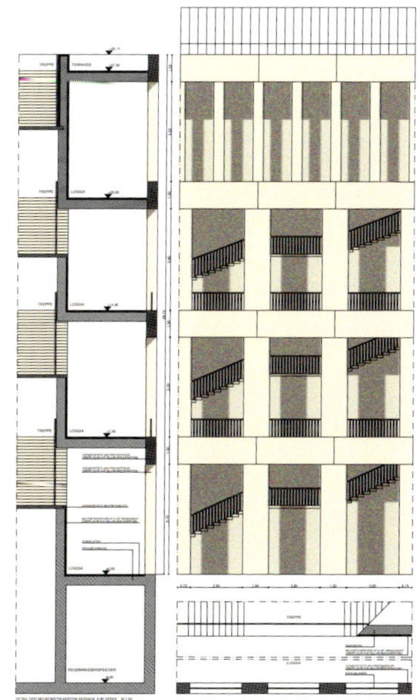

DETAIL DER NEUKONSTRUIERTEN FASSADE ZUR SPREE M 1:50

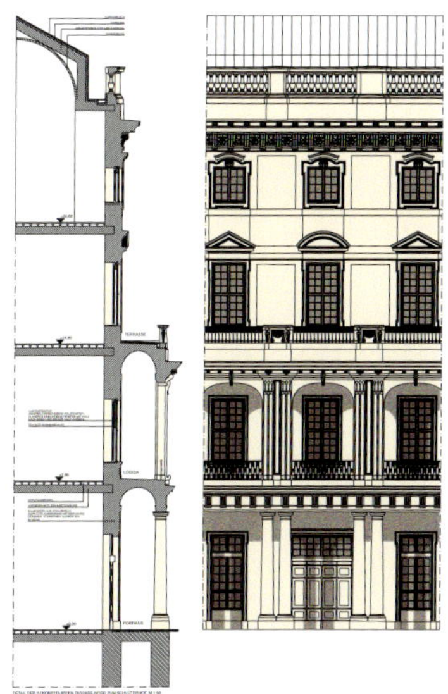

DETAIL DER REKONSTRUIERTEN FASSADE NORD ZUM SCHLÜTERHOF M 1:50

DETAIL DER REKONSTRUIERTEN FASSADE NORD M 1:50

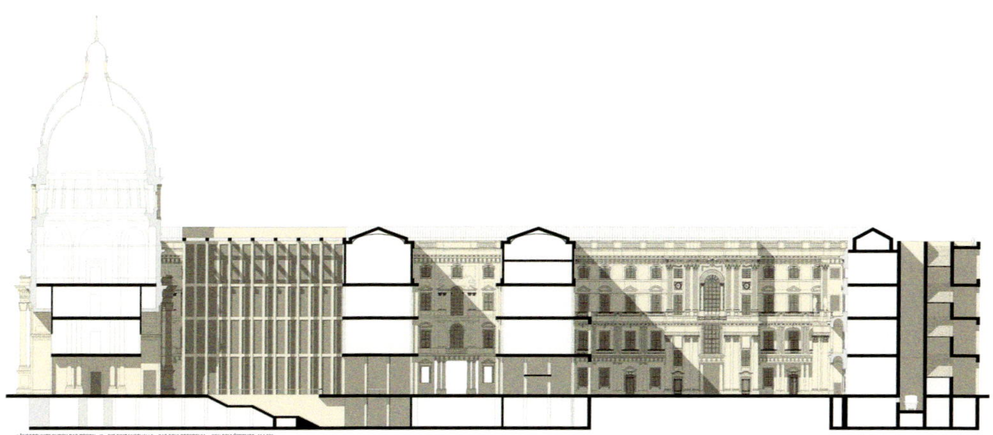

LÄNGSSCHNITT DURCH DAS PORTAL III – DIE EINGANGSHALLE – DAS SCHLOSSFORUM – DEN SCHLÜTERHOF M 1:200

NEUBAU DES WECHSELAUSSTELLUNGSGEBÄUDES UND GRUNDINSTANDSETZUNG DES DEUTSCHEN HISTORISCHEN MUSEUMS

BERLIN _DIREKTVERGABE 1998 _BAU 1998–2003 SOWIE _WETTBEWERB 1998/99 _BAU 1999–2003

Mit der Wiedervereinigung ergaben sich neue Perspektiven für ein schon länger geplantes Geschichtsmuseum. Aufgrund seiner zentralen Lage Unter den Linden – in unmittelbarer Nachbarschaft von Karl Friedrich Schinkels Neuer Wache und der Museumsinsel – sowie seiner räumlichen Kapazität bot sich das Zeughaus an, der größte erhaltene Barockbau Berlins. Das Zeughaus war von Johann Arnold Nehring, Martin Grünberg und Jean de Bodt sowie Andreas Schlüter als Waffendepot Brandenburg-Preußens Ende des 17. und Anfang des 18. Jahrhunderts erbaut worden und sollte als repräsentativer Pracht- und Machtbau zum Ausbau Berlins als Residenzstadt beitragen. Nach einem Umbau zwischen 1877 und 1880 diente das auf quadratischem Grundriss errichtete und trotz seiner 90 Meter breiten Fassaden nicht monumental wirkende Gebäude als »Ruhmeshalle der brandenburgisch-preußischen Armee« und nach weiteren Eingriffen 1949 bis 1965 als DDR-Museum für Deutsche Geschichte. Voraussetzung für die Inbetriebnahme als Deutsches Historisches Museum (DHM) des geeinten Deutschland waren eine gründliche Sanierung und Erweiterung des im Zweiten Weltkrieg schwer beschädigten Gebäudes. Das Büro Winfried Brenne Architekten aus Berlin übernahm die Generalsanierung und den Ausbau zu einem modernen Museum. Es verband das Foyer mit den Ausstellungsflächen und richtete das Obergeschoss als zusammenhängenden Ausstellungsbereich ein. Im Westflügel des Erdgeschosses gewann man aus dem Rückbau der Einbauten für Bibliothek, Lesesaal und Buchmagazin weitere Ausstellungsflächen. Das in den Sechzigerjahren eingebaute Kino wurde unter Beibehaltung des historischen Erscheinungsbildes technisch erneuert, wie überhaupt die gesamte Gebäudetechnik auf den neuesten Stand gebracht und ein innovatives Klimasystem integriert wurde. Dabei blieben die alten Raumproportionen erhalten. Die Fassaden des Zeughauses erlangten sogar eine Einheitlichkeit, die es seit den Zeiten des ersten Preußenkönigs, König Friedrich I., nicht mehr gegeben hatte. Wie zwischen 1877 und 1880 wurde auch der Innenhof mit dem Fassadenschmuck der »Schlütermasken« gläsern überdacht.

Seit 2006 präsentiert das Deutsche Historische Museum im Zeughaus auf zwei Geschossen in achttausend Bildern und Zeugnissen unter Einsatz modernster Medientechnik deutsche Geschichte von der vorchristlichen Zeit bis in die Gegenwart.

Für die Wechselausstellungen des Museums schuf der chinesisch-amerikanische Stararchitekt Ieoh Ming Pei auf dem schwierigen Restgrundstück hinter dem Zeughaus ein spektakuläres Stück moderner Architektur. Der zwischen 1998 und 2003 errichtete Bau besticht in Berlins barocker Mitte durch eine markante gleichschenkelige Dreiecksform aus hellem Jurakalkstein, die aus dem Grundstück abgeleitet und auf der Nordseite durch eine markante Fuge sowie durch die zum Altbau des DHM hin sanft geschwungene Glasfront akzentuiert ist. Das Markenzeichen ist die nachts ins Dunkel leuchtende Spindel des Treppenturms, durch die man den Ausstellungsbau betritt – sofern man nicht die direkte unterirdische Tunnelverbindung mit dem Zeughaus wählt.

Der außen angebahnte Wechsel von geschlossenen und offenen Formen, von weichen Bogen und harten Kanten gelangt innen zu voller Entfaltung. Von der lichtdurchfluteten Eingangshalle erschließt sich auf vier Ebenen ein komplexes Raumgefüge. Subtile Schnitte, Schichtungen, Schrägen und Querverstrebungen formen ein skulptural aufgebrochenes Inneres aus Glas und Mauerwerk und machen die mit zahlreichen Preisen bedachte Architektur des Erweiterungsbaus des Deutschen Historischen Museums unmittelbar als Raumkunst erfahrbar.

PROJEKT
Grundinstandsetzung des Deutschen Historischen Museums
STANDORT
Unter den Linden 2, 10117 Berlin
_AKTEURE
BAUHERR
Bundesministerium für Verkehr, Bau und Stadtentwicklung (BMVBS)
DURCHFÜHRUNG
Bundesamt für Bauwesen und Raumordnung (BBR)
NUTZER
Deutsches Historisches Museum GmbH
ARCHITEKTEN
Winfried Brenne Architekten, Berlin
TECHNISCHE GEBÄUDEAUSRÜSTUNG
Ingenieurbüro Werner Schwarz, Stuttgart
Ingenieurbüro Schreiber, Ulm
_TERMINE
PLANUNGSVERGABE
1998/99 (Wettbewerb)
BAUBEGINN
1999
FERTIGSTELLUNG
2003
_GEBÄUDEDATEN
HAUPTNUTZFLÄCHE HNF
12 900 m²
BRUTTOGRUNDFLÄCHE BGF
22 300 m²
BRUTTORAUMINHALT BRI
122 300 m³
_KOSTEN
Gesamtbaukosten
KG 200 bis 700, brutto
30 Mio. EUR
KG 300 und 400, brutto
24 Mio. EUR

PROJEKT
Neubau des Wechselausstellungsgebäudes für das Deutsche Historische Museum
STANDORT
Unter den Linden 2, 10117 Berlin
_AKTEURE
BAUHERR
Bundesministerium für Verkehr, Bau und Stadtentwicklung (BMVBS)
DURCHFÜHRUNG
Bundesamt für Bauwesen und Raumordnung (BBR)
NUTZER
Deutsches Historisches Museum GmbH
ARCHITEKTEN
I. M. Pei Architekt, New York
TECHNISCHE GEBÄUDEAUSRÜSTUNG
Klimasystemtechnik Esdorn Jahn GmbH, Berlin
Van Zyl & de Villiers, London und Berlin
_TERMINE
PLANUNGSVERGABE
1998 (Direktvergabe)
BAUBEGINN
1998
FERTIGSTELLUNG
2003
_GEBÄUDEDATEN
HAUPTNUTZFLÄCHE HNF
5 500 m²
BRUTTOGRUNDFLÄCHE BGF
11 000 m²
BRUTTORAUMINHALT BRI
56 000 m³
_KOSTEN
Gesamtbaukosten
KG 200 bis 700, brutto
59 Mio. EUR
KG 300 und 400, brutto
47 Mio. EUR

DEUTSCHES HISTORISCHES MUSEUM

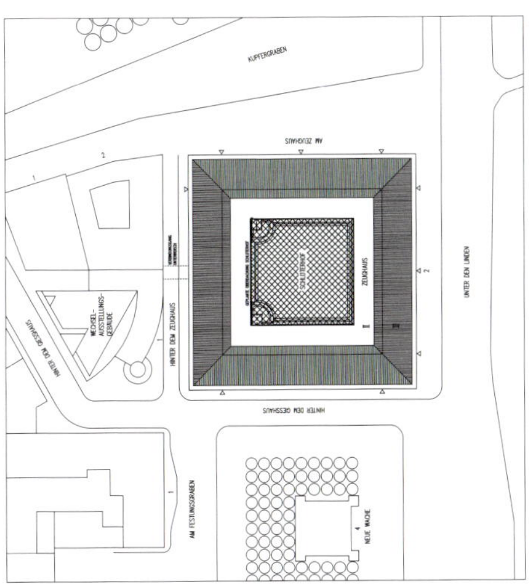
KUPFERGRABEN
AM ZEUGHAUS
SCHLÜTERHOF
ZEUGHAUS
UNTER DEN LINDEN
WECHSEL-
AUSSTELLUNGS-
GEBÄUDE
HINTER DEM ZEUGHAUS
HINTER DEM GIESSHAUS
AM FESTUNGSGRABEN
NEUE WACHE

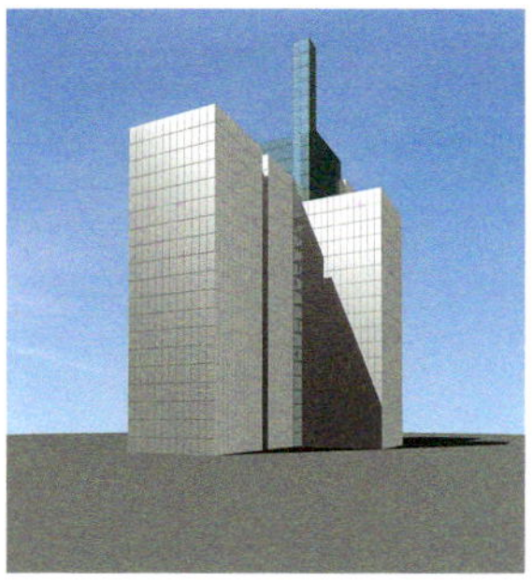

SANIERUNG DER DEUTSCHEN NATIONALBIBLIOTHEK IN LEIPZIG UND VIERTER ERWEITERUNGSBAU

LEIPZIG _DIREKTVERGABE 1994 BAU 1993-2007 SOWIE WETTBEWERB 2002/03 _BAU 2007-2010

Die Deutsche Nationalbibliothek ist die zentrale Archivbibliothek und das nationalbibliografische Zentrum der Bundesrepublik Deutschland. Sie hat mehrere Vorgängereinrichtungen: 1912 wurde die Deutsche Bücherei Leipzig (DBL) gegründet, 1947 die Deutsche Bibliothek in Frankfurt am Main, zu der seit 1970 das Deutsche Musikarchiv Berlin gehört. Das Hauptgebäude der Deutschen Bücherei wurde zwischen 1914 und 1916 am Deutschen Platz im Leipziger Südosten errichtet. Die Architektur ist geprägt vom Historismus, zeigt Anklänge an Renaissance und Jugendstil und besticht durch ihre von schlanken Rotunden flankierte geschwungene Fassade.

Der Architekt Oskar Pusch (1877–1970), der von vornherein regelmäßige bauliche Erweiterungen eingeplant hatte, baute 1934 an der Ostseite einen Magazinbereich und einen Lesesaal an. Ende der Sechzigerjahre kamen im Nordwestbereich ein weiterer Magazinbereich und ein neuer Lesesaal hinzu, sodass nun ein um zwei Innenhöfe gruppierter Monumentalbau entstand. Bei der dritten Erweiterung 1976 bis 1980 setzte der Architekt Dieter Seidlitz neben den Kernbau einen eigenständigen 57,5 Meter hohen Magazinturm.

Im Jahr 1994 wurde dem Architekten Hellmut G. Neumann die Leitung der Komplettsanierung des unter Denkmalschutz stehenden Gebäudekomplexes übertragen. Diese Arbeiten wurden 2007 abgeschlossen. Ziele der Sanierung waren die funktionale Anpassung des Gebäudes, der Werterhalt und die Optimierung der Lagerkapazität, vor allem aber auch die Wiederherstellung des historischen Erscheinungsbildes sowie die Erneuerung der technischen Anlagen.

Da die Magazinkapazität von Hauptgebäude und Bücherturm erschöpft war, wurde 2002 für den seit 2007 entstehenden vierten Erweiterungsbau ein offener, zweistufiger Realisierungswettbewerb durchgeführt. Gleichzeitig wird das Deutsche Buch- und Schriftmuseum, die international bedeutendste Einrichtung ihrer Art, als Museum und Arbeitsstätte der Buchforschung im Gebäude neu konzipiert und das Deutsche Musikarchiv am Standort in Leipzig integriert. Die Stuttgarter Architektin Gabriele Glöckler überzeugte die Jury mit einem Entwurf, der Originalität, Funktionalität und städtebauliche Integrität souverän vereint. Das Gebäude folgt der Entwurfsidee »Umschlag – Hülle – Inhalt« und zeigt einen geschwungenen fünfgeschossigen Baukörper, der im Erdgeschoss eingezogen und verglast, ansonsten auf der Längsseite geschlossen ist und in Traufhöhe an das zuvor ausgebaute historische Hauptgebäude anschließt. Die Linie der konkaven Pusch-Fassade aufnehmend, schiebt sich der Neubau vor den fast 60 Meter hohen Bücherturm, der in den Siebzigerjahren hinzugekommen waren.

Durch eine ausgeklügelte Struktur gelingt es dem Neubau, aus heterogenen Bestandsbauten, die bislang lediglich durch eine Röhre für den Büchertransport verbunden waren, ein kompaktes – nun auch wegen seiner »kurzen Wege« gerühmtes – Ensemble zu formen.

Der Bücherturm erhält im Zuge dieser vierten Erweiterungsmaßnahme eine neue Metallfassade mit integrierter Effektbeleuchtung aus LED-Leuchten. Ebenfalls als innovative Technik wird für den Neubau und den Bücherturm eine anteilige Wärme- und Kälteversorgung über Erdwärme eingebaut. Der Einsatz regenerativer Energiequellen gilt als eines der Projektziele und wird aus dem Energieeinsparprogramm Bundesliegenschaften des Bundesbauministeriums gefördert.

PROJEKT
Sanierung der Deutschen Nationalbibliothek in Leipzig
STANDORT
Deutscher Platz 1, 04103 Leipzig
_AKTEURE
BAUHERR
Bundesministerium für Verkehr, Bau und Stadtentwicklung (BMVBS)
DURCHFÜHRUNG
Staatsbetrieb Sächsisches Immobilien- und Baumanagement (SIB) Niederlassung Leipzig I
NUTZERIN
Deutsche Nationalbibliothek
ARCHITEKTEN
Hellmut G. Neumann, Leipzig
TECHNISCHE GEBÄUDEAUSRÜSTUNG
Montagewerk Leipzig GmbH
Ingenieurbüro Schlegel & Reußwig GmbH, Leipzig
_TERMINE
PLANUNGSVERGABE
1994 (Direktvergabe)
BAUBEGINN
1993
FERTIGSTELLUNG
2007
_GEBÄUDEDATEN
HAUPTNUTZFLÄCHE HNF
23 400 m² (Hauptgebäude)
16 300 m² (Bücherturm)
BRUTTOGRUNDFLÄCHE BGF
39 100 m² (Hauptgebäude)
23 400 m² (Bücherturm)
BRUTTORAUMINHALT BRI
97 100 m³ (Hauptgebäude)
62 600 m³ (Bücherturm)
_KOSTEN
Gesamtbaukosten
KG 200 bis 700, brutto
28 Mio. EUR
KG 300 und 400, brutto
27 Mio. EUR

PROJEKT
Vierter Erweiterungsbau für die Deutsche Nationalbibliothek in Leipzig, einschließlich Integration des Deutschen Musikarchivs und Fassadensanierung des Bücherturms
STANDORT
Deutscher Platz 1, 04103 Leipzig
_AKTEURE
BAUHERR
Bundesministerium für Verkehr, Bau und Stadtentwicklung (BMVBS)
DURCHFÜHRUNG
Staatsbetrieb Sächsisches Immobilien- und Baumanagement (SIB) Niederlassung Leipzig I
NUTZERIN
Deutsche Nationalbibliothek
ARCHITEKTEN
Gabriele Glöckler, Freie Architektin BDA, Stuttgart (Entwurf)
ARGE Gabriele Glöckler/ZSP Architekten, Stuttgart (Planung)
TECHNISCHE GEBÄUDEAUSRÜSTUNG
Winter Ingenieure, Leipzig
Ingenieurbüro Schlegel & Reußwig GmbH, Leipzig
_TERMINE
PLANUNGSVERGABE
2002/03 (Wettbewerb)
BAUBEGINN
2007
FERTIGSTELLUNG
2010
_GEBÄUDEDATEN
HAUPTNUTZFLÄCHE HNF
14 000 m²
BRUTTOGRUNDFLÄCHE BGF
23 600 m²
BRUTTORAUMINHALT BRI
90 300 m³
_KOSTEN
Gesamtbaukosten
KG 200 bis 700, brutto
59 Mio. EUR
KG 300 und 400, brutto
55 Mio. EUR

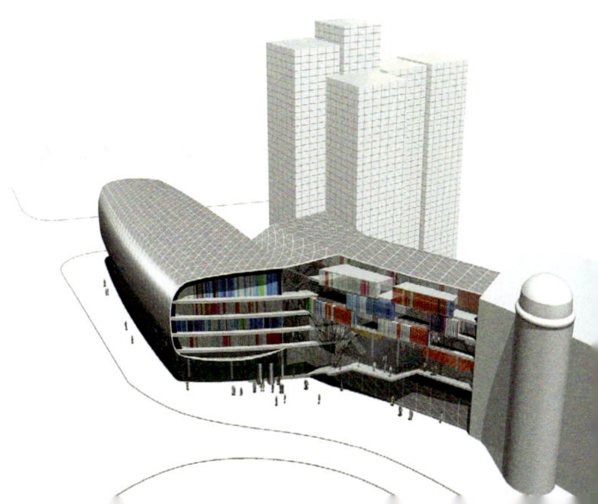

NEUBAU DES FUNKHAUSES FÜR DIE DEUTSCHE WELLE

BONN _WETTBEWERB 1983 _ARCHITEKTENVERTRAG 1997 _BAU 1997-2002

Der Schürmann-Bau im Bonner Bundesviertel hat eine einzigartige Geschichte. Dazu gehören die ursprüngliche Planung als Gebäude für die Abgeordneten des Deutschen Bundestags, den Wissenschaftlichen Dienst und die Parlamentsbibliothek sowie die nach der Umzugsentscheidung festgelegte Nutzung als modernes Funkhaus für die Deutsche Welle. Dazu gehört auch das katastrophale Rheinhochwasser, das 1993 den Rohbau hob und schwer beschädigte. Hinzu kommen Rechtsstreitigkeiten, Abrissgedanken, ein Sanierungs- und Weiterbaubeschluss. Schließlich ging alles gut aus. Der 1983 wettbewerbsmäßig ausgelobte, 1989 begonnene und von Joachim Schürmann konzipierte Bau wurde im Jahre 2003 glücklich seiner Bestimmung übergeben. Am Rande der Rheinaue direkt neben Egon Eiermanns ehemaligem Abgeordnetenhochhaus, dem »Langen Eugen«, gelegen, erweitert er das zum UN-Campus umgenutze ehemalige Regierungsviertel nach Süden und fungiert als Brücke zum Post Tower von Helmut Jahn.

Gegenüber diesen bedeutenden Institutionen und interessanten Bauten, zu dem sich Günter Behnischs Plenarsaal und das neue World Conference Center Bonn (WorldCCBonn) gesellen, behauptet sich das strahlend weiß verputzte und luftig aufgeständerte Gebäude mit der horizontal orientierten Eleganz der klassischen Moderne.

Der viergeschossige Schürmann-Bau ist ein aus Kuben bestehendes kompaktes, zum Rhein hin an mehreren Stellen passierbares Gefüge dreier parallel geführter Riegel. Die »Häuser« genannten Abschnitte sind durch Brücken, Treppen und Stege verbunden und überraschen ständig mit neuen Raumeindrücken, Durchblicken und Wegeführungen. Wechselnde Grundrisse, Passagen, eine »schräge Gasse«, Laubengänge und Loggien, freigestellte Gebäudekörper, Unterzüge, aus der Hülle geschnittene Balkone, Stahlrampen und Wendeltreppen innen und außen sowie Wasserbecken in den Höfen und Zwischenräumen gehören zum festen Repertoire. Dabei vermittelt das Gebäude mit seinen teils flächenbündigen Fensterbändern einen durchaus ruhigen Eindruck.

Das an der Hangkante der Kurt-Schumacher-Straße parallel zum Rhein entlang geführte Gebäude setzt klare städtebauliche Akzente. Es verbindet das nördliche ehemalige Bundeshaus und den südlich anschließenden Post Tower und schirmt, obwohl es offen ist und mehrere Durchgänge hat, den Rhein und den hier beginnenden Rheinauenpark ab. Mit einer Reihe von Skulpturen in den eng mit dem Gebäude verschlungenen Außenbereichen wurde eine weitere Attraktion geschaffen, die – wie die Architektur – dem Image der Deutschen Welle und ihrer Umgebung zuträglich und eigentlich selbst schon einen Besuch wert ist.

PROJEKT
Neubau des Funkhauses für die Deutsche Welle
STANDORT
Kurt-Schumacher-Straße 3, 53113 Bonn
_AKTEURE
BAUHERR
Bundesministerium für Verkehr, Bau und Stadtentwicklung (BMVBS)
DURCHFÜHRUNG
Bundesamt für Bauwesen und Raumordnung (BBR)
NUTZERIN
Deutsche Welle (DW)
ARCHITEKTEN
joachim schürmann architekten, Köln
TECHNISCHE GEBÄUDEAUSRÜSTUNG
Generalfachplaner
Obermeyer Planen und Beraten, München
_TERMINE
PLANUNGSVERGABE
1983 (Wettbewerb)
1997 (Architektenvertrag)
BAUBEGINN
1997 (Lagesicherung)
FERTIGSTELLUNG
2002
_GEBÄUDEDATEN
HAUPTNUTZFLÄCHE HNF
25 000 m² (hell)
6 700 m² (dunkel)
BRUTTOGRUNDFLÄCHE BGF
135 300 m²
BRUTTORAUMINHALT BRI
493 000 m³

_KOSTEN
Gesamtbaukosten
KG 200 bis 700, brutto
270 Mio. EUR
KG 300 und 400, brutto
173 Mio. EUR

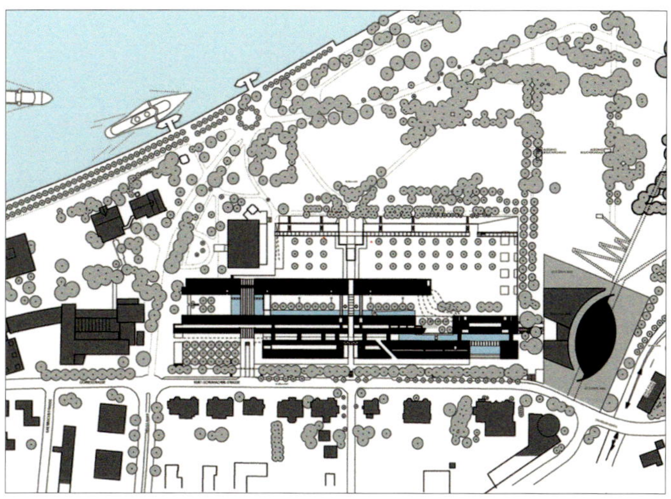

DEUTSCHE WELLE

NEUBAU DER DOKUMENTATIONSSTÄTTE REGIERUNGSBUNKER

BAD NEUENAHR-AHRWEILER _DIREKTVERGABE 2006 _BAU 2006-2008

Was offiziell »Ausweichsitz der Verfassungsorgane der Bundesrepublik Deutschland« hieß, war nichts anderes als ein Bunker. Dieser war in den Jahren 1960 bis 1972 in einem alten, aufgegebenen Eisenbahntunnel für die zivilen Behörden, insbesondere aus der ehemaligen Bundeshauptstadt, erbaut worden. Dreitausend Personen des öffentlichen Lebens – angefangen mit dem Bundespräsidenten und dem Bundeskanzler – hätten hier nach einem Atomschlag dreißig Tage überleben können.

Der »Regierungsbunker« war ein aus mehreren Teilen und Eingängen bestehendes Tunnelsystem von insgesamt 19 Kilometern Länge, in dem Elektrowagen und Fahrräder als Fortbewegungsmittel dienten.

Nach der Überwindung des Ost-West-Konfliktes dachte man über die weitere Nutzung nach und beschloss die Aufgabe der Anlage. Nur ein am Eifeler Rotweinwanderweg, oberhalb des Museums Roemervilla gelegenes kleines Teilstück blieb erhalten und wurde zwischen 2006 und 2008 zur Dokumentationsstätte Regierungsbunker umgebaut. Dort wurden eine 200 Meter lange Bunkerröhre und ein Seitenstollen für museale und dokumentarische Zwecke aufbereitet.

In das Konzept für das Eingangsbauwerk des neuen Museums bezog das Bonner Architekturbüro Schroeder + Schevardo den alten Osteingang mit ein. Im Außenbereich der eigentlichen Bunkeranlage errichteten die Architekten um das vorgelagerte Splitterschutzgebäude mit seinen 3 Meter dicken Betonwänden das Museum, in dem neben der Kasse, den Sanitär-, Versorgungs- und Technikräumen auch Ausstellungs- und Vortragsräume untergebracht sind.

Die an massiven Betonwänden befestigten Fassadenplatten bestehen aus Cortenstahl mit vertikalen Glas- und Lamellenschlitzen. Der Eingang links öffnet sich mit einer großen Verglasung, der aus dem Vortragssaal führende Ausgang rechts mit einem Glasdach. Ein schmales horizontales Fensterband belichtet die Verwaltungsräume im Obergeschoss.

Das Innere der Dokumentationsstätte hat »Mplus – Managementgesellschaft zur Optimierung von Arbeitsbedingungen« aus Sankt Augustin hergerichtet, die auch für den Rückbau der Bunkeranlage zuständig war. Seit der Einweihung am 28. Februar 2008 sind hier die Einrichtungen und Ausstattungsstücke der teilweise authentisch erhaltenen Wohn-, Schlaf-, oder Sanitätsräume zu sehen. Durch zwei Tore mit Umgehungsschleusen und Dekontaminationsräumen gelangt der Besucher am Ende des 200 Meter langen Museumsganges zu einem Podest, von dem aus man einen Blick in die kilometerlange entkernte Tunnelanlage werfen kann.

Eine Tafel erinnert an eine weitere ehemalige Nutzung des Stollens: Im Zweiten Weltkrieg waren Juden aus dem KZ Buchenwald und Häftlinge aus dem KZ Auschwitz gezwungen, hier Abschussrampen für V2-Raketen zu produzieren.

PROJEKT
Neubau der Dokumentationsstätte Regierungsbunker
STANDORT
Am Silberberg 0, 53474 Bad Neuenahr-Ahrweiler
_AKTEURE
BAUHERRIN
Bundesanstalt für Immobilienaufgaben (BImA)
DURCHFÜHRUNG
Bundesamt für Bauwesen und Raumordnung (BBR)
NUTZER
Heimatverein Alt-Ahrweiler e.V.
ARCHITEKTEN
Schroeder + Schevardo Architekten, Bonn (Eingangsbauwerk Dokumentationsstätte)
Mplus Managementgesellschaft mbH, Sankt Augustin (Dokumentationsstätte/Stollen)
TECHNISCHE GEBÄUDEAUSRÜSTUNG
BfH – Büro für Haustechnik, Gregor Hornen, Hennef
_TERMINE
PLANUNGSVERGABE
2006 (Direktvergabe)
BAUBEGINN
2006
FERTIGSTELLUNG
2008

_GEBÄUDEDATEN
HAUPTNUTZFLÄCHE HNF
1 200 m²
BRUTTOGRUNDFLÄCHE BGF
5 400 m²
BRUTTORAUMINHALT BRI
18 000 m³
_KOSTEN
Gesamtbaukosten
KG 200 bis 700, brutto
2,5 Mio. EUR
KG 300 und 400, brutto
1,6 Mio. EUR

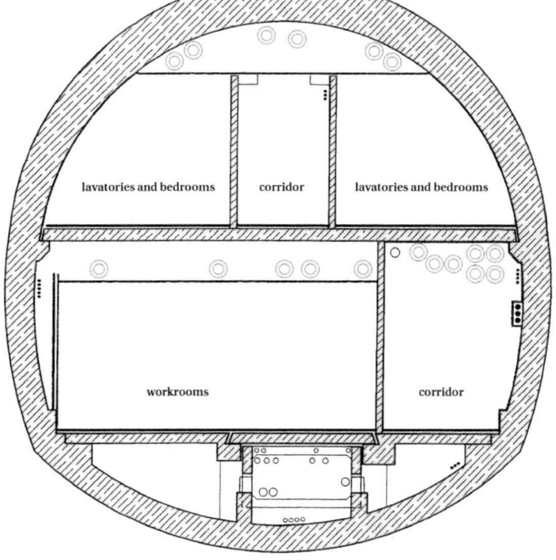

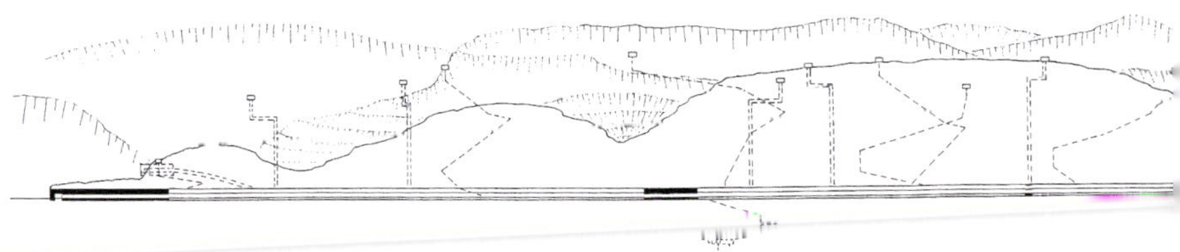

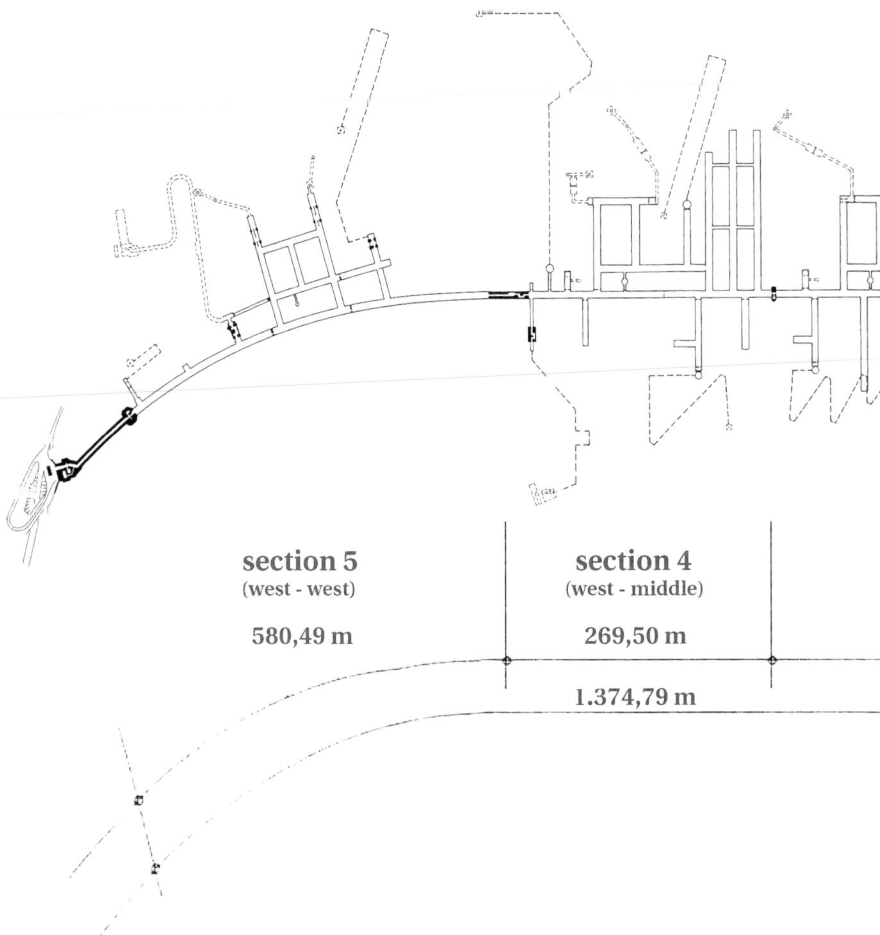
section 5
(west - west)
580,49 m
section 4
(west - middle)
269,50 m
1.374,79 m

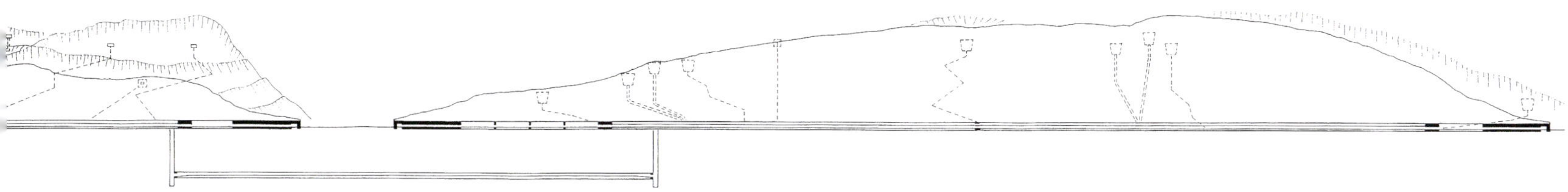

submontane connecting-passage west - east

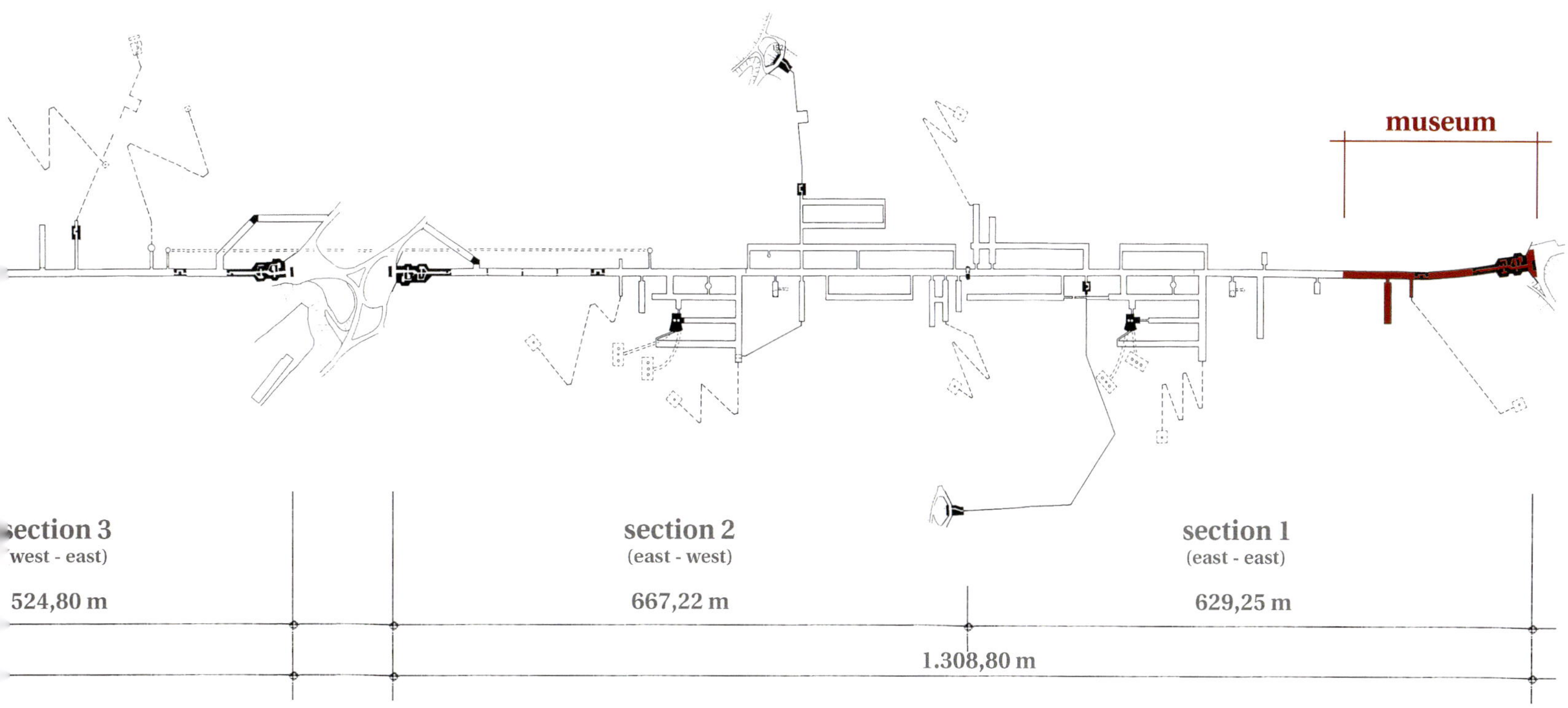

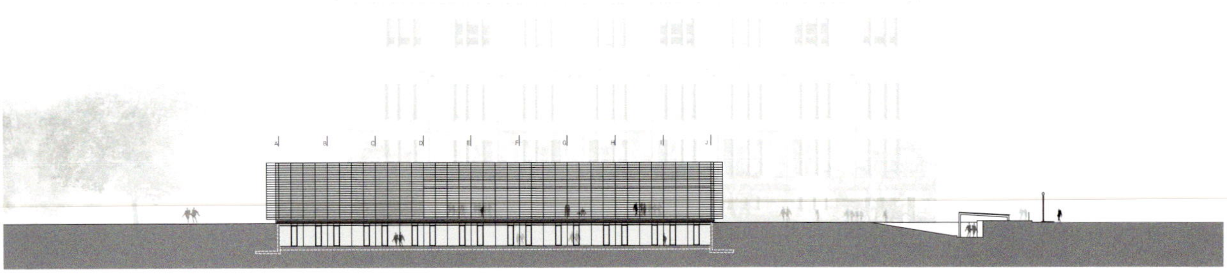

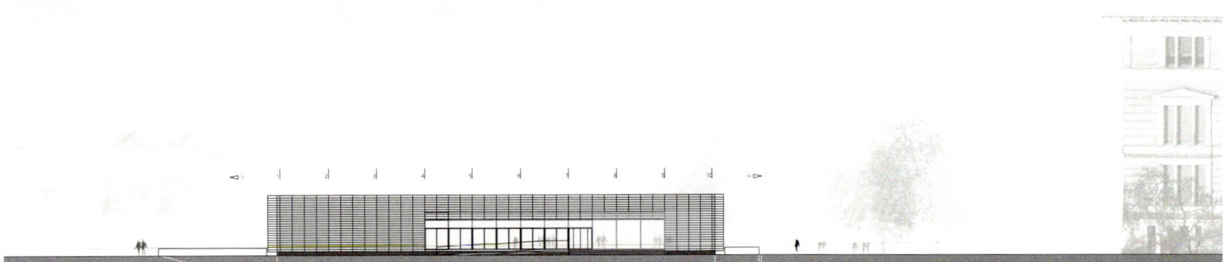

NEUBAU EINES DOKUMENTATIONS- UND BEGEGNUNGSZENTRUMS FÜR DIE STIFTUNG TOPOGRAPHIE DES TERRORS

BERLIN _WETTBEWERB 2005/06 _BAU 2007-2009

Das Gelände neben dem Martin-Gropius-Bau in Berlin-Kreuzberg war bis Mitte der Achtzigerjahre Brachland. Nichts erinnerte daran, dass hier, an der Wilhelmstraße zwischen Prinz-Albrecht-Straße (heute Niederkirchnerstraße) und Anhalter Straße, der nationalsozialistische SS- und Polizeistaat einst seine Schaltstellen etabliert hatte. Hier hatten die Geheime Staatspolizei, die SS-Führung und seit 1939 das Reichssicherheitshauptamt ihren Sitz, die unter anderem für die Verfolgung politischer Gegner, die »Germanisierung« der eroberten Gebiete in Polen und der Sowjetunion sowie für den Völkermord an den europäischen Juden verantwortlich waren. In den Fünfzigerjahren riss man die im Krieg beschädigten Gebäude ab. Ins Bewusstsein rückte der Ort erst wieder im Kontext der Internationalen Bauausstellung Berlin. 1987 wurde die Dokumentation Topographie des Terrors im Rahmen der 750-Jahr-Feier Berlins eröffnet. Weitere Überlegungen, wie mit dem jährlich von Tausenden Menschen aufgesuchten 45 000 Quadratmeter großen »Provisorium« umzugehen sei, sind Teil einer insgesamt turbulenten Planungsgeschichte. Zu dieser gehören zwei Wettbewerbe sowie der im Jahre 2004 erfolgte Abriss des Rohbaus, der nach Plänen von Peter Zumthor errichtetet worden war. Dieses Bauvorhaben erwies sich finanziell und technisch als zu riskant.

Der Bund übernahm die Federführung und schrieb einen neuen Wettbewerb für die Gestaltung der Freiflächen und eines Gebäudes für die Ausstellung *Topographie des Terrors* und die zugeordneten wissenschaftlichen, pädagogischen und administrativen Funktionen der Stiftung Topographie des Terrors aus. Aus dem teilnehmerstarken Wettbewerb ging Ursula Wilms aus dem Büro Heinle, Wischer und Partner mit dem Landschaftsarchitekten Heinz W. Hallmann aus Aachen siegreich hervor. Ihr Entwurf sieht einen Gebäudekubus vor, der sich gegenüber dem Gelände sehr sensibel verhält. Die Modelle und Renderings der seit November 2007 im Bau befindlichen Stätte, die im Mai 2010 eröffnet werden soll, lassen ein Gebäude erkennen, das selbst kein Zeichen, sondern die schlichte Hülle für das internationale Dokumentations- und Begegnungszentrum bildet.

Als flacher quadratischer Kubus mit doppelter Glas-Metall-Fassade lehnt sich der Solitär an die souveräne Weite und Offenheit eines klassisch-modernen Baukörpers an, aber zitiert dabei im Grundriss mit seiner um einen Hof gelegten Kubatur den westlich unmittelbar angrenzenden Martin-Gropius-Bau. Eleganz und auch Bedeutung erlangt das Gebäude sowohl durch die irisierend-leichten Aluminiumlamellen, die der Glasfassade vorgehängt sind, als auch durch den eingezogenen Sockel. Beide, Sockel und Lamellen, suggerieren Leichtigkeit und ein Schweben des Baukörpers. Sie halten die Architektur, die über ein abgesenktes Untergeschoss mit Bibliothek, Büro- und Verwaltungsräumen verfügt, und das historisch kontaminierte Gelände mit den teilweise denkmalgeschützten Mauer- und Fundamentresten auf Distanz.

Mit großer Leichtigkeit fasst das Innere den Ausstellungsbereich, Wechselausstellungs- und Veranstaltungssaal, Foyer, Cafeteria und Seminarraum unter einer weittragenden Sichtbetonkonstruktion zusammen. Der Metallvorhang der Fassade sorgt dabei für Ruhe, ohne die Räume abzuschirmen. Der Blick nach außen ist Bestandteil der Konzeption des neuen Gebäudes, das sich nicht in den Vordergrund spielt und den Schrecken des Ortes und seine Geschichte architektonisch weder illustriert noch überformt. Die »Aufklärung über die Täter« bleibt das Hauptanliegen des als »Lernort« konzipierten Dokumentationszentrums Topographie des Terrors.

PROJEKT
Neubau eines Dokumentations- und Begegnungszentrums für die Stiftung Topographie des Terrors
STANDORT
Niederkirchnerstraße 8,
10963 Berlin
_AKTEURE
BAUHERR
Bundesministerium für Verkehr, Bau und Stadtentwicklung (BMVBS)
DURCHFÜHRUNG
Bundesamt für Bauwesen und Raumordnung (BBR)
NUTZERIN
Stiftung Topographie des Terrors, Berlin
ARCHITEKTEN
ARGE Topographie mit Heinle, Wischer und Partner, Freie Architekten GbR - Ursula Wilms, Architektin BDA sowie
Prof. Heinz W. Hallmann, Landschaftsarchitekt LBDA, Berlin
TECHNISCHE GEBÄUDEAUSRÜSTUNG
pin planende ingenieure gmbh, Berlin

_TERMINE
PLANUNGSVERGABE
2005/06 (Wettbewerb)
BAUBEGINN
2007
FERTIGSTELLUNG
2009
_GEBÄUDEDATEN
HAUPTNUTZFLÄCHE HNF
3 400 m²
BRUTTOGRUNDFLÄCHE BGF
5 400 m²
BRUTTORAUMINHALT BRI
28 000 m³
_KOSTEN
Gesamtbaukosten
KG 200 bis 700, brutto
20 Mio. EUR
KG 300 und 400, brutto
11 Mio. EUR

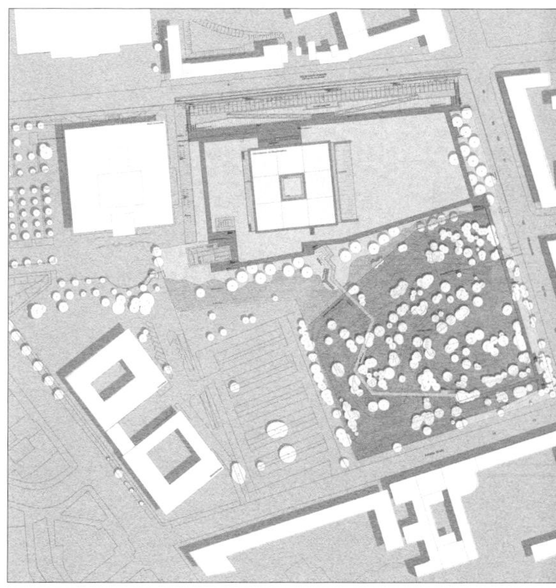

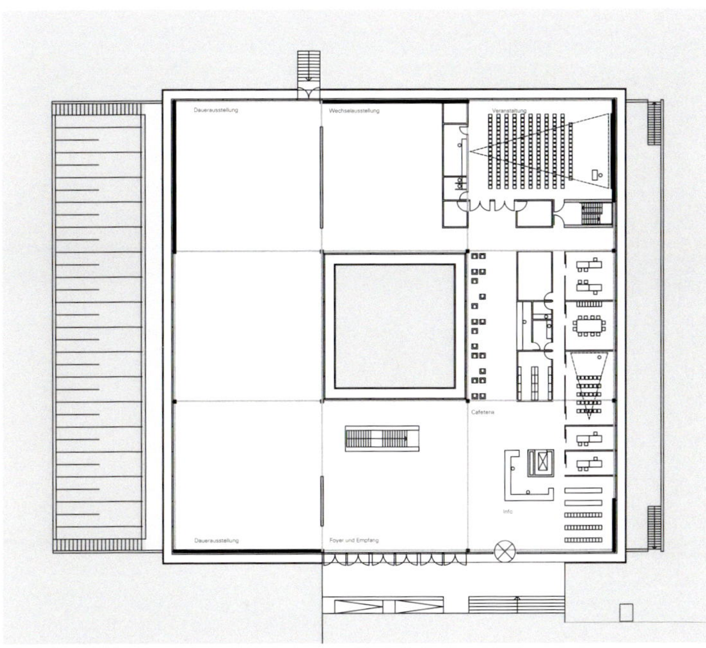

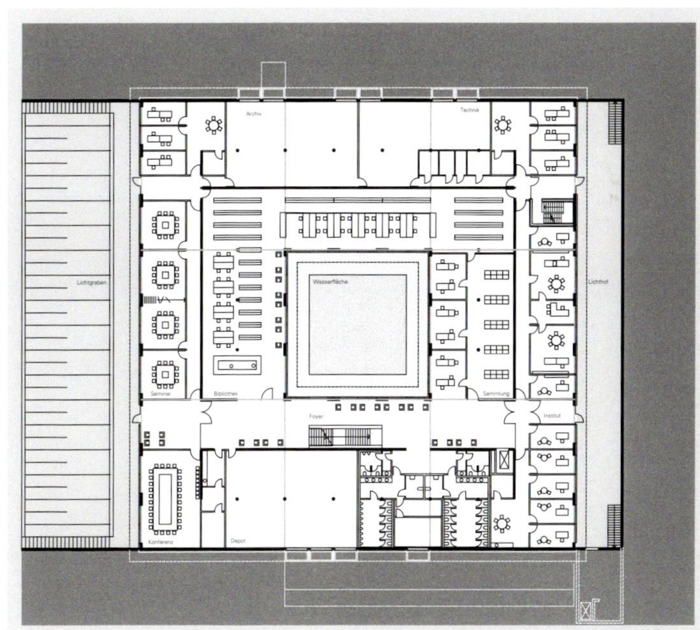

BAUEN FÜR DIE INNERE SICHERHEIT UND DIE FINANZVERWALTUNG

Das Schengener Abkommen und die Wiedervereinigung Deutschlands brachten einschneidende Änderungen für den Aufgabenbereich des Bundesgrenzschutzes mit sich. Der Verzicht auf systematische Grenzkontrollen wirkte sich zumindest mittelbar auch auf das Baugeschehen des Bundes aus. Nur zur Schweiz hin, die erst im Dezember 2008 dem Schengen-Raum beitrat, kam es zu Neubauten von Grenzübergängen oder Zollanlagen. | Die Bauten für die Innere Sicherheit und die Finanzverwaltung stehen selten im Fokus des architektonischen Interesses. Dennoch wird auch hier gute Architektur verwirklicht. Die vom Landesverband Baden-Württemberg des Bundes Deutscher Architekten mit der »Auszeichnung Guter Bauten 2005« bedachte Gemeinschaftszollanlage Laufenburg hält sich als Paradebeispiel des nachhaltigen Bauens die Möglichkeit des kompletten Rückbaus für den Fall eines späteren EU-Beitritts der Schweiz offen. Dass Qualität nicht erst bei einem bestimmten Bauvolumen beginnt, zeigt auch der Neubau für das Zollamt Winnenden-Hertmannsweiler. Das im Jahre 1999 für eine Million Euro neu erstellte Zollamt erhielt von der Architektenkammer Baden-Württemberg eine Auszeichnung. | 2005 wurde der Bundesgrenzschutz in Bundespolizei umbenannt. Im Jahr darauf wurde in Efringen-Kirchen als zweckmäßiger, wirtschaftlicher und nachhaltiger Systembau der Neubau für das Bundespolizeiamt Weil am Rhein fertiggestellt. | Das weltweit gestiegene Sicherheitsbedürfnis spiegelt sich besonders bei Gerichtsbauten und staatlichen Bauaufgaben in Berlin. Zu den größten Bundesbauprojekten zählt der Neubau für den Bundesnachrichtendienst. Als Reaktion auf die nach den Terroranschlägen vom 11. September 2001 entscheidend veränderte Weltsituation beschloss die Bundesregierung im Jahre 2003, den Sitz der dem Bundeskanzleramt angegliederten Dienststelle vom weit entfernten bayerischen Pullach in die Hauptstadt zu verlegen. Die Sicherheitsanforderungen für das seit 2006 im Bau befindliche Gebäudeensemble schlagen sich unter anderem in einem Sockelgeschoss nieder, das auf Fenster und nennenswerte Öffnungen verzichtet, sowie in einem Sicherheitszaun. Dennoch verknüpfen sich mit dem Neubau städtebauliche Erwartungen: Der Neubau wird zwischen Berlin-Mitte und dem Wedding eine Verbindung schaffen und die Umgebung aufwerten.

NEUBAU FÜR DIE ZENTRALE DES BUNDESNACHRICHTENDIENSTES

BERLIN _VOF-VERFAHREN UND WETTBEWERBE 2004-2006 _BAU 2006-2013

In der Folge der Terroranschläge vom 11. September 2001 beschloss die Bundesregierung im April 2003 eine stärkere Präsenz des Bundesnachrichtendienstes (BND) in der Hauptstadt. Für rund viertausend Mitarbeiterinnen und Mitarbeiter des Nachrichtendienstes werden zurzeit mehrere neue Gebäude an der Chausseestraße mit prognostizierten Baukosten von 730 Millionen Euro errichtet. Ab 2013 soll der BND hier seine Arbeit aufnehmen können. Die Neubauten entstehen nach einem Masterplan des Berliner Architekturbüros Kleihues + Kleihues.

Scheinbar mühelos meistern die Architekten zwei Probleme, die sich bei Großbauten regelmäßig stellen: die präzise Integration einer Großform in den Stadtkörper bei gleichzeitiger feinfühliger Reaktion im Detail auf die baulichen Gegebenheiten der nächsten Umgebung. Die Verfasser haben sich dabei nicht der Überlegung der Auslobung angeschlossen, die Chausseestraße mit neuen Häusern zu fassen, vielmehr werden durch die Konzentration von gut dimensionierten Baukörpern an den Seitenstraßen und am zentralen Eingangsbereich großstädtische und straßenprägende baumbestandene Freiräume an der Chausseestraße gewonnen. Sie gewähren dem großen Baukörper eine noble Distanz zur Straße.

Die Komposition der Fassade beruht auf der stringenten Einhaltung eines konstanten Rhythmus. Durch minimale Variationen im Material und in dessen Zuschnitt changieren die Ansichten zwischen den einzelnen Flügeln. Dass das Auge diese Feinheit erst auf den zweiten Blick wahrnimmt, unterstreicht die gestalterische Qualität der Architektur.

Insgesamt handelt es sich um einen gut durchdachten und einprägsamen Entwurf, der sich nach seiner Realisierung nicht nur auf das städtebauliche Umfeld günstig auswirkt, sondern darüber hinaus auch bei Gästen und Nutzern einen positiven Eindruck hinterlassen wird. Neben dem zentralen Verwaltungsgebäude entstehen – nach Plänen von Henn Architekten unter Mitarbeit des Büros Hilmer & Sattler und Albrecht – eine Technik- und Logistikzentrale sowie an der südlichen Grundstücksgrenze ein Gebäudekomplex für Schule, Internat und Besucherzentrum, dessen Entwurf von den Offenburger Lehmann Architekten stammt.

Parallel zur Fertigstellung der Neubauten soll der Südpankegrünzug wieder hergestellt werden. Dies wird auf der Grundlage der Ergebnisse eines im November 2007 von der Senatsverwaltung für Stadtentwicklung ausgelobten landschaftsplanerischen Wettbewerbs geschehen.

Der Park wird Anwohnern und Erholungssuchenden ebenso zur Verfügung stehen wie den Mitarbeiterinnen und Mitarbeitern des benachbarten Bundesnachrichtendienstes. Die Freiraumgestaltung des Grünzugs wird aus Mitteln der Ausgleichs- und Ersatzmaßnahme für die Bauten des Bundesnachrichtendienstes mit 1,874 Millionen Euro finanziert.

PROJEKT
Neubau für die Zentrale des Bundesnachrichtendienstes
STANDORT
Chausseestraße 95, 10115 Berlin
_AKTEURE
BAUHERRIN
Bundesanstalt für Immobilienaufgaben (BImA)
DURCHFÜHRUNG
Bundesamt für Bauwesen und Raumordnung (BBR)
NUTZER
Bundesnachrichtendienst (BND)
ARCHITEKTEN
Kleihues + Kleihues, Berlin (Masterplan und Hauptgebäude)
Henn Architekten, München, unter Mitwirkung von Hilmer & Sattler und Albrecht, München (Technik- und Logistikzentrum)
Lehmann Architekten, Offenburg (Schule, Internat/Besucherzentrum)
_TERMINE
PLANUNGSVERGABE
2004 bis 2006 (VOF-Verfahren, Wettbewerbe)
BAUBEGINN
2006 (vorbereitende Maßnahmen)
FERTIGSTELLUNG
2013

_GEBÄUDEDATEN
HAUPTNUTZFLÄCHE HNF
100 000 m²
BRUTTOGRUNDFLÄCHE BGF
260 000 m²
BRUTTORAUMINHALT BRI
1 230 000 m³
_KOSTEN
Gesamtbaukosten
KG 200 bis 700, brutto
730 Mio. EUR
KG 300 und 400, brutto
540 Mio. EUR

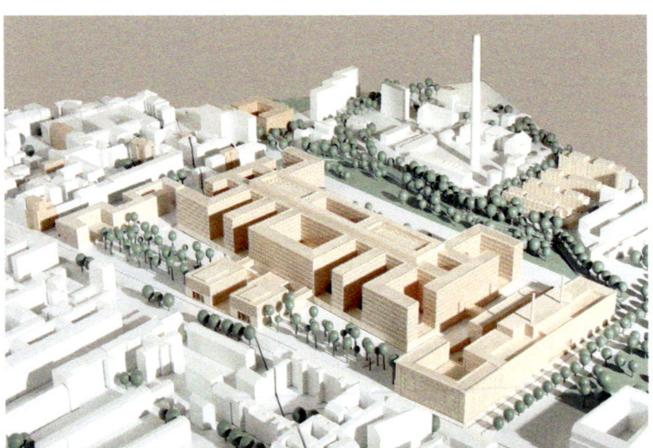

NEUBAU FÜR DAS KRIMINALTECHNISCHE INSTITUT DES BUNDESKRIMINALAMTES

WIESBADEN _VOF-VERFAHREN 2000 _BAU 2005-2007

Bestandteil des Bundeskriminalamtes (BKA) mit seinen Standorten in Wiesbaden, Berlin und Meckenheim (bei Bonn) ist das in Wiesbaden untergebrachte Kriminaltechnische Institut (KT) als Wirkstätte von etwa dreihundert Experten aus über sechzig verschiedenen Berufsbildern. Chemiker, Physiker, Biologen, Ingenieure ebenso wie Phonetiker, Psychologen, Mineralogen, Elektroniker oder IT-Spezialisten bekämpfen hier im interdisziplinären Austausch Kriminalität und entwickeln neue Möglichkeiten der Forensik.

Im Jahre 2007 wurde der Neubau für die kriminaltechnische Abteilung der dem Bundesministerium des Innern nachgeordneten Bundesoberbehörde fertiggestellt. Für das beengte Eckgrundstück an Wiesbadens Äppelallee entwickelte das Kaiserslauterer Architekturbüro ASPLAN einen fünfgeschossigen Kammbau in Form eines gespiegelten »E«, der an das bereits vorhandene Bürogebäude so andockt, dass zwei Innenhöfe entstehen und die Erschließung vom Bestandsbau her erfolgt.

Der Neubau verzichtet auf Kommunikationsräume wie Foyer oder Cafeteria und wird vor allem dem Funktionsbedarf als hoch spezialisiertes Laborgebäude gerecht, integriert aber auch Büros mit innovativen Arbeitsplätzen. Fast die Hälfte des nutzungsflexiblen und zukunftsorientierten Gebäudes ist Systemlaboren, Prüf- und Messräumen, Reinräumen, Akustiklaboren oder Klimaräumen vorbehalten. Daneben gibt es eine Ballistikabteilung mit einem 100 Meter langen Schießlabor sowie Lagerflächen und eine Bibliothek.

Der äußerst kompakte Neubau ist asymmetrisch auf dem von einem Sicherheitszaun umschlossenen Grundstück platziert. Durch eine Böschung wird das Untergeschoss sichtbar und gibt den Blick auf die Außenwand aus anthrazitfarbenen Betonsteinen frei. In der Vertikalen wird die Fassade nach oben von einer mit horizontalen Lamellen gestalteten Dachzentrale gehalten. Die Fassadengliederung überspielt mit farbigen Faserzementplatten und beweglichen Sonnenschutzelementen aus Aluminium das den Funktionsanforderungen verpflichtete Fassadenraster. Rettungsbalkone brechen die Fläche zweischichtig auf und verleihen dem Gebäude Dynamik und in Verbindung mit den Farbakzenten ein freundliches Erscheinungsbild.

PROJEKT
Neubau für das Kriminaltechnische Institut des Bundeskriminalamtes
STANDORT
Äppelallee 45, 65203 Wiesbaden-Biebrich
_AKTEURE
BAUHERR
Bundesministerium für Verkehr, Bau und Stadtentwicklung (BMVBS)
DURCHFÜHRUNG
Landesbetrieb Hessisches Baumanagement (hbm), Regionalniederlassung West
NUTZER
Bundeskriminalamt (BKA)
ARCHITEKTEN
Ermel Horinek Weber - ASPLAN Kaiserslautern
TECHNISCHE GEBÄUDEAUSRÜSTUNG
Rentschler und Riedesser Ingenieurgesellschaft mbH für Technik im Bau, Stuttgart
Steinigeweg Beratende Ingenieure, Darmstadt
_TERMINE
PLANUNGSVERGABE
2000 (VOF-Verfahren)
BAUBEGINN
2005
FERTIGSTELLUNG
2007

_GEBÄUDEDATEN
HAUPTNUTZFLÄCHE HNF
12 500 m²
BRUTTOGRUNDFLÄCHE BGF
34 600 m²
BRUTTORAUMINHALT BRI
136 200 m³
_KOSTEN
Gesamtbaukosten
KG 200 bis 700, brutto
67 Mio. EUR
KG 300 und 400, brutto
54 Mio. EUR

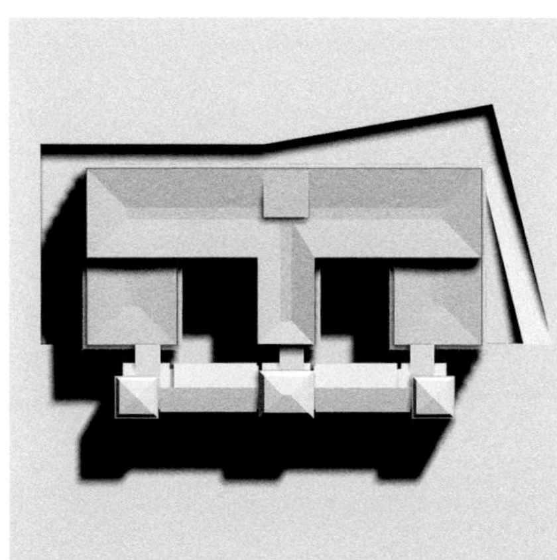

F1

RENZEL

NEUBAU FÜR DAS BUNDESPOLIZEIAMT WEIL AM RHEIN

EFRINGEN-KIRCHEN _PLANUNGSAUFTRAG 2005 _BAU 2006

Als sich das Bundesministerium der Verteidigung 2003 entschloss, in den folgenden fünf Jahren das Sanitätshauptdepot in Efringen-Kirchen aufzugeben, wurde eine Zusammenlegung mehrerer Dienststellen des Bundespolizeiamtes Weil am Rhein in dieser Liegenschaft möglich. Wegen der Fußballweltmeisterschaft 2006 beschloss man schließlich – noch während des laufenden Umzugs der Bundespolizei nach Efringen-Kirchen – einen weiteren Teil des Bundespolizeiamtes in einem Neubau unterzubringen. Im Zuständigkeitsbereich des Bundesministeriums für Verkehr, Bau und Stadtentwicklung und der Oberfinanzdirektion Karlsruhe lag die Federführung des Eilprojektes beim Landesbetrieb Bundesbau Baden-Württemberg, der in nur sechs Monaten Planung, haushalts- und baurechtliche Verfahrensgrundlagen sowie Ausschreibung und Vergabeunterlagen »in Eigenleistung« erarbeitete. In weiteren drei Monaten wurde das Gebäude nach Entwürfen des Staatlichen Hochbauamtes Freiburg fertiggestellt.

Der langgestreckte zweigeschossige Neubau fügt sich zwischen die Leit- und Einsatzzentrale und das Wirtschaftsgebäude der Polizeianlage ein. Das Gebäude ist im Grundriss ein klassischer zweispänniger Bürobau mit einem symmetrisch angeordneten Foyer. Im Erdgeschoss liegen die Büros, im Obergeschoss befindet sich der Aufenthaltsbereich für die Beschäftigten. Die hellgrauen Putzfassaden werden durch versetzt angeordnete, in unterschiedlichen Rottönen lackierte Blenden und anthrazitfarbene Fensterbänder gegliedert und akzentuiert. Die Farbe der Blenden nimmt Bezug auf die mit rötlichem Mauerwerk gestalteten älteren Bauten, um den Neubau einerseits dem Bestand einzugliedern und ihm andererseits ein eigenständiges Aussehen zu verleihen.

Die gewählte Systembauweise mit Holztafelelementen hat sich als schnelles und äußerst wirtschaftliches Konstruktionsprinzip erwiesen. Trotz aller notwendigen Reduktion achtete man besonders bei der Wahl der Materialien auf Qualität. Auch Aspekte des nachhaltigen Bauens fanden Berücksichtigung: Ein außen liegender Sonnenschutz und eine extensive Dachbegrünung machen eine Klimatisierung der Räume fast überflüssig.

PROJEKT
Neubau für das Bundespolizeiamt Weil am Rhein
STANDORT
Engetalstraße 2,
79588 Efringen-Kirchen
_AKTEURE
BAUHERR
Bundesministerium für Verkehr, Bau und Stadtentwicklung (BMVBS)
DURCHFÜHRUNG
Landesbetrieb Bundesbau Baden-Württemberg, Staatliches Hochbauamt Freiburg
NUTZERIN
Bundespolizei
ARCHITEKTEN
Landesbetrieb Bundesbau Baden-Württemberg, Staatliches Hochbauamt Freiburg
TECHNISCHE GEBÄUDEAUSRÜSTUNG
Landesbetrieb Bundesbau Baden-Württemberg, Staatliches Hochbauamt Freiburg
_TERMINE
PLANUNGSVERGABE
2005 (Planungsauftrag)
BAUBEGINN
2006
FERTIGSTELLUNG
2006

_GEBÄUDEDATEN
HAUPTNUTZFLÄCHE HNF
700 m²
BRUTTOGRUNDFLÄCHE BGF
1 100 m²
BRUTTORAUMINHALT BRI
3 700 m³
_KOSTEN
Gesamtbaukosten
KG 200 bis 700, brutto
1,2 Mio. EUR
KG 300 und 400, Brutto
1,0 Mio. EUR

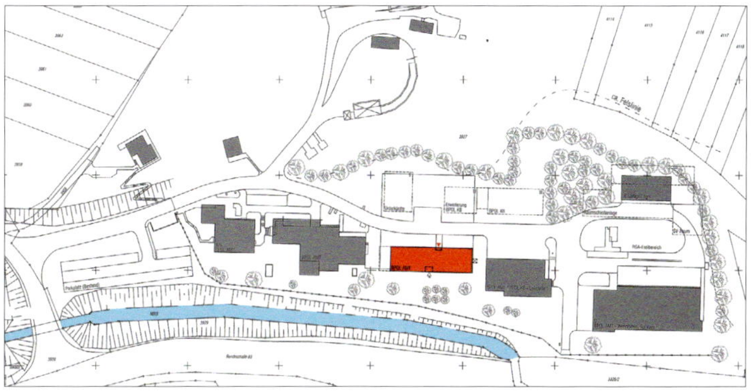

Zollamt

NFUHR
USFUHR

NEUBAU FÜR DAS ZOLLAMT WINNENDEN-HERTMANNSWEILER

WINNENDEN-HERTMANNSWEILER _DIREKTVERGABE 1998 _BAU 1998/99

Das sanierungsbedürftige Zollamt von Waiblingen und die Außenstelle Backnang waren zu klein geworden. Ein zeitgemäßer Neubau auf halber Wegstrecke zwischen den beiden Standorten lag nahe und wurde vom Fellbacher Architekturbüro D'Inka und Scheible innerhalb nur eines Jahres in dem 25 Kilometer nordöstlich von Stuttgart gelegenen Winnenden-Hertmannsweiler realisiert.

Der 1999 fertiggestellte, 40 Meter lange Baukörper liegt im Gewerbegebiet auf einem 3 500 Quadratmeter großen Grundstück, das den Lkws die Umfahrung des Zollamtes erlaubt. Das Gebäude ruht auf einem funktionalen Betonsockel, der eine zügige und bequeme Abfertigung ermöglicht. Über eine Rampe beziehungsweise über eine seitlich angebrachte Treppe erreicht man den überdachten Haupteingang, der den schmalen Bau in einen Schalterbereich und eine Bürozone teilt.

Dem Baukörper ist im Norden eine kleine Lagerhalle, der Zollboden, vorgelagert. Der tragende Stahlbetonrahmen betont die Konstruktion, indem er die eingestellte Fassade gegenüber der Gebäudekante zurücksetzt. Es entsteht ein wohlkalkulierter Gegensatz von rahmenden und ausfachenden Elementen. Rot gestrichene Holzfassadenelemente unter horizontalen Oberlichtbändern und raumhohe Fensterelemente bilden mit dem grauen Sichtbeton des Sockels und der Stirn- und Eingangswände eine spannungsreiche Einheit.

Das sich über einem offenen Grundriss und unter einem extensiv begrünten Flachdach entwickelnde Innere baut auf Gegensätze: einerseits auf die warme Atmosphäre des mit Holz gestalteten Ausbaus, andererseits auf die metallicfarbenen Stahlstützen und die tragenden Sichtbetonwände. Ganz wesentlich trägt die Lichtführung durch die Oberlichter und raumhohen Fensterelemente zum Gesamteindruck bei.

Das für rund eine Million Euro erbaute Zollamt Winnenden-Hertmannsweiler wurde im Jahre 2005 im Rahmen des Auszeichnungsverfahrens »Beispielhaftes Bauen im Rems-Murr-Kreis 1996–2005« von der Architektenkammer Baden-Württemberg ausgezeichnet. Es ist ein Beweis für die baukulturelle Qualität und Leistungsfähigkeit auch von »kleinen« Baumaßnahmen des Bundes.

PROJEKT
Neubau für das Zollamt Winnenden-Hertmannsweiler
STANDORT
Otto-Hahn-Straße 5,
71364 Winnenden
_AKTEURE
BAUHERR
Bundesministerium für Verkehr, Bau und Stadtentwicklung (BMVBS)
DURCHFÜHRUNG
Landesbetrieb Bundesbau Baden-Württemberg, Staatliches Hochbauamt Reutlingen
NUTZER
Hauptzollamt Stuttgart
ARCHITEKTEN
D'Inka und Scheible,
Freie Architekten BDA, Fellbach
TECHNISCHE GEBÄUDEAUSRÜSTUNG
Ingenieurbüro Wieandt, Stuttgart
Eger + Walent, Walddorfhäslach
_TERMINE
PLANUNGSVERGABE
1998 (Direktvergabe)
BAUBEGINN
1998
FERTIGSTELLUNG
1999

_GEBÄUDEDATEN
HAUPTNUTZFLÄCHE HNF
300 m²
BRUTTOGRUNDFLÄCHE BGF
500 m²
BRUTTORAUMINHALT BRI
2 700 m³
_KOSTEN
Gesamtbaukosten
KG 200 bis 700, brutto
1,1 Mio. EUR
KG 300 und 400, brutto
0,8 Mio. EUR

NEUBAU DER GEMEINSCHAFTSZOLLANLAGE LAUFENBURG

LAUFENBURG _DIREKTVERGABE 2003 _BAU 2004

In kaum zehn Monaten wurde die deutsch-schweizerische Gemeinschaftszollanlage Laufenburg auf einem Areal östlich der Stadt errichtet. Vorausgegangen war der Bau einer neuen Rheinbrücke, welche die von Napoleon im Frieden von Lunéville (1801) zweigeteilte Grenzstadt seit Dezember 2004 vom Durchgangsverkehr entlastet.

Die Anlage des Lörracher Büros wfz architekten besteht aus dem 55 Meter langen und 13 Meter breiten Zollgebäude und einem 39 mal 25 Meter großen Dach, das auf zwei Stützenreihen mit je acht Stahlstützen ruht. Dach und Zollgebäude bilden eine zweigeteilte Einheit, bei der das Dach wie ein überdimensionaler Tisch über dem kompakten kubischen Baukörper des Zollgebäudes und der Straße steht. Die Formen sind an Einfachheit kaum zu überbieten. Und doch werden hier komplexe Räumlichkeiten definiert.

Zur Straße öffnet sich das Zollgebäude eingeschossig mit den Untersuchungsgaragen, dem Publikumsraum mit der Reisenden- und Warenabfertigung und den angeschlossenen Büroräumen. Auf der straßenabgewandten Südostseite nimmt ein Sockelgeschoss die Umkleiden sowie die Lager- und Technikräume auf.

Die Laufenburger Gemeinschaftszollanlage ist eine Einrichtung, die der Passage zwischen Baden und dem Kanton Aargau eine gewisse Verbindlichkeit verleiht, daneben auch das Gefühl einer flüchtigen Behausung vermittelt. Als luftig in die Rheinlandschaft hineinkomponierter Flachbau besticht die Anlage durch ihre abstrakte geometrische Form. Gleichzeitig nimmt sie sich zurück und stellt sich mit dem begrünten und von zwei großen Oberlichtern durchbrochenen Fahrbahndach, dem offenen Stützensystem sowie der dezenten grauen Farbgebung auf die Umgebung ein.

Die Planer haben in ihre Überlegungen auch einen möglichen EU-Beitritt der Schweiz mit einbezogen und die Zollanlage zu einem Paradebeispiel und Manifest des nachhaltigen Bauens gemacht. Außer dem Stahlbeton, den man für die erdberührenden Teile des Sockelgeschosses und die Bodenplatten benötigte, verwendete man vorgefertigte Holzrahmenbauelemente, die mit Zementfaserplatten verkleidet sind. Alles kann – sollte diese letzte EU-Außengrenze einmal nicht mehr bestehen – leicht zurückgebaut werden.

Der Landesverband Baden-Württemberg des Bundes Deutscher Architekten sprach der Gemeinschaftszollanlage Laufenburg im Rahmen des Auswahlverfahrens für den renommierten Hugo-Häring-Preis 2006 die »Auszeichnung Guter Bauten 2005« zu. Von der Architektenkammer Baden-Würtemberg erhielt die Anlage die Auszeichnung »Beispielhaftes Bauen im Landkreis Waldshut 2000–2008«.

PROJEKT
Neubau der Gemeinschaftszollanlage Laufenburg
STANDORT
Flößerstraße 2, 79725 Laufenburg
_AKTEURE
BAUHERR
Bundesministerium für Verkehr, Bau und Stadtentwicklung (BMVBS)
DURCHFÜHRUNG
Landesbetrieb Bundesbau Baden-Württemberg, Staatliches Hochbauamt Freiburg
NUTZER
Deutsche Zollverwaltung, Schweizer Zollverwaltung, Grenzwacht
ARCHITEKTEN
wfz architekten
Würkert . Felchlin . Zickenheiner, Lörrach
TECHNISCHE GEBÄUDAUSRÜSTUNG
Krebser + Freyler, Planungsbüro GmbH für Technische Gebäudeausrüstung, Teningen
_TERMINE
PLANUNGSVERGABE
2003 (Direktvergabe)
BAUBEGINN
2004
FERTIGSTELLUNG
2004

_GEBÄUDEDATEN
HAUPTNUTZFLÄCHE HNF
600 m²
BRUTTOGRUNDFLÄCHE BGF
1 200 m²
BRUTTORAUMINHALT BRI
4 200 m³
_KOSTEN
Gesamtbaukosten
KG 200 bis 700, brutto
3,3 Mio. EUR
KG 300 und 400, brutto
2,3 Mio. EUR

BAUEN FÜR DIE TECHNIK UND DIE WISSENSCHAFT

Die vom Bundesministerium für Verkehr, Bau und Stadtentwicklung und der Bundesbauverwaltung baufachlich betreuten Bauten für Technik und Wissenschaft sind häufig in erster Linie zweckmäßig. Wie bei Kulturbauten zeigt sich aber gerade in diesem Bereich oft auch eine große Innovationsbereitschaft und das Bestreben, das institutionell vertretene Aufgabengebiet durch eine zeichenhafte Architektur zu unterstreichen. Der Neubau des Instituts- und Verwaltungsgebäudes für das Julius Kühn-Institut in Quedlinburg beispielsweise setzt in der Gruppierung der Baumassen die »Idee eines Kapillarsystems« um; der Neubau für das Umweltbundesamt in Dessau nimmt eine zum Aufgabenbereich der Behörde passende organische Grundrissform an; der Neubau eines Lotsenhauses in Bremerhaven paraphrasiert in abstrakter Gestalt einen Schiffskörper. Weniger zeichenhaft ist der Neubau für die Bundesanstalt für Wasserbau in Ilmenau; dank seiner Lage »Am Ehrenberg« und des weithin sichtbaren Zinkblechs erlangt das Gebäude aber Signalwirkung und Wiedererkennungswert über den Stadtraum hinaus. | Auch die Technik- und Wissenschaftsbauten bieten dem Bund Gelegenheit, sich außerhalb von Berlin und Bonn als Bauherr eindrucksvoller Hochbauten zu präsentieren. Schon vor der Wiedervereinigung führte der Föderalismus zur Ansiedlung wichtiger Bundeseinrichtungen in allen Bundesländern. Der 1952 gegründete Deutsche Wetterdienst hat seinen Sitz in Offenbach. Er befand sich lange an mehreren Standorten, bevor nun das insbesondere für Bundesbauten geltende Wirtschaftlichkeitsgebot zum Neubau eines nachhaltigen Verwaltungs- und Bürogebäudes führte. | Zur Stärkung der neuen Bundesländer verlegte die Föderalismuskommission die Außenstelle der Bundesanstalt für Wasserbau von Berlin nach Ilmenau. Von Berlin nach Dessau zog das Umweltbundesamt. Die zuvor in Aschersleben, Innenstadt Quedlinburg und Braunschweig gelegenen Institutsstandorte der ehemaligen Bundesanstalt für Züchtungsforschung an Kulturpflanzen, heute Julius Kühn-Institut, wurden auf Beschluss der Bundesregierung 1996 in Quedlinburg zusammengeführt. Das Friedrich-Loeffler-Institut, eines der weltweit modernsten Forschungsinstitute für Tiergesundheit, konzentriert nach der Wiedervereinigung zunehmend seine Forschungsstellen am historischen Standort und Hauptsitz auf der Insel Riems und löste damit eine der größten und innovativsten zivilen Hochbaumaßnahmen des Bundes außerhalb Berlins aus. | Nachhaltigkeit ist ein besonderes Anliegen der Bauten für Technik und Wissenschaft. Das Umweltbundesamt in Dessau ist ein ökologischer Demonstrationsbau. Er entstand auf einem Grundstück, das noch vor ein paar Jahren kontaminiert und nahezu vegetationslos war und überzeugt auch durch die Möglichkeit, das Gebäude am Ende seines Lebenszyklus umweltverträglich zurückzubauen. Im Rahmen der Pilotzertifizierung des Deutschen Gütesiegels Nachhaltiges Bauen hat das Umweltbundesamt in Dessau die Auszeichnung in Gold erhalten.

NEUBAU FÜR DAS MAX RUBNER-INSTITUT

KARLSRUHE _WETTBEWERB 1987 _BAU 1993–2000

1999 wurde der Neubau der damaligen Bundesforschungsanstalt für Ernährung (heute Max Rubner-Institut – Bundesforschungsinstitut für Ernährung und Lebensmittel) in Karlsruhe eingeweiht. Das von der Hamburger Architektengruppe Planen + Bauen (APB. Architekten) geplante Gebäude vereint mehrere, zuvor an getrennten Standorten in Stuttgart, Leopoldhafen und Karlsruhe angesiedelte Abteilungen der Forschungseinrichtung, deren Aufgabe der gesundheitliche Verbraucherschutz in Sachen Ernährung ist.

Die Baumassen haben die Architekten auf mehrere Baukörper verteilt: auf das viergeschossige Hauptgebäude, einen zweigeschossigen Riegel mit den Technikumshallen sowie auf die zur Haid-und-Neu-Straße hin gelegene Hausmeisterwohnung mit dem Gewächshaus.
Das Hauptgebäude addiert über einem L-förmigen Grundriss eine zentrale Halle, Flügel, Rotunde und einen in die südwestliche Gebäudeecke gestellten Zylinder, der als Kantine, Vortragssaal und zweigeschossige Bibliothek genutzt wird. Das Erscheinungsbild des Gebäudes wird nicht nur vom Spiel extravagant komponierter Großformen geprägt, sondern auch vom massiv ausgebildeten Sockelgeschoss und der Arkadenzone, der hellgelben Sandsteinfassade, den in Stahlkonstruktion vorgestellten Fluchtbalkonen und der auskragenden Attika des Daches.

Das weite Foyer des Hauptgebäudes betritt man von Süden kommend über den runden Eingangsplatz. Ein Glasdach sorgt für die natürliche Belichtung der sich nach Osten verjüngenden Halle. Die als schmale Galerien ausgebildeten Erschließungsflure und die zweigeschossige Arkade des Eingangs verleihen dem Foyer eine plastische Erscheinung.
Großen Wert legte man beim Neubau der damaligen Bundesforschungsanstalt für Ernährung auf die städtebauliche Integration. Die im Karlsruher Osten, nahe der Universität gelegene Forschungsanstalt ist von drei Seiten zugänglich. Sie verlängert die im Karlsruher Stadtgrundriss bedeutsame Ost-West-Radiale, welche die von Norden nach Süden verlaufende »Via triumphalis« ergänzt, und bildet zugleich deren neuen Endpunkt. Die Rotunde des Hauptgebäudes ist der Knoten- und Mittelpunkt der Anlage, der die unterschiedlichen Richtungen, städtebaulichen Achsen sowie Zugangswege auffängt und bündelt.

PROJEKT
Neubau für das Max Rubner-Institut
STANDORT
Haid-und-Neu-Straße 9,
76131 Karlsruhe
_AKTEURE
BAUHERR
Bundesministerium für Verkehr,
Bau und Stadtentwicklung (BMVBS)
DURCHFÜHRUNG
Landesbetrieb Bundesbau Baden-Württemberg, Staatliches Hochbauamt Baden-Baden
NUTZER
Max Rubner-Institut (MRI) – Bundesforschungsinstitut für Ernährung und Lebensmittel (ehemals Bundesforschungsanstalt für Ernährung (BFE))
ARCHITEKTEN
Architektengruppe Planen + Bauen, Hamburg
TECHNISCHE GEBÄUDEAUSRÜSTUNG
Brandi Ingenieure GmbH, Heidelberg
BIG Ingenieurgesellschaft mbH, Karlsruhe
_TERMINE
PLANUNGSVERGABE
1987 (Wettbewerb)
BAUBEGINN
1993
FERTIGSTELLUNG IN TEILABSCHNITTEN
2000

_GEBÄUDEDATEN
HAUPTNUTZFLÄCHE HNF
12 500 m²
BRUTTOGRUNDFLÄCHE BGF
31 500 m²
BRUTTORAUMINHALT BRI
148 000 m³
_KOSTEN
Gesamtbaukosten
KG 200 bis 700, brutto
69 Mio. EUR
KG 300 und 400, brutto
59 Mio. EUR

NEUBAU FÜR DAS LUFTFAHRT-BUNDESAMT

BRAUNSCHWEIG _DIREKTVERGABE 1993 _BAU 1995-1998

Das Luftfahrt-Bundesamt (LBA) ist in erster Linie eine technische Prüfungs- und Zulassungsbehörde. Es nimmt zunehmend aber auch Aufgaben aus dem administrativen Bereich wahr und unterstützt das Bundesministerium für Verkehr, Bau und Stadtentwicklung im Politikfeld Luftfahrt. Aus bescheidenen Anfängen entwickelte sich im Laufe der Jahre aufgrund des zunehmenden Luftverkehrs, der gestiegenen Anforderungen an die Sicherheit sowie der Wiedervereinigung das heutige Amt mit rund vierhundert Beschäftigten. Dies machte einen Neubau erforderlich, der zwischen 1995 und 1998 in direkter Nähe zum Forschungsflughafen Braunschweig entstand. Mit der Planung und Ausführung waren die Braunschweiger Architekten Lindemann & Thamm beauftragt.

Diese entwarfen eine überwiegend dreigeschossige, kammartige Struktur mit einem exponierten Kopfbau. Ein parallel zur Straße gelegener Baukörper mit Staffelgeschoss fungiert als Verbindungsbau für drei rechtwinklig angeordnete Bürotrakte. Zudem bildet er das Zentrum der Anlage, weil er übergeordnete Funktionen erfüllt, die auf den Besucherverkehr ausgerichtet sind: Hier befinden sich Sitzungssäle, ein Prüfungssaal, eine Zulassungsstelle, Bücherei und Kantine. Die zweibündig konzipierten Bürotrakte sind im nördlichen Teil über aufgeständerte gläserne Gänge miteinander verbunden.

Als Tragwerk für den gesamten Gebäudekomplex wurde eine Stahlbeton-Skelett-Konstruktion mit Flachdecken in Vorspanntechnik ohne Verbund verwendet. Die hinterlüfteten Fassaden sind mit gewellten silberfarbenen Aluminiumplatten verkleidet, die an ältere Flugzeugkonstruktionen erinnern. Die Fassade zur Hermann-Blenk-Straße nimmt im Maßstab Bezug auf das gegenüberliegende ehemalige Kasernenensemble aus den Dreißigerjahren, das von der TU Braunschweig als Zentrum für Luft- und Raumfahrt genutzt und weiter ausgebaut wird.

Die von dem Landschaftsarchitekten Andreas Schmolke gestalteten Außenanlagen in frei fließenden, organischen Formen bilden einen belebenden Kontrast zu den geometrischen Baukörpern. Die weithin sichtbare Skulptur vor dem Luftfahrt-Bundesamt wurde von dem Künstler Rainer Tappeser geschaffen. Die in den Himmel ragenden Metallstangen symbolisieren die vier Himmelsrichtungen. Farbe, Neigungswinkel und Länge der Stäbe ergeben sich konzeptionell aus dem Stand der Sonne und der Lichtintensität im Laufe eines Tages. Je heller die Farbe, umso länger und steiler aufgerichtet präsentieren sich die einzelnen Elemente.

PROJEKT
Neubau für das Luftfahrt-Bundesamt
STANDORT
Hermann-Blenk-Straße 26,
38108 Braunschweig
_AKTEURE
BAUHERR
Bundesministerium für Verkehr,
Bau und Stadtentwicklung (BMVBS)
DURCHFÜHRUNG
Staatliches Baumanagement
Braunschweig
NUTZER
Luftfahrt-Bundesamt (LBA)
ARCHITEKTEN
Lindemann & Thamm, Braunschweig
TECHNISCHE GEBÄUDEAUSRÜSTUNG
Ingenieurconsult TGW, Hannover
Planungsgesellschaft GKT,
Verden
_TERMINE
PLANUNGSVERGABE
1993 (Direktvergabe)
BAUBEGINN
1995
FERTIGSTELLUNG
1998

_GEBÄUDEDATEN
HAUPTNUTZFLÄCHE HNF
6 900 m²
BRUTTOGRUNDFLÄCHE BGF
12 800 m²
BRUTTORAUMINHALT BRI
45 200 m³
_KOSTEN
Gesamtbaukosten
KG 200 bis 700, brutto
20 Mio. EUR
KG 300 und 400, brutto
16 Mio. EUR

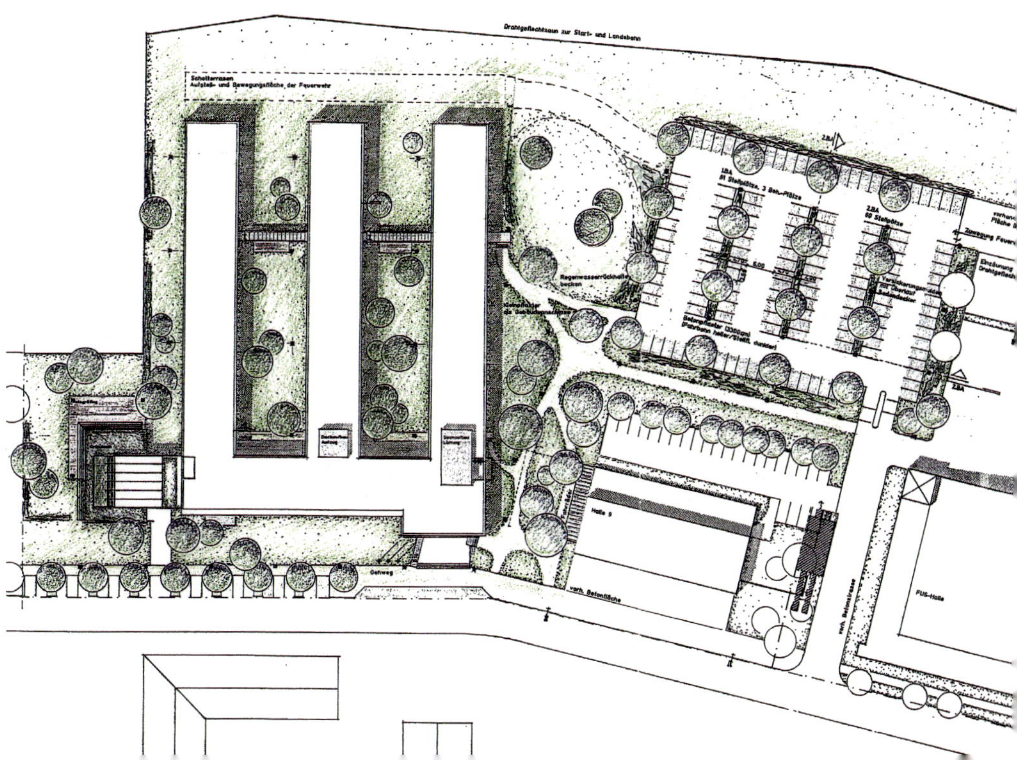

BUNDESANSTALT
FÜR WASSERBAU
Haupteingang ↑
Anlieferung →

NEUBAU FÜR DIE AUSSENSTELLE DER BUNDESANSTALT FÜR WASSERBAU

ILMENAU _VOF-VERFAHREN 1996 _BAU 1997–1999

Auf Beschluss der Föderalismuskommission wurde die Außenstelle der Bundesanstalt für Wasserbau (BAW) als zentrales Institut der Wasser- und Schifffahrtsverwaltung (WSV) des Bundes von Berlin nach Ilmenau verlegt und damit als vierte Bundesbehörde in Thüringen angesiedelt. Das Institut befindet sich in unmittelbarer Nähe zur Technischen Universität im Ostteil der Stadt und bildet den städtebaulichen Abschluss der Universitätseinrichtungen.

An exponierter Stelle »Am Ehrenberg« fällt der von den Architekten KSP Engel und Zimmermann 1999 fertiggestellte Neubau durch seinen geschwungenen Baukörper auf. Der Sockel ist mit Naturstein verkleidet, die Fassade besteht aus durchgezogenen Fensterbändern und Zinkblech. Im Nordbereich ist die gläserne Fuge des Foyers eingefügt, vor welche die Künstlerin Christiane Möbus als markante Kunst-am-Bau-Maßnahme ein Beiboot gehängt hat.

Das für einhundertzehn Beschäftigte konzipierte Gebäude beherbergt in den Obergeschossen Büros. Im Sockel sind Labore, Werkstätten, Lagerbereiche und mit Kranbahnen ausgestattete Hallen sowie Werkstätten, Cafeteria und Räume für Konferenzen, Tagungen und Schulungen untergebracht.

Das Besondere am Neubau der BAW Ilmenau: Der Entwurf ist aus einem Workshop-Verfahren hervorgegangen, an dem das Bundesministerium für Verkehr, Bau und Stadtentwicklung, die Oberfinanzdirektion Erfurt und das Staatsbauamt Suhl sowie die Bundesanstalt für Wasserbau als Nutzerin aktiv einbezogen waren.

Als Antwort auf die Geländeformation entwarfen die Architekten und die Hamburger Landschaftsplaner WES einen zur Stadt hin konkav gekrümmten bumerangförmigen Baukörper. An seinem nördlichen Ende verfügt er über einen zweigeschossigen Sockel, der sich zum Südende auf ein Geschoss verjüngt. Immer wieder sucht die Architektur den Dialog zur unmittelbaren Umgebung des Naturschutzgebiets mit seinen Feuchtwiesen und Teichen. Der an der Ostseite gelegene Haupteingang führt in ein Eingangsfoyer, das sich mit der Glasfassade und einem Balkon öffnet und den Blick auf Ilmenau und die Hügel des Thüringer Waldes freigibt. Die Beziehung zwischen innen und außen wird dadurch verstärkt, dass derselbe Muschelkalk, der außen für den Vorplatz Verwendung findet und den Sockel verkleidet, auch im Foyer eingesetzt wird. Nicht zuletzt dank des weithin sichtbaren Zinkblechs erlangt das Gebäude über den Stadtraum Ilmenaus hinaus Signalwirkung und Wiedererkennungswert.

PROJEKT
Neubau für die Außenstelle der Bundesanstalt für Wasserbau
STANDORT
Am Ehrenberg 8, 98693 Ilmenau
_AKTEURE
BAUHERR
Bundesministerium für Verkehr, Bau und Stadtentwicklung (BMVBS)
DURCHFÜHRUNG
Thüringer Landesamt für Bau und Verkehr (TLBV)
NUTZERIN
Bundesanstalt für Wasserbau (BAW)
ARCHITEKTEN
KSP Engel und Zimmermann GmbH, Braunschweig
TECHNISCHE GEBÄUDEAUSRÜSTUNG
Ebert Ingenieure, Gera
_TERMINE
PLANUNGSVERGABE
1996 (VOF-Verfahren)
BAUBEGINN
1997
FERTIGSTELLUNG
1999
_GEBÄUDEDATEN
HAUPTNUTZFLÄCHE HNF
4 500 m²
BRUTTOGRUNDFLÄCHE BGF
8 800 m²
BRUTTORAUMINHALT BRI
37 900 m³
_KOSTEN
Gesamtbaukosten
KG 200 bis 700, brutto
17 Mio. EUR
KG 300 und 400, brutto
13 Mio. EUR

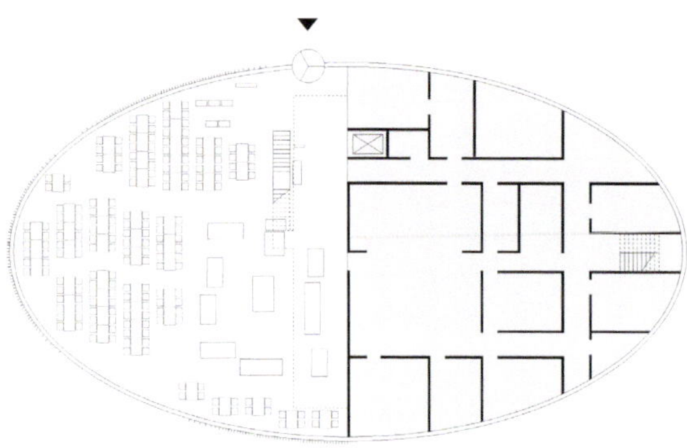

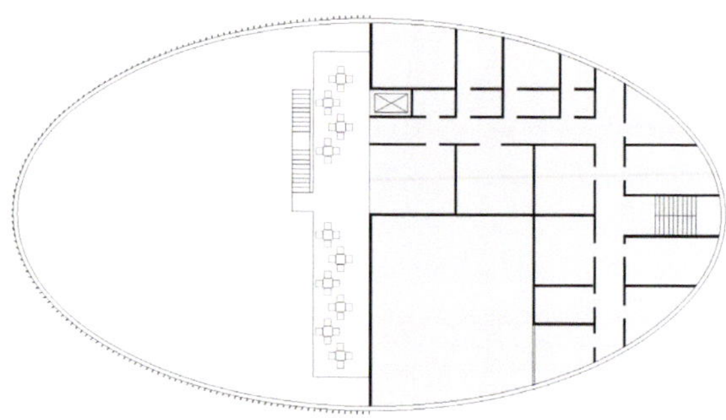

NEUBAU DES CASINOS FÜR DIE BUNDESANSTALT FÜR LANDWIRTSCHAFT UND ERNÄHRUNG SOWIE DAS BUNDESAMT FÜR BAUWESEN UND RAUMORDNUNG

BONN _VOF-VERFAHREN 2002 _BAU 2004/05

Das Casino der Bundesanstalt für Landwirtschaft und Ernährung (BLE) und des Bundesamtes für Bauwesen und Raumordnung (BBR) ist Teil eines heterogenen Gebäudeensembles im Süden von Bonn. Das ehemals im Besitz der Kölner Bankiersfamilie Deichmann befindliche Schloss wurde 1910 neu errichtet und erlebte eine wechselvolle Geschichte. 1941 wurde es an die Wehrmacht verkauft, nach der zwischenzeitlichen Belegung durch die belgischen Besatzungstruppen richtete sich hier 1949 der US-amerikanische Hohe Kommissar John McCloy ein. Als sich das Schloss für dessen Raumbedarf als zu klein erwies, entwarf die von den Amerikanern beauftragte Frankfurter Architektengemeinschaft Apel, Letocha, Rohrer und Herdt unter Beteiligung von Sep Ruf die 1950/51 errichteten Erweiterungsbauten, in denen von 1955 bis 1999 die amerikanische Botschaft und das Bundesbauministerium untergebracht waren. Schließlich übernahmen das Bundesamt für Bauwesen und Raumordnung im Jahr 2000 und die Bundesanstalt für Landwirtschaft und Ernährung im Jahr 2005 die Liegenschaft.

Für die eintausenddreihundert Bonner Beschäftigten der beiden Bundesbehörden entwarfen die Architekten Heinle, Wischer und Partner das 2005 fertiggestellte neue Casino, einen Stahl-Glas-Bau mit vorgehängter Holzfassade, der als Solitär im Park zwischen den unterschiedlichen Gebäuden und Funktionsbereichen vermittelt. Der ellipsenförmige Baukörper vermeidet jede Konfrontation mit der Umgebung. Weder dem Schloss, noch den Erweiterungsbauten oder dem Park tritt er zu nahe.

Im Innern gliedert sich das Casino in zwei Funktionsbereiche: einerseits in den Gastbereich, bestehend aus dem zum Park hin orientierten gebäudehohen Speisesaal sowie der Cafeteria, die sich auf einer Galerie im Obergeschoss befindet; andererseits in den zweigeschossigen Funktionsbereich mit Küche, Anlieferung, Technik- und Personalräumen.

Eine Stahlkonstruktion aus handelsüblichen Profilen und Systemlösungen bildet das Tragwerk. Die Dachkonstruktion des Saals besteht aus Fischbauchträgern, die innen mit einer kissenförmigen Metallpaneeldecke abgehängt sind. Das Dach ist als extensives Gründach konzipiert.

Auf der Nordseite ist die Fassade im zweigeschossigen Funktionsbereich mit unbehandelten Red-Cedar-Holzlamellen verschalt, im Bereich des hohen Speisesaals zeigt sie eine feingliederige, vertikale Lamellenstruktur. Von außen wirkt die Fassade hier geschlossen, im Innenraum ergeben sich je nach Standort des Besuchers durch die raumhohe Verglasung und die radial befestigten Lamellen großzügige Ausblicke in den Park.

PROJEKT
Neubau des Casinos für die Bundesanstalt für Landwirtschaft und Ernährung sowie das Bundesamt für Bauwesen und Raumordnung
STANDORT
Deichmanns Aue 29, 53179 Bonn
_AKTEURE
BAUHERR
Bundesministerium für Verkehr, Bau und Stadtentwicklung (BMVBS)
DURCHFÜHRUNG
Bundesamt für Bauwesen und Raumordnung (BBR)
NUTZER
Bundesanstalt für Landwirtschaft und Ernährung (BLE)
Bundesamt für Bauwesen und Raumordnung (BBR)
ARCHITEKTEN
Generalplaner
Heinle Wischer, Gesellschaft für Generalplanung mbH, Stuttgart
_TERMINE
PLANUNGSVERGABE
2002 (VOF-Verfahren)
BAUBEGINN
2004
FERTIGSTELLUNG
2005

_GEBÄUDEDATEN
HAUPTNUTZFLÄCHE HNF
800 m²
BRUTTOGRUNDFLÄCHE BGF
1 400 m²
BRUTTORAUMINHALT BRI
7 400 m³
_KOSTEN
Gesamtbaukosten
KG 200 bis 700, brutto
4,1 Mio. EUR
KG 300 und 400, brutto
3,2 Mio. EUR

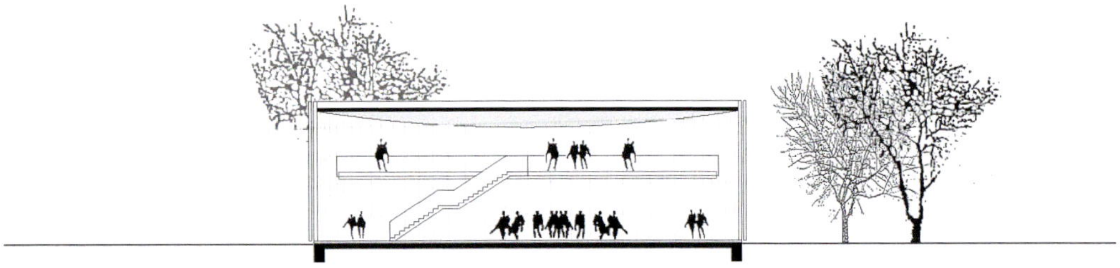

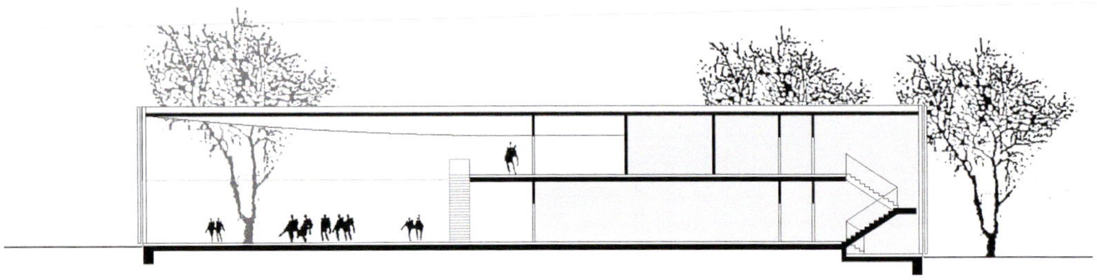

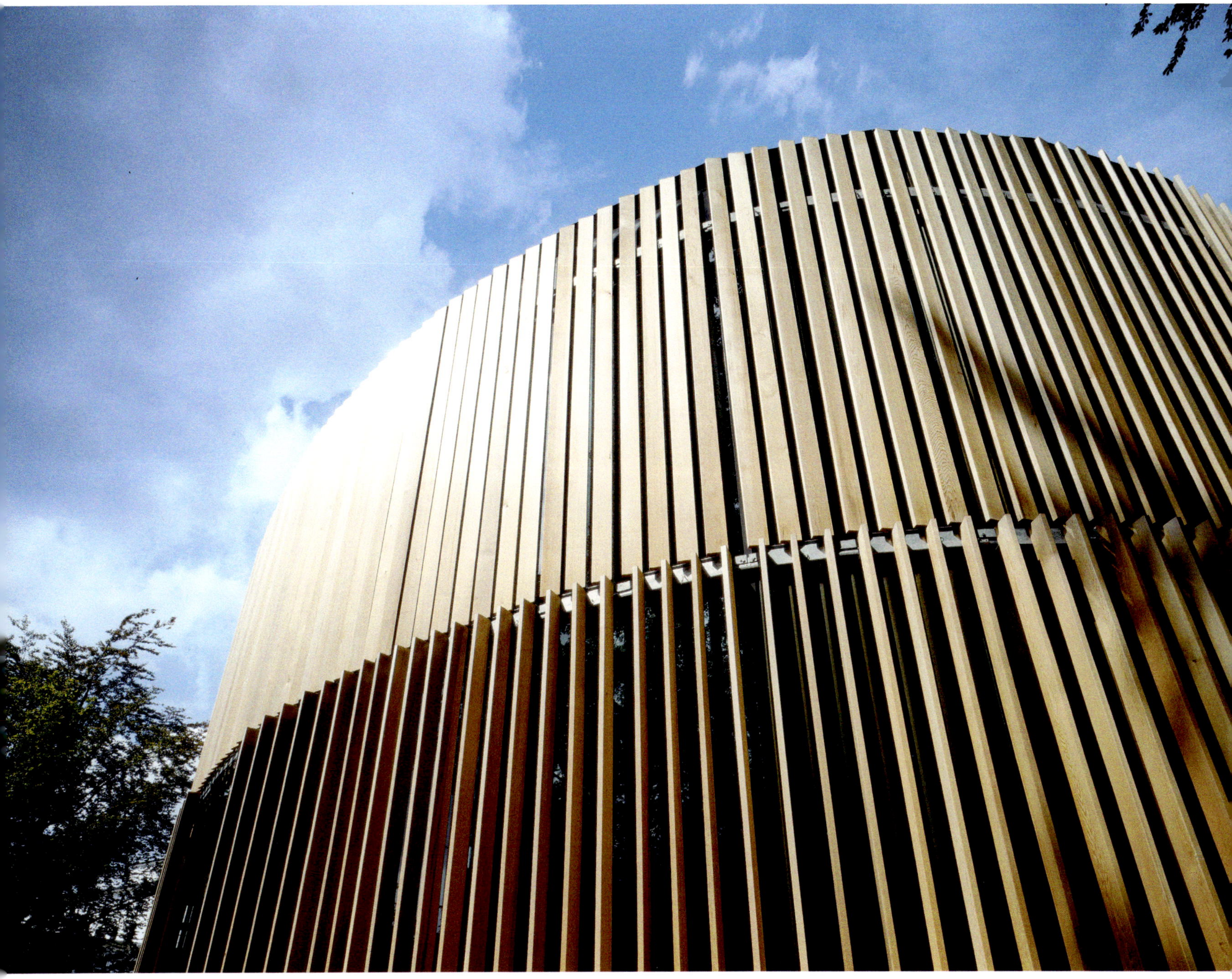

NEUBAU FÜR DAS UMWELTBUNDESAMT

DESSAU _WETTBEWERB 1997/98 _BAU 2001-2005

Das vom Architekturbüro Sauerbruch Hutton entworfene Umweltbundesamt (UBA) im Dessauer »Gasviertel« strahlt Selbstbewusstsein aus. Es verbindet eine unbekümmert-freundliche Erscheinung mit ökologischem Anspruch und städtebaulicher Rücksicht.

Das zwischen 2001 und 2005 errichtete Bundesamt bildet ein offenes Ensemble. Die große, viergeschossige Gebäudeschleife mit ihrer farbigen Holz-Glas-Fassade bildet den Mittelpunkt der Anlage, zu der auch eine freistehende ovale Kantine, eine Bibliothek, ein von der Gebäudeschleife eingeschlossener Hörsaal und Seminarräume sowie die beiden südlich anschließenden denkmalgeschützten Bauten einer ehemaligen Produktionshalle und des Wörlitzer Bahnhofs gehören.

Der im Jahre 2005 fertiggestellte Neubau ist farbenfroh und extravagant. Obwohl der Grundriss mehrere hundert annähernd gleich große Arbeitszellen aneinanderreiht, windet er sich aus jeder Festlegung und Monotonie heraus. So wirkt das auf Beschluss der Föderalismuskommission nach Sachsen-Anhalt verlegte Umweltbundesamt trotz eines immensen Raumvolumens von rund 200 000 Kubikmetern an keiner Stelle schwer, monumental oder gar gigantisch. Die Holzfassade bildet mit dem Wechsel von horizontalen Verschalungen an den Brüstungen und vertikal gestellten Paneelen ein lebhaftes Muster, das mit einer variablen Farbmodulierung auf die Umgebung reagiert. Im Foyer herrscht Blau als Farbe vor, die langen Ostflanken öffnen sich in freundlich warmem Ocker, in Orange und Orangerot, während die Südseite auf das rot getönte Mauerwerk der ehemaligen Fabrik antwortet.

Der Bau teilt sich in ein öffentliches Forum und in ein nur den Beschäftigten zugängliches, durch Brücken und Treppen zusätzlich querverbundenes Atrium. Die Büros, deren Flurwände teilweise kommunikationsfördernd verglast sind, bilden mit Gemeinschaftsflächen ein funktionales modernes Bürosystem. Der Neubau des Umweltbundesamtes besticht durch die stringente städtebauliche Eingliederung. Er verbindet den architektonisch-ästhetischen Anspruch mit einer konsequent barrierefreien Einrichtung und einem ökologischen Bewusstsein, das sogar die Möglichkeit des umweltverträglichen Rückbaus am Ende des Gebäudelebenszyklus berücksichtigt. Mit neuen Lösungen beim Wärmeschutz und der Belüftung wird das glasüberdachte Gebäude ökologisch zum Demonstrationsbau. Die Grundstückswahl selbst stellt einen Beitrag zum verantwortungsvollen Umgang mit der Ressource Boden dar. Denn das 27 000 Quadratmeter große Grundstück am ehemaligen Wörlitzer Bahnhof inmitten der Stadt war die längste Zeit keine blühende Wiese, sondern eine Industriebrache, die noch vor ein paar Jahren kontaminiert und nahezu vegetationslos war.

PROJEKT
Neubau für das Umweltbundesamt
STANDORT
Wörlitzer Platz 1,
06844 Dessau-Roßlau
_AKTEURE
BAUHERR
Bundesministerium für Verkehr,
Bau und Stadtentwicklung (BMVBS)
DURCHFÜHRUNG
Landesbetrieb Bau Sachsen-Anhalt
(LBB LSA), Niederlassung Ost
NUTZER
Umweltbundesamt (UBA)
ARCHITEKTEN
Sauerbruch Hutton Architekten
Partnerschaft, Berlin
TECHNISCHE GEBÄUDEAUSRÜSTUNG
ITAD, Ingenieurgesellschaft
für technische Ausrüstung mbH,
Dessau
Zibell Willner & Partner, Köln
Ingenieurbüro Lehr, Dessau
_TERMINE
PLANUNGSVERGABE
1997/98 (Wettbewerb)
BAUBEGINN
2001
FERTIGSTELLUNG
2005
_GEBÄUDEDATEN
HAUPTNUTZFLÄCHE HNF
17 900 m²
BRUTTOGRUNDFLÄCHE BGF
40 300 m²
BRUTTORAUMINHALT BRI
202 600 m³

_KOSTEN
Gesamtbaukosten
KG 200 bis 700, brutto
89 Mio. EUR (inklusive Fördermittel
für behindertengerechtes Bauen vom
Land Sachsen-Anhalt)
KG 300 und 400, brutto
63 Mio. EUR (inklusive Fördermittel
für behindertengerechtes Bauen vom
Land Sachsen-Anhalt)

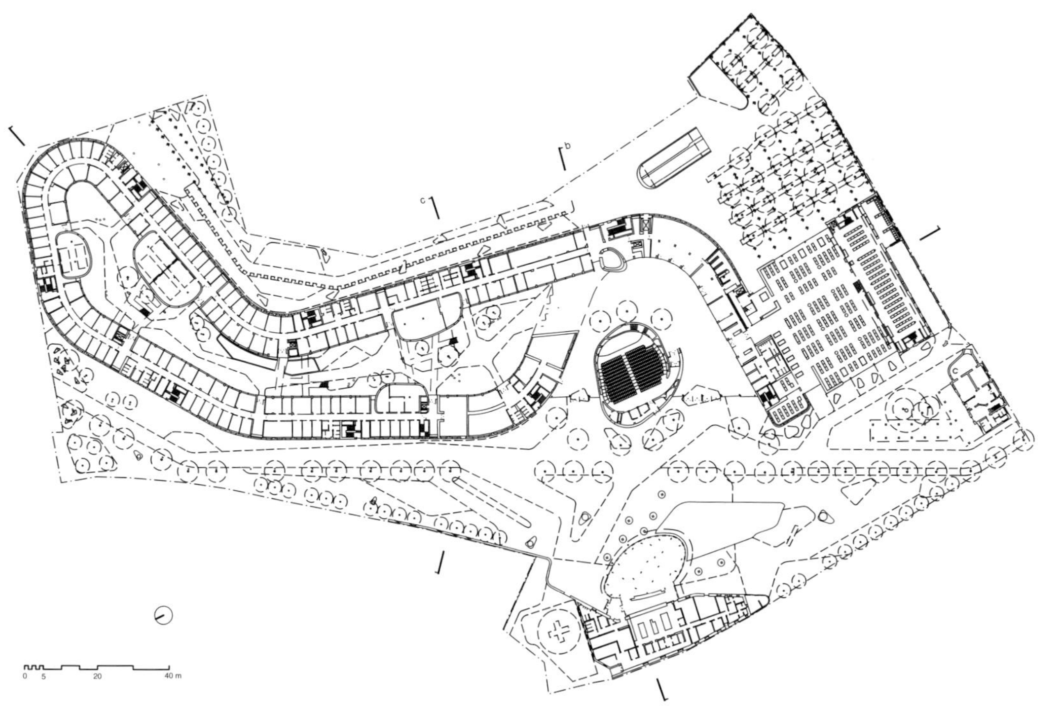

NEUBAU DES INSTITUTS- UND VERWALTUNGSGEBÄUDES FÜR DAS JULIUS KÜHN-INSTITUT

QUEDLINBURG _WETTBEWFRB 2001/02 _BAU 2004-2006

Die Bundesregierung fasste 1996 den Beschluss, die in Aschersleben, Quedlinburg und Braunschweig gelegenen Institutsstandorte der ehemaligen Bundesanstalt für Züchtungsforschung an Kulturpflanzen an einem Ort zusammenzuführen.

Für die zweihundert Beschäftigten des Instituts, das im Jahre 2008 im Julius Kühn-Institut (JKI) aufging, hat der Bund am Rand der UNESCO-Welterbestadt Quedlinburg eine der größten Hochbaumaßnahmen in den neuen Ländern in Auftrag gegeben. Vorausgegangen war ein europaweit offener, interdisziplinärer Wettbewerb, den das Braunschweiger Büro struhk architekten gewann.

Vor einer vom Planungsbüro Hartmann + Helm aus Weimar entworfenen 9 000 Quadratmeter großen neuen Forschungs-Gewächshausanlage realisierten struhk architekten (vormals struhk + partner) eine aufgelockerte, zweigeschossige Bebauung mit einer verglasten Eingangshalle und einer Magistrale, an die fünf doppelgeschossige Zeilenbauten, vier Institute und ein Verwaltungsgebäude angedockt sind. Die Architekten setzten damit die »Idee eines Kapillarsystems, das sich von groß nach klein verzweigt« (struhk architekten) um. Der 2006 seiner Bestimmung übergebene Neubau vermittelt Ruhe und Überblick und widersteht der Versuchung, die Aufgabe und Bestimmung des Gebäudes in organischen Formen nachzuempfinden und zu interpretieren. Das Gebäude bildet mit kubischen Riegeln vielmehr ein axial verschobenes System mit einem Eckbau, der rechts des Eingangs über einem transparenten Erdgeschoss als kompaktes Volumen markant hervortritt.

In seiner Zweigeschossigkeit fügt sich der Bau dezent, in seiner geometrischen Klarheit aber auch kompromisslos in die Landschaft am Fuße des Harzes ein. Auch die Außenanlagen folgen einer konzeptuellen Auffassung. Den Eckbau mit Konferenzraum, Cafeteria und Bibliothek umgibt ein Seerosenbecken. Neben und zwischen den Gebäuderiegeln der einzelnen Forschungsinstitute sind fünf unterschiedliche L- und U-förmige Wiesenflächen angelegt.

Einen Kontrapunkt zur Architektur bilden bei aller Tendenz zu künstlerischer Abstraktion die großen »Bronze-Pollen« und das 6 Meter hohe »Feld« aus 83 leicht geneigten Edelstahlstangen, die der Künstler Trak Wendisch auf dem Hauptweg zum Eingang und auf dem Rasen platziert hat.

PROJEKT
Neubau des Instituts- und Verwaltungsgebäudes für das Julius Kühn-Institut
STANDORT
Erwin-Baur-Straße 27,
06528 Quedlinburg
_AKTEURE
BAUHERR
Bundesministerium für Verkehr, Bau und Stadtentwicklung (BMVBS)
DURCHFÜHRUNG
Landesbetrieb Bau Sachsen-Anhalt (LBB LSA), Niederlassung West Halberstadt
NUTZER
Julius Kühn-Institut (JKI) – Bundesforschungsinstitut für Kulturpflanzen (ehemals Bundesanstalt für Züchtungsforschung an Kulturpflanzen)
ARCHITEKTEN
Generalplaner
struhk architekten Planungsgesellschaft mbH, Braunschweig
_TERMINE
PLANUNGSVERGABE
2001/02 (Wettbewerb)
BAUBEGINN
2004
FERTIGSTELLUNG
2006

_GEBÄUDEDATEN
HAUPTNUTZFLÄCHE HNF
7 200 m²
BRUTTOGRUNDFLÄCHE BGF
15 900 m²
BRUTTORAUMINHALT BRI
60 300 m³
_KOSTEN
Gesamtbaukosten
KG 200 bis 700, brutto
36 Mio. EUR
KG 300 und 400, brutto
28 Mio. EUR

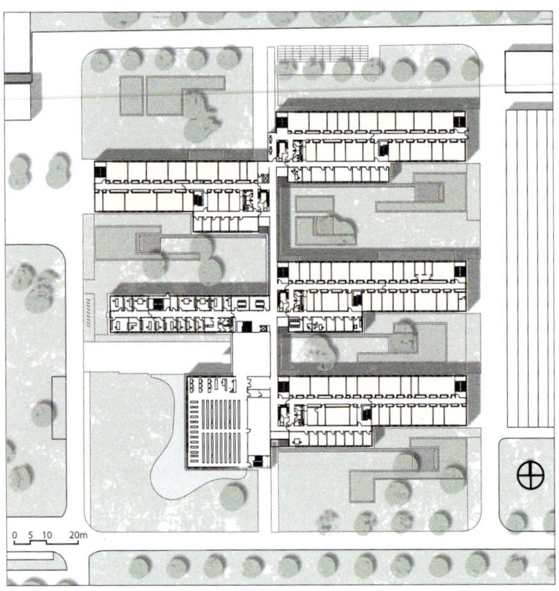
0 5 10 20m

LOTSE
WESERLOTSE

NEUBAU EINES LOTSENHAUSES

BREMERHAVEN _DIREKTVERGABE 2004 _BAU 2005-2007

Seit 2007 steht in Bremerhaven an der Geestemündung Am Alten Vorhafen nahe des Leuchtturmes das Lotsenhaus der Architekten Schomers und Schürmann. Hier laufen alle Lotsaktivitäten zusammen: Schiffe, die in die Weser und den Hafen einfahren wollen, werden in Empfang genommen, Schiffe, die flussabwärts fahren, werden bis in die Wesermündung begleitet.

Das rund um die Uhr besetzte Gebäude, das den See- und Flusslotsen als Einsatzzentrale mit Büro-, Schlaf- und Verpflegungsräumen dient, ist Landmarke und Seezeichen. Der auf hohen Stelzen stehende kubische Baukörper ruft bei Sturm und aufgewühltem Wasser Bilder vom »Fels in der Brandung« hervor.

Der Hochwasserschutz und die Wellenschlagsicherung waren bei der Planung des Gebäudes in Bremerhaven ein wichtiges Thema. Sie prägen das Erscheinungsbild des auf einem Sockel von 3,8 Metern Höhe über Niveau direkt ans Wasser gebauten Lotsenhauses.

Auf diesen sturmflutsicheren Betonsockel, der gleichzeitig als Garage genutzt wird, haben die Architekten eine gläserne Eingangshalle gestellt. Dann folgt der mit regional typischem Torfbrandklinker verblendete, zweigeschossige Arbeits- und Schlaftrakt.

Das Äußere des Lotsenhauses gibt sich bescheiden. Die Architekten begreifen ihren Bau als abstrakte Paraphrase eines Schiffskörpers. Dieser Entwurfsidee ist die Wahl des Materials verpflichtet. So ruft der dunkelgrau gehaltene Sichtbeton des Sockels Assoziationen an einen Schiffsrumpf hervor. Im Innern des Gebäudes sind die verschiedenen Nutzungen klar aufgeteilt. In der Eingangsebene befinden sich die Räume der Gesellschaft zur Rettung Schiffbrüchiger sowie die Aufenthalts- und Verpflegungsbereiche der Lotsen. In der darüberliegenden Etage sind die Einsatzzentralen der Fluss- und Seelotsen sowie weitere Einzel- und Doppelbüros untergebracht. Die einfachen Schlafräume der Lotsen befinden sich in der obersten Etage mit Weitblick in alle Himmelsrichtungen.

PROJEKT
Neubau eines Lotsenhauses
STANDORT
Am Alten Vorhafen 12,
27568 Bremerhaven
_AKTEURE
BAUHERR
Bundesministerium für Verkehr,
Bau und Stadtentwicklung (BMVBS)
DURCHFÜHRUNG
Die Senatorin für Finanzen
Geschäftsbereich Bundesbau, Bremen
NUTZER
Lotsenbrüderschaften Weser I und
Weser II/Jade,
Lotsbetriebsverein Bremerhaven,
Deutsche Gesellschaft zur Rettung
Schiffbrüchiger (DGzRS)
ARCHITEKTEN
Prof. M. Schomers und R. Schürmann,
Dipl.-Ing. Architekten, Bremen
TECHNISCHE GEBÄUDEAUSRÜSTUNG
IKE, Bremen
MCN Ingenieure, Bremen
_TERMINE
PLANUNGSVERGABE
2004 (Direktvergabe)
BAUBEGINN
2005
FERTIGSTELLUNG
2007
_GEBÄUDEDATEN
HAUPTNUTZFLÄCHE HNF
900 m²
BRUTTOGRUNDFLÄCHE BGF
2 100 m²
BRUTTORAUMINHALT BRI
7 500 m³
_KOSTEN
Gesamtbaukosten
KG 200 bis 700, brutto
3,6 Mio. EUR
KG 300 und 400, brutto
2,9 Mio. EUR

NEUBAU FÜR DIE ZENTRALE DES DEUTSCHEN WETTERDIENSTES

OFFENBACH AM MAIN _VOF-VERFAHREN 2000 _BAU 2004-2008

Lange befand sich der 1952 gegründete Deutsche Wetterdienst (DWD) an mehreren Standorten im Offenbacher Westen. Aufgrund wachsender Aufgaben, aber auch der Ineffizienz und des veralteten Zustands der Verwaltungsgebäude des DWD wurden verschiedene Standortoptionen im Hinblick auf die wirtschaftlichste Lösung überprüft. Zunächst dachte man an Umbau und Erweiterung des Bestandsgebäudes an der Frankfurter Straße. Eine genauere Betrachtung der Alternativen sowie zusätzlicher Raumbedarf ließen einen Abriss des alten Gebäudes und einen Neubau für rund neunhundert Beschäftigte an gleicher Stelle wirtschaftlicher und effizienter erscheinen.

Grundlage des Entwurfs des Friedberger Büros BLFP Frielinghaus Architekten war der Bebauungsplan aus dem Jahr 1996, den die Stadt Offenbach nach einem städtebaulichen Gutachten für das Grundstück des DWD erstellt hatte. Das neue Dienstgebäude besteht aus vier spannungsvoll zueinander in Beziehung gesetzten Gebäudeteilen. Zwei große, parallel versetzte Riegel mit sieben beziehungsweise sechs Geschossen sind auf der Nordseite über einen dreigeschossigen kammförmigen Sockelbau und auf der Südseite über ein Flugdach miteinander verbunden.

Ein Weg führt von der Frankfurter Straße durch den Park zum Haupteingang und zum Foyer, von dem man die öffentlichen Teile des Gebäudes erreicht. Die beiden in Nord-Süd-Richtung verlaufenden Riegel nehmen vor allem Büro- und Verwaltungsräume auf. Im Erdgeschoss befinden sich Cafeteria, Bibliothek, Vortragssaal und Konferenzräume, im obersten Geschoss die zentrale Wettervorhersage und die Luftfahrtberatungszentrale.

Der nördliche Sockelbau beherbergt die technischen Nutzungsbereiche. Die kleinteilige Gliederung der dreigeschossigen Bebauung greift den Maßstab der benachbarten Wohnbebauung auf. Das lange Flugdach auf der Südseite, das den Straßenraum schließt und den als Park angelegten großen Innenhof gegen die Frankfurter Straße abschirmt, komplettiert das Ensemble.

Im Mittelpunkt der Planungen für dieses moderne Verwaltungs- und Bürogebäude stand auch die Nachhaltigkeit. So wird der Wärmebedarf des Gebäudes zu einem erheblichen Anteil aus der vom Großrechenzentrum erzeugten Abwärme gedeckt. Auf Klimaanlagen kann dank Ausnutzung natürlicher Nachtauskühlung und natürlicher Belüftung größtenteils verzichtet werden. Wartungsarme und langlebige Materialien wurden eingesetzt. Die Fassaden werden geprägt von Glasbändern sowie anthrazitfarbenen, roten, braunen und orangefarbigen Faserzementplatten. Ein differenziertes Farbkonzept sorgt auch im Innern für eine angenehme Arbeitsatmosphäre.

PROJEKT
Neubau für die Zentrale des Deutschen Wetterdienstes
STANDORT
Frankfurter Straße 135,
63067 Offenbach am Main
_AKTEURE
BAUHERR
Bundesministerium für Verkehr, Bau und Stadtentwicklung (BMVBS)
DURCHFÜHRUNG
Landesbetrieb Hessisches Baumanagement (hbm), Regionalniederlassung Rhein-Main
NUTZER
Deutscher Wetterdienst (DWD)
ARCHITEKTEN
BLFP Frielinghaus Architekten BDA, Friedberg/Hessen
TECHNISCHE GEBÄUDEAUSRÜSTUNG
Alhäuser + König Ingenieurbüro GmbH, Hachenburg
_TERMINE
PLANUNGSVERGABE
2000 (VOF-Verfahren)
BAUBEGINN
2004
FERTIGSTELLUNG
2008

_GEBÄUDEDATEN
HAUPTNUTZFLÄCHE HNF
21 700 m²
BRUTTOGRUNDFLÄCHE BGF
47 600 m² (inkl. Tiefgarage)
BRUTTORAUMINHALT BRI
165 900 m³ (inkl. Tiefgarage)
_KOSTEN
Gesamtbaukosten
KG 200 bis 700, brutto
86 Mio. EUR
KG 300 und 400, brutto
67 Mio. EUR

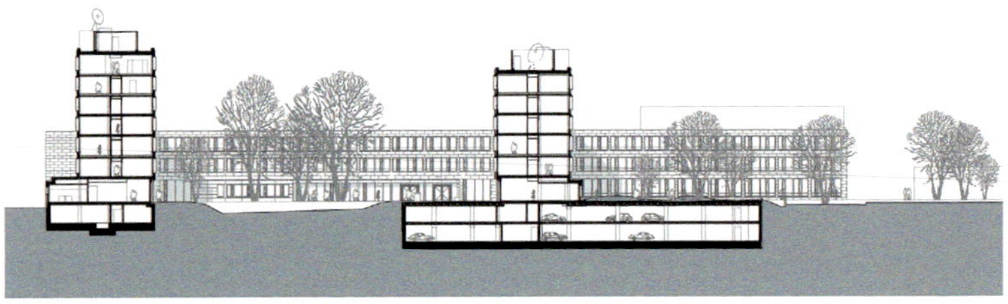

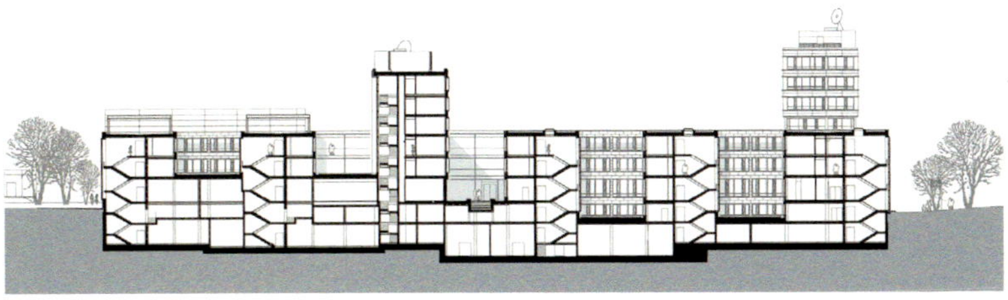
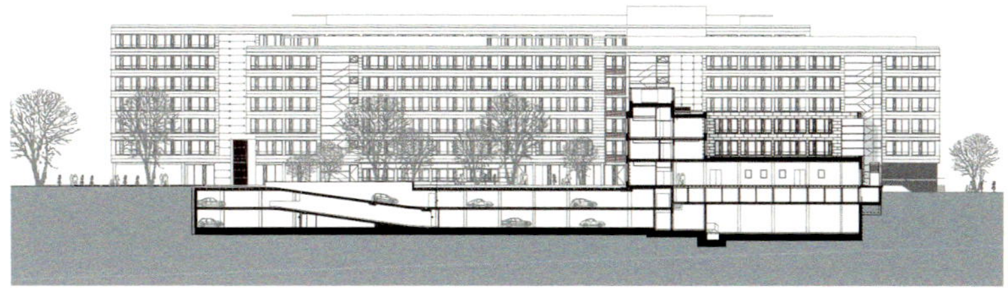

NEUBAUTEN FÜR DAS FRIEDRICH-LOEFFLER-INSTITUT

INSEL RIEMS _VOF-VERFAHREN 2004/05 _BAU 2006-2012

Mit dem Neubau der Labor- und Tierhaltungsbereiche des Friedrich-Loeffler-Instituts (FLI) wird auf der Insel Riems eines der fünf weltweit modernsten Forschungsinstitute für Tiergesundheit entstehen. Die Lage des Instituts auf einer kleinen Insel vor der mecklenburgischen Küste, die durch einen Damm mit dem Festland verbunden ist, mutet idyllisch an. Als Friedrich Loeffler, Greifswalder Professor für Hygiene, 1910 auf der Insel Riems sein Institut zur Erforschung der Maul- und Klauenseuche als erste Virenforschungseinrichtung der Welt gründete, ging es ihm allerdings nicht um landschaftliche Schönheit, sondern darum, seine sensiblen Forschungen in isolierter Lage betreiben zu können.

Nach der Wiedervereinigung wurde beschlossen, verschiedene Forschungsstandorte am Hauptsitz des Instituts auf der Insel Riems zusammenzuführen und die Anlage am historischen Standort neu zu errichten. Im europaweiten Auswahlverfahren für die Gesamterneuerung des Instituts konnte sich im Jahr 2005 das Schweizer Architekturbüro Itten + Brechbühl in Planungsgemeinschaft mit dem Greifswalder Büro Rauh Damm Stiller durchsetzen. Die unter Denkmalschutz stehenden älteren Gebäude werden jetzt durch ein Futterlager, die Südwache sowie einen großen und modernen Labor- und Stallkomplex mit den Sicherheitsstufen S2/L2 bis hin zu S4/L4 ergänzt. Das Friedrich-Loeffler-Institut wird über die erste L4-gesicherte Tierhaltung in Deutschland verfügen, in der auch Großviehgruppen über längere Zeit sicher untergebracht werden können.

Eine Erschließungsstraße trennt den Labor- und Stallkomplex voneinander, über Brückenbauwerke sind beide Teile jedoch miteinander verbunden. Der dreigeschossige Labortrakt mit Abmessungen von 25 mal 225 Meter ist mit seinen Fensterfronten nach Süden und Norden ausgerichtet. Er liegt südlich vor dem 75 mal 210 Meter großen, weitgehend fensterlosen Stallkomplex. Die kompakten massiven Gebäudekubaturen sind Ergebnis der komplexen Sicherheitsanforderungen für den Betrieb von Hochsicherheitslaboren und Stalleinheiten. Ab der Sicherheitsstufe L3/S3 sind Labore und Stalleinheiten als »Containment« konzipiert und hermetisch von der Umwelt abgeschottet.

Die Fassadengestaltung ist mit den fast quadratischen Fensteröffnungen schlicht gehalten und sieht als Verkleidung den ortstypischen Klinker vor. Die geschosshohe Glasfassade führt über die gesamte Länge der Erschließungsstraße und lockert die Zugangsbereiche zu den Ställen und zum Laborgebäude optisch auf.

PROJEKT
Neubauten für das Friedrich-Loeffler-Institut
STANDORT
Insel Riems, Südufer 10, 17493 Greifswald
_AKTEURE
BAUHERR
Bundesministerium für Verkehr, Bau und Stadtentwicklung (BMVBS)
DURCHFÜHRUNG
Betrieb für Bau und Liegenschaften Mecklenburg-Vorpommern (BBL M-V), Geschäftsbereich Greifswald
NUTZER
Friedrich-Loeffler-Institut (FLI), Bundesforschungsinstitut für Tiergesundheit
ARCHITEKTEN
ARGE Generalplaner Insel Riems: Itten + Brechbühl, Basel und Rauh Damm Stiller Partner, Greifswald
_TERMINE
PLANUNGSVERGABE
2004/05 (VOF-Verfahren)
BAUBEGINN
2006
FERTIGSTELLUNG
2012

_GEBÄUDEDATEN
NUTZFLÄCHE NF
22 800 m²
BRUTTOGRUNDFLÄCHE BGF
79 400 m²
BRUTTORAUMINHALT BRI
325 500 m³
_KOSTEN
Gesamtbaukosten
KG 200 bis 700, brutto
300 Mio. EUR
KG 300 und 400, brutto
261 Mio. EUR

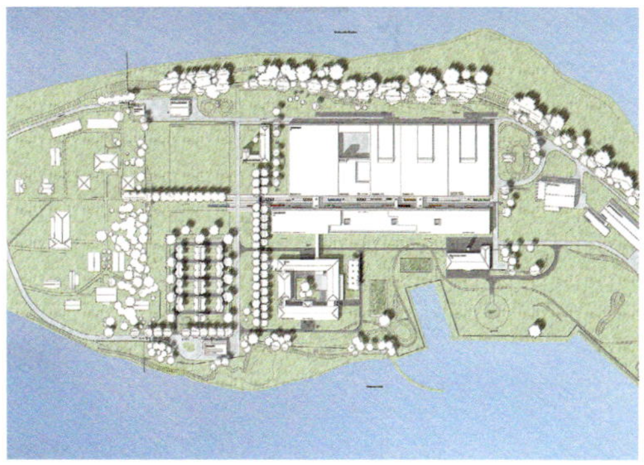

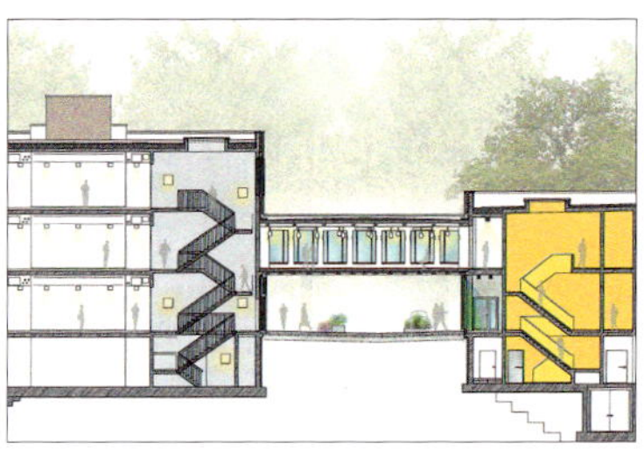

Bauten des Bundes – Botschaft der Bauten

MICHAEL MÖNNINGER

In seiner vergleichsweise jungen politischen Geschichte hatte Berlin seit 1871 bereits viermal als Hauptstadt und Regierungssitz gedient – des Deutschen Reiches, der Weimarer Republik, der Nationalsozialisten und der DDR. Dennoch war es nach der Wiedervereinigung 1990 keine Selbstverständlichkeit, den Sitz von Parlament und Regierung wieder in Berlin anzusiedeln. Der politische Streit um die Rückkehr der Politik nach Berlin rührte ebenso von der Psychologie einer »verspäteten Nation« (Helmuth Plessner) wie vom antizentralistischen und antitotalitären Konsens der neuen Bundesrepublik nach dem Zweiten Weltkrieg her. Die Entscheidung des Deutschen Bundestags vom 20. Juni 1991 für den Regierungsumzug nach Berlin mit 337 gegen 320 Stimmen war denn auch äußerst knapp und nur durch das Votum von PDS-Abgeordneten möglich geworden. »Mit einer so schwachen Mehrheit«, urteilte damals der SPD-Abgeordnete und Bauexperte Peter Conradi, »kann man kein Großprojekt dieser Bedeutung angehen.«[1]

DER SPÄTE SEGEN DER BONNER SYMBOLARMUT Bei aller Kritik an der »Bonner Verzögerungslobby« (Klaus von Beyme) und der Gesichtslosigkeit der Bonner Politikbauten ist es dennoch dem Regierungsprovisorium am Rhein zu verdanken, dass es aufgrund seiner Ausdrucksschwäche und Symbolarmut schließlich den Weg für Berlin freigegeben hat. So sehr Konrad Adenauers Nachkriegsentscheidung für Bonn umstritten war, so steckte in ihr historische Weitsicht. Denn andere Städte mit tiefer wurzelndem politischem Traditionsgehalt, allen voran die damalige Alternativhauptstadt Frankfurt am Main, hätten nach einem halben Jahrhundert Bundesrepublik wohl kaum noch abgedankt.

Daher erscheint es heute fast wie eine List der Geschichte, dass die Bonner Staatsbauherren zwischen Hardthöhe und Rheinufer architektonisch eine Mondlandschaft geschaffen haben, über die jahrzehntelang Hohn und Spott ausgegossen wurde. So sprach der Staatsrechtler Josef Isensee über Bonns »Untermaß an Staatsrepräsentation«,[2] Karl Heinz Bohrer beschrieb die »defiziente Ästhetik des Staates«,[3] Michael Stürmer nannte Bonn »die verschämte Hauptstadt eines verschämten Staates«,[4] und Ingeborg Flagge schimpfte über die »Nichtstadt Bonn«, deren Regierungsviertel »eine architektonische Null, eine geist- und ordnungslose Ansammlung beliebiger Bauten«[5] sei.

Während nach 1949 die ersten Bonner Regierungsstellen, abgesehen vom Museum Koenig, der Villa Hammerschmidt und dem Palais Schaumburg, noch in ehemaligen NS-Kasernen unterkamen, waren nahezu alle Neubauten seitdem – vor allem das Post-, Verkehrs-, Außen- und Verteidigungsministerium – Schöpfungen aus dem Geist der Büro- und Gewerbeparks, errichtet auf bepflanzten Tiefgaragen mit brikettförmigen Tafelberghäusern darüber und umgeben von autogerechten Grünschneisen.

Erst zu Beginn von Willy Brandts Ostpolitik entschloss sich die provisorische Hauptstadt zu einer dauerhafteren Ausgestaltung ihrer Bundeshäuser. 1972, als der Grundlagenvertrag mit der DDR entstand, wurden die ersten Bauwettbewerbe ausgeschrieben. Nach knapp zehn Jahren Planungsgerangel verwarf das Parlament 1981 aus rezessionsbedingtem Geldmangel die große Lösung für eine komplette Neubaulandschaft rund um den

Seite 201 und links: ehemaliger Plenarsaal des Deutschen Bundestags, Bonn

»Langen Eugen« von Egon Eiermann. Mit Helmut Kohls »Wende« 1982 begann die jahrelange Suche nach Kompromissen. Erst sollte der alte Plenarsaal des Bundestags von 1949 renoviert, aber die umgewandelte Pädagogische Akademie von 1933 in großen Teilen abgerissen und das Areal neu bebaut werden. Heraus kam trotz gleichbleibender Regierungsmehrheit schließlich das genaue Gegenteil: Der Plenarsaal von Hans Schwippert wurde abgerissen, aber die Akademie von Martin Witte mitsamt Anbauten der Fünfzigerjahre teilweise erhalten.

In den Achtzigerjahren folgte die Planung für das neue Abgeordnetenhaus (den Schürmann-Bau), und 1992 wurde schließlich der neue Plenarsaal des Bundestags fertiggestellt. Dort hatte der Stuttgarter Architekt Günter Behnisch den Schlussstein für die Ausbauplanung des Bonner Parlamentsviertels gesetzt, die insgesamt mehr als zwanzig Jahre gedauert hatte. Drei Kanzler, sechs Bauminister, elf Staatssekretäre, sieben Bundestagspräsidenten, vier Bundesbaudirektoren und Tausende wechselnder Abgeordneter waren an der Entstehung des Bonner Regierungsviertels beteiligt.

BEHNISCHS SPRUNGBRETT NACH BERLIN Günter Behnischs Plenarsaal sollte jedoch nur eine Lebenszeit von wenigen Jahren vergönnt sein, bis das Parlament nach Berlin umzog und die Bonner Hülle in eine Kongresshalle umgewandelt wurde. Gleichwohl wird im Rückblick deutlich, dass sich die zweite deutsche Republik mit dem Behnisch-Bau damals einen rundum gültigen Spiegel ihrer baulichen Selbstdarstellung vorhalten konnte. Der Neubau ist ein kantiges Glashaus aus schusssicherem Panzerglas mit fliegenden Ebenen und aufgelösten Tragwerken, mit abfallenden Terrassen und offenem Dachhimmel, in dem der Blick sich nicht verfängt, sondern nach allen Seiten hinein- und wieder hinausgeht und einen Ruhepol nur im breiten Bett des Rheins findet.

Nirgendwo war der radikalen Transparenz des Hauses die Verkrampfung seiner Entstehung anzusehen, weder die zahlreichen politisch motivierten Umplanungen noch der Streit um die Sitzordnung oder gar der Protest der Denkmalschützer, als 1987 der alte Schwippert-Saal und damit das wichtigste Baudokument der Nachkriegsdemokratie fiel. Der Neubau geriet schlank und hell, luftig und weit. Er kommt nicht auf einem Ehrenpodest zu stehen, sondern rutscht in abschüssiger Hanglage zum Rhein hinunter, wo der Plenarsaal den tiefsten Punkt der Anlage bildet. Bürger, Abgeordnete und Präsidenten schritten von der Görresstraße – wo früher die Turnhalle der Akademie lag, die spätere Wandelhalle des Bundestags – durch egalitär nebeneinandergestellte Eingänge in ihr Volkshaus. Mit sanfter Einladungsgeste wurden die Besucher von einer geschwungenen Trennscheibe abgedrängt und auf die Emporen geleitet. Die Halle wird bis heute durch ein heiteres Empfangsgewitter aus dekonstruktivistischen Freitreppen, Balustraden, Metall- und Glassplittern atmosphärisch aufgeladen.

Ehemaliger Plenarsaal des Deutschen Bundestags, Bonn

Chromblitzende Industrieästhetik und nackter Betonboden strahlen unverändert besten deutschen Gewerbefleiß aus. Der Plenarsaal wurde als gläserner Schrein in das Langhaus gestellt und die Lobby ganz um ihn herumgeführt, was die Transparenz der äußeren Hülle noch steigert, aber für Lobbygeschäftigkeit schon damals zu exhibitionistisch war. In elf kreisrunden Stufen fällt das Plenum wie ein Amphitheater zur Mitte ab. Die vierundfünfzig Sitze für die Regierung und den Bundesrat sind nur in ihren Kreissegmenten separiert, stehen aber auf dem gleichen Boden wie das Parlament – eine Idee, die später im Berliner Reichstag beibehalten werden sollte.

Dass die Architekten es geschafft haben, gegen den eher am Marmorglanz von Landeszentralbanken orientierten Baugeschmack mancher Politiker diese radikal moderne Askese durchzusetzen, bleibt eine Meisterleistung. Doch statt geschichtlichen Formen huldigt der Bau nur formalen Schichtungen: Wandscheiben, die nirgends zu einem geschlossenen Volumen zusammentreffen, Brüstungen und Sonnenblenden, die arbeitsteilig in eine größtmögliche Zahl selbstständiger Elemente zergliedert sind. Kein Handlauf, der nicht aus mehreren Teilen zusammengesetzt wurde, kein Raumabschluss, der zugleich tragende Funktion hat. Alles verweigert sich plastischer Formung, überall gilt die Sperrigkeit autonomer Details als Signum von Ehrlichkeit und Freiheit. Der Monofunktionalität der Teile entspricht die Disparität des Ganzen. Solch ein Übermaß an analytisch zergliedernder Form- und Materialästhetik geht auf Kosten sinnlich-synthetischer Wahrnehmbarkeit.

Es fällt schwer, nach dem Besuch dieses Hauses einen bleibenden Eindruck davon zu behalten, welche Gestalt die einstige Heimstätte des deutschen Volkssouveräns besaß. Die Architekten waren, wenngleich auf oberstem Niveau, wieder zur Nachkriegspoesie des Pavillons zurückgekehrt, zur Ästhetik des Durchgangsquartiers. Selten wurde der Mythos des neugeborenen, unschuldigen Deutschlands so überzeugend in Szene gesetzt wie auf diesem luftigen Präsentierteller, der nur von neuem die »Tabula rasa« schuf, auf der er entstanden war. Was diesem Bundestag fehlte, war jeder Anflug von Geschichtlichkeit. Er stellte immer noch das rein Transitorische der alten Bundesrepublik dar und bot wider Willen das ideale Sprungbrett für den Umzug nach Berlin. Auf eine andere Weise trifft dies auch für das Herzstück der Bonner Museumsmeile zu, das ebenfalls erst nach der Wiedervereinigung fertiggestellt wurde. Hier entstand mit Axel Schultes' Bonner Kunstmuseum eine neue Architektur, die öffentliche Strahlkraft und ästhetische Einprägsamkeit besitzt – und die sogar als erster Brückenschlag zur neuen Berliner Staatsarchitektur von Kanzleramt und Abgeordnetenbüros im Spreebogen anzusehen ist.

DIE MÜHEN DER UMZUGSPLANUNG Anfang der Neunzigerjahre war der Weg der Politik von Bonn nach Berlin noch voller Stolpersteine. Über die Haltung der meisten Politiker und Abgeordneten urteilte Max Welch Guerra: »Auf nach Berlin – diese Stimmung hat es nie gegeben. Eher: ab nach Berlin.«[6]

Gleichwohl hatte die Bonner Bundesbauverwaltung zur praktischen Vorbereitung des Umzugs bereits im Februar 1991 die »Unterbringungsmöglichkeiten des Deutschen Bundestags in Berlin« und im August 1991 die der Bundesregierung untersucht. Demnach gab es bereits zu diesem Zeitpunkt in der Berliner Mitte ein Raumangebot von 567 800 Quadratmetern Hauptnutzfläche in über fünfzig öffentlichen Verwaltungsgebäuden der Vor- und Nachkriegszeit. Dem stand der damals ermittelte Raumbedarf des Bonner Parlaments in Höhe von 188 300 Quadratmetern und der Regierung in Höhe von 400 000 Quadratmetern Hauptnutzfläche in Bonn (ohne Verteidigungsministerium) gegenüber. Für einen Sofortumzug, wie ihn die PDS am 20. Juni 1991 gefordert hatte, wären also genügend Bauten, wenngleich renovierungsbedürftig, verfügbar gewesen.

Doch 1992 erschreckte der Haushaltsausschuss des Deutschen Bundestags die deutsche Öffentlichkeit mit der Schätzung, dass die Bau- und Umzugskosten vierzig bis sechzig Milliarden D-Mark betragen würden. So bedurfte es erst jenes seltenen Winks des Schicksals, der 1993 zuerst die Mikrofonanlage im neu eröffneten Bonner Plenarsaal außer Kraft setzte und kurz darauf die Fundamente des Schürmann-Baus im Weihnachtshochwasser des Rheins versinken ließ, damit Bundeskanzler Helmut Kohl dem Treiben in seiner zerstrittenen Regierungskoalition ein Ende machte. Im März 1994 setzte er den Beschluss durch, dass der Umzug definitiv zwischen 1998 und 2000 stattfinden und den Kostenrahmen von zwanzig Milliarden D-Mark nicht überschreiten solle. Diese Entschlossenheit war aber nur um den Preis des gleichzeitig verabschiedeten Bonn-Berlin-Gesetzes zu erreichen: Die »Bundesstadt Bonn« wurde darin als zweiter Regierungssitz festgeschrieben, wodurch zunächst der Verbleib der Hälfte der Bundesbediensteten und Ministerien am Rhein sichergestellt war.

Die schwierige Annäherung an den Berliner Stadtkörper begann mit einer Art bauhistorischem Exorzismus an NS- und DDR-Hinterlassenschaften. Die damalige Bundesbauministerin und Umzugsgegnerin Irmgard Schwaetzer schlug Ende 1993 den Abriss der Reichsbank, des Luftfahrtministeriums und des DDR-Staatsratsgebäudes vor. Sie stützte sich auf ein Gutachten des Düsseldorfer Architekturbüros HPP Hentrich-Petschnigg & Partner, demzufolge die Renovierung dieser Häuser teurer werden würde als Neubauten. Unterschlagen wurde dabei freilich, dass die Reichsbank sofort nach der Wende von der Bundesvermögensverwaltung für siebzig Millionen D-Mark für die provisorische Unterbringung von drei Großbanken hergerichtet worden war, ebenso wie das Luftfahrtministerium für sechzig Millionen D-Mark für die Treuhandanstalt. Und das Staatsratsgebäude, dessen kanzleramtsähnliche Funktion schon in der DDR durch eine besondere Pracharchitektur hervorgehoben war, hatte bis zur letzten Minute der DDR als intaktes Hoheitsgebäude gedient.

Bewegung kam in die Umzugsplanung erst mit dem Amtsantritt des vormaligen Bundesumweltministers Klaus Töpfer, der als neuer Bundesbauminister und Umzugsbeauftragter vom Oktober 1994 an den größtmöglichen Erhalt von historischen Bauwerken und die kostengünstigeren Renovierungs- und Neubauplanungen durchsetzte. Mit der damals beschlossenen Wiedernutzung von NS-Bauten ging eine Art von fünfzigjähriger moralischer Selbstabsolution durch Vergangenheitsverleugnung in Deutschland zu Ende. Während die Bundesrepublik die meisten baulichen Hinterlassenschaften der NS-Zeit – mit prominenten Ausnahmen wie dem Münchner Haus der Kunst und dem Weimarer Gauforum – absichtlich dem Verfall preisgegeben hatte, hat Berlin erstmals die bewusste Konfrontation mit dieser Zeit gesucht. Da die NS-Bauten bereits in der DDR für Regierungszwecke gedient hatten, waren sie ein Dokument gleich zweier deutscher Diktaturen, was ihre Beseitigung doppelt undenkbar machte. Obwohl fast sämtliche Ministerien schließlich in Altbauten unterkamen, achteten die Umzugsplaner genauestens darauf, keine der Vorkriegsnutzungen – bis auf das Parlament im Reichstag und das Verteidigungsministerium im Bendlerblock – wiederzubeleben, sondern alle Häuser konsequent umzuwidmen.

DER BERLINER ARCHITEKTURSTREIT Während mit Töpfers Amtsantritt die politischen und finanziellen Vorbehalte gegen den Regierungsumzug entkräftet wurden, entbrannte in der deutschen Kulturszene der sogenannte Berliner Architekturstreit, der eine hoch ideologisierte Debatte um die politischen Implikationen bestimmter Architekturströmungen eröffnete. Die Frontlinie verlief zwischen den polemisch als »Blockwarte«

oder »Cowboys« bezeichneten Vertretern der steinernen Berliner Traditionsarchitektur – dazu gehörten unter anderem Josef Paul Kleihues, Oswald Mathias Ungers, Max Dudler, Hans Kollhoff und Jürgen Sawade – und den »Chaoten« oder auch »Indianer« genannten Verfechtern einer experimentellen Architektur aus Stahl und Glas, die sich eher auf das Bonner Bauerbe von Behnischs Neuem Plenarsaal beriefen. Zu diesen Vorkämpfern eines antitraditionalistischen Berliner Neuaufbaus zählten neben bekannten deutschen Architekten und Planern wie Günter Behnisch und Thomas Sieverts vor allem internationale Avantgardisten wie Richard Rogers, Rem Koolhaas, Daniel Libeskind und viele andere. Mit anderen Worten: Die Berliner »Cowboys« als Verfechter der traditionellen europäischen Stadt kämpften gegen die »Indianer« des dezentralisierten Bonner Suburbiazeitalters; konservative Ordnungskräfte in der Berliner Stadtmitte verschanzten sich in Wagenburgen gegen den Ansturm der progressiven Stadtguerilla aus der Bonner Peripherie.

Das Muster der Argumente entsprang noch ganz dem politischen Rechts-Links-Denken der alten Bundesrepublik, doch es hatte sich spiegelbildlich verkehrt. Die alte Macht am Rhein in Gestalt der Bonn-Befürworter und Bewahrer des Status quo vor dem Mauerfall rückte in der neuen Berliner Republik plötzlich in die Avantgarde-Ecke eines heiteren, egalitären und fortschrittlichen Städtebaus, während die offiziellen Vertreter der einstigen Subkulturmetropole Berlin plötzlich als Verfechter eines rückwärtsgewandten architektonischen »Law-and-Order«-Denkens galten.

Die damalige Politisierung der Berliner Architekturdebatte erinnert an den Streit, den es schon einmal um den Wiederaufbau des britischen Parlamentes gegeben hatte. Nachdem Westminster Mitte des 19. Jahrhunderts einem Großbrand zum Opfer gefallen war, schien es für die Vertreter des »Ancien Régime« ausgemacht zu sein, das Parlament in klassischer Renaissancewürde neu zu errichten. Die jüngeren Baumeister dagegen suchten nach einem aufregenderen, experimentelleren Stil und entdeckten die lange verschüttete Kollektivbaukunst der Kathedralgotik wieder. Als sie den Bau des flammenden, himmelwärts strebenden Expressionismus des Westminsterpalastes durchgesetzt hatten, wurde ihr Erfolg als Sieg des demokratischen Fortschritts über die monarchistische Reaktion gefeiert. In Berlin dagegen hatten die Progressiven vorerst verloren – abgesehen von zentralen Politikgebäuden wie dem Reichstag und dem »Band des Bundes« im Spreebogen, deren Auswahl nicht zufällig von den Regierungsbauherren aus Bonn befördert wurde.

DER UMBAU DES REICHSTAGS Wenn es einen Berliner Schicksalsbau gibt, der von seiner Entstehung im Kaiserreich bis hin zur Wiederbelebung nach der deutschen Vereinigung die politische Geschichte Deutschlands spiegelt, dann ist es der Reichstag von Paul Wallot. Seit Planungsbeginn hatte das Gebäude den Hass der Politiker und Architekten auf sich gezogen. Kaiser Wilhelm II. beschimpfte den 1894 eingeweihten Reichstag als »Reichsaffenhaus«, im Ersten Weltkrieg erhielt er den Beinamen »Lügenzentrale«, in den Zwanzigerjahren planten Architekten der Weimarer Republik seinen Totalabriss, 1933 wurde er angezündet und 1945 fast zerstört. Und auf dem Reichstag musste nach Josef Stalins Willen 1945 die rote Fahne flattern, nicht auf Adolf Hitlers Reichskanzlei, dem eigentlichen Wahrzeichen des besiegten NS-Regimes.

Nach dem Krieg plünderten Diebe auch noch das restliche Interieur, dann ließ die Bundesbaudirektion Anfang der Fünfzigerjahre 15 000 Kubikmeter Trümmer aus dem Altbau schaffen und die beschädigte

Reichstagsgebäude und Quadriga des Brandenburger Tors, Berlin

Kuppel sprengen. Beim modernen Wiederaufbau durch den Architekten Paul Baumgarten in den Sechzigerjahren wurden noch einmal 60 000 Kubikmeter Mauerwerk herausgebrochen, fast die Hälfte des gesamten Hauses.[7]

Eigentlich grenzt es an ein Wunder, dass von dem ursprünglichen Bauwerk überhaupt noch etwas steht. Doch statt den alten Reichstag nach hundert Jahren Bauquerelen endlich in Würde seiner alten Bestimmung wieder zu übergeben, begann bei den Umbauplanungen für den Wiedereinzug des Bundestags der Streit aufs Neue. Günter Behnisch nannte den Reichstag »unangenehm, überheblich, anmaßend« und allenfalls für »schlechte Träume« geeignet. Der englische Wettbewerbssieger Norman Foster erklärte 1993 völlig desorientiert, der »Reichstag nährte die Kräfte, die die Demokratie zerstörten«, weshalb er ihn zur Strafe in eine Art ausgeweideten Invalidendom unter einem riesigen Tankstellenbaldachin umwandeln wollte. Ebenso geschichtsblind dämonisierte der holländische Architekt Pi de Bruijn das Haus als »Mahnmal für die Ereignisse der Vergangenheit«, wollte es als Ruine sogar »dem natürlichen Spiel der Kräfte von Wind und Regen aussetzen« und den Plenarsaal nach Brasília-Vorbild als Rotunde auf den Vorplatz auslagern. Und Rhetorikprofessor Walter Jens von der Berliner Akademie der Künste beschimpfte die Parlamentsarchitektur als »wilhelministische Selbstdarstellung voller Pathosformeln«.[8]

Das Reichstagsgebäude fälschlich als undemokratisches Bauwerk oder gar als Nazisymbol zu ächten, hatte freilich Tradition. Bis in höchste Bonner Staatsämter hinein hielt sich bis vor wenigen Jahren der Glaube, der Reichstag sei im Kaiserreich ein Ständeparlament mit diskriminierendem Dreiklassenwahlrecht gewesen, was in Wahrheit nur für den Preußischen Landtag galt. Und vor allem im Ausland glaubten viele, Hitler habe die zu Claqueuren degradierten Parlamentarier von 1933 an im Reichstag und nicht 440 Meter gegenüber in der Kroll-Oper zusammentreten lassen.[9]

Auf symptomatische Weise dokumentieren diese Irrtümer, dass die Deutschen seit der Reichsgründung 1871 mit ihrer Demokratie ebenso große Schwierigkeiten hatten wie mit der Unterbringung ihrer Volksvertreter. »Die Verhöhnung des Reichstagsgebäudes und des Prinzips der Volkssouveränität«, resümiert der amerikanische Bauhistoriker Michael S. Cullen, »ist der rote Faden der deutschen Geschichte.«[10]

Cullen hat daran erinnert, dass der mächtige Reichstagsbau damals ein wichtiges Würdezeichen des noch schwachen Parlaments und zudem eine Pilgerstätte für junge Architekten war. Denn der Architekt Paul Wallot hatte nicht nur eine neue Kompositordnung aus Renaissance und Barock geschaffen, die der Kunsthistoriker Tilmann Buddensieg als »neuen Reichsstil« lobte.[11] Zudem setzte Wallot statt einer runden Schloss- oder Kirchenkuppel aus Stein die Weltneuheit einer quadratisch-modernen Ingenieurskonstruktion aus Eisen und Glas aufs Parlament, was den Kaiser vollends verärgerte.

Trotzdem entbrannte 1994 ein gewaltiger Streit um den Wiederaufbau der Kuppel. Norman Foster, der nach mehreren Nachbearbeitungsstufen zum Sieger des Wettbewerbs gekürt worden war, legte über zwanzig verschiedene Dachentwürfe vor, um einen Rückgriff auf das zerstörte historische Vorbild zu vermeiden. Aber weder die christdemokratischen Anhänger der Originalkuppel noch die sozialdemokratischen Flachdachverfechter in der Baukommission des Bundestags konnten sich durchsetzen. So einigte man sich auf den Kompromiss eines abgeschlagenen Eies. Statt mit Traditionswerten glänzt die neue, 40 Meter breite und 23 Meter hohe Glaskuppel – die alte war wegen ihres mächtigen Tambours fast doppelt so hoch – heute mit Unterhaltungswerten: Sie ist ganzjährig begehbar über zwei gegenläufige Spiralrampen, die jeweils 230 Metern lang sind und den Besuchern einen hervorragenden Ausblick über Berlin bieten.

Auch sonst hat der britische Architekt den Altbau noch einmal kräftig umgestaltet. Anstelle der ursprünglich vier Etagen, die beim Neuaufbau 1961 durch Zwischengeschosse auf acht verdoppelt worden waren, hat der neue Reichstag jetzt drei Haupt- und drei Zwischenetagen. Über dem Service- und Eingangsbereich im Erdgeschoss liegt die Beletage mit Lobby und Plenarsaal, im Zwischengeschoss darüber die Besucherebene, im zweiten Stock der Präsidialbereich und die Räume des Ältestenrats, darüber die Etage für die Fraktionssäle mitsamt der Presselobby und auf dem Dach die Besucherterrasse mit Restaurant und Glaskuppel.

Dort oben können, wie es häufig metaphorisiert wurde, die Bürger ihren Politikern zwar »aufs Dach steigen«. Aber trotz aller Transparenz gibt es kaum eine direkte Blickbeziehung, weil in die Öffnung über dem Saal eine transparente Zwischendecke und ein verspiegelter Lichttrichter, der die Sonne ins Plenum umlenkt, eingebaut wurden. Unten im Saal darf nur gefiltertes Streulicht ankommen, weil die Fernsehanstalten für ihre Aufnahmen keine direkte Sonneneinstrahlung wünschen.

Ähnlich umgekrempelt wurde Wallots einst intimer, 640 Quadratmeter großer Plenarsaal, der mit 1 200 Quadratmetern zum größten Parlament des Westens aufgestiegen ist. Zum Vergleich: Das englische Unterhaus misst 286 Quadratmeter, die französische Nationalversammlung 580 Quadratmeter und selbst das imposante amerikanische Repräsentantenhaus nur 786 Quadratmeter. Dass im Riesenrund des Kugelplenums eine intensive Kommunikationsatmosphäre nur schwer entstehen kann, wurde oft kritisiert. Ebenfalls abgeschafft ist die traditionelle alte Sitzordnung des Reichstags im aufsteigenden Halbrund, eine dem historischen Theater- und Universitätsbau entlehnte Form, die bis heute in fast allen demokratischen Parlamenten weltweit zu finden ist. Stattdessen nehmen die deutschen Abgeordneten, fast wie in Bonn, wieder in jener Kreisformation Platz, die seit alters her für Zirkusbauten und protestantische Predigtkirchen typisch ist. Allerdings ist die Kreisform im neuen Berliner Bundestag elliptisch gestaucht, damit sich Regierung und Abgeordnete etwas näherkommen.

Wie bei den meisten Berlin-Kritikern schwanden auch bei den Architekten in Fosters Büro die Vorbehalte gegen den Reichstag im Verlauf der baulichen Konkretisierung. Aus wachsendem Respekt vor Paul Wallots Leistung legten sie die zugebauten Wandelhallen in ihrer alten Großzügigkeit frei, stießen auf eingemauerte Wandreliefs von vornehmer Schlichtheit und entdeckten schließlich Reste der sogenannten Russengraffiti. Seitdem ist die Sanierung der Sechzigerjahre durch Paul Baumgarten in Verruf geraten. Damals waren auf dem Originalmauerwerk Tausende von Inschriften sowjetischer Soldaten, die nach 1945 ihren Sieg im Reichstagsgebäude gefeiert hatten, abgewaschen worden. Anfangs wollte nicht einmal die Berliner Denkmalschutzbehörde etwas von Wallots Original wissen und stattdessen lieber das radikale Säuberungswerk der Sechzigerjahre unter Denkmalschutz stellen. Doch dann akzeptierte sie Fosters Vorschlag, sämtliche Einbauten des Architekten Paul Baumgarten wieder herauszureißen, was noch einmal einen Trümmerberg von 50 000 Kubikmetern Bauschutt ergab. Schließlich wurden sogar die hinter Wandverkleidungen wiedergefundenen letzten Russengraffiti verglast und sichtbar gemacht. Auch Einschusslöcher und Brandwunden im alten Gemäuer wurden freigelegt, damit das Haus als »Geschichtsbuch« dient, wie der damalige Berliner Landeskonservator Helmut Engel festhielt.

POLITISCHE NEUBAUTEN Obwohl nur etwa zwanzig Prozent der Berliner Politikbauten neu errichtet und die meisten Regierungsstellen in renovierten Altbauten untergebracht wurden, lässt sich ein deutlicher Bruch der Baukultur zwischen der alten Bonner und der Berliner Republik erkennen. Die wesentlichen Neubauten liegen zwischen Spreebogen und Pariser Platz in unmittelbarer Nachbarschaft des Reichstags. Vor allem im Spreebogen, der schon in der Weimarer Republik für Parlamentserweiterungen vorgesehen war, gelang es während der gesamten Nachkriegszeit, politikfremde Nutzungen fernzuhalten.

Die neuen Bundesbauten zeigen keinerlei Verwandtschaft mehr mit der Bonner Regierungsarchitektur. Der Unterschied zu Bonn ist derart groß, dass der Historiker Gustav Seibt mit ironischem Unterton fragte: »Hat seit Lorenzo de Medici oder Ludwig XIV. überhaupt ein Staat sich so viel Mühe mit seinen öffentlichen Gebäuden gegeben wie das wiedervereinigte Deutschland?«[12]

Solche Äußerungen zielen vor allem auf das neue Kanzleramt der Architekten Axel Schultes und Charlotte Frank ebenso wie auf Stephan Braunfels' Abgeordnetenbüros und Bundestagsbibliothek. Alle drei gehen auf Distanz zum historischen Berliner Stadtgrundriss, indem sie als »Band des Bundes« einen völlig ahistorischen Superblock von über einem Kilometer Länge und 102 Metern Breite bilden. Der Entwurfsgedanke einer räumlichen Darstellung der Gewaltenteilung nach dem Vorbild der Mall in Washington war ein bildkräftiges

Argument zur Durchsetzung dieses Plans, der zudem erstmals in der deutschen Geschichte Regierung und Parlament gleichberechtigt in unmittelbarer Nachbarschaft ansiedelte. Allerdings hatte mit der Verlegung des ursprünglich vis-à-vis vom Reichstag geplanten Bundesrates in das alte Preußische Herrenhaus am Leipziger Platz diese Raumgliederung an Plausibilität verloren.

Im Gegensatz zum Gewerbecharakter der Bonner Politikbauten hatten Schultes und Frank als Entwerfer der städtebaulichen Großfigur die Absicht, »dem Volke Staat zu zeigen«. Trotz ihres flugzeugträgerartigen Bauriegels schälten die Architekten aus ihrem späteren Entwurf geradezu explodierende Tiefenschichten an offenen Räumen heraus. Nach Norden und Süden hält sich die Durchlässigkeit der Fassaden noch in Grenzen, weil hier Kanzlerbüros und Kabinettsäle hinter zwei jochartigen, halbmondförmigen Fensterbögen in Sicherheit gebracht werden. Wer dagegen von Osten durch den Ehrenhof auf das Hauptportal zugeht, dem kommt das Haus in Form von freistehenden Säulen geradezu entgegengelaufen. Schultes bezeichnet diese konisch zulaufenden Säulen als »gewickelte Wände«, die zweifach deutbar sind: als Mauerreste, die sich zum Fenster verjüngen, oder als Interkolumnien, zwischen denen sich Säulen verfestigen. Hier ist mit ähnlicher Lustgebärde wie bei Schinkels Säulenvorhang des Alten Museums auf der Museumsinsel der Stadtraum tief in das Gebäude hineingezogen worden. So sorgt die räumlich-visuelle Disposition dafür, dass dieser unzugängliche Hochsicherheitstrakt im städtischen Gefüge kein undurchdringlicher Fremdkörper bleibt.

Gegenläufig zur konvexen Organisation des Erdgeschosses holt Schultes überdies in den konkaven Obergeschossen den Freiraum in Form einer gewaltigen Stadtloggia – ebenfalls nach dem Vorbild von Schinkels Museumstreppenhaus – ins Gebäude. Die zahlreichen Loggien, Balkone, Durchblicke und Einschnitte dürften es dem Besucher schwer machen, exakt anzugeben, ob er sich innerhalb oder außerhalb der obersten Machtzentrale der Exekutive befindet. Und der Architekt Stephan Braunfels schuf im gegenüberliegenden Abgeordnetenhaus mit seinen einundzwanzig Ausschusssälen eine hoch politische räumliche Innovation: zweigeschossige Sitzungsrotunden mit Besuchergalerien, die das diskrete Ausschusswesen für die Öffentlichkeit zugänglich machen.

Die gesamte Bauflucht im Spreebogen ist buchstäblich perforiert mit Einschnitten, Wintergärten und kammartigen Innenhöfen, die nicht so sehr auf gläserne Transparenz, denn auf bauplastische Porosität zielen. Die Kanzleramtsarchitekten Schultes und Frank wollten gegen das »politik- und geschichtsfrustierte Gefühl der Deutschen« anplanen und suchten im gesamten indogermanischen Kulturraum nach Bauvorbildern. Sie wurden schließlich beim legendären vierzigsäuligen Palast Ali Qapu in Isfahan aus dem 17. Jahrhundert fündig. So gestalteten sie die deutsche Regierungszentrale als eine Art moderner Entführung in das politische Serail. Der Architekt Axel Schultes hält deshalb auch die »Angst vor Fehlbeseelungen« für unbegründet: »Als wenn auf diesen Bühnen die alte Deutschmeierei fröhliche Urstände feiern könnte, wo doch kein Rheingold, kein Walkürenritt, wo doch viel eher ein Figaro sich aufführen möchte.«[13]

Die stimulierende Sanftheit und monumentale Gelassenheit des erlesenen Kanzlerpalastes, dessen persische Konnotationen eine der großen Inspirationsquellen des deutschen Expressionismus um 1910 aufnehmen, hat die politische Selbstdarstellung Deutschlands auf selbstbewusste und optimistische Weise bereichert und konterkariert zudem den »Traufhöhenklassizismus« der neueren Berliner Architektur. Mit der Plastizität ihrer Raumdurchdringungen und der Monumentalität ihrer städtebaulichen Großfiguren knüpfen diese Neubauten eher an die

Tradition der heroischen »Weltarchitektur« der Fünfziger- und Sechzigerjahre an, als Le Corbusier und Louis Kahn in Indien und Bangladesch die Regierungsviertel von Chandigarh und Dhaka bauten. Auf den internationalen Argwohn gegen das neue Schaufenster der deutschen Staatsrepräsentation reagieren diese Bauten mit einer überraschenden baukünstlerischen Weltläufigkeit, die den Formenkanon der klassischen Politikarchitektur enorm erweitert.

Mit dem dritten Element innerhalb des Spreebogenbandes, der Bundestagsbibliothek im Marie-Elisabeth-Lüders-Haus, vermochte der Münchner Architekt Stephan Braunfels sogar ein Stück vergessener Parlamentsgeschichte wiederzubeleben. Hier befinden sich neben der Bundestagsbibliothek auch die wissenschaftlichen Dienste, Parlamentsarchive sowie ein weiterer öffentlicher Anhörungssaal. Der Bau führt die strenge, breite Regierungsspange vom Kanzleramt und den Abgeordnetenbüros über die Spree bis an die Nordseite des Reichstags fort. Die extrem großflächige Betonkonstruktion mit ihren Fugen und Riesenfenstern bildet die Umhüllung für einen runden Bibliotheksturm in der Mitte. Im Anschluss an die öffentliche Fußgängerbrücke über die Spree öffnet sich vor dem Haus der Spreeplatz mit grandioser Freitreppe und Skulpturenterrasse sowie Fragmenten der Berliner Mauer, eingebettet in feierliche Baugesten zwischen Bramante-Treppen und Louis-Kahn-Wänden, aber ohne Großspurigkeit.

Die heutige Geschichtsschreibung der Bibliothek in Bonn beginnt 1949, als das Haus mit siebenhundert Büchern des Parlamentarischen Rates seine Arbeit aufnahm. Mittlerweile zählt die Sammlung über 1,2 Millionen Bände sowie elftausend laufende Zeitschriften und ist nach Washington und Tokio die drittgrößte Parlamentsbibliothek der Welt. Die einstige Blüte dieses einzigartigen Bücherschatzes vor dem Zweiten Weltkrieg war dagegen in Bonner Kreisen bislang weitgehend unbekannt. Denn nach dem Reichstagsbrand 1933 und dem Auszug der Parlamentarier in die Kroll-Oper war allein die Parlamentsbibliothek im verwaisten Reichstag verblieben und konnte sich, wie der Historiker Gerhard Hahn dokumentiert hat, im Schatten des Naziterrors dort zu einer der größten öffentlichen Büchereien Deutschlands entwickeln. Mit fast einer halben Million Bücher hatte nahezu das gesamte intellektuelle Universum des europäischen Geistes, dem die Nazis den Garaus machen wollten, ein Refugium im Reichstag gefunden.[14] Obwohl die Bestände durch Krieg und Teilung restlos zerstört wurden, hält Braunfels großzügiger Bibliotheksneubau auch ohne materielle Dokumente dieses Erbe lebendig.

Die weiteren Abgeordnetenbüros in den Blöcken des Jakob-Kaiser-Hauses an der Dorotheenstraße östlich des Reichstags heben sich ähnlich deutlich wie die Regierungsspange vom architektonischen Stadtlandschaftsideal im Bonner Regierungsviertel ab. Obwohl die Gebäude von fünf verschiedenen Architekten stammen, zeigen sie nur maßvolle bauliche Variationen. Ihr Wesensmerkmal sind »Stadtfugen« in Form von Einschnitten und Durchstichen, die teils als kaminartige Treppenhäuser, teils als Höfe, Passagen und Galerien die Gebäude in allen Richtungen durchlaufen. Auch ohne explizite politische Bezüge zeigen die Parlamentarierbüros ungewohnte urbanistische Qualitäten, indem ihre maximale Verdichtung auf alten städtischen Parzellen den Planungsmaximen des aufgelockerten und gegliederten deutschen Nachkriegsstädtebaus zuwiderläuft.

DIE VERSTÄDTERUNG DER POLITIK Der Blick auf die räumliche Verteilung der Politikstellen im Berliner Zentrum zeigt, dass sie nicht in abgezirkelten Refugien auf Distanz zum städtischen Leben gehen, sondern sich mitten in die Stadträume und baulichen Hinterlassenschaften begeben, die von Berlins vierfacher Hauptstadtfunktion seit 1871 übrig geblieben sind. In der »Gründung durch Umzug« (Heinz Bude) der Berliner Republik manifestiert sich nach Ansicht von Max Welch Guerra städtebaulich und architektonisch »nicht die ›Weltmacht Deutschland‹, sondern die ›Deutsche Einheit‹«.[15]

Bei der Analyse einer prägnanten neuen Architektursprache als Gradmesser für die Befindlichkeit des neuen politischen Gemeinwesens in Berlin haben viele Beobachter, etwa der Amerikaner Michael Z. Wise in seiner Studie *Capital Dilemma*[16] vor lauter Bäumen den Wald nicht mehr gesehen: Wise verkannte, dass es nicht um die politische Bebauung der Stadt geht, sondern um die Verstädterung der Politikbauten. Nach allem Streit über den Umzug ist der neuen Hauptstadtarchitektur vor allem eines anzusehen: das Bekenntnis zur existierenden Stadt als einer gesellschaftlichen Veranstaltung und das Verständnis von Politik als Kunst des gebauten Zusammenfindens. Und diese mühsam erreichte urban-respektvolle Planungslogik ist es, die nach allen deutschen Sonderwegen die bauliche Selbstdarstellung Deutschlands vielversprechend macht. So ist aus der vielfach befürchteten Ostwanderung der deutschen Politik von Bonn nach Berlin eine Hauptstadt entstanden, die den Vorbildern, Traditionen und Gewohnheiten westlicher Metropolen ähnlicher geworden ist als je zuvor.

1 Zit. n. dem Typoskript »Deutsch-britisch-französische Parlamentarierkonferenz«, Bonn 8./9.5.1998. Ich danke Peter Conradi für die Überlassung dieses Dokuments.

2 Josef Isensee, »Staatsrepräsentation und Verfassungspatriotismus. Ist die Republik der Deutschen zu Verbalismus verurteilt?«, in: Jörg-Dieter Gauger und Justin Stagl (Hrsg.), *Staatsrepräsentation,* Berlin 1992, S. 223–241, hier S. 226.

3 Karl-Heinz Bohrer, *Nach der Natur. Über Politik und Ästhetik,* München 1988, S. 27.

4 Michael Stürmer, »Die Republik auf der Suche nach Staat und Stil«, in: Günter Ermisch u. a. (Hrsg.), *Wanderungen durch die Kulturpolitik,* Festschrift für Sieghardt v. Köckritz, Berlin 1993, S. 15–19, hier S. 17.

5 Ingeborg Flagge, »Provisorium als Schicksal. Warum mit der Bonner Staatsarchitektur kein Staat zu machen ist«, in: Ingeborg Flagge und Wolfgang Jean Stock (Hrsg.), *Architektur und Demokratie. Bauen für die Politik von der amerikanischen Revolution bis zur Gegenwart,* Stuttgart 1992, S. 228, 230.

6 Max Welch Guerra, *Hauptstadt einig Vaterland. Planung und Politik zwischen Bonn und Berlin,* Berlin 1999, S. 7.

7 Eine minutiöse Bestandsaufnahme der Abrisse und Umbauten gibt der Ingenieur Peter Mayer, der in der Bauleitung der Bundesbaudirektion tätig war; vgl. Peter Mayer, *Das Reichstagshaus in Berlin. Die Wiederherstellung 1956–1973 und die bauhistorischen Grundlagen,* Manuskriptkopie, Vervielfältigung mit Zustimmung des Verfassers durch die Verwaltung des Deutschen Bundestags, Berlin 1979.

8 Alle Zitate aus Michael Mönninger, »Der Reichstag auf der architektonischen Intensivstation«, in: *Frankfurter Allgemeine Zeitung,* 22.2.1993, S. 23.

9 So schrieb die *Washington Post* noch 1995, der Reichstag sei »das Gebäude, von dem aus die Nazis regierten«.

10 Michael S. Cullen, *Der Reichstag. Parlament, Denkmal, Symbol,* Berlin 1999, S. 93.

11 Tilmann Buddensieg, »Die Kuppel des Volkes«, in: ders., *Berliner Labyrinth,* Berlin 1993, S. 76.

12 Gustav Seibt, *Deutsche Erhebungen. Das Klassische und das Kranke,* Springe 2008, S. 174.

13 Axel Schultes, »Bundeskanzleramt«, in: Bundesministerium für Verkehr, Bau- und Wohnungswesen (Hrsg.), *Demokratie als Bauherr. Die Bauten des Bundes in Berlin 1991–2000,* Hamburg 2000, S. 165–167, hier S. 167.

14 Vgl. Gerhard Hahn, *Die Reichstagsbibliothek zu Berlin. Das Parlament im Spiegel seiner Bibliotheksgeschichte,* hrsg. von der Kommission für die Geschichte des Parlamentarismus und der Parteien, Düsseldorf 1997.

15 Guerra 1999 (wie Anm. 6), S. 162.

16 Michael Z. Wise, *Capital Dilemma. Germany's Search for a New Architecture of Democracy,* New York 1998.

Der Bund als Urbanist: Öffentliche Bundesbauten im städtischen Raum

WOLFGANG PEHNT

Es gibt viele Gründe, die Städte ins Leben gerufen, ihr Gedeihen befördert, ihre Existenz gesichert oder ihren Niedergang veranlasst haben. Im mittelalterlichen Reichsverband war es jedenfalls nicht die Wahl zu politischen Entscheidungszentren, die den Aufstieg von Städten begründete. Blühende Städte gab es schon, als die deutschen Könige und römischen Kaiser noch im Umherziehen regierten und auch die Landesherrschaften sich noch nicht dauerhaft an einen Ort gebunden hatten. Natürlich konnte der wiederholte Aufenthalt der Mächtigen in einer städtischen Burg oder Pfalz zum Vorteil des Gemeindewesens ausschlagen. Vom Herrscher verliehene Markt-, Stapel-, Zoll- und Stadtrechte waren begehrte Privilegien. Doch die Schwerpunkte der Macht wechselten, konnten Aachen (die »Nova Roma«), Frankfurt am Main, Speyer, Mainz, Regensburg, Nürnberg, Wien oder Prag heißen. Das Heilige Römische Reich Deutscher Nation kam ohne dauerhafte Hauptstadt aus.[1] Erst im letzten Jahrhundert seiner Existenz etablierten sich Berlin und Dresden als Königsstädte, da Hohenzollern und Wettiner unabhängige Fürstentümer außerhalb der Reichsgrenzen erworben hatten und als souveräne Herrscher über diese reichsfreien Territorien Anspruch auf die Königswürde erheben konnten. München und Stuttgart erwarben ihren Rang als Königsresidenzen überhaupt erst von Napoleons Gnaden nach dem Zusammenbruch des alten Reiches.

In diesem dezentralen Netzwerk unterscheiden sich auch heute, fast ein Jahrhundert nach der Abdankung der Reichsfürsten in den Novembertagen 1918, die Königsstädte wahrnehmbar von den Bürgerstädten, die Königsstädte ihrerseits von den Residenzen kleinerer Territorien und sie alle von den Industriestädten mit ihren oft nur kleinen alten Kernen, aber gewaltigen Produktionsflächen. Die Prägekraft staatlicher Bauten hatte in den Residenzstädten Tradition, auch die Eingriffsmöglichkeiten in die Stadtplanung waren in der Regel größer. Vor allem in den Königsresidenzen ging die Konkurrenz zwischen staatlichen und kommunalen Repräsentationsbauten zugunsten der ersteren aus. Berlin, München und sogar das behäbige Stuttgart bildeten kilometerlange Achsen aus, die auch in ihren Namen den Einfluss ihrer fürstlichen Gönner verraten: Friedrich-, Wilhelm-, Ludwig-, Leopold- oder Maximilianstraße. Eine »Königstraße« besaßen nicht nur Stuttgart und Dresden. Auch Berlin hatte eine Via Triumphalis dieses Namens, die vom früheren Schlossplatz zum unvollendeten Königstor am heutigen Alexanderplatz führte und Schauplatz festlicher Staatsereignisse war.[2]

BONNER PROVISORIEN Die beiden Hauptstädte, die die Bundesrepublik Deutschland in ihrer kurzen Geschichte besaß, das kleine Bonn und das große Berlin, sind charakteristisch für das unterschiedliche architektonische Gestaltungspotenzial, das staatlichen Institutionen innewohnt. Zwar gehörte auch Bonn seit der Vertreibung des Erzbischofs aus der größten Stadt seiner Diözese, Köln, zu den wenigen kurfürstlichen Residenzen in Deutschland. Dem Residenzschloss, am Rande der Altstadt gelegen, wurde auf dem ehemaligen Festungsglacis der Hofgarten zu Füßen gelegt, in der Bonner Republik ein beliebter Demonstrationsort. Aber die Stadt organisierte sich nicht nach den architektonischen Vorgaben des Schlosses, abgesehen von der kurzen Achse der Poppelsdorfer Allee.

Kleinteiligkeit stand auch in der Nachkriegszeit lange auf der Tagesordnung. Gefragt, wo denn die Feierlichkeit bleibe, hat Hans Schwippert, der Baumeister des ersten Bonner Plenarsaals, geantwortet: »Wir werden sie erbauen, wenn die Politik einmal wieder erhabene Erfolge haben wird!«[3] Die gewollte Zurückhaltung entsprach dem gewollten Status eines Provisoriums für die Dauer der deutschen Teilung und sollte auch außenpolitisch einen sympathischen, ehrgeizlosen Staat signalisieren. Gebaut wurde gerade so viel, wie nötig war, um die Minimalfunktionen einer Hauptstadt aufrechtzuerhalten. Neubauten des Bundes führten ihr Eigenleben zumeist im grünen, südlichen Randbezirk der Stadt, verstanden sich als Teil der Flussaue und entsprachen darin geradezu idealtypisch dem damals dominierenden Ideal einer Stadtlandschaft.

Wichtige Bauten der Exekutive entzogen sich den Blicken fast ganz. Das neue Kanzleramt und erst recht der Bungalow des Bundeskanzlers waren eingestreut in die Parks der alten Rheinvillen, in denen Bundespräsident und Bundeskanzler amtierten. Eine treffende, wenn auch burschikose Beschreibung der Bonner Verhältnisse hat der Berliner Kanzleramtsarchitekt Axel Schultes formuliert: Die politische Architekturlandschaft der Rheinstadt sei eine unstädtische Ansammlung sich selbst genügender Institute, die Ämter lagerten »lässig, wie Kühe auf der Weide«.[4] Auch die Legislative richtete sich jahrzehntelang im Vorhandenen oder vorsichtig Hinzugebauten ein.

Erst in den Sechzigerjahren gewann die Auffassung an Boden, Bundesregierung und Parlament könnten nicht immerfort in Zwischenlösungen leben. Mit dem »Langen Eugen«, dem stämmigen, aber filigran gegliederten Abgeordnetenhaus Egon Eiermanns, erhielt das Bundesquartier einen vertikalen Akzent, der es mit dem jüngeren kommunalen Gegenstück, dem Turm des Stadthauses, an Höhe aufnimmt und ihn an Qualität weit übertrifft. Seit dem Bonn-Vertrag zwischen dem Bund, dem Land Nordrhein-Westfalen und der Stadt aus dem Jahre 1970 durfte sich die »vorläufige Hauptstadt« Bundeshauptstadt nennen.[5] Entscheidungen, die aus dieser Statusänderung folgten, fielen spät, zu spät. Der Plenarsaal des Bundestags, souveränes Alterswerk Günter Behnischs mit einem Anteil gewollter Chaotik, wurde erst eingeweiht, als der Umzug der Volksvertretung nach Berlin bereits feststand. Für das historische Stadtbild hielten sich die städtebaulichen Konsequenzen in Grenzen, abgesehen von der Rheinfront im Süden, den grobschlächtigen Kreuzbauten für diverse Ministerien und vor allem der Dominante des »Langen Eugen«. Inzwischen hat dieses Dokument der Bonner Demokratie durch den nahe gelegenen Post Tower von Helmut Jahn an solitärer Wirkung und sichtbarer Symbolkraft verloren.

Nachdem sich der Deutsche Bundestag am 20. Juni 1991 mit knapper Mehrheit für Berlin als Hauptstadt entschieden hatte, wurden Umbau und Nutzungsänderung in Bonn zu zentralen Bauaufgaben. Manchmal erhielten die Bundesbauten Bestimmungen unweit ihrer ursprünglichen zugewiesen, wenn es um Behörden, Instanzen und Tagungsstätten etwa der Vereinten Nationen ging. Manchmal lagen ihre neuen Funktionen auch fern der ihnen ursprünglich zugedachten Aufgabe. Das Fraktions- und Bibliotheksgebäude Joachim Schürmanns, dessen Fertigstellung sich nicht zuletzt wegen der Folgen eines katastrophalen Rheinhochwassers lange hinausgezögert hatte, sah keinen Abgeordneten mehr in seinen Räumen, es sei denn als Interviewgast im Studio. Denn die lang gestreckte Dreierzeile wurde für die Zwecke der Deutschen Welle umgeplant, einer Funkanstalt nach Bundesrecht.

Was dauerhaft blieb, war die Umwidmung des ehemals großbürgerlichen Villenviertels südlich der Innenstadt zu einem Standort tertiärer Funktionen. Brachflächen zwischen Bonn und Bad Godesberg füllten sich auf. Auch große Kulturbauten – die Bundeskunsthalle, das (städtische) Kunstmuseum und das Haus der Geschichte – siedelten sich an und blieben attraktive Erbschaften der hauptstädtischen Epoche. Die B9, die südliche Ausfallstraße Bonns, gewann dadurch eine Bedeutung, die über die einer halbstädtischen Rollbahn hinausgeht, auch wenn dieses unrealisierte Stück Stadtboulevard einer Autobahn noch immer sehr ähnlich sieht.

Trotz aller Bemühung diverser Expertengruppen und Planerkommissionen lag den Bonner Bundesbauten und ihrer Platzierung jedenfalls keine auf längere Zeitstrecken berechnete, weitsichtige Stadtplanung zugrunde. Und wenn man sich den Siegerentwurf vergegenwärtigt, der aus einem städtebaulichen Ideenwettbewerb von 1971/72 hervorging,[6] muss man diesen Gang der Dinge keineswegs bedauern. Vorgesehen waren gewaltige Brückenköpfe auf beiden Rheinseiten, Megastrukturen, wie sie die internationale Avantgarde damals schätzte. Stattdessen blieb es bei Entscheidungen kurzer Reichweite, die der Bedarf von Fall zu Fall diktierte. Noch die großen Aufträge für Parlamentsbauten, die Behnisch und Schürmann erhielten, waren Einzelprojekte. Möglicherweise trug dieses architektonische Understatement in der berühmten Bonn-Berlin-Diskussion des Parlaments zur Niederlage der rheinischen Kleinkapitale bei.

DEZENTRALE STANDORTE Auch in der Bonner Republik hatte die Verteilung von »leitenden Bundesorganen« auf andere Bundesländer Tradition. Sie entsprach der föderalen deutschen Geschichte und hatte 1949, bei der Entscheidung des Parlamentarischen Rats für Bonn als vorläufigen Regierungssitz, dazu gedient, die Enttäuschung erfolgloser Bewerberstädte abzufedern. Höchste Gerichte wurden in Karlsruhe und Kassel angesiedelt, der Bundesrechnungshof bis zum Jahr 2000 in Frankfurt am Main. Diese Praxis setzte sich nach der Wiedervereinigung fort und bezog nun bevorzugt die »Beitrittsländer« ein. Größere Einwirkungen auf ihre Standorte hatten die Neubauten nicht, dafür sorgte schon ihre dezentrale Platzierung. Mag sein, dass – wie seinerzeit in Bonn – eine dominierende Rolle der Bundesinstitutionen in Ostdeutschland auch nicht gewünscht war, damit nicht der Eindruck westlicher Vorherrschaft entstand.

Generalbundesanwaltschaft beim Bundesgerichtshof, Karlsruhe

Zumeist legten die topografischen Situationen Takt und Diskretion nahe. In Dessau setzte sich das Umweltbundesamt von Sauerbruch Hutton Architekten, ein ökologischer Musterbau von erfrischender Ästhetik, im sogenannten Gasviertel fest, einem verwaisten Industriegelände. Den nördlichen Stadteingang markiert das schlangenförmig gekrümmte Gebilde, ohne in seiner exterritorialen Lage Beziehungen zur Stadtmitte aufzunehmen. Das Bundesarbeitsgericht, das Kassel genommen und Erfurt gegeben wurde, führt in der formenstrengen Blockfigur, die ihm Gesine Weinmiller verlieh, auf dem Petersberg unterhalb der Zitadelle ein womöglich noch abseitigeres Dasein.

Für die Karlsruher Neubauten der Jurisdiktion gilt aus anderen Gründen Ähnliches. Im fest gefügten Stadtgrundriss der badischen Residenzstadt blieb für die Erweiterung des Bundesgerichtshofs keine andere Wahl, als es dem an diesem Standort auslaufenden historischen Straßenfächer einzugliedern. Der Erweiterungsbau des Bundesverfassungsgerichts, in unmittelbarer Nähe zum Schloss, nimmt die Transparenz der vorhandenen Bauten Paul Baumgartens auf und bemüht sich um äußerste Diskretion. Ein weiterer jüngerer Neubau in Karlsruhe, der Sitz des Generalbundesanwalts, liegt außerhalb des barocken Stadtornaments auf ehemaligem Industriegelände. Sein Architekt Oswald Mathias Ungers realisierte ihn als freistehendes und daher leichter zu schützendes Stadtpalais. Ein nach außen geschlossenes »Umfassungsbauwerk« von 5 Metern Höhe umschließt es und schirmt es gegen denkbare terroristische Aktionen ab. Isolation ergab sich aus dem Programm: Bauwerke der Rechtsprechung, zumindest ihrer oberen Instanzen, werden mehr und mehr zu Defensivbauten. Doch an der Karlsruher Peripherie rechnete auch niemand mit einer städtebaulich formenden Wirkung über die nächste Nachbarschaft hinaus.

In Leipzig wiederum wartete das vorhandene, nun vorbildlich restaurierte Gebäude des Reichsgerichts auf eine neue Nutzung. Mit dem Bundesverwaltungsgericht, das vorher in Berlin ansässig war, bezog ein anderes Oberstes Gericht der deutschen Rechtsprechung das wilhelminisch-grandiose Palais, das die Architekten Ludwig Hoffmann und Peter Dybwad entworfen hatten. Auch hier, wo das Gehäuse schon zur Stelle war, ging es nicht darum, mit Architektur neuen Städtebau zu treiben. Als Arbeitgeber und Wirtschaftsfaktor aber wurden die umgesiedelten Institutionen mit offenen Armen aufgenommen, schafften sie doch Arbeitsplätze, Steuereinnahmen und Prestige. Zur ökonomischen Entwicklung der jeweiligen Kommunen steuerten sie hochwillkommene Antriebsmomente bei, auch wenn ihr Beitrag zur Stadtphysiognomie aus unterschiedlichen Gründen bescheiden bleiben musste.

Umweltbundesamt, Dessau

BERLIN IST NICHT DAS SCHLOSS, ABER HATTE EINS Ganz anders liegt der Fall Berlin.[7] In der Residenz der brandenburgischen Kurfürsten, preußischen Könige und deutschen Kaiser, in der Metropole der Weimarer Republik, im Machtzentrum des NS-Regimes, in der Hauptstadt der DDR ist Architektur immer als politisches Instrument und als städtebaulich wirksamer Gestaltungsfaktor benutzt worden. Seit die Kurfürsten sich nicht mehr mit dem Hohen Haus, ihrem Absteigequartier im östlichen Teil der mittelalterlichen Zwillingsstadt Berlin-Cölln, begnügten, sondern im 15. Jahrhundert auf der nördlichen Spitze der sumpfigen Spreeinsel ihr Schloss errichteten, ist dieses Territorium zu einem Gravitationszentrum der Stadtentwicklung geworden.

Historische Ansicht der Schlosskuppel, Berlin

Allerdings: Berlin ist nicht das Schloss, wie es die konservative Kulturkritik gern behauptet.[8] Gegen diese Behauptung hätten sich allein schon die Urheber des »Berliner Unwillens« verwahrt. Sie revoltierten 1448 gegen die Schlossplanung des Kurfürsten Friedrich II. (»Eisenzahn«) in der Doppelstadt, die schon ein Vierteljahrtausend lang vor dem Schloss existierte. Erst recht haben die Einwohner der heutigen, vielfarbigen und vielpoligen Millionenstadt Anlass, sich gegen feudalistische Unterstellungen zu verwahren. Es ist aber nicht zu leugnen, dass sich von diesem zentralen Bauwerk aus der Stadtgrundriss neu organisierte. Bereits die Gebäudecollage aus Mittelalter und Renaissance, von der noch bis zur Sprengung der Schlossruine im Jahre 1950 die östlichen Teile sichtbar waren, entsandte zwei für die Zukunft entscheidende, konkurrierende Entwicklungsachsen – die Königstraße nach Nordosten und den lindenbepflanzten Reitweg nach Westen. Über die eine ritten die preußischen Könige ein, wenn sie aus ihrem Krönungsort Königsberg kamen, der andere führte sie zu ihren Jagdgründen im Tiergarten und ab Ende des 17. Jahrhunderts zum Schloss Charlottenburg.

An der Umorientierung der Stadt von Osten nach Westen war das Schloss maßgeblich beteiligt. Der Bau bildete den Dreh- und Angelpunkt dieses sich über Jahrhunderte erstreckenden Prozesses. Nachdem die Architekten Andreas Schlüter und Eosander von Göthe es an drei Seiten mit Barockflügeln versehen hatten, unter König Friedrich II. der Dom an den neu angelegten Lustgarten verlegt worden war, der Beginn der Linden-Promenade mit prominenten Bauten wie Zeughaus, Oper, Bibliothek, St. Hedwigs-Kathedrale und Prinz-Heinrich-Palais (der heutigen Humboldt-Universität) besetzt war, die Friedrichstadt im Westen zur modernen, ansehnlichen Stadterweiterung avancierte und das Schloss an seiner Westseite eine beherrschende Kuppel erhielt, war die »Verwestlichung« der Kapitale vollzogen.[9] Sie war im Übrigen ein städtebauliches Echo auf die territoriale Erweiterung Preußens im Westen des Reiches. Auch wenn der Schönheitsfehler blieb, dass die repräsentativste Straße der Stadt, Unter den Linden, im schiefen Winkel auf das Schloss traf. Erst die DDR, fest integriertes Glied des Ostblocks, suchte das Gesicht der Stadt wieder zu wenden. Auf einem Teil des Grundstücks, den das gesprengte Schloss eingenommen hatte, entstand nach vielen Planungsalternativen

Heinz Graffunders Palast der Republik, flankiert vom Staatsratsgebäude und parallel zum Volkspalast ergänzt vom DDR-Außenministerium. Das neue staatssozialistische Zentrum tendierte dazu, wen wundert es, die Westorientierung der Innenstadt – die nun keine 2 Kilometer weiter an Sektorengrenze und Berliner Mauer endete – durch Ostbindung zu ersetzen, auch wenn die Rekonstruktionen von Barockbauten Unter den Linden weitergingen. Die neuen Herrscher kamen jetzt von Osten.

Während die beiden parallelen Gebäudescheiben von Palast und Außenministerium eine Barriere zwischen Spree einerseits, Friedrichswerder und Friedrichstadt andererseits aufbauten, war längst eine breite Magistrale in Richtung Osten geschlagen worden, mit einem begrünten Freiraum, bestückt mit Marx-Lenin-Denkmal, frei gestellter Marienkirche und Fernsehturm. Diese Magistrale bot die geeignete Strecke für »Fließ- und Stand-Demonstrationen« und setzte sich am Alexanderplatz in der abgewinkelten Stalinallee, heute Karl-Marx-Allee, fort. »Breite, gerade Straßen« hatte der Stadtkritiker Karl Scheffler schon vor dem Ersten Weltkrieg als Berliner Erbe germanischer Kolonisten im Slawenland, feudaler Herrscherhäuser und des jüngsten Amerikanismus empfunden.[10] Aber die Breite dieser innerstädtischen Freifläche, eines unverwechselbaren Stücks Ostmoderne, hatte auch in der Vergangenheit Berlins keine Parallele.

SCHLOSSINSEL + MUSEUMSINSEL = SPREEINSEL Jede architektonische Entscheidung auf diesem historisch hoch belasteten Terrain ist eine städtebauliche Entscheidung und zugleich eine Entscheidung der politischen Ikonografie. Nach der Vereinigung der Stadthälften standen alle drei großen Staatsimmobilien der Ostberliner Mitte – Palast der Republik, Staatsratsgebäude, Außenministerium – auf der Abrissliste. Erst die exorbitanten Umzugskosten und ein Wechsel im zuständigen Fachministerium[11] führten 1994 dazu, dass das Ruder umgelegt wurde. Wenigstens das Staatsratsgebäude mit seinem ein- und nachgebauten Erinnerungsstück, dem Portal IV von der Lustgartenseite des niedergelegten Schlosses, blieb erhalten. Für kurze Zeit logierte hier der Bundeskanzler, inzwischen ist es in private Hände übergegangen. Josef Kaisers Außenministerium fiel 1996, der Palast der Republik folgte ein Dutzend Jahre später.

Kurz nach der Vereinigung der Stadthälften wurde der Gedanke ins Spiel gebracht, ob das Schlossgrundstück nicht ein angemessener Bauplatz für die gemeinsame deutsche Volksvertretung sei. Dagegen sprachen praktische Gründe, aber auch der Wunsch, Paul Wallots wilhelminisches Reichstagsgebäude am Platz der Republik weiter als Parlamentssitz zu nutzen. Zumindest diese Kontinuitätskette sollte nicht gesprengt werden. Auch der Vorschlag, das Kronprinzenpalais zum Sitz des Bundespräsidenten zu machen, scheiterte an Platznot und Sicherheitsbedenken. Schloss Bellevue im Tiergarten, erweitert durch ein ovales Funktionsgebäude von Martin Gruber und Helmut Kleine-Kraneburg, erwies sich als praktikabler. Repräsentationsbedürfnisse, die Bauten aus feudaler Vergangenheit nun einmal so prestigefördernd erfüllen, befriedigte es nicht weniger als das Kronprinzenpalais. Mit dem Zentrum der Stadt verbindet es sogar eine durch den Park geschnittene alte Diagonale, die Bellevue-Allee.

Inzwischen hat der derzeit aktuelle Historismus sich auch des prominentesten Bauplatzes auf der Spreeinsel bemächtigt. Noch 1994 verschwendete ein Ideenwettbewerb, an dem sich über elfhundert internationale Architektenteams beteiligten, keinen Gedanken an eine Rekonstruktion des barocken Stadtschlosses.[12] Das hat sich gründlich geändert seit dem Coup einer Gruppe von Schlossliebhabern, die zur selben Zeit am historischen Bauplatz ein Faksimile des Schlosses aus Kunststofffolie und Stahlrohrgerüst herbeizauberten. Mit dem Vorschlag, die bisher in Dahlem logierenden außereuropäischen Sammlungen der Staatlichen Museen zu Berlin, die Zentral- und Landesbibliothek, die Kollektion der Humboldt-Universität sowie eine »Agora« zwischen die barocken Fassaden zu stecken, wurde ein auf den ersten Blick publikumswirksames Bauprogramm und mit dem Begriff »Humboldt-Forum« ein eingängiger Markenname gefunden. Auch der Bundestag ließ sich für das Projekt gewinnen. Am 4. Juli 2002 stimmte er mit Zweidrittelmehrheit der Rekonstruktion von Schlüterhof und Barockfassaden zu. Offensichtlich teilen Volksvertreter die retrospektiven Sehnsüchte des Volkes. Die Vizepräsidentin des Gremiums forderte, den »Kult der offenen Wunde« zu beenden.[13]

Zumindest diesen Wunsch erfüllt der Gewinner des Schlosswettbewerbes von 2008, Franco Stella. Den ersten Preis dürfte ihm nicht zuletzt eine städtebauliche Maßnahme verschafft haben, die Öffnung des Baukomplexes durch eine nordsüdliche Passage. Stella bezeichnet sie als »Forum«, aber sie erinnert eher an den schmalen Durchgang bei den Uffizien in Florenz. Nach Osten blendet der italienische Architekt dem Trakt mit dem Schlüter-Hof ein Raumgerüst vor, das als mehrgeschossig begehbares Belvedere den Blick hinüber zum Alexanderplatz gewähren soll. An Karl Friedrich Schinkels geniale Verzahnung von Innen- und Außenraum im benachbarten Alten Museum reicht Stellas Rasterbau nicht heran. Mit einer treuen Kopie der Stüler-Kuppel soll Berlin wieder jenes architektonische Symbol erhalten, das einst im Stadtbild präsent und wichtig war.

Wie auch immer die Nutzungsdebatte und die zunehmenden Rekonstruktionswünsche für die Innenräume und -höfe des Schlosses sich weiterentwickeln werden[14] – dass der Neualtbau des Schlosses einer überwiegend kulturellen Zweckbestimmung zugeführt werden wird, ist sicher. Was dabei verloren geht, ist die einst spannungsreiche Konfrontation von Kultur und Politik: Dem Zentrum der politischen Repräsentation, dem Herrschersitz, war mit den Museen ein Zentrum der Ideen und der kulturellen Kontinuität gegenübergestellt. Die jeweilige Herrschermacht, im Schloss ansässig, sah sich in Gestalt der Sammlungen dem Anspruch der Universalgeschichte ausgesetzt, die von den alten Hochkulturen bis zur Gegenwart reichte. Diese Gegenüberstellung ist heute vorbei: Die ganze Spreeinsel wird zur Kulturinsel.

Der einzige spektakulärere staatliche Neubau am Platze ist die Erweiterung des Auswärtigen Amtes von Thomas Müller und Ivan Reimann; er steht aber schon jenseits des Spreearms auf dem Friedrichswerder. Der Großteil des Ministeriums hat die von Hans Kollhoff und Helga Timmermann restaurierte Reichsbank (in DDR-Zeiten Sitz des SED-Zentralkomitees) bezogen. Die politischen Aufgaben des Auswärtigen Amtes würden nicht schlecht zu den weltumspannenden kulturellen Themen passen, die ein nahes Humboldt-Forum zu bearbeiten hätte. Eine andere Frage ist, wie sich die Schätze der Dahlemer ethnologischen Sammlungen, wie sich Südseedschunken und pazifische Männerhäuser hinter den barocken Säulen, Pilastern und Karyatiden rekonstruierter Schlossfassaden ausnehmen werden. Oder wie ein stimmiger Museumsparcours zu führen ist, wenn ihn an vielen Stellen rekonstruierte Suiten und Treppenhäuser unterbrechen. Ganz zu schweigen vom Nutzflächenbedarf der drei Partnerinstitute, die das Humboldt-Forum konstituieren. Den Architekten und Bauherren dürfte er noch manches Kopfzerbrechen bereiten.

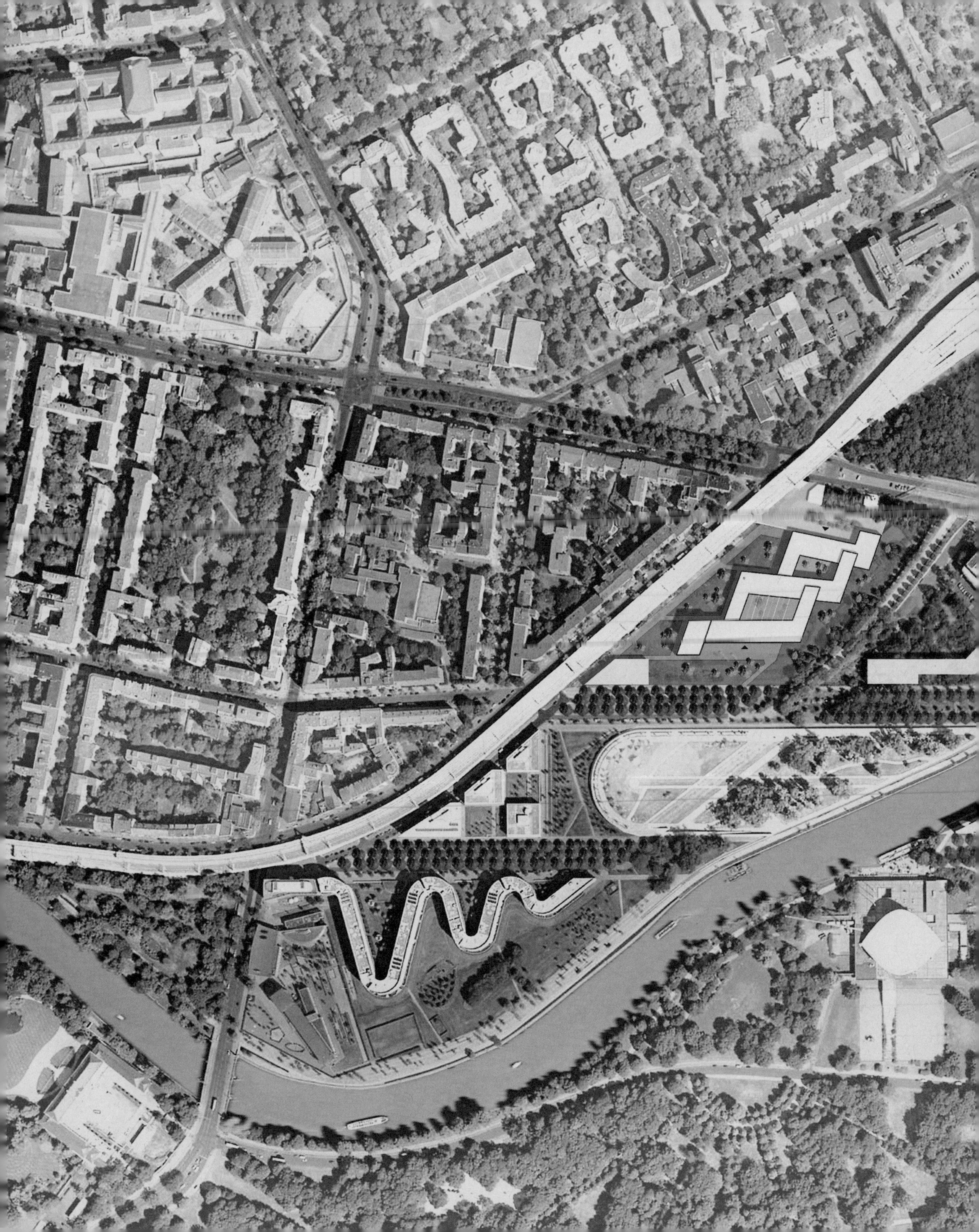

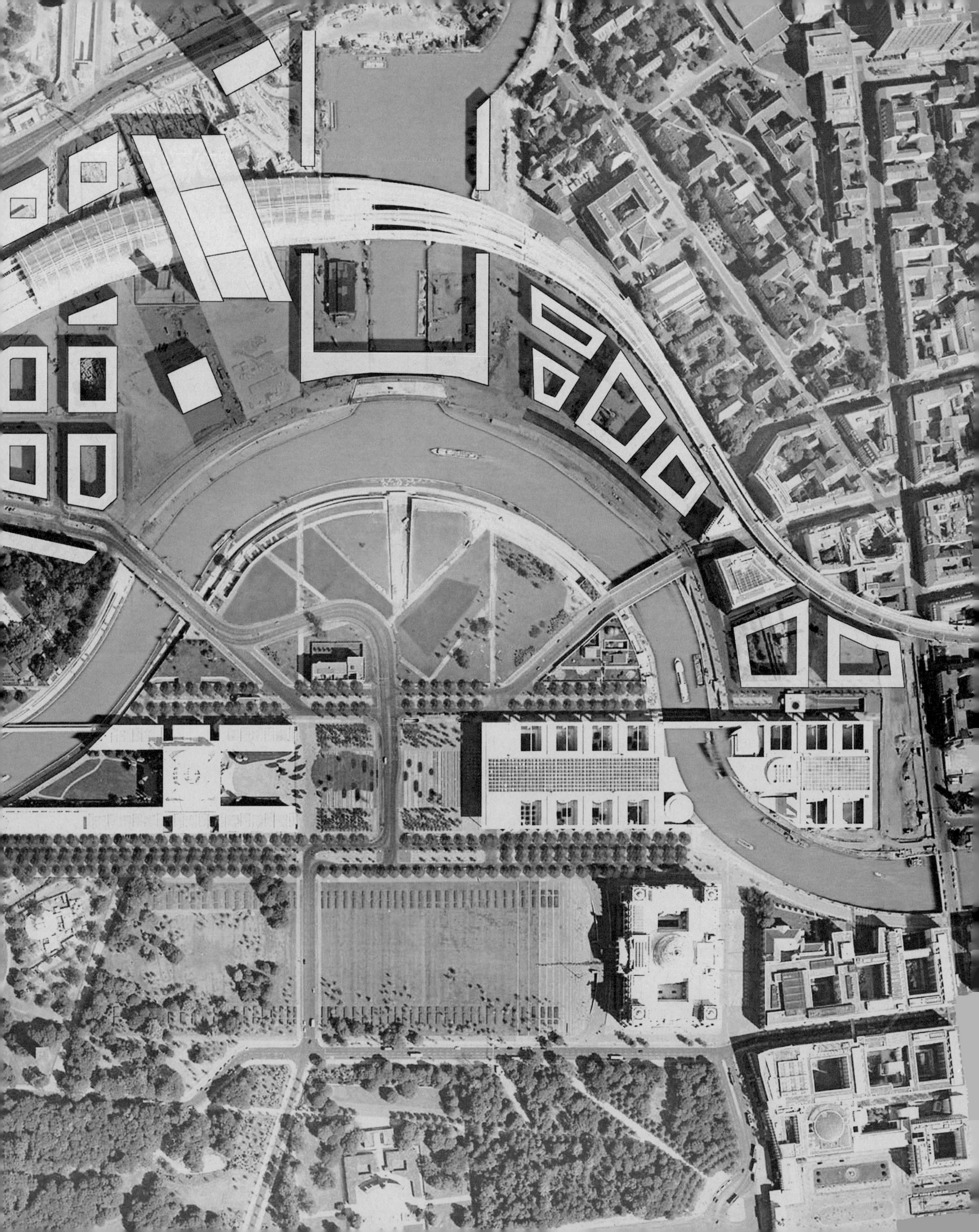

Eine der bedeutendsten und kostspieligsten Bauaufgaben des Bundes besteht in Restauration, Rekonstruktion und Ergänzung der grandiosen Museumsbauten von Karl Friedrich Schinkel bis Alfred Messel, einem erklärten Weltkulturerbe. Früher zog sich ein Wassergraben zwischen dem Lustgarten und der späteren »Freistätte für Kunst und Wissenschaft« (Friedrich Wilhelm IV.),[15] der sogenannte Kommunicationsgraben. Was später Museumsinsel hieß, war daher tatsächlich eine Insel für sich, getrennt von der Schlossinsel. Schinkel sprach noch von der »Insel vor Montbijou«.[16] Nun wird dieses längst vereinte Terrain auch von seinen Inhalten her mit der Schlossinsel zusammenwachsen.

Stets machte es die unvergleichliche Besonderheit dieses Ortes aus, dass seine Kulturbauten – zu ihnen würde dann das Schloss als Humboldt-Forum zählen – eine Insel bildeten. Sie spiegeln sich im Wasser des Flusses, sind nur über distanzierende Brücken zu erreichen, bilden mitten im Herzen der geräuschvollen City einen stillen, umgrünten Temenos. Der jetzt vorgesehene Bauplatz einer neuen Gemäldegalerie westlich des Kupfergrabens verstößt gegen dieses ungeschriebene Gesetz der Museumsinsel, und die verkehrsreiche, trennende Autorollbahn zwischen Lustgarten und künftiger Schlossreplik erst recht. Bis ins späte Kaiserreich hinein lief die Linden-Promenade sich am Schloss tot, eine Sackgasse, wenn auch eine grandiose.

BAND DES BUNDES Die Architekturlandschaft des politischen Berlin kennt Schwerpunkte, aber kein geschlossenes Terrain. Diese Eigenschaft teilt die Stadt mit anderen Metropolen in Europa, ob London, Paris oder Rom; sie gehört zum Collagecharakter großer, gewachsener Städte. Nur die »ab ovo« geplanten neuen Kapitalen von Canberra und Brasília bis Astana und Tripolis können ein großes und oft auch lähmendes Maß an Ordnung und Übersichtlichkeit bieten. In Berlin dagegen muss man gefasst sein, Exemplare einer bestimmten Sorte von Institutionen jeweils auch an anderen Orten der Stadt zu finden. Ministerien stehen nicht nur an der Wilhelmstraße und Leipziger Straße, Vertretungen der Bundesländer nicht nur in den Ministergärten, Botschaften nicht nur am Pariser Platz und südlich des Tiergartens, wo ihnen schon lange vor 1989 ein Terrain freigehalten worden war. So spiegelt sich eines der interessantesten Botschaftsgebäude, der labyrinthische Würfel der Niederlande von Rem Koolhaas, in der weiten Wasserfläche vor der Verzweigung der Flussarme an der Spreeinsel.

Im Großen und Ganzen erstreckt sich das Interessengebiet des Bundes von der Spreeinsel über Teile der Friedrich- und Dorotheenstadt, den Pariser Platz und den Platz der Republik bis zum Spreebogen, dem Moabiter Werder und einem Terrain nördlich von Hauptbahnhof und Humboldthafen, wo der riesige, spiegelsymmetrisch geordnete Komplex des Bundesnachrichtendienstes entsteht. Im Zentrum unterliegen die Bauprojekte des Bundes den städtebaulichen Entscheidungen, die von der Stadtplanung für die Berliner Mitte getroffen worden sind: Konzentration und hohe Bebauung für private Büros, Hotels und kommerzielle Nutzungen an zwei alten Brennpunkten des weltstädtischen Berlin, am Potsdamer Platz im Westen und – zögerlicher verwirklicht – am Alexanderplatz im Osten, dazwischen die zentrale Stadt als mehr oder weniger flache Schüssel. Hier gilt mit vielen Ausnahmen die Berliner Traufhöhe von 22 Metern.

Was seit den Tagen der Westberliner Internationalen Bauausstellung von 1984 bis 1987 in Berlin »kritische Rekonstruktion« heißt, die ungefähre Wiederherstellung des historischen Straßenmusters bei veränderter Randbebauung, wurde auch auf Berlin-Mitte übertragen, soweit sie sich dort noch durchsetzen ließ. Kleinere Platzbil-

S.222/223: Städtebaulicher Plan Berlin (2000)

Rendering Bundesnachrichtendienst, Berlin

dungen, die zu DDR-Zeiten in Ostberlin lange Straßenzüge wohltuend unterbrochen hatten (wie an der Friedrichstraße südlich des Bahnhofs Friedrichstraße und an der Kreuzung mit Unter den Linden), wurden beseitigt und gewinnbringend privatisiert. Am Molkenmarkt wird gemäß der Empfehlungen der Arbeitsgruppe Planwerk Innenstadt kleinteilig parzelliert. Auch die freie Weite des Marx-Engels-Forums war den Berliner Planungsbehörden unter Hans Stimmann ein Dorn im Auge, als bliese der Wind hier allzu kalt aus Richtung Osten. Hatte es nicht sogar die späte DDR gemütlicher gewollt? Gleich nebenan verbreitet das Nikolaiviertel Altberliner Nostalgie, zusammengezimmert aus vorhandener Historie, translozierten Altbauten und gezähmtem Plattenbau. Doch eine Planung von großer Rigorosität hat der Bund in Berlin durchgesetzt. Das »Band des Bundes« im Spreebogen ist Ergebnis von Wettbewerben in den Neunzigerjahren, eines städtebaulichen Ideenwettbewerbs von 1992/93 und zweier Bauwettbewerbe für Kanzleramt und Parlamentsbauten (den sogenannten Alsen-Block) aus dem Jahre 1994. Man fühlte sich unter starkem Termindruck, sodass die Konkurrenzen sich mit den Planungen für das benachbarte Reichstagsgebäude zeitlich überschnitten. Ideen- wie Bauwettbewerb fürs Kanzleramt gewann wundersamerweise beide der Berliner Architekt Axel Schultes in Partnerschaft mit Charlotte Frank – unter 835 Entwürfen im ersten Fall, unter 254 im zweiten. Eine bandförmige Figur fasst mit unerbittlicher Strenge den Kanzlergarten, das »Leitungsgebäude« des Kanzleramtes, ein noch nicht realisiertes Bürgerforum und die von Stephan Braunfels geplanten Häuser für Abgeordnete, ihre Ausschüsse und ihre Bibliothek. Zweimal überspringt der Streifen den Fluss, ursprünglich sollte er ihn sogar dreimal kreuzen. Die simple, kompakte Form verhinderte das Auswuchern der Projekte, wie es eine freiere Gruppierung nahegelegt hätte. Für den Wettbewerbsteilnehmer Schultes hatte sie den angenehmen Vorzug, unter der Vielzahl eingereichter Entwürfe eine Figur vorzustellen, die sich auch von der Fülle der Einreichungen überforderte Jurymitglieder merken konnten.

Vor allem suggerieren die lapidaren Parallelen eine für jedermann lesbare Botschaft. Wie hätte man die Vereinigung von West und Ost deutlicher machen, wie unmissverständlicher mahnen können, die zurückgewonnene Einheit nie, nie wieder aufs Spiel zu setzen? Der begabte Wortkünstler Schultes hatte noch manche anderen Beweggründe anzuführen. Der Begriff »Bund«, als Abkürzung für Bundesrepublik, war hier wörtlich genommen, als »Band des Bundes«. Da sich die einzelnen Institutionen in die lange Spange einzuordnen hatten, drückte die Figur zugleich die Solidarität der Instanzen aus – was man in der Bonner Bürokratie mit dem Blick auf die Bedeutung des Kanzleramtes denn doch übertrieben fand.

Aber da kannten die Staatsdiener Axel Schultes schlecht. Mit Architektur Staat zu machen, »die öffentliche Sache, die Res Publica« nach außen zu verdeutlichen, war ein Anliegen, das er nicht ohne Pathos zu dem seinen machte.[17] Die Jahre, in denen die Architekten am Erscheinungsbild des Kanzleramts arbeiteten, waren durch immer neue Auseinandersetzungen mit wechselnden Fassadenbildern gekennzeichnet: Kreise und Halbbögen, baumartige Silhouetten, portalartige Öffnungen, die amorphen Stelen der schließlich realisierten Frontansicht. Zwischen Monument und Villa hält der Bau eine merkwürdige Balance. In der bildersüchtigen Mediendemokratie verschafft er allen Nachrichtensendungen des Fernsehens einen sofort identifizierbaren Hintergrund.

Die neuen Parlaments- und Regierungsbauten in der Übergangszone zwischen Ost- und Westberlin nahmen den großen Zug auf, dem die Königs- und Kaiserstadt oftmals gefolgt war, den das »Dritte Reich« ins Megalomane steigern wollte und der schließlich auch der DDR nicht fremd war. Der Ort ist ein traditionelles Revier für große Projekte. Peter Joseph Lenné und Karl Friedrich Schinkel hatten im 19. Jahrhundert den Exerzierplatz hart an der westlichen Stadtkante zu einem repräsentativen Schmuckplatz umgeplant. Mit dem Bau des Reichstagsgebäudes fand hier vor den Toren die vom Kaiser ungeliebte Volksvertretung ihren Platz. In der Weimarer Republik blieb es bei großen Plänen, in denen eine Nord-Süd-Achse als Straße der Republik den ehemaligen Königsplatz und nachmaligen Platz der Republik und, weiter südlich, die Verlängerung der monarchischen Linden-Achse (heute Straße des 17. Juni) durchschneiden sollte. Nachdem die NS-Planer daraus die Große Straße von Germania, dem umgetauften Berlin, machen wollten, abgeschlossen durch eine kuppelbekrönte riesige Volkshalle, war auch dieser Straßenzug politisch kontaminiert. Das »Band des Bundes«, nun wieder in Ost-West-Richtung, gab darauf eine abermalige Antwort. Man sieht förmlich den Engel der Geschichte in seinem Stadtatlas die durchkreuzenden Federstriche ziehen: die Straße der Weimarer Republik gegen die der Hohenzollern, das Bundesband gegen die geplante Paradestrecke des »Dritten Reiches«.

»Band des Bundes«, Berlin

BLICK VON DER KUPPEL Eine reizvolle städtebauliche Situation entstand dort, wo die Spree zur großen Schlaufe ansetzt und das Gebäudeband durchbricht. Sie ist Stephan Braunfels zu verdanken. An beiden Ufern steigen Freitreppen zum Wasser herab, als sei ein großer Platz vom Strom durchflossen, lasse sich aber in der Vorstellung der Betrachter wieder zu einem Ganzen zusammenfügen. Dass hier die Berliner Mauer verlief und Todesopfer forderte, gibt dem Ort seinen dunklen Hintergrund. Die Erinnerung daran ist nur schwer mit der heutigen Szenerie auf einen Nenner zu bringen, mit den flanierenden Touristen, den Aussichtsschiffen, den Benutzern der beiden Passerellen zwischen Paul-Löbe- und Marie-Elisabeth-Lüders-Haus und dem Freizeittreiben am künstlichen Strand, das flussabwärts einsetzt.

In diese Szene ragt die Kuppel über dem Reichstag und dessen Plenarsaal hinein. Norman Foster hatte sie auf Wunsch seiner Bauherren statt einer großen, den Altbau überfangenden Pergola entworfen, mit der er 1992 den Bauwettbewerb gewonnen hatte. Zum Massiv von Paul Wallots Renaissance-Barock-Gebäude will sie nicht recht passen: zu leicht, zu klein, zu filigran, aber auch kein deutlicher Kontrast. Im Konzert der Berliner Türme und Kuppeln spielt sie nicht die große Orgel, sondern ein zarteres Instrument. Wallots alte, im Krieg zerstörte Vierkantkuppel hatte die Linien des monumentalen Gebäudes besser aufgenommen und selbstbewusster den Dialog mit der Kuppel auf dem Westflügel des Schlosses, der monströsen Domkuppel am Lustgarten und den Kuppeln der beiden Kirchen am Gendarmenmarkt geführt.

Doch in der Publikumsgunst ist die Foster-Kuppel ein Renner. Wer die beiden gegeneinander versetzten Wendelrampen hinauf- oder hinabsteigt, die an das Loire-Schloss Chambord oder die »Wendelsteine« deutscher Renaissance-Schlösser erinnern, hat Gelegenheit, ein großes Stück Bundes-Berlin ins Auge zu fassen. Dieses Regierungsviertel ist ein Gegenstück zu den Bonner Improvisationen geworden, geradlinig, preußischer. Geprobt wurde ein seit Jahrzehnten ungeübtes Pathos, das sich die neue »Mittelmacht« Bundesrepublik nun zutraut. Dass es gezügelt blieb, dafür sorgten die Anforderungen und Vorgaben der großen Stadt, mit denen sich auch die Staatsregie auseinanderzusetzen hatte. Das lief nicht ohne die Konflikte und Kompromisse ab, die den Alltag der Demokratie ausmachen. Demokratie sei ein mühsames Geschäft, hat der Autor des Bonner Parlamentssaals Günter Behnisch gesagt. »Aber«, so fuhr er fort, »einem anderen Geschäft möchten wir nicht nachgehen.«[18]

1 *Das Hauptstadtproblem in der deutschen Geschichte. Festgabe zum 90. Geburtstag F. Meineckes,* Tübingen 1952; Theodor Schieder und Gerhard Brunn (Hrsg.), *Hauptstädte in europäischen Nationalstaaten,* München und Wien 1983; Rudolf Schieffer, »Regieren ohne Hauptstadt«, in: Bodo-Michael Baumunk und Gerhard Brunn (Hrsg.), *Hauptstadt. Zentren, Residenzen, Metropolen in der deutschen Geschichte,* Ausst.-Kat. Kunsthalle Bonn, Köln 1989, S. 25–38.

2 Alfred Schinz, *Berlin. Stadtschicksal und Städtebau,* Braunschweig 1964, S. 82–87.

3 Hans Schwippert, »Das Bonner Bundeshaus«, in: *Neue Bauwelt,* 6, 17, 1951, S. 70.

4 Axel Schultes auf dem zweiten Kolloquium des Deutschen Bundestags am 12. und 13.3.1993. Zit. n. *Hauptstadt Berlin. Parlamentsviertel im Spreebogen,* Berlin u. a. 1993, S. 48.

5 Otto Flagge, »Bundeshauptstadt Bonn. Bundesbauten und -planungen«, in: Ingeborg Flagge, *Architektur in Bonn nach 1945. Bauten in der Bundeshauptstadt und ihrer Umgebung,* Bonn 1984, S. 26–35.

6 Von den Architekten Stephan und Ursula Legge.

7 Schinz 1964 (wie Anm. 2); Günter Peters, *Kleine Berliner Baugeschichte. Von der Stadtgründung bis zur Bundeshauptstadt,* Berlin 1995.

8 Wolf Jobst Siedler, »Das Schloss lag nicht in Berlin«, in: Förderverein Berliner Stadtschloss (Hrsg.), *Das Schloss? Eine Ausstellung über die Mitte Berlins,* Berlin 1993, S. 13–22.

9 Zu West- und Ostorientierung der Stadt: Harald Bodenschatz, »Wettbewerbsgebiet ›Spreeinsel‹ «, in: *Hauptstadt Berlin. Stadtmitte Spreeinsel. Internationaler Städtebaulicher Ideenwettbewerb 1994,* Berlin u. a. 1994, S. 16–43.

10 Karl Scheffler, *Berlin. Ein Stadtschicksal,* 3. Auflage, Berlin 1910, S. 180.

11 Von Irmgard Schwaetzer (FDP) zu Klaus Töpfer (CDU).

12 *Hauptstadt Berlin* 1994 (wie Anm. 9).

13 Antje Vollmer am 4.7.2002 im Deutschen Bundestag.

14 Guido Hinterkeuser, *Das Berliner Schloss. Mehr als nur Fassade. Die verlorenen Innenräume des Berliner Schlosses und die Möglichkeiten der Rekonstruktion zerstörter Raumkunst nach 1945,* München und Berlin 2006.

15 *Festschrift zur Feier ihres 50-jährigen Bestehens am 2.8.1880. Zur Geschichte der königlichen Museen in Berlin,* Berlin 1880, S. 53.

16 Renate Petras, *Die Bauten der Berliner Museumsinsel,* Berlin 1987, S. 10.

17 Axel Schultes auf einem Kolloquium vom 12.3.1993. Zit. n. *Axel Schultes, Charlotte Frank. Kanzleramt Berlin,* Stuttgart 2002, S. 55 f.

18 Günter Behnisch, »Bauen für die Demokratie«, in: Ingeborg Flagge und Wolfgang Jean Stock (Hrsg.), *Architektur und Demokratie. Bauen für die Politik von der amerikanischen Revolution bis zur Gegenwart,* Stuttgart 1992, S. 75.

Der Bund als Bauherr: Öffentliches Bauen zwischen Wandel und Kontinuität, Repräsentation und Moral

CHRISTIAN WELZBACHER

JENSEITS DER REPRÄSENTATION Ist öffentliches Bauen eine Frage der Moral? Man bekommt leicht diesen Eindruck, wenn man sich mit einem der berühmtesten Texte über »politische Architektur« in Deutschland auseinandersetzt, mit Adolf Arndts Rede »Demokratie als Bauherr« von 1961.[1] »Eine Demokratie ist nur soviel wert, wie sich ihre Menschen wert sind, daß ihnen ihr öffentliches Bauen wert ist.«[2] Arndt versteht das Wort »wert« nicht materiell, sondern in einem ganz und gar idealistischen Sinne. In dieser Bedeutung liegt der Schlüssel zum Selbstverständnis einer demokratischen Gründergeneration, die das politische Leben der Bundesrepublik – und damit auch das Baugeschehen – bestimmt hat: Sie hat am eigenen Leib erfahren können, dass sich eine freiheitliche Gesellschaftsordnung und die Errungenschaft der Demokratie mit Geld nicht aufwiegen lassen. Aber wie lässt sich dieses Ideal verbildlichen, sodass es über den eigenen zeitlichen Erfahrungshorizont hinaus weiterwirkt? Wie muss eine Architektur aussehen, die dem Menschen vom »Wert« des öffentlichen Bauens und damit dem »Wert« einer Gesellschafts- und Staatsform kündet, die fragil ist und gepflegt werden muss, die den Bürger also immer neu als Partizipant der Ordnung gewinnen muss, um überleben zu können?

Es gehört sicher zu den großen Missverständnissen der letzten Jahre, dass eine Antwort auf diese Fragen im Bereich der politischen Repräsentation gesucht wurde. Norman Fosters vielfach interpretierbare Reichstagsbekrönung und die symbolische Geste, die Axel Schultes zunächst für die städtebauliche Figur »Band des Bundes«, anschließend für den Solitär des Kanzleramtes entwickelte, boten Diskussionsstoff für ein vermeintlich »neues Selbstverständnis« der Berliner Republik.[3] Diese Projekte rührten an den heiklen Befindlichkeiten des deutschen Gewissens. Sie schienen ein ungewohntes Bedürfnis nach Selbstdarstellung wachzurufen, die der Staat im historisch unkontaminierten Regierungsprovisorium am Rhein niemals hatte suchen müssen. Der Journalist Heinrich Wefing etwa vertrat in seinem Text »Abschied vom Glashaus« die These vom Wandel der architektonischen Selbstdarstellung.[4] Aus heutiger Sicht, die einen summarischen Überblick über zwanzig Jahre Bauen seit der Wiedervereinigung ermöglicht, lässt sich sehen, dass es einen solchen Paradigmenwechsel nie gegeben hat. Was die Publizisten Ende der Neunzigerjahre zu dieser Annahme verleitete, waren die wenigen architektonischen Ausnahmen, die damals im Bau waren. Leuchtturmprojekte, die sich tatsächlich von der bisherigen bundesrepublikanischen Baukultur absetzten – aber dabei immer eine Ausnahme geblieben sind, in Anspruch, Quantität und Qualität. Man muss also im Umkehrschluss feststellen: Eine Minderzahl an Projekten beherrschte die Debatten und überlagerte das eigentliche politische Baugeschehen der Nachwendezeit. Das Gros der Regierungsbauten, die seither in Berlin, Bonn und an zahlreichen anderen Standorten deutschland- und weltweit entstanden, wurden von Feuilletons, Architekturkritik, Publizistik und wohl auch von den Bürgern des Landes kaum oder gar nicht wahrgenommen. Aber eben von diesen, weitgehend unbekannten Bauten aus wurden und werden die Geschicke des Landes gelenkt.

Rendering Bundesnachrichtendienst, Berlin

KONTINUITÄT ZWISCHEN BONNER UND BERLINER REPUBLIK Die Reizwirkung repräsentativer – und damit »beredter« – Bauten überflügelte von jeher das Interesse an einer Architektur, die komplexe gesellschaftliche Verhältnisse abbildet. Dieses Dilemma, das bis heute zu den Mythen einer geschichtslosen, »anonymen« Bonner Republik gehört, thematisierte Adolf Arndt bereits 1961. Er erklärte seinen Zuhörern, »daß Demokratie als Selbstbestimmung mündiger Menschen es in der Tat schwerer hat, sinnfällig zu werden. Die Embleme des Herrschens, auch in Form von Bauten, haben es leichter, staunenswürdig für die zu sein, über die sie sich erheben und die für sie keine Verantwortung tragen. [...] Aber die Demokratie, die dem wechselnden Einfluß und dem Wandel ja nicht bloß um der Veränderlichkeit willen, sondern wegen ihres Offenseins auf ein viel wirklicher Bleibendes hin dem Menschen als Maß und Raum geben soll, die Demokratie muß das Unsichtbare sehen lassen, daß die Menschen ihrer selbst in diesem Miteinander ihres Mitmenschlichseins, ihrer Gesellschaft, ihrer Gemeinschaft, ansichtig werden. Die demokratische Aufgabe des Bauens ist, daß ein jeder Mensch sich als Mensch für sich und Mensch im Gefüge gewahrt.«[5]

Der Mensch als Maß aller Dinge – diese Kategorie liegt, architektonisch und sozial, jenseits des Erhabenen, des Sinnlichen, des Überwältigenden. Norm, Zweck, Brauchbarkeit und Unmittelbarkeit sind seine Kategorien und mit wechselndem Erfolg haben die meisten Bauprojekte der Bonner Republik versucht, diese Kategorien aus ihrer Entstehungszeit heraus umzusetzen. Günter Behnisch, der Architekt des zweiten Bonner Plenarsaals, formulierte die Rolle des Planers dabei so: »Programme existieren vor der Architektur. Wir Architekten verhelfen nur demjenigen zur materiellen, sichtbaren, sinnlich erfahrbaren Welt, was bereits im Bereich der Ideen vorhanden ist.«[6] Was diese Programme vom Architekten verlangten, waren zumeist Bereitstellung von Büroräumen und Kommunikationsflächen, anders gesagt: einer architektonischen Infrastruktur für die staatliche Verwaltung. Die ersten Beispiele entstanden kurz nach der Staatsgründung 1949, betreut durch eine eigene Bauverwaltung, die Bundesbaudirektion, die zunächst noch planende Architekten beschäftigte.[7] Während zahlreiche ältere Bauten für die Zwecke der Regierung umgenutzt werden konnten, manifestierte sich der Bund 1953 mit dem ersten Bonner Hochhaus, dem Neubau des Auswärtigen Amtes. Zeitgleich entstanden Ministerien und Ämter, darunter (unter Mitwirkung von Sep Ruf) das damalige Bundesministerium für Wohnungsbau, ebenso wie das Außenministerium, ein konventioneller Bürokomplex mit einfachen Lochfassaden – eine in hohem Maße unspektakuläre Architektur.

Kritik an dieser Konvention des Notwendigen entstand erstmals Ende der Sechzigerjahre. Der Staat, vertreten durch seine Baubehörde, hatte sich mittlerweile der Kooperation mit privaten Planern geöffnet, Architekturwettbewerbe gehören seitdem zum demokratischen Prozedere. Der erste Versuch, ein eigenes Regierungsviertel rings um das Bonner Bundeshaus einzurichten, endete allerdings bereits mit dem Bau des neunundzwanzigstöckigen Abgeordnetenhochhauses am Rheinufer, dem »Langen Eugen« (1965–1969). Der Entwurf des Karlsruher Architekten Egon Eiermann wurde in den Feuilletons geradezu verrissen. Zum ersten Mal war in der öffentlichen Debatte die Rede davon, dass ästhetische Defizite und mittelmäßige architektonische Resultate mit einem unliebsamen Phänomen, nämlich einer Bürokratie als Bauherr zu tun hätten. Frühzeitig bestätigten auch die Nutzer selbst die Missbilligung bundesrepublikanischer Staatsarchitektur. Schon Konrad Adenauer hatte sich negativ über Sep Rufs modernistischen Kanzlerbungalow geäußert (»Das Ding

Treppe des ehemaligen Plenarsaals des Deutschen Bundestags, Bonn

brennt ja nicht mal«). Sein späterer Amtsnachfolger Helmut Schmidt machte keinen Hehl aus seiner Abneigung gegenüber dem neuen Kanzleramt (»rheinische Sparkassenfiliale«), das von 1974 bis 1976 nach Entwürfen der Planungsgruppe Stieldorf entstanden war.[8] Das schwierige Verhältnis zur Architektur beruhte also keineswegs nur auf der Wahrnehmung von Bürgern und Kulturkritikern. Die Politiker selbst, damals noch wenig zimperlich, befeuerten durch ihre Rhetorik erst die Ressentiments.

Doch auch der zweite Versuch, der staatlichen Verwaltung eine städtebaulich und architektonisch prägnante Form zu verleihen, scheiterte. Nur zwei von sieben geplanten Hochhäusern, die sogenannten »Kreuzbauten« (1969–1975, Planungsgruppe Stieldorf), zeugen noch heute von dem groß angelegten Vorhaben einer ganzen Verwaltungsstadt im Stil von Le Corbusiers »Ville contemporaine« (1922), die mit gebührendem Abstand vom Parlament auf vorstädtischer Wiese errichtet werden sollte.[9] Obwohl der Bund längst zum zentralen Motor der Stadt Bonn geworden war, trat er in seinen Bauten weiterhin disparat und uneinheitlich auf. Ein dominanter Identifikationspunkt, der seiner Rolle im Stadt- und Staatsgefüge entsprochen hätte, blieb weiterhin die Wunschvorstellung Einzelner, etwa des zeitweiligen Bauministers Oscar Schneider (CSU). Er forderte schon 1986 einen verbindlichen Wertekanon ein, der an historischen und gesellschaftlichen Parametern ausgerichtet werden sollte: »Architektur erwächst aus dem Geschichtsbewußtsein des Volkes, aus der gesellschaftlichen Wirklichkeit und aus den sozialen und wirtschaftlichen Gegebenheiten der Zeit. Architektur ist dabei mehr als eine gesellschaftspolitische Reflexion und mehr als eine soziologische Antwort auf eine geschichtliche Frage. Ein Gegensatz zwischen Kunst und Realität besteht im Ansehen der Architektur nicht: Jedes Bauwerk ist formgeprägt durch Realität, die ihren gesteigerten Ausdruck als Kunstwerk findet.« An anderer Stelle heißt es: »Es gibt keine ›demokratische‹ Architektur. Zu fordern ist aber ein schöpferisches Bemühen, der Demokratie in der Sprache der Architektur einen maßvollen und würdigen, einen klaren und repräsentativen Ausdruck zu verleihen. Niemals kann schlechte Architektur für demokratisch gelten; niemals kann ein monotones Einerlei dem demokratischen Gleichheitsprinzip seinen Ausdruck verleihen.«[10]

Schneider nahm damit – aus der Bonner Perspektive – wesentliche Argumente vorweg, die die Auseinandersetzung um eine neue Form politischer Architektur seit dem Umzugsbeschluss von 1991 prägen sollten. Man könnte daher trefflich darüber streiten, ob sich einerseits der vermeintlich typische Repräsentationsanspruch der Berliner Republik nicht früher oder später am Rhein Bahn gebrochen hätte, andererseits, inwieweit auch der dritte Versuch, Staat und Stadtraum miteinander zu verschmelzen und der Demokratie eine prägnante architektonische Form zu verleihen – Schultes' Berliner »Band des Bundes« – gescheitert ist, ganz so, wie zuvor die beiden Bonner Anläufe. Aus Sicht des Architekten, der ein »Bürgerforum« zur symbolischen Mitte des Regierungsquartiers, ja, des demokratischen Staates insgesamt machen wollte, ist die Umsetzung der Pläne Fragment geblieben. Zudem befindet sich auch nach dem Abschluss der Bauarbeiten nur der geringste Teil der Regierungsbauten am Berliner Spreebogen. Zu einem ausgeprägten »Staatszentrum«, wie es seit der späten Kaiserzeit für diesen Ort immer wieder geplant wurde, ist das Terrain rund um das Reichstagsgebäude nie geworden.[11]

Wie schon zuvor in Bonn sind auch in Berlin zahlreiche Ministerien in Altbauten untergekommen – diesmal allerdings in Häusern, die bereits in der Geschichte politischen Zwecken gedient hatten und die neuen Nutzer daher gleichsam zum »Beweis« ihrer historischen Verantwortung herausfordern. Aber parallel entstand und entsteht eine Vielzahl weiterer Neubauten, nicht nur an den unterschiedlichsten Stellen der Hauptstadt, sondern im gesamten Land. Diese Bauten stehen weit vom Spreebogen entfernt – so wie ihre Vorgänger dem Bonner Bundeshaus räumlich entrückt gewesen waren. Ja mehr noch: Meist nicht einmal durch ihre Form sind sie als Teil der Regierung identifizierbar – auch dies haben sie mit den Bonner Bauten gemein. Sie entsprechen vielmehr – im besten Sinne einer Tradition, die mit der Bundesbaudirektion begonnen hatte – jenen Prämissen, die für die Staatsverwaltung seit Gründung der Bundesrepublik Notwendigkeit gewesen sind. Diese Ministerien, Ämter, Verwaltungen, Museumsanbauten, Kasernen, Krankenhäuser oder Forschungsstätten sind nichts anderes als zweckmäßig. Sie sind mehr oder weniger gelungene Beispiele für eine architektonische Infrastruktur, die die staatliche Verwaltung benötigt. Da sie den Löwenanteil der politischen Bauten des Bundes stellen, liegt an dieser Stelle der Schluss nahe: Entgegen anderslautenden Vermutungen haben Wiedervereinigung und Regierungsumzug keine wesentliche Veränderung der Baugesinnung der Bundesrepublik Deutschland hervorgebracht – was durchaus auch der politischen Kontinuität eines erprobten, stabilen demokratischen Staatssystems entspricht.

GEBAUTE AUSSENPOLITIK Allerdings hat ein Wandel der Bauaufgaben eingesetzt, welcher der neuen Rolle des Landes im europäischen und internationalen Staatengefüge zuzuschreiben ist. Die markanteste, sicher auch umstrittenste Veränderung liegt im militärischen Bereich. Sie begann mit dem NATO-Einsatz im Gebiet des ehemaligen Jugoslawien, an dem sich 1999 auf Initiative des damaligen Außenministers Joschka Fischer auch die Bundeswehr aktiv beteiligte. Es handelte sich dabei um den ersten Einsatz deutscher Truppen seit dem Ende des Zweiten Weltkriegs. Im Zusammenhang mit der Intervention, die von der internationalen Truppengemeinschaft SFOR / KFOR getragen wurde, trat die Bundesrepublik auch als Bauherr auf den Plan. In Prizren, einer Stadt im Kosovo, entstand 2007 ein Einsatzlazarett, das der medizinischen Notversorgung der Soldaten dient und dauerhaft die Container und Zelte ersetzt, die an dieser Stelle 1999 aufgeschlagen worden waren. Die kompakte Einheit – neben dreißig festen Betten verfügt sie über dreißig weitere Notbetten – stellt vor allem medizinisch-technische Ansprüche. Gestalterische Überlegungen beschränkten sich auf das vorgegebene Weiß mit dem markanten »Roten Kreuz«, das mit Farbe auf Fassade und Dach angebracht wurde.

Zahlreiche Bauvorhaben der letzten Jahre demonstrieren die neue politische Bedeutung des Heeres für das Selbstverständnis der Bundesrepublik. Neben Friedenssicherung und humanitärer Hilfe sind dabei auch wieder ureigene militärische Aspekte zu ihrem Recht gekommen. Architektonisch gesehen geht es hier nicht allein um die Sanierung, Umnutzung und Erweiterung von Kasernen oder Versorgungseinrichtungen – darunter etwa die stufenweise Komplettsanierung des Bundeswehrkrankenhauses Ulm seit 2005. Wichtig ist auch die Zusammenarbeit mit strategischen Partnern, beispielsweise bei den NATO-Stützpunkten oder in der Deutsch-Französischen Brigade Donaueschingen (Kaserne Foch), die 2006 ein neues Wirtschaftsgebäude erhielt. Auch die Weiterentwicklung der Waffentechnologie und damit der Kriegsführung hat sich auf die Architektur niedergeschlagen – allerdings in Form eines Rückbaus. Der Regierungsbunker, in den Siebzigerjahren bei Bad Neuenahr-Ahrweiler als Stollen in die Erde getrieben, wurde seiner Schutzfunktion entbunden und

zum Museum umgebaut. Aus heutiger Sicht wirkt das bizarre Bauwerk wie der reale Kommentar zu den morbiden Untergangsszenarien zeitgenössischer Science-Fiction-Filme – immerhin sollten sich hier im Angesicht atomarer Bedrohung die Vertreter der Verfassungsorgane einfinden, um, geschützt vor Kontamination, für das überirdisch verbliebene Volk den politischen Betrieb aufrechtzuerhalten. 2008 öffnete die Dokumentationsstätte Regierungsbunker. Noch im ersten halben Jahr sahen rund fünfundvierzigtausend Besucher das komplett eingerichtete, grellbunte Interieur, das über dreißig Jahre vollkommen unberührt geblieben war, da der erwartete Ausnahmezustand nie eintrat.

Eine zweite wichtige außenpolitische Veränderung betrifft die Überwachung der Staatsgrenzen, die mit dem Beitritt Deutschlands zum Schengener Abkommen einen veränderten Status erlangt haben. Während an den durchlässigen Grenzen zu EU-Staaten Anlagen abgebaut wurden, weil die deutschen Kontrollen 1995 endgültig wegfielen, baute der Bund, bevor auch die Schweiz im Dezember 2008 Teil des Schengen-Bereichs wurde, am Staatsübergang zur Schweiz Grenzeinrichtungen aus, darunter etwa in Rheinfelden-Warmbach und Konstanz-Kreuzlingen (bmt architekten) oder Laufenburg-Ost (wfz architekten). Das Schengener Abkommen veränderte zudem die Aufgaben des Bundesgrenzschutzes. Darauf reagierte der Staat durch eine im März 2008 in Kraft getretene Neustrukturierung der Behörde, die bereits seit 2005 unter dem Namen Bundespolizei firmiert und deren Angehörige mittlerweile auch zu Einsätzen im Inland herangezogen werden können. Die bestehenden neunzehn regionalen Bundespolizeiämter, zum Teil historische Liegenschaften, werden auf neun Bundespolizeidirektionen reduziert. Das Präsidium der Behörde, das dem Bundesinnenminister direkt unterstellt ist, befindet sich seit 2008 in Potsdam und kam in einem renovierten Altbau aus den 1960er-Jahren unter.

Wie diese Beispiele zeigen, hat die veränderte Position der Bundesrepublik im strategischen Gefüge von Heer, Polizei, Innen- und Verteidigungspolitik, EU, UN und NATO eine direkte und indirekte Auswirkung auf die Baulichkeiten des Staates. An die Stelle des reinen Neubaus tritt jedoch in den meisten Fällen die Erweiterung oder Umnutzung vorhandener Strukturen, mitunter auch die komplette Konversion ehemals militärischer Lie-

Gemeinschaftszollanlage Laufenburg

genschaften zugunsten ziviler Einrichtungen. Eines der jüngeren Beispiele betrifft die ehemalige Bundeshauptstadt Bonn. Hier wurde zwischen September 2005 und August 2007 die ehemalige Troilo-Kaserne umgebaut, um einen neuen Standort für das Bundesministerium für Gesundheit zu schaffen. Das Architekturbüro Petzinka Pink – in den Neunzigerjahren bekannt geworden mit dem gläsernen Düsseldorfer »Stadttor«, in dem sich die Büros der Landtagsabgeordneten Nordrhein-Westfalens befinden – erweiterten die vorhandene Substanz um ein dreiteiliges Ensemble, das unter anderem aus einem dreizehnstöckigen Hochhaus besteht.

Die skizzierten Verschiebungen bedeuten keineswegs den Wegfall traditioneller außenpolitischer Bauaufgaben. Dies dokumentiert eine ganze Anzahl von Botschaften auf der ganzen Welt. Gründe für die Aufstockung der diplomatischen Vertretungen liegen zum Teil an den Entwicklungen seit den »Wendejahren«, die in Ost- und Mittelosteuropa zu massiven staatlichen Umbrüchen geführt haben. Zwischen 2000 und 2008 entstanden unter anderem neue Botschaften in Tokio (Mahler, Günster, Fuchs), in Santiago de Chile (Baumewerd) und im slowakischen Bratislava (Gernot Schulz). Im gleichen Zeitraum wurde der Neubau der Vertretung in Warschau zusammen mit einer neuen Botschafterresidenz errichtet (Holger Kleine). Ähnlich wichtig wie die zwischenstaatliche Zusammenarbeit über den Weg der Diplomatie ist die kulturelle Unterstützung deutscher Staatsbürger im Ausland. Neben den Goethe-Instituten, die seit einigen Jahren einem wechselhaften Schicksal unterliegen, kommt dabei den Deutschen Schulen eine besondere Bedeutung zu. Einige von ihnen können ihre Tradition bis in die Kaiserzeit zurückverfolgen, als sie durch das Reich, bisweilen aber auch durch private Initiativen gegründet worden waren. Unter den jüngeren Beispielen lassen sich so unterschiedliche Projekte finden wie die Deutsche Schule in Peking (Architekten von Gerkan, Marg und Partner) oder ihr Pendant in Budapest (Scheffler + Partner Architekten), eine bilaterale Stiftung, die erst seit 1992 besteht. Sie kam neben einem historischen Jagdhaus in einem Ensemble aus mehreren Neubauten für Klassenzimmer, Büros, Bibliothek, Sporthalle und Mensa unter. Die einzelnen Baukörper, die der Topografie der vorstädtischen Hanglage angepasst werden mussten, sind durch gläserne Gänge miteinander verbunden, sodass sich den Besuchern des Baus ein Panorama auf die ungarische Hauptstadt eröffnet.

DER STAAT ALS VORBILD Die intelligente Adaption des Vorhandenen an die neuen technischen und organisatorischen Gegebenheiten ist eines der umfassendsten Themen bundesrepublikanischen Bauens der letzten zwanzig Jahre. Das betrifft den Umbau des Reichstagsgebäudes und der Ministerien in Berlin (vor allem des Bundesfinanzministeriums, des Auswärtige Amtes und des Arbeitsministeriums, die in den Bauten des Reichsluftfahrtministeriums, der Reichsbank und des Propagandaministeriums unterkamen) genauso, wie den Umbau des Regierungsbunkers in Bad Neuenahr zum Museum oder die Erweiterung der ehemaligen Troilo-Kaserne in Bonn. Das eindrucksvollste Beispiel für die Nachnutzung ziviler Einrichtungen bildet sicher der Bereich um das ehemalige Bonner Bundeshaus, der sogenannte UN-Campus. Der ehemalige Plenarsaal (Günter Behnisch) dient mittlerweile als Kongresszentrum. Der »Lange Eugen«, der seit 1997 Denkmalschutz genießt, wurde für die Vereinten Nationen saniert (HPP Hentrich-Petschnigg & Partner), wobei besonderer Wert auf den Erhalt der alten Innenausstattung gelegt wurde, die der Architekt und Designer Egon Eiermann mit entworfen hatte und dessen künstlerische Urheberrechte seine Witwe bis heute erfolgreich verteidigt. Das

2.OG
1.OG
UMWELTBUNDESAMT
A

markante Hochhaus nimmt jetzt die Büros von rund vierhundert Beschäftigten aus siebzehn Organisationen auf, die der UN unterstehen.

Bei all diesen Projekten offenbart der Bund nicht nur seine sensible Rolle als Nachlassverwalter der Liegenschaften staatlicher Vorgänger vom Kaiserreich bis zur Deutschen Demokratischen und der Bonner Republik. Hier geht es immer auch ein Stück weit um die Vorbildfunktion: eine in der öffentlichen Wahrnehmung zumeist ausgeblendete, gleichwohl essenzielle Form der Selbstdarstellung, durch die sich der Staat gegenüber seinen Bürgern als verantwortlich, integer und maßvoll zeigt. Demokratische Staatsarchitektur jenseits der repräsentativen Gesten ist der Versuch, die bauliche Allegorie des »Buon governo« (der »Guten Regierung«) in das Zeitalter der verwalteten Welt zu transponieren. Sie erzählt auf komplexe Weise von den Schwierigkeiten und Chancen gesellschaftlicher Verantwortung, ohne Utopien zu zeichnen, deren Versprechungen die Politik nie erfüllen kann. Demokratische Staatsarchitektur hat daher immer eine pragmatische Komponente, deren wichtigstes Merkmal Angemessenheit ist – in Stil, Zweckmäßigkeit, Größe, aber auch im Budget. Allerdings fehlen in puncto Wirtschaftlichkeit für das öffentliche Bauen in Deutschland die Musterprojekte, was besonders deshalb auffällt, weil ein anderes zentrales Thema regelmäßig zur Selbstdarstellung genutzt wird, die sogenannte Nachhaltigkeit.

Umweltschutz, Energiebilanz und Ökologie sind Aspekte, die nicht bei allen, wohl aber bei zahlreichen markanten Bauprojekten des Bundes eine wichtige Rolle spielen. Im Falle der Bauten auf dem Gelände der Troilo-Kaserne entwickelten die Architekten gemeinsam mit Ingenieuren und Statikern das Konzept einer intelligenten Fassade, die die natürliche Wind- und Wärmezirkulation ausnutzt, um für Be- und Entlüftung, Heizung und Kühlung des Gebäudes zu sorgen, ohne die sonst notwendige Installation zusätzlicher Aggregate und Klimaanlagen. Auch der Neubau des Bundeswirtschaftsministeriums in Berlin, formal gesehen eine unspektakuläre Büroarchitektur, dient dazu, sich zu Fragen der Energiepolitik zu positionieren. Ein 1000 Quadratmeter großer Bereich des Daches ist mit Fotovoltaikplatten überzogen. Hier demonstriert der Staat vorbildhaft, dass diese bisher umstrittene Form alternativer Energiegewinnung durchaus zur Mitversorgung eines großen Baukomplexes dienen kann.

Mit dem Umweltbundesamt, das auf einem ehemaligen Gaswerksgelände in der Schrumpfungsregion Dessau-Roßlau angesiedelt wurde, gelang ein Beispiel für die architektonische Verbildlichung des Nachhaltigkeitsgedankens. Der Bau behilft sich nicht mit symbolischen Gesten, hier geht es tatsächlich um die »inneren Werte« einer nachhaltigen Architektur, die in leuchtenden Farben und verspielten Formen zur Schau gestellt werden. Die Berliner Planer Matthias Sauerbruch und Louisa Hutton beschäftigten sich seit den Neunzigerjahren damit, die kühle Hightechästhetik in der Nachfolge Richard Buckminster Fullers, die ökologisches Bauen zum ersten Mal aufgegriffen hatte (vor allem Norman Foster und Richard Rogers), aufzuheitern, ohne sich dabei einer Ökomode anzubiedern. Im Falle des Dessauer Baus ist ihnen ein gebautes Manifest gelungen, das sich auch in der patchworkartigen Gartengestaltung (ST raum a., Berlin) fortsetzt.[12] Entsprechend einmütig wurde das Haus – eines der wenigen öffentlichen Projekte jenseits der hauptstädtischen Repräsentationsbauten, die das Feuilleton wahrnahm – von der Presse gelobt, wenngleich sich die tatsächliche Energieeffizienz im Lauf der Jahre erst beweisen muss.

Fraglos hinterlässt das Thema Ökologie im Hinblick auf die Bauten des Bundes einen zwiespältigen Eindruck. Einerseits bleibt es erfreulich, dass der Staat Anstöße gibt, die möglicherweise die Wahrnehmung der Bürger und der Wirtschaft ändern und die Bedeutung der »Neuen Energien« vergrößern. Aber natürlich kann die Völkerwanderung der Beamten, die der Umzugsbeschluss von 1991 in Gang gesetzt hat, schon im großen Ganzen niemals »nachhaltig« genannt werden. Allein für die Verlagerung des Umweltbundesamtes nach Dessau mussten die Arbeitsplätze von rund achthundert Mitarbeitern verlegt werden. Und obwohl der kolossale Verschiebungsprozess bis zur Mitte des Jahrzehnts weitgehend abgeschlossen schien, brachte seine Eigendynamik weitere Umzüge mit sich. 2004 etwa wurde der Wettbewerb für die Verwaltung des Bundesnachrichtendienstes (Kleihues + Kleihues) entschieden, die anstelle des ehemaligen »Stadions der Weltjugend« in Berlin errichtet wird – auch dies eine Konsequenz des gestiegenen Sicherheitsbedürfnisses in Folge der veränderten außenpolitischen Rolle Deutschlands. Die Verlegung aus dem süddeutschen Pullach in die Hauptstadt ist für 2013 vorgesehen. Sie wird knapp dreitausend Menschen betreffen.

Die Beispiele nachhaltigen Bauens im Auftrag des Bundes lassen sich nicht allein aus den Debatten um Energiepreise und Wärmeverordnung heraus verstehen. Sie stehen im größeren gesellschaftlichen Zusammenhang, zumal technische Innovation im Idealfall immer einen nachvollziehbaren Bezug zum Menschen aufweist. Umweltbewusstsein ist daher nur eine Form der sozialen Verantwortung. Sie kennt auch gänzlich andere Facetten, etwa den Bereich der Integration, in dem der Umgang mit Behinderten einen wichtigen Teil bildet. In Garmisch-Partenkirchen entstanden aus diesem Grund mit Fördermitteln der Bundesrepublik als Zuwendungsmaßnahme 2003 die Werdenfelser Werkstätten (Meyer + Partner). Behinderte werden hier von zum Teil ehrenamtlichen Betreuern beim Erlernen von einfachen und komplizierteren handwerklichen Tätigkeiten überwacht. Der pragmatische Bau, eine bunt gefasste Holzkonstruktion mit aufgesetzten Sheddächern, besteht unter anderem aus Wäscherei, Schreinerei und Werkstätten mit Montagebereich sowie schulischen Versorgungseinrichtungen, dem Speisaal mit angeschlossener Küche und einem Sportraum.

Die traditionellste Vorbildfunktion des Staates liegt im Gebiet der Bildungs- und Kulturarbeit. Auch hier wurden zahlreiche Projekte jenseits des hauptstädtischen Baugeschehens angestoßen. Im Fall eines weiteren Zuwendungsbaus, dem Deutschen Meeresmuseum in Stralsund, das nach einem Entwurf des Stuttgarter Büros Behnisch erweitert wird, ging es darum, Forschung, Naturbewusstsein und Kultur miteinander zu verknüpfen. Das skulpturale Ozeaneum, das auf einem ehemaligen Hafenkai der Hansestadt liegt, vermittelt den Besuchern die Komplexität des Meeres als Lebensraum. Im Zentrum der Anlage steht das Nordseeaquarium, ein unterirdisch gelegener Raum, der sich mit einer 13 mal 5 Meter großen Panoramaglasfront direkt zum Meer öffnet und dem Besucher die Möglichkeit zur eigenen Beobachtung bietet. Einen ähnlich hohen gestalterischen Anspruch hat auch die mit Bundesmitteln geförderte Erweiterung des Deutschen Literaturarchivs in Friedrich Schillers Geburtsstadt Marbach. Der Architekt David Chipperfield entwarf einen gläsernen Solitär, dessen Formensprache die klassische Moderne weiterentwickelt. Er erinnert an das Vorbild des Barcelona-Pavillons Ludwig Mies van der Rohes, als Deutsches Haus auf der Weltausstellung 1929 eines der bedeutenden Staatsprojekte der Weimarer Republik und wichtiges Referenzobjekt für die Bauten des Bundes bereits seit Sep Rufs Kanzlerbungalow und Egon Eiermanns Deutscher Botschaft in Washington. Das gestalterische

Niveau, die sorgfältige Durcharbeitung der Details – im Fall von Behnischs Ozeaneum auch die skulpturale Großform – unterstreichen die besondere Stellung der Kulturbauten, denen innerhalb des Gesamtspektrums eine exzeptionelle Stellung zukommt. Ihrem besonderen Anspruch gemäß sind sie den »Leitarchitekturen« auf dem Spreebogen näher als der pragmatischen Verwaltungsinfrastruktur. Ihre Aufgabe liegt im Bereich des Symbolischen und damit jenseits des Administrativen – insofern sind sie für das Ethos des Unrepräsentativen, das die bundesrepublikanische Architektur im Wesen kennzeichnet, untypisch.

DIE MORAL DES UNREPRÄSENTATIVEN BAUENS Adolf Arndt konstatierte 1961: »Es hat sich geradezu das Vorurteil festgefressen, dass Demokratie etwas Anonymes, ja geradezu etwas Amusisches sei, unfähig, sich im öffentlichen Bauen darzustellen und im Bauen ihr Ethos sichtbar zu machen.«[13] Beinahe fünfzig Jahre später lässt sich erkennen, dass jene Bauten, die Arndt als negatives Beispiel bürokratischer Baugesinnung vor Augen standen, auch positiv gesehen werden können. Denn die Bauten von Bonn, deren legitime Nachfolger die meisten Bauten der Berliner Republik sind, erfüllten und erfüllen den wesentlichen Zweck demokratischer Staatsarchitektur. Demokratie verlangt nicht nach Abziehbildern und Projektionsflächen. Symbolische Repräsentation, die geradezu zwingend an formale Vereinfachung geknüpft ist und innere Widersprüche ausschließt, lässt sich zur wahrheitsgemäßen »Darstellung« komplexer Gesellschaftssysteme nicht heranziehen. Der Bund als Bauherr war wohlberaten, wo er nicht auf dem Umweg über Architektur und Kunst versuchte, den Bürger emotional an Politik und Staat zu binden. Demokratie ist ein Kind der Aufklärung. Sie beginnt im Kopf. Sie verlangt – wie auch jede durchdachte Architektur – in erster Linie Ratio. Erst auf diesem stabilen Fundament kann auch gesunder Patriotismus gedeihen, der sich in inszenierten Festen am Tag der Einheit oder ausgelassenen Fanmeilen manifestiert – ohne dabei am nüchtern-sachlichen Wesen des Staates und seiner Ordnung zu rütteln. Anders gesagt: Erst im zweiten Schritt tritt zur Pflicht der bürokratisch-architektonischen Zweckerfüllung die Kür staatlich-repräsentativer Selbstdarstellung. Beide Aspekte – das neue Gesicht des Staates am Berliner Spreebogen und seine Verwaltungskomplexe jenseits davon – müssen zusammen betrachtet werden, um ein gerechtes Bild vom Baugeschehen seit der Wiedervereinigung zeichnen zu können.

Deutsche Schule Budapest

Es sei davor gewarnt, den vermeintlichen Konnex von Bau und Überbau zu überreizen. Von einem mittelmäßigen Verwaltungsgebäude der Regierung zu behaupten, hier zeige der Staat, dass er weder über noch unter seinen Bürgern steht, wäre genauso falsch, wie die Annahme, die Politik eines Gemeinwesens müsse der Qualität seiner Bauten entsprechen oder umgekehrt.[14] Architektur ist immer ein Kompromiss, die Momentaufnahme eines Prozesses, der an der einen Straßenecke mit dem Abschluss der Planungs- und Bauarbeiten zum Stillstand kommt, während er gegenüber weitergeht und zu anderen Lösungen führt. In diesem Sinne kann sich die Demokratie – wie jeder andere am menschlichen Maßstab geschulte Bauherr auch – profilieren: Indem sie sich selbst Fehler zugesteht – und die Möglichkeit wahrnimmt, diese zu korrigieren. Es ist eine unleugbare Tatsache, »daß wir Weisheit erst erlangen, wenn sie uns nichts mehr nützt«.[15] Aber gerade das Eingeständnis dieser Tatsache verleiht die Kraft, nach dem Scheitern einen neuen Versuch zu wagen.

1 Wenn dieser Begriff hier gebraucht wird, so in aller Vorsicht und eingedenk der Definition Winfried Nerdingers, die an dieser Stelle zitiert sei: »Da Architektur Funktionen erfüllt, werden üblicherweise Bauten, die politischen Funktionen dienen, als politische Architektur bezeichnet. Das Funktionsgehäuse für Politik ist jedoch noch nicht politisch, genausowenig wie die Architektur der Schule erzieherisch ist. Architektur kann zur Ausübung von Politik und Macht funktionieren und deshalb einen entsprechenden Eindruck evozieren, wobei zumeist allerdings nur in einer Art Zirkelschluß ›moralische‹ Kennzeichen der jeweiligen Machtform, wie hierarchisch / zentralistisch, verschlossen / blockhaft oder offen / transparent, auf Architektur projiziert werden.« Winfried Nerdinger, »Politische Architektur. Betrachtungen zu einem problematischen Begriff«, in: Ingeborg Flagge und Wolfgang Jean Stock (Hrsg.), *Architektur und Demokratie. Bauen für die Politik von der amerikanischen Revolution bis zur Gegenwart,* Stuttgart 1992, S. 13.

2 Adolf Arndt, »Demokratie als Bauherr«, in: *Akademie der Künste Berlin. Anmerkungen zur Zeit,* 6, 1961, S. 19.

3 Zur Schwierigkeit, das politisch-symbolische Assoziationsfeld des Kanzleramtes abzustecken: Christian Welzbacher, »Postmodernism Devours Its Own Children. Marginal Notes On the Bundeskanzleramt in Berlin by Axel Schultes«, in: *Archis,* 5, 2001, S. 103–117.

4 Heinrich Wefing, »Abschied vom Glashaus. Die architektonische Selbstdarstellung der Bundesrepublik im Wandel«, in: ders. (Hrsg.), *»Dem deutschen Volke«. Der Bundestag im Berliner Reichstagsgebäude,* Bonn 1999, S. 138–161.

5 Arndt 1961 (wie Anm. 2), S. 19 f.

6 Zit. n. Flagge und Stock 1992 (wie Anm. 1), S. 67.

7 Überblicksartig und zu den im Folgenden besprochenen Projekten einführend: Andreas Kübler, *Chronik Bau und Raum. Geschichte und Vorgeschichte des Bundesamtes für Bauwesen und Raumordnung,* Tübingen 2007.

8 Vgl. allgemein Norbert Seitz, *Die Kanzler und die Künste. Die Geschichte einer schwierigen Beziehung,* Berlin 2005.

9 Die »Kreuzbauten« werden derzeit für das Bundesministerium für Bildung und Forschung und das Eisenbahn-Bundesamt umgebaut. Vgl. Thomas Hirschle, »Die Kreuzbauten in Bonn«, in: *Jahrbuch Bau und Raum,* 2007/08, hrsg. vom Bundesamt für Bauwesen und Raumordnung, Bonn, Hamburg 2008, S. 164 f.

10 Oscar Schneider, *Fundamente. Plädoyer für eine menschenwürdige Architektur und Baupolitik,* Stuttgart 1986, S. 162.

11 Siehe Christian Welzbacher, *Die Staatsarchitektur der Weimarer Republik,* Berlin 2006, S. 119–196.

12 Zur Gartengestaltung siehe Vera Hertlein-Rieder, »Umweltbundesamt Dessau«, in: *Garten und Landschaft,* 4, 2006, S. 18–21.

13 Arndt 1961 (wie Anm. 2), S. 9.

14 Als Beispiel für eine überinterpretierte Formanalyse sei angefügt Christian Welzbacher, »Kiel-oben. Die CDU bezieht ihre neue Berliner Bundesgeschäftsstelle«, in: *Frankfurter Allgemeine Zeitung,* 159, 12. 7. 2000, S. 52.

15 Gabriel García Márquez, *Die Liebe in den Zeiten der Cholera,* Köln 1987, S. 46.

Baukultur und Denkmalpflege: Zur Architektur der bundesdeutschen Republik

GERWIN ZOHLEN

BAUKULTUR UND REKONSTRUKTION Beim Fall der Mauer 1989 ahnte wohl keiner, welche Bedeutung das meist spröde, an den Rand gedrängte Thema Rekonstruktion und Denkmalpflege zwei Jahrzehnte später haben würde. Im Strudel der Euphorie und des Aufbruchs in den wiedervereinigten deutschen Gesellschaften und zumal der größten Stadt Deutschlands schien das abwegig. Berlin war nicht nur politisch, sondern auch städtebaulich und – weniger offensichtlich – architektonisch vierzig Jahre lang in die systemische Konkurrenz von Ost und West verwickelt gewesen. Nach dem Ende des Zweiten Weltkriegs wurden die schwer beschädigten, aber aufbaufähigen Gebäude in beiden Stadthälften abgerissen und »trümmerbereinigt«, wie es euphemistisch hieß. Die einen demolierten das von Bomben schwer getroffene Stadtschloss der Hohenzollern, die anderen legten die Anhalter Bahnhofsruine oder das durch Gestapo, SS und SD kontaminierte Prinz-Albrecht-Hotel nebst Gelände nieder. Flächenweise wurden Altbaubestände zugunsten der modernen Stadt planiert, dazu autobahngleiche Verkehrsstraßen zu Neubausiedlungen errichtet, ob Hansaviertel und Kulturforum oder Stalin-Allee (heute Karl-Marx-Allee), Fischerinsel oder Märkisches Viertel – und eben nicht nur die Mauer der DDR gebaut. Nun stellte sich in Berlin die gigantische Aufgabe, die ungleich-gleichen Stadthälften wieder zu verknüpfen und zu verbinden. Dass hierbei Neubauten gefragt waren und die neue, moderne Architektur in den Neunzigerjahren boomte, erübrigt sich zu erwähnen. Die Dokumente über Streit und Gelingen dieser gewaltigen Vorhaben füllen viele Regalmeter und die Architekturen stehen in der Stadt.[1]

Doch mittlerweile kommt man nicht umhin anzuerkennen, dass mit dem Themenkomplex Rekonstruktion und Denkmalpflege die entscheidenden Fragen der Baukultur in Deutschland verquickt sind. Symptomatischerweise spielen sie sich weitgehend unterhalb der offiziös-öffentlichen Schwelle des Architekturdiskurses ab, wie er in Feuilletons und Verbandsmiteilungen repräsentiert wird. Dafür ein Beispiel: Jedes Jahr besuchen Millionen von Menschen die Museen und folgen den Einladungen zum Tag des offenen Denkmals. Ebenso engagiert beteiligen sie sich auch bei Planungs- und Gestaltungsfragen ihrer Städte und Gemeinden. Eine Folge dieser für Fragen der Architektur mobilisierten Bevölkerung bekam die im Jahr 2007 neu gegründete Bundesstiftung Baukultur zu spüren. Bei ihrer ersten öffentlichen Veranstaltung »Potsdam: Die Mitte verhandeln« entging sie nur knapp einem Eklat. Es handelte sich dabei um die politisch bereits beschlossene und durch eine Spende von unternehmerischer Seite (SAP, Hasso Plattner) finanziell auch gut gesicherte Wiedererrichtung des Potsdamer Stadtschlosses. Doch etikettierte die Stiftung Baukultur das Projekt als Zeichen des »neuen Historismus«, der die aktuelle Architektur in Deutschland gefährde.[2]

Den Hauptvortrag auf der Veranstaltung hielt Wolfgang Pehnt. Der hoch angesehene und kenntnisreiche Kölner Kritiker und Architekturhistoriker argumentierte differenziert für die Architekturmoderne und bezeichnete dabei Rekonstruktionen wie das Potsdamer oder Berliner Stadtschloss als Teile der heute »grassierenden Faksimilekultur«, bei der »die Vedute, der sofort einleuchtende Augeneindruck, nicht der im Durchschreiten zu erlebende Bauorganismus« zähle. Als Gegenbeispiele der Moderne führte er Bauwerke wie Norman Fosters

Modell des Lesesaals der Staatsbibliothek Unter den Linden, Berlin

Kuppel auf dem Reichstagsgebäude in Berlin, Jørn Utzons Opernhaus in Sydney, Ludwig Mies van der Rohes Neue Nationalgalerie in Berlin oder Günter Behnischs Olympiagelände in München an, um zu belegen, dass die Architekturmoderne entgegen dem allgemeinen Vorurteil »sehr wohl in der Lage [war], die Erwartungen an ein die Sinne befriedigendes, erinnerungsfähiges Bauen zu erfüllen«.[3] Allerdings überzeugten solche Beispiele der globalen Architektur die lokale Bevölkerung nicht. Als Antwort auf Pehnts Vortrag forderte sie mit Wucht »ein Menschenrecht auf ihre alten Städte« ein, da sie nicht mehr bereit sei, ihre Städte den »inhumanen Häusern der zeitgenössischen Architektur« zu opfern.[4]

Eine derartige Situation bringt meist die Inkompatibilität von Vortrag und Publikumsstatement mit sich. Die Argumentation klafft auseinander: Der Feinsinn eines vorbereiteten Vortrags kann nicht mit dem emotional aufgeladenen Statement Schritt halten und umgekehrt. Doch hatte die Stiftung Baukultur bei der Planung augenscheinlich auf das bewährte Muster der Expertendidaktik gesetzt und gehofft, durch institutionell und öffentlich anerkannte Fachleute die Bevölkerung besänftigen zu können. Für die Podiumsdiskussion war kein rhetorisch versierter Vertreter oder Sprecher der anti-modernen Bevölkerungsgruppe eingeladen worden. Wolfgang Pehnts gebildete Parteinahme für die Moderne wurde unterstützt von dem Potsdamer Denkmalpfleger Detlev Karg, der Rekonstruktionen grundsätzlich als »Zerstörung der Denkmale« bezeichnete. Mit dieser paradoxen, nur fachintern verständlichen Formulierung provozierte und polarisierte er das Publikum. Deutlich wurde bei dieser Veranstaltung daher vor allem, dass »Rekonstruktion« keinesfalls mehr eine hauptsächlich denkmalpflegerische Fachfrage ist, die ein einzelnes Objekt oder Gebäude betrifft, sondern dass die Debatte das professionelle Feld verlassen hat und dazu übergegangen ist, die Haltung zur zeitgenössischen Architektur im Allgemeinen zu thematisieren. »Rekonstruktion« ist zumeist der Deckmantel, unter dem Skepsis und Vorbehalt gegen die Moderne durchs Land ziehen.

Das war nicht von jeher so. Der Begriff trat als »Kritische Rekonstruktion« in die Architekturgeschichte des ausgehenden 20. Jahrhunderts. Er wurde 1978 vom Berliner Architekten Josef Paul Kleihues bei der Begründung und Erläuterung des Programms der Internationalen Bauausstellung Berlin (IBA Berlin, 1984/87) formuliert. Ausdrücklich war er auf die Einheit von Architektur und Stadtbau [sic!] gerichtet und meinte von Intention und Gehalt her die Wiedergewinnung (Rekonstruktion) der Stadt im kulturhistorisch-urbanen Sinn, nämlich als Wohn- und Lebensort und nicht bloß als (amerikanische) Bürocity. Diese Rekonstruktion sollte ausschließlich mittels zeitgenössisch-moderner Architektur geschehen, nicht durch die Wiederaufführung demolierter, durch welche Umstände auch immer verlorener Gebäude. Kleihues' Theorie legte mit dem Rückgriff auf Aldo Rossis Schrift *Die Architektur der Stadt* (1966) den Finger auf das desolate Versagen der klassischen Moderne, nämlich ihre Verweigerung und Ablehnung der Stadt und des kompakten urbanen Raums als Auftrittsfläche und Ermöglichung von Architektur. In dieser Frage liegt in jeder Hinsicht die Achillesferse und das eigentliche Debakel der Moderne des 20. Jahrhunderts, so viele im Einzelnen herausragende und vorzügliche Bauten unter ihrer Regie auch entstanden sind. Unter Fachleuten und in aller Kürze gesprochen war eines der wesentlichen methodischen Elemente der Kritischen Rekonstruktion die Wiedergewinnung der »Blockrandbebauung« zur Formung eines öffentlichen (Straßen-)Raums. Eben diese war im Konzept der Moderne unter Le Corbusiers Schlachtruf »Il faut tuer la rue corridor!« (1926) stets entschieden abgelehnt und als Tabu behandelt worden und infolge der Aufteilung des Stadtraums in Funktionsflächen gemäß der *Charta von Athen* (1933/1944) tatsächlich lange aus dem städtebaulichen Instrumentarium der Architektur verschwunden.[5]

Ein breites Fundament erhielt die Kritische Rekonstruktion, als nach dem Mauerfall der Architekt und bis dato Lübecker Bausenator Hans Stimmann 1991 zum Senatsbaudirektor von Berlin berufen wurde. Kontinuierlich dirigierte er über fünfzehn Jahre in unterschiedlichen Positionen den Wiederaufbau der Stadt. Stimmann wählte zum methodischen Prinzip seines Riesenwerkes eben die Kritische Rekonstruktion, anhand derer er die Zusammenführung der beiden Stadthälften zur Stadteinheit vornahm. Sein stadtbauliches Manifest und Programm war das *Planwerk Innenstadt Berlin,* das 1996 erstellt und 1998 als verbindliche Grundlage der Stadtbaupolitik verabschiedet wurde.[6] Es wurde zum Hauptkampf- und Schlachtgebiet der Architekturdebatten in den Neunzigerjahren, das hier einsichtigerweise nur angerissen, nicht diskutiert werden kann. Erklärtes Ziel von Stimmanns Arbeit war »die ökonomische, städtebauliche und architektonische Rekonstruktion der historischen Mitte Berlins ohne weitere Zerstörung der Identität Berlins«.[7]

Die stadtstrukturelle Leistung des Berliner Wiederaufbaus gilt mittlerweile durchweg als Erfolg. Streit jedoch flammt immer wieder über die dabei gezeigte architektonische Leistung auf. Wegen ihres »staatstragenden Klassizismus«[8] wird sie häufig als altbacken und langweilig gescholten, um nur die freundlicheren der genutzten Adjektive zu wählen. Unterm Strich wird man dennoch einräumen müssen, dass auch im Berlin der Neunzigerjahre das inhärente Prinzip der Kritischen Rekonstruktion gewahrt blieb, nämlich die urbane Lebenswelt mittels zeitgenössischer Architektur zurückzugewinnen – selbst wenn sie zum Entsetzen der Kritiker schließlich ein Übermaß an Individualität und den großen Mangel an Homogenität und Konvention aufwies. So jedenfalls zeigten sich die »Townhouses« am Berliner Friedrichwerder (2006) im Urteil des Architekturkritikers Gerhard Matzig, der bei allem Lob für die städtebauliche Initiative die dabei vollführte Architektur etwas verdrossen unter das Diktum stellte: »Das Individuum schlägt zurück.«[9] Wenn die Architektur auch augenscheinlich nicht zu gefallen vermag, so bleibt sie doch modern.

Trotz strenger Auflagen wurde dieses Prinzip selbst an einem so prominenten Ort wie dem Pariser Platz in Berlin gewahrt; der Stadtgrundriss historisch, die Architektur trotz ausnahmsweise und singulär erlassener Gestaltungssatzung modern. Die einzige und entscheidende Änderung wurde bei der Diskussion und Planung des Berliner Schlossplatzareals 2002 gemacht. Seit dem Mauerfall hat sich dieses Thema daher schnell zum Gravitationszentrum aller Rekonstruktionsdebatten und mithin der gegenwärtigen Baukultur gemausert.[10] Sieht man von allerlei »Zeichenblockvarianten« des Modernismus ab, die im Lauf der Jahre natürlich gemacht und allenthalben publiziert wurden,[11] so blieb dabei auch ein Entwurf im Diskussionsprozess auf der Strecke, der sowohl der Dignität und Historizität des »nationalen Gedächtnisortes schlechthin« – so der Berliner Verleger Klaus Wagenbach[12] – als auch der politischen und kulturellen Erfahrung der »Generation Mauerfall« beidseits der Mauer hätte gerecht werden können: des Berliner Architekten Axel Schultes städtebauliche Vision »Schinkels Traum«. Es ist der einzige Entwurf, dem ohne Zögern – sogar von Gegnern wie dem Schlossbefürworter Wilhelm von Boddien – stadträumliche und künstlerische Qualität sowie eine wirklich geschichtsphilosophische Dimension zuerkannt werden kann.[13] Der Kunsthistoriker Tilmann Buddensieg hatte dem Entwurf eine politisch-philosophische Aura ersonnen, in der Aufklärung und Monarchie, Demokratie und Geschichte

und im 20. Jahrhundert schuldhaft geschundenen Deutschland ein poetisches Bündnis eingingen. Doch die Internationale Expertenkommission »Historische Mitte Berlin« verwarf auch diesen Entwurf zugunsten der Rekonstruktion der dreiseitigen Barockfassaden von Andreas Schlüter.[14] Hier verfiel die auf die moderne Architektur eingepegelte Kritische Rekonstruktion auf eine antiquarische Rekonstruktion mit historischen Mitteln.

Für die rückblickende Betrachtung und baukulturelle Diagnose der Situation ist es nicht ohne Belang festzuhalten, dass bereits beim Anstoß zur Berliner Schlossrekonstruktion der allgemeine Vorbehalt gegen die moderne Architektur eine entscheidende Rolle spielte. Nachdem der Herausgeber der *Frankfurter Allgemeinen Zeitung,* Joachim C. Fest, 1990 den Vorschlag einer Schlossrekonstruktion gemacht und dabei auch schon den ideellen Rahmen einer kulturell-musealen Nutzung im Kontext der Museumsinsel angeregt hatte,[15] avancierte drei Jahre später der Aufsatz des Berliner Verlegers und Publizisten Wolf Jobst Siedler »Das Schloss lag nicht in Berlin« zur Appellationsinstanz der gesamten Schlossdebatte. Siedler formulierte darin politische, architektur- wie kunsthistorische und kulturelle Argumente. Bei dieser Debatte ging es seiner Meinung nach um die Frage, »ob man den Architekten unserer Tage zutraut, in einem so sensiblen Zusammenhang wie es die Mitte des klassischen Berlin ist, mit zeitgenössischen Mitteln die kahlen Flächen zu füllen, die der Abriss des Stadtschlosses, des Kommandantenhauses und der Bauakademie hinterlassen hat.«[16] Hier war mit einer für Siedler zwar nicht neuen, aber mit Blick auf die nachmalige Entwicklung der kulturpolitischen Debatte doch erstaunlich hellsichtigen Skepsis das tragende und zentrale kulturelle Motiv hinter den Detailfragen genannt. Seither jedenfalls brandet die Diskurswelle gegen die Rekonstruktion um das Zentrum von Berlin – und die professionellen Beobachter und Funktionäre der Architekturszene schlagen die Alarmglocke.

Auch den Bund Deutscher Architekten (BDA) beschäftigten die wachsenden Vorbehalte gegen die zeitgenössische Moderne. Gravitätisch hatte er ein Manifest »in Anbetracht zunehmender Rekonstruktionstendenzen in Deutschland« formuliert, in dem vor der »sinnentleerten Rekonstruktion« gewarnt wurde. Als

Wettbewerbsbeitrag von Axel Schultes und Charlotte Frank zum Internationalen Städtebaulichen Ideenwettbewerb »Spreeinsel«, 1993

Schuldigen identifizierte das Papier jedoch nicht den Berliner Schlossplatz, sondern den »spektakulären Wiederaufbau der Dresdener Frauenkirche« (2005); seither artikuliere sich »in vielen Städten Deutschlands der Wunsch nach der Rekonstruktion zerstörter Gebäude und ganzer Stadtlandschaften«. In vollständiger Verkennung von Ursache und Wirkung bot der Architektenbund der Gesellschaft seine Thesen an, um sie in dem »Willen zu einer eigenen, zeitgemäßen Formsprache« zu bestärken.[17]

Doch wollte die Gesellschaft weder breit noch überhaupt auf dieses Angebot eingehen. Vielmehr bemängelte der damalige Präsident des BDA, Kaspar Kraemer, am »Positionspapier« seines Verbandes, dass es den Fakten ausweiche. Der breite Wunsch nach Rekonstruktionen sei nämlich tatsächlich »ein Reflex auf die Enttäuschung, die die Moderne bereitet hat«. Dezidiert sprach er sich daher für die Rekonstruktion des Berliner Stadtschlosses aus.[18] Und bereits ein Jahr später musste tatsächlich auch der BDA kleinlaut fragen, was von der Moderne bleibe und was die »Sehnsucht nach Geschichte« in der Bevölkerung für die Gegenwartsarchitektur in Deutschland bedeute. Kraemers Nachfolger Michael Frielinghaus beauftragte für die alljährliche Versammlung der Architekturelite akademische und politische Prominenz damit, den Ursachen für solche Vorbehalte nachzugehen. Der Münchner Oberbürgermeister Christian Ude bat die Architekten dabei geradezu inständig, die Skepsis der Bevölkerung gegenüber der gegenwärtigen Architektur ernst zu nehmen. Und der Soziologe Armin Nassehi gab die behaltenswerte Antwort, dass die »Zitate der Vergangenheit«, also die Rekonstruktionen weit mehr den Mangel an befriedigender Gegenwartsarchitektur signalisierten als eine gesellschaftliche Flucht in die Vorzeit.[19]

Charakteristisch für die Haltung eines Großteils der Öffentlichkeit hinsichtlich der Rekonstruktionstendenzen in Deutschland fand sich in einem in der *Neuen Zürcher Zeitung* veröffentlichten Artikel folgende Lagebeschreibung: »Eine Rekonstruktionswelle überrollt derzeit Deutschland; von Braunschweig und Dresden über Berlin und Potsdam bis nach Frankfurt und Heidelberg spült sie nicht nur denkmalpflegerisch wertvolle Ruinen und Stadtparks hinweg, sondern auch die Bauten einer ungeliebten Moderne. An ihrer Stelle hinterlässt sie bald barock, bald klassizistisch anmutende Fassadentapeten, hinter denen sich Firmenrepräsentanzen oder Shopping-Malls breit machen. [...] Erlaubt ist, was gemütlich wirkt. Ob die geforderte Nutzung und das Raumprogramm hinter der Fassadenrekonstruktion Platz finden, kümmert das Publikum wenig, solange das gebaute Ergebnis ausschaut, als stamme es aus der Zeit vor 1900.«[20]

Das war als Warnung über eine in Deutschland ablaufende »Revision des Geschichtsbilds« gemeint. Doch muss man solcher Beobachtung zunächst einmal Alarmismus nachsagen. Denn so richtig der Verweis auf einzelne Schlossrekonstruktionen ist, so gleichwohl geringfügig sind diese Baumaßnahmen in der Masse alles Gebauten. Das Kaufhaus Alexa am Berliner Alexanderplatz (José M. Quintela da Fonseca nach Entwurf von Ortner & Ortner, 2007) mag als Beleg dafür genügen, dass die überwiegende Mehrheit der Shoppingmalls der letzten Jahre in Berlin, Lübeck, Düsseldorf, Chemnitz, München oder Münster in vermeintlich zeitgenössischer, aber durchaus eklektizistischer Architektursprache entstanden ist, jedoch aber nicht als Schloss- oder Kaufhausreplik der »Wunderjahre« um 1900. Dies besagt, dass die private Baukultur in Deutschland in einem überwältigenden Ausmaß von der zeitgenössischen Architektur bestimmt ist und nicht von Rekonstruktionen. Aber eben darin könnte ihr baukulturelles Problem in Deutschland liegen.

Der um Geschichtsrevisionismus besorgte Blick auf die Architekturszene ist zudem einäugig. Denn ebenso eindrücklich wie mit den Versatzstücken der Vergangenheit rollt durch die bundesdeutsche Republik eine Welle von Rekonstruktionen und Restaurierungen moderner Gebäude. Sie setzte – in Spanien – mit der Rekonstruktion von Mies van der Rohes Barcelona-Pavillon (1983–1986) ein und lief fort über Le Corbusiers Doppelhaus in der Stuttgarter Weißenhofsiedlung, das 2006 nach aufwendiger Restaurierung als Museum eingeweiht wurde,[21] zu den Meisterhäusern des Bauhaus in Dessau.[22] Aktuell wird dort über den Umgang mit der Villa von Walter Gropius heftig diskutiert. Aber auch das Gropius-Zimmer in der Bauhaus-Universität Weimar wurde 2002 und zwar ex nihilo rekonstruiert.[23] Zu dieser Welle von Maßnahmen bei Bauten der Moderne zählen auch die Wiederherstellungen im weiteren (nicht streng denkmalpflegerischen) Wortsinn der Siedlungen der klassischen Moderne in Berlin, bevor sie 2008 unter den Schutz der Welterbekommission der UNESCO gestellt wurden.[24] Als prominentestes Beispiel darf natürlich die »Rekonstruktion« des Hansaviertels in Berlin nicht fehlen, dem 2007 anlässlich seines fünfzigsten Jubiläums Reparatur, Pflegemaßnahmen, Ausstellungen, Filme, Publikationen und Feiern aller Art gewidmet wurden. Das Hansaviertel wurde sogar zum Gegenstand einer explizit geforderten »Rekonstruktion der modernen Haltung« im Bauen.[25]

Mit diesen Skizzen wird das Phänomen der Rekonstruktionswünsche in der gegenwärtigen Gesellschaft sicherlich nicht hinreichend geklärt. Allerdings gibt es Indizien dafür, dass es sich in der aktuellen Situation um eine spezifisch deutsche Problematik handelt. Sie würden jedenfalls teilweise die Vehemenz erklären, die in den Diskussionen der »Rekonstruktionswelle« auftaucht. Die Wiedereinführung (Rekonstruktion) der Architekturmoderne im Nachkriegsdeutschland beruhte nämlich zum einen auf einer fast kriminalistisch zu lesenden Repressionsgeschichte. Die Architekturmoderne wurde dank und mittels Exportonkultur sowie einer strikt eingehaltenen geschichtspolitischen Moral gegen den Wunsch und Willen der überwiegenden Bevölkerungsmehrheit durchgesetzt. Das nach wie vor lehrreiche Exempel dafür ist die Rekonstruktion des Goethe-Hauses in Frankfurt am Main (1947–1951).[26] Auf diese Tatsache aber wird nur noch gelegentlich hingewiesen,[27] meist wird sie bewusst verschwiegen. Augenscheinlich aber kommen diese abgedrängten Gefühlslagen nach dem Mauerfall wieder zum Vorschein.

Zum anderen und verstärkend kommt das Motiv einer nachholenden Trauer hinzu, folgt man den Schriftstellern Martin Mosebach (*Westend*, 1992) und W. G. Sebald (*Luftkrieg und Literatur*, 1999). Beide verweisen in ihren Büchern darauf, dass die gewaltigen Verluste an Städten und Häusern am Ende des Zweiten Weltkriegs in der deutschen Gesellschaft unterhalb der moralischen Kriegsschuldfragen kaum emotionale oder Affektspuren hinterlassen haben und dass die Augenzeugen dieser Zerstörungen sich in einer vorauseilenden Eigenzensur selbst anästhesierten.[28] Unter den grandiosen Wiederaufbauleistungen scheinen sich die Affekte gleichwohl caverniert zu haben. Aus Holland oder der Schweiz, Frankreich oder Österreich ist von einer in diesem Maß ideologisierten Kontroverse zwischen traditioneller und moderner Architektur wenig zu hören. Dort funktioniert das Nebeneinander.

DER BUND ALS DENKMALPFLEGER Einen sonst gerne im Kontext der Rekonstruktionsdebatte erhobenen Vorwurf kann man dem Bund als Schützer seines Baubestandes auf jeden Fall nicht machen, dass er nämlich die Bauten der Nachkriegsmoderne weniger schätze als die Gebäude der Vorkriegszeit, sie vielleicht sogar alle

 Herzogin Anna Amalia Bibliothek, Weimar

gerne entsorgen würde. So sind gerade in den letzten Jahren mit Aufwand und Genauigkeit auch legendär in die Kritik geratene Bauten wie das ehemalige Kanzleramt in Bonn der Planungsgruppe Stieldorf (1976) – von Kanzler Helmut Schmidt abgelehnt, Gegenstand einer sarkastisch-bitteren Kritik des Kunsthistorikers Heinrich Klotz und damit unter anderem Auslöser der *Revision der Moderne* in den frühen Achtzigerjahren[29] – renoviert und für das Bundesministerium für wirtschaftliche Zusammenarbeit und Entwicklung hergerichtet worden. Ebenso bemerkenswert ist die Sanierung zweier Botschaften, der in Madrid von Alexander Freiherr von Branca (1966) und der in Brasília (1971), einer der letzten und lange weithin unbekannten Bauten von Hans Scharoun. Von Brancas Gebäudeensemble ist ein beeindruckendes Zeugnis des architektonischen Rationalismus, der sich ebenso in die urbane Tradition Madrids stellt, wie er dem Bedürfnis nach Solitärarchitektur nachgibt, indem die Residenz des Botschafters hinter der Kanzlei in einem Garten freigestellt wird. Demgegenüber durfte sich Scharouns »organische« Sprache der Architektur mit Wohn-, Raum- und Terrassenlandschaft der Gebäudeteile im hypermodernen Brasília frei entfalten. Marmor und Senfgelb, Zinkblech und Zackenkanten – das aus der Berliner Philharmonie und der neuen Staatsbibliothek bekannte Kompendium des scharounschen Form-, Material- und Farbvokabulars ist hier präsent und nun zum frischen Glanz gebracht.

Dasselbe gilt für das als Kongresshalle einst errichtete heutige Haus der Kulturen der Welt in Berlin von Hugh Stubbins (1957). Gewiss, dieser Bau war von Anfang an symbolisch aufgeladen, er repräsentierte das amerikanische »Reeducation Program« und gemeinsam mit dem Henry-Ford-Bau der Freien Universität Berlin das neue Deutschland nach dem finsteren Nationalsozialismus – Zeichen des freien Geistes der westlichen Demokratien. Diese Symbolik verhinderte nicht den Einsturz eines Großteils der kühnen Dachkonstruktion im Jahre 1980. Und zumindest kurzzeitig wurde überlegt, diesen volkstümlich »Schwangere Auster« genannten Bau abzureißen und nicht mehr wiederaufzubauen. Nach dem Mauerfall, in der nun bundeseigenen Nutzung als Begegnungs- und Kulturstätte der Weltkulturen wurde das markante Bauwerk der Fünfzigerjahre dann aber gründlich saniert und mit allerlei neuer Technologie für Lüftung und energetische Versorgung in den atmosphärischen wie ästhetischen Stand seiner Bauzeit versetzt.[30]

Mit einem geradezu traumatischen Fanal trat ein anderes Gebäude aus der Obhut des Bundes ins Zentrum der Öffentlichkeit: Am 2. September 2004 raffte ein Feuersturm die oberen beiden Stockwerke und das Dach der Herzogin Anna Amalia Bibliothek in Weimar hinweg und zerstörte dabei fünfzigtausend Bücher aus dem 17. und 18. Jahrhundert sowie siebenunddreißig Kunstwerke, weitere zweiundsechzigtausend Bücher wurden durch die Löscharbeiten schwer beschädigt. Es war der größte Bibliotheksbrand in Deutschland nach dem Krieg. Zumal in Weimar, der Geburtsstätte der deutschen Bildungs-, Kultur- und demokratischen Verfassungsgeschichte, rief er ein ganzes Schreckenspanorama in Erinnerung. Doch schon drei Jahre später konnte die rekonstruierte und gründlich sanierte Herzogin Anna Amalia Bibliothek im Oktober 2007 der Öffentlichkeit wieder übergeben werden – besser ausgestattet und organisiert als zuvor. Dem Bibliotheksdirektor Michael Knoche zufolge »konnte das Haus (im authentischen historischen Zustand) restauriert und nur zu 15 Prozent mussten neue Teile eingefügt werden.«[31] Bereits 2005 wurden von der Berliner Arbeitsgemeinschaft der Architekten Karl-Heinz Schmitz und Hilde Barz-Malfatti mit dem Studienzentrum im »Roten« und »Gelben Schloss« sowie dem Tiefmagazin unter dem Platz der Demokratie sinnreiche und architektonisch dezent ergänzende Bauten errichtet.

Für die denkmalpflegerische Betrachtung jedoch ist interessant, dass der Architekt Walther Grunwald sich mit der Klassik Stiftung Weimar und dem Thüringischen Denkmalamt entschloss, nicht den bis in die Neunzigerjahre gewachsenen und im Verlauf von einhundertfünfzig Jahren mit Um- und Überbauungen erreichten Zustand der Herzogin Anna Amalia Bibliothek bloß zu sanieren, sondern den historischen Zustand von 1849 zu rekonstruieren. Seinerzeit wurde aus Anlass des einhundertsten Geburtstags Johann Wolfgang von Goethes die Bibliothek zum zentralen Ort der Klassikerverehrung und erhielt mit dem Coudray-Treppenhaus ihren letzten Anbau. Die Folgen dieser Entscheidung sind bereits an der Fassade zu erkennen. Statt dem Weiß und Mennigerot der Achtzigerjahre (DDR-Sanierung) erhielten die Lisenen nun wieder ihr Neapelgelb und der Putz seinen pastellfarbenen Ockerton zurück; statt der Segmentbogenfenster der Jahre 1934 bis 1936 wurden wieder die barocken Ovalfenster eingesetzt.[32] Im Innern wurde sodann mit Sorgfalt das alte Raumgefüge des Eingangs wiederhergestellt sowie der wundersam ovale, zweigeschossige Rokokosaal nach aufwendigen Materialproben in der ursprünglichen Farbe, dem gebläuten Weiß gestrichen. Die Ornamente, Kapitelle, Zierkartuschen und Zierleisten wurden mit Schlagmetall bronziert – noch wirken sie frisch und golden, werden aber bald einen matten Ton annehmen. Es ist eine von allen Seiten wegen ihrer Vernunft und ihres Aussehens hoch gelobte Sanierung. Und nur Beckmesser (oder Prinzipienreiter) halten daran fest, dass der Denkmalschutz hier sehr kreativ zu Werke ging: nicht die Splitter, Fragmente und »Wunden« der Zeitläufte wurden konserviert, sondern Bild und Zustand einer ferneren Vergangenheit wiederhergestellt. Nur wo im Dach das Feuer alles zerstörte, wurde mit zurückhaltenden Mitteln das Fehlende modern ergänzt.

Durch den unseligen Brand der Bibliothek wurde im übrigen das öffentliche Augenmerk auf einen der größten Kulturschätze der Bundesrepublik gelenkt, auf die Klassik Stiftung Weimar und ihren reichen Bestand an Schlössern, Garten- und Parkanlagen sowie an Gebäuden wie etwa den Wohnhäusern Johann Wolfgang von Goethe und Friedrich Schiller, Friedrich Nietzsche oder Henry van de Velde.[33] In der Verwaltungsterminologie ist die Klassik Stiftung Weimar ein autonomer »Zuwendungsempfänger« des Bundes. 2008 legte sie unter dem Titel »Kosmos Weimar« einen Masterplan vor, in dem bis zum Jahr 2018 die Planung von Sanierungen etwa des Weimarer Schlosses, denkmalpflegerische Maßnahmen an einzelnen Gebäuden und wichtige Neubauten wie des kommenden, allerdings erst noch adäquat zu platzierenden Bauhaus-Museums verzeichnet sind.[34]

In der unmittelbaren denkmalpflegerischen Obhut des Bundes liegen dagegen die nicht eigens neu errichteten Gebäude der Bundesministerien in Berlin.[35] Legendär wurde der Wechsel in der architekturpolitischen Haltung, die unter dem Umzugsbeauftragten der Bundesregierung, Klaus Töpfer, 1996 vorgenommen wurde: Galt bis dahin grundsätzlich, möglichst viele der historisch übernommenen und von der DDR und dem früheren Deutschen Reich ererbten politischen Verwaltungsgebäude niederzulegen und durch Neubauten zu ersetzen – hartnäckig hielt sich seinerzeit in der Szene das Gerücht einer Opposition gegen den äußerst knappen »Hauptstadtbeschluss«, der durch die Kostenexpansion bei den Neubauplanungen unterminiert und zu Fall gebracht werden solle[36] –, so wurde seither der Dialog mit der Vergangenheit aufgenommen und ergiebig geführt. Darunter fallen so prominente Ämter wie das Auswärtige Amt und das Finanzministerium, die zuvor als Reichsbank (1933, Architekt: Heinrich Wolff) beziehungsweise als Reichsluftfahrtministerium (1935/36, Architekt: Ernst Sagebiel) errichtet worden waren und nun vom Berliner Architekten Hans Kollhoff (Auswärtiges Amt, 2000) und von den

Neues Museum, Berlin

Düsseldorfer Architekten HPP Hentrich-Petschnigg & Partner (Finanzministerium, 2000) saniert und modernisiert wurden. Auch heikle Aufgaben wie die Arrondierung und Nachnutzung des goebbelsschen Propagandaministeriums an der Wilhelmstraße durch Josef Paul Kleihues mit Norbert Hensel (Kleihues + Kleihues, Berlin, 2001–2008) für das Bundesministerium für Arbeit und Soziales oder des einstigen Reichsmarineamts, des späteren Sitzes der Oberkommandos der Wehrmacht am Reichpietschufer im »Bendlerblock«, für das Bundesministerium der Verteidigung (Architekten: Burchhardt, Emch + Berger, 2000) zählen dazu. Die architektonischen Eingriffe wurden jeweils aufwendig und produktiv mit der Denkmalpflege abgestimmt.[37] Dass letztere dabei auch hart an die Grenzen ihres fachlichen Selbstverständnisses gehen konnte, bezeugen die Sanierung und Erweiterung des Militärhistorischen Museums in Dresden. Das frühere Armeemuseum der DDR erhält bis 2010 einen spektakulär splitternden Erweiterungsbau durch den amerikanischen Architekten Daniel Libeskind, dem der Stuttgarter Architekt HG Merz bei der Inneneinrichtung als erfahrener Museumsgestalter zur Seite steht.[38]

Schließlich die Stiftung Preußischer Kulturbesitz Berlin, die Museumsinsel, das Humboldt-Forum – mithin die weitaus bedeutendsten Museen und Kultureinrichtungen der Bundesrepublik: Auch hier ist der Bund denkmalpflegerisch direkt involviert. Doch die Geschichte der Planungen und Diskussionen, der Streitigkeiten und Masterpläne bedürfte eines eigenen Folianten. Der Schlussstein dieses kulturhistorischen und architektonischen, kulturpolitischen und urbanen Gesamtkunstwerkes, das Humboldt-Forum im rekonstruierten Berliner Stadtschloss, befindet sich im Planungsprozess; den Architekturwettbewerb gewann im November 2008 der Italiener Franco Stella, Baubeginn soll 2010 sein.[39]

Grundsätzlich stellt der Bund sich bei allen Baumaßnahmen in der Berliner Mitte unter die schärfste Bewachung durch den Internationalen Rat für Denkmalpflege ICOMOS, der sich die *Charta von Venedig* 1964 als Arbeitsgrundlage und Verfassung zu eigen gemacht hat. Demzufolge sind Rekonstruktionen verlorener Originale nur ausnahmsweise zugestanden. Stattdessen gilt es, die erhaltene Bausubstanz so weit als möglich zu konservieren, zu restaurieren und, wo nötig, mit modernem Architekturvokabular deutlich abgesetzt zu ergänzen. Das galt für die Sanierung der Alten Nationalgalerie durch den Stuttgarter Architekten HG Merz (2001) ebenso wie für das Bode-Museum durch den österreichischen Architekten Heinz Tesar (2006). Beide Institute sind sofort nach ihrer Wiedereröffnung zu Publikumsmagneten geworden.

Doch die wortgetreue Einhaltung dieser *Charta von Venedig* bescherte dem Bund und der Stiftung Preußischer Kulturbesitz zunächst einmal Ärger, als die Sanierung und Rekonstruktion des Neuen Museums von Friedrich August Stüler (1859) durch den britischen Architekten David Chipperfield im Herbst 2007 erstmals zu besichtigen war. Chipperfield hat das historistische Treppenhaus des 19. Jahrhunderts, ein inszenatorisches Meisterwerk Stülers, getreu der *Charta von Venedig* nicht original, sondern in eigenem, modern-monumentalem Vokabular mit archaisch-ägyptischer Raumatmosphäre rekonstruiert. Während der Architekturkritiker Heinrich Wefing Chipperfields subtiles Architekturkonzept auf der Kippe von überwältigendem Triumph und desaströsem Scheitern sah und es bis zur musealen Einrichtung »vorerst ein Versprechen« nannte,[40] beurteilte sein Kollege Dankwart Guratzsch Chipperfields Vorgehen klipp und klar als »Betrug«.[41] Als einziger unter allen Teilnehmern beim Wettbewerb[42] um den Sanierungsauftrag sei Chipperfield mit dem Versprechen angetreten, Stülers Treppenhaus komplett zu rekonstruieren, nun aber habe er eine Neuschöpfung aus eigenem Können

Bode-Museum, Berlin

errichtet. Schärfer können die Urteile kaum auseinander gehen. Und die Vorbehalte richten sich nicht nur auf das Treppenhaus, sondern auch auf Chipperfields Umgang mit den gefärbten Putzresten auf den Wänden der Museumssäle, bei denen trotz farbanalytischer Untersuchungen kein einheitliches Wandbild wiederhergestellt, sondern nur eine sichtbare Angleichung der Reparaturstellen vorgenommen wurde.

Das Beispiel solcher Irritationen ist symptomatisch für die Krise, in die der institutionelle Denkmalschutz geraten ist, seit die Dresdner Bevölkerung die Rekonstruktion der Frauenkirche (2005) so original wie möglich forderte und seit die Herzogin Anna Amalia Bibliothek als heiles Bild der Geschichte wiedererstand. Die Gratifikationen für die gegenwärtige Architektur sind gering geworden und die Denkmalpflege sieht sich gehalten, ihre Leitsätze und ihr Instrumentarium im Umgang mit den Denkmalen zu modernisieren. »Rund einhundert Jahre nach Georg Dehio befindet sich die Denkmalpflege in einer vielfach als Krise erlebten Umbruchsphase«, schreiben die Dresdner Kunstwissenschaftler und Denkmalpfleger Hans-Rudolf Meier und Thomas Will.[43]

Die Staatsbibliothek Unter den Linden in Berlin erhält derzeit einen Neubau, der die Integration von Rekonstruktion und Moderne modellhaft präsentiert. Das Richtfest Anfang Februar 2008 bot einen ersten Einblick in den Rohbau des neuen Lesesaals, den der Architekt HG Merz in den Würdebau der Staatsbibliothek implementiert und ließ die architektonische Qualität der räumlichen Proportionen des Lesesaals erahnen.

HG Merz hat die »promenade architecturale«, den Zeremonienweg Ernst von Ihnes von 1914 ohne allen modernistischen Widerstand reanimiert. Die rhythmisierte Abfolge des Zugangs von hell und dunkel, eng und weit, die sich von den Linden atmosphärisch einstimmend ins Innere des riesigen Blocks zieht, hat er rekonstruiert und nur den Lesesaal selbst neu interpretiert. Den legendären runden Lesesaal der Staatsbibliothek, unter dessen achteckiger Kuppel Gottfried Benn zufolge die Augen geradezu süchtig über die Buchrücken flackern konnten, ersetzt er durch einen quer liegenden Kubus, den ein mehrschalig aufgebauter, transluzenter Lichtkörper nach oben abschließt. Dieser Lichtkörper wird das einzige sein, was sich in der Außenansicht bemerkbar macht, allerdings wohl nur von einem entfernten oder erhöhten Standort. Sonst bleibt der Auftritt der Staatsbibliothek im Stadtraum intakt und der neue Lesesaal ohne Fassade.

Eben in dieser Kombination aber liegt die tatsächliche Kunst der Architektur: Unter den strikten Vorgaben des Alten Eigenes und Neues zu schaffen, das den Bestand angemessen weiterdenkt, ihm durch den erwiesenen Respekt neuen Glanz verleiht, aber die eigene, gegenwärtige Architektur nicht aus Angst vorm Vergleich lauthals überstülpt oder entgegenstellt. Dabei arbeitet HG Merz mit der Staatsbibliothek an einer Bauaufgabe, deren Kosten gar nicht so sehr weit hinter denen für das Humboldt-Forum zurückbleiben. Unter der Hand erweist sich die Staatsbibliothek so besehen als ein Modell der Baukultur, die auch beim Schlossbau in Berlin abgefordert und aufgerufen wird.

1 Vgl. zum Verhältnis Alt- / Neubau in Berlin das eindrucksvolle Kartenwerk Hans Stimmann (Hrsg.), *Die gezeichnete Stadt. Die Physiognomie der Berliner Innenstadt in Schwarz- und Parzellenplänen. 1940–2010,* Berlin 2002. Zum Streit siehe auch Thorsten Scheer u. a. (Hrsg.), *Stadt der Architektur, Architektur der Stadt. Berlin 1900–2000,* Berlin 2000.

2 Siehe Einladung Stiftung Baukultur »Potsdam: Die Mitte verhandeln«, 11.7.2008.

3 Wolfgang Pehnt, »Die Stunde der Wiedergänger«, in: *Süddeutsche Zeitung,* 162, 14.7.2008.

4 Veranstaltung 11.7.2008, Potsdam; Mitschrift Gerwin Zohlen.

5 Siehe hierzu *Josef Paul Kleihues. Ausgewählte Texte,* zusammengestellt von Gerwin Zohlen, (Schriftenreihe der Internationalen Bauakademie Berlin, 3), Berlin 2004, S. 49 ff.; Andrea Mesecke und Thorsten Scheer (Hrsg.), *Josef Paul Kleihues. Themes and Projects. Themen und Projekte,* Basel 1996. Darin vor allem Winfried Nerdinger, »Dialog zwischen Moderne und Geschichte«, S. 9 ff.; Scheer 2000 (wie Anm. 1), S. 317 ff.

6 *Planwerk Innenstadt Berlin,* hrsg. von der Senatsverwaltung für Stadtentwicklung, Umweltschutz und Technologie Berlin 1998.

7 Hans Stimmann, »Learning from the IBA«, in: Scheer 2000 (wie Anm. 1), S. 364. Siehe weiter Hans Stimmann und Martin Kieren, *Die Architektur des neuen Berlin,* Berlin 2005; Gerwin Zohlen, *Auf der Suche nach der verlorenen Stadt. Berliner Architektur am Ende des 20. Jahrhunderts,* Berlin 2002; ders. (Hrsg.), *Stadtbau. Die Stimmann Dekade. Berlin 1991–2006,* Berlin 2006.

8 Michael Mönninger, »Die politische Architektur der Hauptstadt«, in: Scheer 2000 (wie Anm. 1), S. 369 ff.

9 Gerhard Matzig, »Das Individuum schlägt zurück«, in: *Süddeutsche Zeitung,* 220, 23./24.9.2006, S. 15.

10 Vgl. Zohlen 2002 (wie Anm. 7), S. 111 ff.

11 Monika Zimmermann (Hrsg.), *Der Berliner Schlossplatz. Visionen zur Gestaltung der Berliner Mitte,* Berlin 1997, S. 17.

12 Klaus Wagenbach, »Die Vertreter der Nation haben die größte Distanz zum nationalen Erbe«, in: *Berliner Zeitung,* 219, 19.9.1997.

13 In mehrfachen Gesprächen mit dem Verfasser.

14 Internationale Expertenkommission Historische Mitte Berlin, Abschlussbericht, Berlin 2002.

15 Joachim C. Fest, »Plädoyer für den Wiederaufbau des Stadtschlosses«, in: Vittorio Magnago Lampugnani und Michael Mönninger (Hrsg.), *Berlin Morgen. Ideen für das Herz einer Groszstadt,* Stuttgart 1991, S. 78/79.

16 Vgl. Wolf Jobst Siedler, »Das Schloss lag nicht in Berlin«, in: *Das Schloss? Eine Ausstellung über die Mitte Berlins,* hrsg. vom Förderverein Berliner Stadtschloss, Berlin 1993.

17 *Das neue Gestern für Morgen? Positionen des Bundes Deutscher Architekten BDA in Anbetracht zunehmender Rekonstruktionstendenzen in Deutschland,* vorgelegt vom Bund Deutscher Architekten zum dritten BDA-Tag 2007 in Kassel.

18 Kaspar Kraemer, »Die Gegenwartsarchitektur ist in einer Sackgasse«, in: *Frankfurter Allgemeine Sonntagszeitung,* 5.8.2007, S. V 15.

19 *Zeitmaschine Architektur,* vierter BDA-Tag, München, 7.6.2008. Vgl. hierzu Gerwin Zohlen, »Die Front wankt. Zweifel am Rekonstruktionsverbot auf dem Jahrestreffen der deutschen Architekten«, in: *Frankfurter Allgemeine Zeitung,* 19.6.2008, S. 41.

20 Jürgen Tietz, »Geliebte Fälschung«, in: *Neue Zürcher Zeitung,* 15.1.2008.

21 Siehe Gerhard Matzig, »Wie der Wahn wohnt«, in: *Süddeutsche Zeitung,* 296, 23.12.2005, S. 15.

22 Siehe www.meisterhaeuser.de.

23 Siehe *Die Belebung des Stoffes durch die Form. Van de Veldes Kunstschulbau in Weimar,* Weimar 2002, S. 101 ff.

24 Jörg Haspel und Annemarie Jaeggi (Hrsg.), *Siedlungen der Berliner Moderne,* Berlin 2006.

25 Siehe Dokumentation www.buergerverein-hansaviertel-berlin.de/2007. Zur »Denkhaltung Moderne« vgl. Adrian von Buttlar und Christoph Heuter (Hrsg.), *denkmal!moderne. Architektur der 60er Jahre. Wiederentdeckung einer Epoche,* Berlin 2008.

26 Siehe Norbert Huse (Hrsg.), *Denkmalpflege. Deutsche Texte aus drei Jahrhunderten,* München 1996, S. 182 f.

27 Siehe Konferenz »Das Prinzip Rekonstruktion«, organisiert von Uta Hassler und Winfried Nerdinger, ETH Zürich, 24./25.1.2008; hierzu vor allem Winfried Nerdinger, »Rekonstruktion. Ein Reizthema in historischer Perspektive«, in: *aviso. Zeitschrift für Wissenschaft und Kunst in Bayern,* 1/2008; vorzüglich dazu Hartmut Frank, »Trümmer. Traditionelle und moderne Architektur im Nachkriegsdeutschland«, in: Bernhard Schulz (Hrsg.), *Grauzonen, Farbwelten. Kunst und Zeitbilder 1945–1955,* Ausst.-Kat. NBGK, Berlin 1983.

28 W. G. Sebald, *Luftkrieg und Literatur,* München 1999, S. 20.

29 Heinrich Klotz, *Die Revision der Moderne. Postmoderne Architektur 1960–1980,* Ausst.-Kat. Deutsches Architektur Museum, Frankfurt am Main, München 1984.

30 Alle Beispiele in: *Jahrbuch Bau und Raum 2007/08,* hrsg. vom Bundesamt für Bauwesen und Raumordnung, Bonn, Hamburg 2008.

31 Michael Knoche, *Herzogin Anna Amalia Bibliothek,* hrsg. von der Klassik Stiftung Weimar, Weimar 2007.

32 Vgl. hierzu den aktuellen Streit um das Schoeler-Schlösschen in Berlin, dem der Rückbau auf einen barocken Zustand durch den Berliner Denkmalrat verweigert wird.

33 *Weimarer Klassikerstätten. Geschichte und Denkmalpflege,* hrsg. vom Thüringischen Landesamt für Denkmalpflege, Bad Homburg und Leipzig, 1997.

34 *Kosmos Weimar. Masterplan der Klassik Stiftung Weimar 2008–2017,* hrsg. von der Klassik Stiftung Weimar, Weimar 2008. Siehe auch *Weimarer Klassik. Wiederholte Spiegelungen. 1759–1832,* hrsg. von der Klassik Stiftung Weimar, 2 Bände, München und Wien 1999.

35 Vgl. Michael Mönninger, »Bauten des Bundes – Botschaft der Bauten«, in dieser Publikation, S. 223 ff.

36 Vgl. Max Welch Guerra, *Hauptstadt Einig Vaterland. Planung und Politik zwischen Bonn und Berlin,* Berlin 1999. Auch Werner Süß, »Der Hauptstadtbeschluss und seine Umsetzung«, in: *Demokratie als Bauherr. Die Bauten des Bundes in Berlin 1991–2000,* hrsg. vom Bundesministerium für Verkehr-, Bau- und Wohnungswesen, Berlin 2000, S. 10.

37 Siehe hierzu *Demokratie als Bauherr. Die Bauten des Bundes in Berlin 1991–2000,* hrsg. vom Bundesministerium für Verkehr-, Bau- und Wohnungswesen, Berlin 2000.

38 Siehe www.militaerhistorisches-museum.bundeswehr.de.

39 Vgl. Gerwin Zohlen, »Rekonstruktion der Berliner Mitte als Kultur- und Bildungslandschaft«, in: *Bau und Raum 2007/08* (wie Anm. 30), S. 19 ff.

40 Heinrich Wefing, »Nennen wir es ein Versprechen«, in: *Frankfurter Allgemeine Zeitung,* 19.9.2007.

41 Dankwart Guratzsch, »Die Grimasse der Abstraktion«, in: *Die Welt,* 25.9.2007.

42 *Museumsinsel Berlin. Wettbewerb zum Neuen Museum,* hrsg. von der Bundesbaudirektion Berlin, Stuttgart 1994, S. 48/49.

43 Hans-Rudolf Meier und Thomas Will, »Dehio 2000! Paradigmenwechsel in der modernen Denkmalpflege«, in: *ZeitSchichten. Erkennen und Erhalten. Denkmalpflege in Deutschland,* hrsg. von Ingrid Scheurmann für die Deutsche Stiftung Denkmalschutz, die Vereinigung der Landesdenkmalpfleger und die Dehio-Vereinigung, Ausst.-Kat. Residenzschloss Dresden, München 2005, S. 321 ff.

Rendering Militärhistorisches Museum, Dresden

BAUEN FÜR DIE VERTEIDIGUNG

Das Ende des Kalten Krieges und die veränderte außenpolitische Rolle Deutschlands führten bei der Bundeswehr zu radikalen Umbrüchen. Stationierungsentscheidungen zur Stärkung der neuen Bundesländer, Personalabbau und Reduzierungen von Liegenschaften standen auf der Tagesordnung. Kasernen wurden aufgegeben oder verkleinert. Andere Kasernen wurden durch Zustationierungen aus den aufgegebenen Liegenschaften verdichtet und neu geordnet – so die Marinetechnikschule in Parow oder die Ingolstädter Pionierkaserne »Auf der Schanz«, deren Neu- und Umbauten für die von München nach Ingolstadt verlegte Pionierschule sich städtebaulich und wirtschaftlich auf die Stadt und das Umland auswirken. Andernorts erfordern neue Waffensysteme Wartungshallen, Simulations- und Übungsanlagen. Mit der Stationierung von sechsunddreißig Kampfhubschraubern des deutsch-französischen Eurocopters Tiger wurde die Georg-Friedrich-Kaserne in Fritzlar durch die neuen Bauten zu einem der modernsten Heeresfliegerstandorte. | Für die Baumaßnahmen der Bundeswehr beauftragt das Verteidigungsministerium das Bundesamt für Bauwesen und Raumordnung, in den Bundesländern die Bauverwaltungen der Länder. Die dringensten Bauaufgaben der Bundeswehr liegen jedoch zurzeit in den Einsatzländern. In Prizren, dem Hauptsitz der Multinationalen Task Force South der KFOR, errichtete das Verteidigungsministerium 2007 ein Einsatzlazarett in einer festen Infrastruktur, die gegenüber beweglichen Unterbringungen oder Feldlagern zwar aufwendiger, dafür aber sicherer, den vielfältigen Funktionen angemessener und langfristig gesehen wirtschaftlicher ist. Auch im afghanischen Kunduz folgte man bei der »Einrichtung der ersten Einsatzliegenschaft in fester Infrastruktur« den 2004 aufgestellten Regeln der »Teilkonzeption Unterbringung im Einsatz«. Bei den Auslandseinsätzen werden die Liegenschaftsaufgaben samt Bau und Betrieb der Infrastruktur von der Territorialen Wehrverwaltung der Bundeswehr geregelt. Die Baumaßnahmen wickelt die Wehrverwaltung teils mit den Bauverwaltungen der Länder und teils mit der Gesellschaft für Technische Zusammenarbeit (GTZ) ab. Die Funktion und Wirtschaftlichkeit steht bei diesen Bauten im Vordergrund. Selbst unter schwierigsten Bedingungen haben die Einsatzbauten jedoch auch den Anspruch guter Gestaltung. | Es gehört zum Selbstverständnis des Bundes, dass er die deutsche Militärgeschichte reflektiert, museal aufarbeitet und dazu geeignete Räume zur Verfügung stellt. So zog nach der Wiedervereinigung Deutschlands das Militärgeschichtliche Forschungsamt nach Potsdam in die renovierten Häuser des ehemaligen Militärgeschichtlichen Instituts der DDR. 1990 übernahm das Bundesverteidigungsministerium das Militärhistorische Museum Dresden, das von 1873 bis 1877 als Arsenal errichtet, später als Sächsisches Armeemuseum, dann als Heeresmuseum und zu DDR-Zeiten als Deutsches Armeemuseum genutzt wurde. Seit 2004 wird das Gedäude so zum Leitmuseum der Bundeswehr umgebaut, dass eine »sprechende« dekonstruktivistische Architektur die vom Zweiten Weltkrieg verursachte geschichtliche Zäsur sichtbar macht. Die Bundeswehr wurde unter anderem durch diese Großprojekte in den Neunzigerjahren zu einem der größten Investoren in den neuen Bundesländern.

NEUBAU DER EINSATZLIEGENSCHAFT KUNDUZ

AFGHANISTAN

Die Auslandseinsätze der Bundeswehr wirken sich auch auf die Bautätigkeit des Bundes aus. Das Parlament beschloss am 12. Oktober 2007, den Einsatz der Bundeswehr und ihre Beteiligung an der Internationalen Sicherheitsunterstützungstruppe (ISAF) in Afghanistan bis zum 13. Oktober 2008 zu verlängern. Ein Standort der deutschen ISAF-Truppe liegt am Flughafen der Distrikthauptstadt Kunduz, nahe der tadschikischen Grenze im Kunduztal.

Seit 2004 gibt es mit der »Teilkonzeption (TK) Unterbringung im Einsatz« Regeln für die Unterbringung von Truppen und Stäben im Einsatz. Einsätze, die die Dauer von zwölf Monaten überschreiten, legen eine Unterbringung in fester Infrastruktur nahe, da diese gegenüber beweglichen Unterbringungen oder Feldlagern die zwar aufwendigste, aber auch sicherste und langfristig betrachtet die wirtschaftlichste Form der Unterbringung ist. Die Deckung des infrastrukturellen Bedarfs regelt die Territoriale Wehrverwaltung der Bundeswehr für die Streitkräfte. Sie ist auch für die »Einrichtung der ersten Einsatzliegenschaft in fester Infrastruktur« in Kunduz zuständig. Für die Abwicklung der eigentlichen Baumaßnahmen des Camps Kunduz zeichnet in Bezug auf Ausführungsplanung, Ausschreibung, Vergabe und Bauleitung hauptsächlich die Gesellschaft für Technische Zusammenarbeit (GTZ) verantwortlich.

Der »Masterplan ISAF Camp Kunduz«, vom BMVg vorgegeben, sieht für das umzäunte und bewachte Camp eine streng axial organisierte Anlage vor. Ziel der Maßnahme sind auf Jahre hin konzipierte feste Gebäude mit hohen Sicherheitsstandards und ausreichendem Komfort. Dies entspricht schon bei der Errichtung der Einsatzinfrastruktur dem Gedanken, militärische und zivile Belange zu berücksichtigen (PRT – Provincial Reconstruction Teams). Für die in Massivbauweise errichteten Gebäude konnten Verträge mit ortsansässigen Firmen geschlossen werden, was der lokalen Wirtschaft und dem Wiederaufbau des Landes zugute kommt. Eine Folgenutzung und Bewirtschaftung nach Abzug der Bundeswehr durch afghanische Stellen ist möglich.

Aktuell entsteht im Camp Kunduz auf einem unbebauten Grundstück ein neues, dem gestiegenen Platzbedarf und auch dem extremen Klima Rechnung tragendes Wirtschaftsgebäude. Verschiedene Gründe wie Erdbebensicherheit, Sicherheit bei Waffenbedrohung, Raumklima oder auch Ungezieferschutz sprechen für eine Massivbauweise. Der im Entstehen begriffene eingeschossige kompakte Baukörper kann bei Bedarf – etwa in Zeiten von Kontingentwechseln – durch mobile, am Gebäude stationierte Feldküchenmodule nochmals erweitert werden.

Der vom Staatlichen Hochbauamt Heidelberg geleitete und einem Generalübernehmer in die Hand zu gebende Bau wird auch Funktions- und Nutzungsbereiche wie Technik und Lebensmittellager integrieren und aufgrund seiner dichten Bebauung den Mittelpunkt der Einsatzliegenschaft Kunduz bilden.

PROJEKT
Neubau des Wirtschaftsgebäudes in der Einsatzliegenschaft Kunduz
STANDORT
Einsatzliegenschaft Kunduz, Afghanistan
_AKTEURE
BAUHERR
Bundesministerium der Verteidigung (BMVg)
DURCHFÜHRUNG
Landesbetrieb Bundesbau Baden-Württemberg, Staatliches Hochbauamt Heidelberg
NUTZER/BETREIBER
Bundesamt für Wehrverwaltung, deutsches Einsatzkontingent ISAF (International Security Assistance Force) Afghanistan
ARCHITEKTEN
Generalplaner
Ernst²-Architekten, Stuttgart
_TERMINE
PLANUNGSVERGABE
2008 (VOF-Verfahren)
BAUBEGINN
2009
FERTIGSTELLUNG
2009

_GEBÄUDEDATEN
HAUPTNUTZFLÄCHE HNF
2 600 m²
BRUTTOGRUNDFLÄCHE BGF
4 700 m²
BRUTTORAUMINHALT BRI
27 400 m³
_KOSTEN
Gesamtbaukosten
KG 200 bis 700, brutto
11 Mio. EUR
KG 300 und 400, brutto
8 Mio. EUR

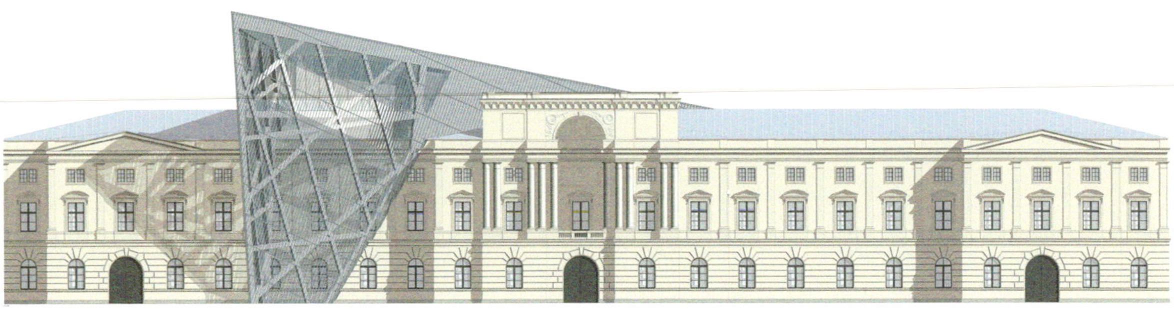

UMBAU FÜR DAS MILITÄRHISTORISCHE MUSEUM

DRESDEN _VOF VERFAHREN 2001-2003 _BAU 2004-2010

Das Militärhistorische Museum am Olbrichtplatz in der Dresdner Albertstadt blickt auf eine lange Geschichte zurück. Die symmetrisch entwickelte Dreiflügelanlage mit ihren zweieinhalb Geschossen entstand von 1873 bis 1877 als Arsenal, in dem die sächsische Armee ihre Geschütze, Handfeuer- und Blankwaffen lagerte. Nach dem Ersten Weltkrieg siedelte sich im Hauptgebäude das Sächsische Armeemuseum an, das 1940 zum Heeresmuseum umgetauft wurde. Nach dem Zweiten Weltkrieg – die Rote Armee hatte sich der Bestände bemächtigt – wurde das Museum aufgelöst und das Gebäude bis 1967 von der Stadt als »Nordhalle« für diverse Veranstaltungen genutzt. Nach der Wiedervereinigung Deutschlands übernahm das Bundesverteidigungsministerium 1990 das Museum vom 1972 hier eingezogenen Deutschen Armeemuseum der DDR.

2004 begannen der Umbau des ehemaligen Armeemuseums der DDR zum zukünftigen Leitmuseum der Bundeswehr und die inhaltliche Neukonzeption. Daniel Libeskind hatte für das Dresdener Gebäude eine einfache, aber bezwingende Idee. Von der Nordostseite treibt er einen Keil aus Stahlbeton mit einer Keilspitze aus Glas und Metalllamellen in den unter Denkmalschutz stehenden kompakten Altbau. Die Symbolschwere der im Bau befindlichen libeskindschen Intervention springt ins Auge. Der Keil ist dem wuchtigen Gebäude, das auf die Sockelzone Geschosse folgen lässt, die durch Pilaster verbunden sind, ein Stachel im Fleisch. Er suggeriert Zäsuren, legt Gedanken an das Unheil nahe, das von Deutschland ausging, und erinnert an die Teilung Deutschlands. Der spitz die 120 Meter lange und (derzeit noch) in 23 Achsen gegliederte Fassade asymmetrisch durchstoßende bugförmige Trakt empfindet aber auch den keilförmigen Anflug der britischen Bomberverbände im Februar 1945 nach. Indem der nachts beleuchtete Neubau die Geschosse und den säulenumstandenen, aus einem Triumphbogen gebildeten und unter einer Attika flach schließenden Mittelrisalit überragt, signalisiert er als zur Innenstadt hin weit sichtbares Zeichen den Bruch mit Militärpathos und falschen Traditionen.

Für die von prof hg merz architekten und Holzer Kobler Architekturen stammende Konzeption der künftigen Dauerausstellung werden im Innern rund 14 000 Quadratmeter Ausstellungsfläche auf vier Ebenen zur Verfügung stehen. Damit ist das Dresdener Museum das größte militärhistorische Museum Deutschlands. Es wird umfassende Einblicke in die deutsche Militärgeschichte von 1300 bis heute im historischen Gesamtzusammenhang gewähren. Mit Libeskinds architektonischem Keil entsteht Raum, der sich von der historischen Raumabfolge absondert und den chronologischen Fluss der Ausstellungspräsentation mit jeweils einem eigenen epochenübergreifenden Themenbereich viermal durchbricht.

PROJEKT
Umbau für das
Militärhistorische Museum
STANDORT
Olbrichtplatz 2, 01099 Dresden
_AKTEURE
BAUHERR
Bundesministerium
der Verteidigung (BMVg)
DURCHFÜHRUNG
Staatsbetrieb Sächsisches
Immobilien- und Baumanagement
(SIB) Niederlassung Dresden II
NUTZER
Militärhistorisches Museum
ARCHITEKTEN
Daniel Libeskind AG, Zürich
TECHNISCHE GEBÄUDEAUSRÜSTUNG
IPRO Dresden
_TERMINE
PLANUNGSVERGABE
2001-2003 (VOF-Verfahren)
BAUBEGINN
2004
FERTIGSTELLUNG
2010
_GEBÄUDEDATEN
HAUPTNUTZFLÄCHE HNF
13 900 m²
BRUTTOGRUNDFLÄCHE BGF
23 900 m²
BRUTTORAUMINHALT BRI
137 300 m³
_KOSTEN
Gesamtbaukosten
KG 200 bis 700, brutto
54 Mio. EUR
KG 300 und 400, brutto
41 Mio. EUR

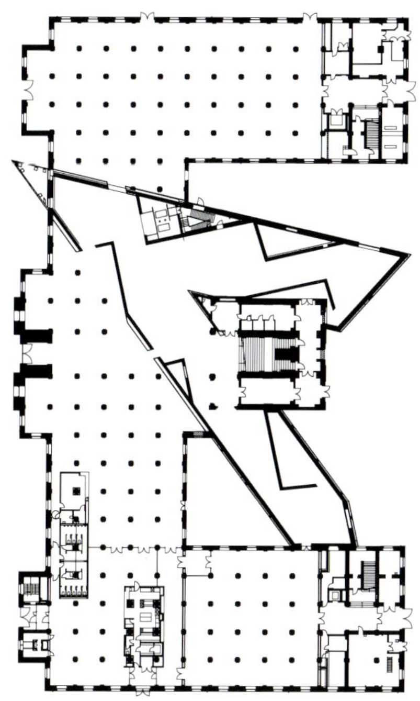

AUS- UND UMBAU FÜR DAS MILITÄRGESCHICHTLICHE FORSCHUNGSAMT

POTSDAM _VOF-VERFAHREN 1995/96, 2001 _BAU 1996-2007

Nach der Wiedervereinigung Deutschlands zog im Jahr 1994 das Militärgeschichtliche Forschungsamt (MGFA) von Freiburg im Breisgau nach Potsdam. Das Forschungsamt, dem das Militärhistorische Museum in Dresden und das Luftwaffenmuseum in Berlin-Gatow angegliedert sind, bezog dort die 1825 bis 1830 errichtete, bis 1942 im Besitz des Hauses Hohenzollern befindliche Villa Ingenheim, in der von 1958 bis 1990 das Militärgeschichtliche Institut der DDR untergebracht war.

Das auf der fast 70 000 Quadratmeter großen Liegenschaft im Westen von Potsdam untergebrachte Gebäudeensemble besteht aus verschiedenen Bauten: der Villa, einem Gärtnerwohnhaus, einem U-förmigen Marstall mit markanter Klinkerfassade, einem Beamtenwohnhaus, einem Wachgebäude und dem der Architektursprache der Dreißigerjahren folgenden, in den Sechzigerjahren erweiterten Gartenhaus. Sie alle wurden den neuen Bedürfnissen angepasst und zwischen 1996 und 2000 fertiggestellt.

Die denkmalgerechte Sanierung der Gebäude und der denkmalgeschützten Gartenanlage wurde in mehreren Schritten realisiert. Von 1996 bis 1998 rekonstruierte und sanierte man die Villa, anschließend das Beamtenwohnhaus und den Marstall. Leitgedanke der Sanierung war es, die originalen Bauteile von jenen zu unterscheiden, die bauliche Zutaten späterer Zeiten waren. Wo immer möglich sollte das Vorhandene erhalten, gereinigt und repariert werden. Bei der Gestaltung der öffentlich zugänglichen Räume achtete man besonders auf den baulichen Brandschutz und legte das gestalterische Hauptaugenmerk auf Schlichtheit, Authentizität und Funktionalität. Auf Historisierung, etwa durch Tapeten oder durch entsprechende Farbgebung, wurde verzichtet.

Als eingetragenes Gartendenkmal mit historischem Baumbestand wurden auch die Außenanlagen saniert. Die technische Ver- und Entsorgungsinfrastruktur wurde renoviert und modernisiert, Wege, Straßenflächen und die Grundstücksmauer wurden erneuert. Dabei galt es, einen akzeptablen Ausgleich zwischen den historischen Gegebenheiten und den heutigen Nutzerbedürfnissen zu finden. Auf die zunächst angestrebte Wiederherstellung der Sichtachsen durch entsprechende Rodungen verzichtete man letztlich aus Gründen des Naturschutzes.

Nach dem Umzug des MGFA nach Potsdam wurde die ehemalige Reithalle provisorisch zur Bibliothek für die umfangreiche Sammlung militärhistorischer Fachliteratur umfunktioniert. Bei der zeitversetzt in den Jahren 2005 bis 2007 hergerichteten dauerhaften Bibliothek setzte der Berliner Architekt Mark Braun auf den Gegensatz von alt und neu. Die Reithalle sanierte und baute der Architekt, unter anderem durch eine eingestellte Galerie, zur Freihandbibliothek um. Die Bibliotheksverwaltung dagegen brachte er in einem Neubau, einem farbintensiven roten Solitär unter, der mit dem Bestandsbau durch einen Glasgang verbunden ist. Rechtzeitig zum fünfzigsten Jubiläum des Militärgeschichtlichen Forschungsamtes war die Bibliothek fertiggestellt.

PROJEKT
Aus- und Umbau für das Militärgeschichtliche Forschungsamt
STANDORT
Zeppelinstraße 127/128, 14471 Potsdam
_AKTEURE
BAUHERR
Bundesministerium der Verteidigung (BMVg)
DURCHFÜHRUNG
Brandenburgischer Landesbetrieb für Liegenschaften und Bauen (BLB)
NUTZER
Militärgeschichtliches Forschungsamt (MGFA)
ARCHITEKTEN
Planungsbüro KÖPCONS GmbH, Hönow
Mark Braun Architekten, Berlin (Bibliothek)
TECHNISCHE GEBÄUDEAUSRÜSTUNG
Ingenieurbüro Dipl.-Ing. H. Hetebrüg VDI, Bergholz-Rehbrücke
_TERMINE
PLANUNGSVERGABE
1995/96, 2001 (VOF-Verfahren)
BAUBEGINN
1996 (Gebäude 1 bis 12)
2005 (Bibliothek)
FERTIGSTELLUNG
2000 (Gebäude 1 bis 12)
2007 (Bibliothek)

_GEBÄUDEDATEN
HAUPTNUTZFLÄCHE HNF
8 700 m² (Gebäude 1 bis 12)
1 000 m² (Bibliothek)
BRUTTOGRUNDFLÄCHE BGF
1 400 m² (Bibliothek)
BRUTTORAUMINHALT BRI
6 400 m³ (Bibliothek)
_KOSTEN
Gesamtbaukosten
KG 200 bis 700, brutto
11 Mio. EUR
3,1 Mio. EUR (Bibliothek)
KG 300 und 400, brutto
2,6 Mio. EUR (Bibliothek)

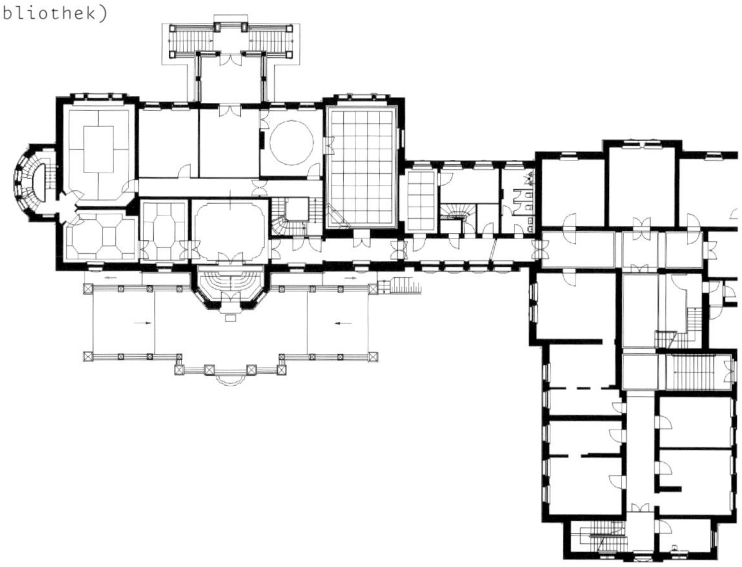

NEUBAU EINES STABS- UND LEHRSAALGEBÄUDES DER HEERESFLIEGERWAFFENSCHULE

BÜCKEBURG _FREIHÄNDIGES VERGABEVERFAHREN BAU 1989–1995

Wichtigste Dienststelle der Bundeswehr in Bückeburg ist die Heeresfliegerwaffenschule, die seit 1960 zusammen mit der Heeresflieger-Lehrstaffel 51 und der Heeresflieger-Transport-Lehrstaffel 327 im Ortsteil Achum auf einer ehemaligen Basis der britischen Streitkräfte, der heutigen Schäferkaserne, angesiedelt wurde. Aufgabe der Schule ist die Ausbildung von Luftfahrzeugführern. Der Standort wurde in den folgenden Jahren durch zahlreiche Baumaßnahmen insbesondere auch für den Flugbetrieb von Hubschraubern angepasst. Die von den britischen Streitkräften errichteten barackenartigen Unterkünfte wichen nach und nach neuen Staffelgebäuden. Für den Schulbetrieb wurden mehrere Lehrsaalgebäude und Simulatoren errichtet.
Von 1989 bis 1995 entstand ein Stabs- und Lehrsaalgebäude, das vom heute in Berlin ansässigen Architekturbüro Schuwirth, Erman & Partner geplant wurde. Die Anlage setzt sich aus zwei Gebäudetrakten zusammen, die jeweils aus zwei rechtwinklig zueinander stehenden Flügeln bestehen. Die beiden Baugruppen sind parallelsymmetrisch angeordnet, sodass sich drei der vier Flügel um einen rechteckigen Hof gruppieren. Eine geringfügige Verschwenkung des östlichen zum westlichen Trakt vermindert den bei dieser Gebäudeformation nahe liegenden, hier aber ungewünschten monumentalen Eindruck, der auch durch die geringere Höhe der optischen Stirnseite der Anlage konterkariert wird. Die drei- und viergeschossigen Gebäude sind in den unteren Stockwerken mit Ziegeln verkleidet, deren sorgfältige Anordnung ornamentale Wirkung erzielt und die Fassadenflächen der großen Baukörper im Stile norddeutscher Backsteinbaukunst mit einem menschlichen Maß versieht. Das oberste Geschoss ist mit einer umlaufenden Aluminium-Glas-Fassade aufgelöst. Wuchtige Segmentbogendächer mit Stahlausfachungen und kräftige Treppentürme an den Enden der Gebäudeflügel sind markante und noch der Semantik der Postmoderne entlehnte Zeichen.

PROJEKT
Neubau eines Stabs- und Lehrsaalgebäudes der Heeresfliegerwaffenschule
STANDORT
Schäferkaserne, Achumer Straße 1, 31675 Bückeburg
_AKTEURE
BAUHERR
Bundesministerium der Verteidigung (BMVg)
DURCHFÜHRUNG
Staatliches Baumanagement Weser-Leine
NUTZERIN
Bundeswehr
ARCHITEKTEN
Schuwirth, Erman & Partner, Hannover
TECHNISCHE GEBÄUDEAUSRÜSTUNG
Ing.-Büro Krauledat und Langer, Hannover
Ing.-Büro Wahl, Hannover
_TERMINE
PLANUNGSVERGABE
Freihändiges Vergabeverfahren
BAUBEGINN
1989
FERTIGSTELLUNG
1995

_GEBÄUDEDATEN
HAUPTNUTZFLÄCHE HNF
7 700 m²
BRUTTOGRUNDFLÄCHE BGF
9 400 m²
BRUTTORAUMINHALT BRI
43 200 m³
_KOSTEN
Gesamtbaukosten
KG 200 bis 700, brutto
16 Mio. EUR

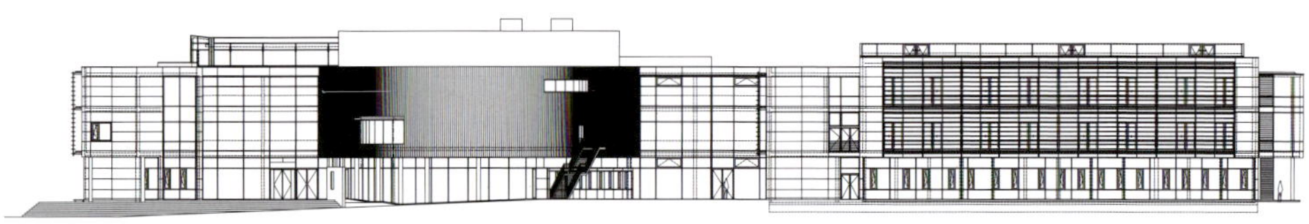

HERRICHTEN DER OFFIZIERSSCHULE DES HEERES

DRESDEN _WETTBEWERB 1994/95 _BAU 1996-2000

Auf dem Gelände der ehemaligen Sächsischen Kadettenanstalt in der Dresdner Albertstadt entstand zwischen 1994 und 2000 in mehreren Bauabschnitten die Offiziersschule des Heeres der Bundeswehr. Die Gesamtplanung lag bei einer Arbeitsgemeinschaft der Architekten Prof. Friedrich + Partner (Hamburg) und Harms & Partner (Dresden).

Die beteiligten Architekten entwarfen für das insgesamt vierzig Hektar große Gelände mit denkmalwerten Bauten der um 1870 entstandenen Kadettenanstalt und dem alten Baumbestand ein Wirtschafts- und Betreuungsgebäude, ein Stabs-Lehrsaalgebäude und einen Sport- und Schwimmhallenkomplex. Dabei sollte hier, am Übergang zur Dresdner Heide, das parkähnliche Erscheinungsbild des Geländes möglichst erhalten bleiben. Die Architekten passten dafür die Neubauten den leichten Hängen der hügeligen Landschaft an. Darüber hinaus bekamen die Gebäudedächer eine Begrünung, und die Außenanlagen wurden mit Holzterrassen, Natursteinwegen und einer am Vegetationsbestand orientierten Bepflanzung naturnah gestaltet.

Das Wirtschafts- und Betreuungsgebäude fasst Küche, Speisesäle für eintausendzweihundert Gäste und eine Gaststätte mit Bowlinganlage. Die Raumhülle wird von Holzbindern und Stahlstützen mit einer Holz-Glas-Fassade gebildet. So werden Speiseräume und Gastbereich optisch mit der Parklandschaft verbunden – ein Prinzip, das die Entwerfer auch bei den anderen Neubauten verfolgt haben.

Im Schulbezirk der Anlage liegt das neue Stabs- und Lehrsaalgebäude. Die drei- und viergeschossigen Lehr- und Büroflügel sind um ein großzügiges, lichtdurchflutetes Foyer gruppiert, das für Ausstellungen sowie als Begegnungsstätte der Militärangehörigen und Gäste dient. Das Gebäude ist ein Stahlbeton-Skelett-Bau, dessen Stahl-Glas-Fassade mit Metalllamellen als Verschattung und mit strukturierten Fassadenelementen aus beschichteten Holzplatten kombiniert wurde.

Der Neubau für die sportlichen Aktivitäten der Soldaten ist in zwei Sporthallentrakte und einen Schwimmhallenflügel unterteilt und ebenfalls terrassenförmig der Hanglage angepasst. Bei dem Gebäude haben die Architekten im Wesentlichen auf die Gestaltungselemente des Lehrsaalgebäudes zurückgegriffen. Durch die sorgfältige architektonische Gestaltung mit hohem Glasanteil der Fassaden wird auch hier ein fließender Übergang vom Gebäude in die Parklandschaft geschaffen und im Innern eine angenehme, manchmal fast spielerisch wirkende Lichtführung erzielt.

PROJEKT
Herrichten der Offiziersschule des Heeres - Neubau Wirtschafts- und Betreuungsgebäude
STANDORT
Marienallee 14, 01099 Dresden
_AKTEURE
BAUHERR
Bundesministerium der Verteidigung (BMVg)
DURCHFÜHRUNG
Staatsbetrieb Sächsisches Immobilien- und Baumanagement (SIB) Niederlassung Dresden II
NUTZER
Standortverwaltung Dresden, Bundeswehrdienstleistungszentrum DD
ARCHITEKTEN
Architektengemeinschaft Auer + Weber, Stuttgart
TECHNISCHE GEBÄUDEAUSRÜSTUNG
Möllers & Westermeier, Meißen
_TERMINE
PLANUNGSVERGABE
1995 (Wettbewerb)
BAUBEGINN
1996
FERTIGSTELLUNG
1998
_GEBÄUDEDATEN
HAUPTNUTZFLÄCHE HNF
3 900 m²
BRUTTOGRUNDFLÄCHE BGF
4 400 m²
BRUTTORAUMINHALT BRI
21 700 m³
_KOSTEN
Gesamtbaukosten
KG 200 bis 700, brutto
10 Mio. EUR
KG 300 und 400, brutto
8 Mio. EUR

PROJEKT
Herrichten der Offiziersschule des Heeres - Neubau Stabs-Lehrsaalgebäude
STANDORT
Marieallee 14, 01099 Dresden
_AKTEURE
BAUHERR
Bundesministerium der Verteidigung (BMVg)
DURCHFÜHRUNG
Staatsbetrieb Sächsisches Immobilien- und Baumanagement (SIB) Niederlassung Dresden II
NUTZER
Standortverwaltung Dresden, Bundeswehrdienstleistungszentrum DD
ARCHITEKTEN
Arbeitsgemeinschaft Prof. Friedrich + Partner und Harms & Partner, Hamburg und Dresden
TECHNISCHE GEBÄUDEAUSRÜSTUNG
HL-Technik AG, Hamburg
_TERMINE
PLANUNGSVERGABE
1994/95 (Wettbewerb)
BAUBEGINN
1996
FERTIGSTELLUNG
2000
_GEBÄUDEDATEN
HAUPTNUTZFLÄCHE HNF
9 200 m²
BRUTTOGRUNDFLÄCHE BGF
9 400 m²
BRUTTORAUMINHALT BRI
103 100 m³
_KOSTEN
Gesamtbaukosten
KG 200 bis 700, brutto
44 Mio. EUR
KG 300 und 400, brutto
36 Mio. EUR

PROJEKT
Herrichten der Offiziersschule des Heeres – Neubau Sport- und Schwimmhallenkomplex
STANDORT
Mariealle 14, 01099 Dresden
_AKTEURE
BAUHERR
Bundesministerium der Verteidigung (BMVg)
DURCHFÜHRUNG
Staatsbetrieb Sächsisches Immobilien- und Baumanagement (SIB) Niederlassung Dresden II
NUTZER
Standortverwaltung Dresden, Bundeswehrdienstleistungszentrum DD
ARCHITEKTEN
Arbeitsgemeinschaft Prof. Friedrich + Partner und Harms & Partner, Hamburg und Dresden
TECHNISCHE GEBÄUDEAUSRÜSTUNG
HL-Technik AG, Hamburg
_TERMINE
PLANUNGSVERGABE
1994/95 (Wettbewerb)
BAUBEGINN
1996
FERTIGSTELLUNG
1998
_GEBÄUDEDATEN
HAUPTNUTZFLÄCHE HNF
2 100 m²
BRUTTOGRUNDFLÄCHE BGF
2 500 m²
BRUTTORAUMINHALT BRI
34 000 m³
_KOSTEN
Gesamtbaukosten
KG 200 bis 700, brutto
12 Mio. EUR
KG 300 und 400, brutto
10 Mio. EUR

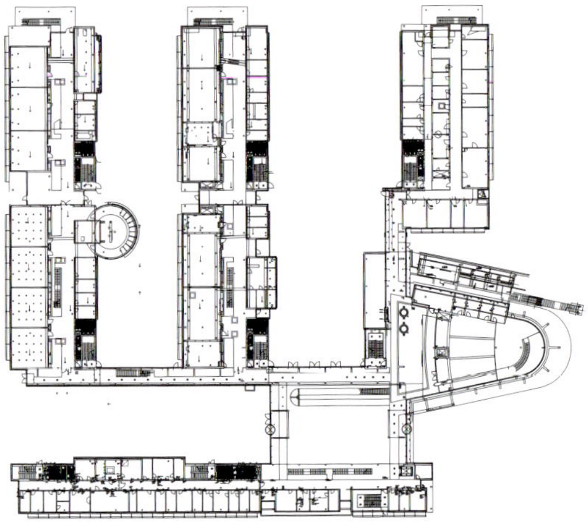

Scharnhorst
Lehrgruppe
Lehrgruppe

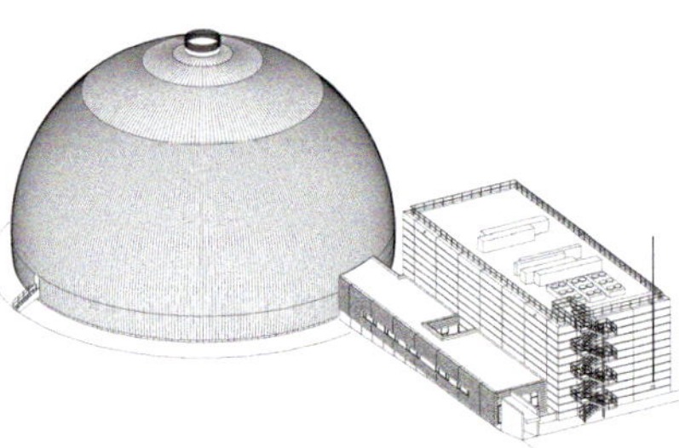

NEUBAU EINES ZIELSIMULATIONSDOMS FÜR DIE WEHRTECHNISCHE DIENSTSTELLE 81

GREDING _VOF-VERFAHREN 1996 _BAU 1998-2004

In einer Zielsimulationsanlage der Bundeswehr werden Waffensysteme auf ihre technische Leistungsfähigkeit und ihre Eignung für den Einsatz geprüft. Bereits 1987 begann das heutige Staatliche Bauamt Nürnberg mit ersten Planungen für den Neubau einer derartigen Simulationsanlage auf einem Gelände der Bundeswehr im bayerischen Greding. Nach der Wiedervereinigung Deutschlands ruhte der Auftrag zunächst und wurde erst 1996 unter veränderten Planungsvoraussetzungen wieder aufgenommen: Ein Verhandlungsverfahren gewannen die Architekten Schmidt-Schicketanz und Partner aus München. Sie konzipierten unter Mitwirkung der Tragwerksplaner Breitschaft und Partner einen annähernd halbkugelförmigen, mit Aluminium verkleideten Baukörper für die Testanlage sowie einen mit horizontal montierten Aluminiumpaneelen verkleideten Baukörper für die Labore.

Die äußere Kuppel des spektakulären Bauwerks auf dem Grundriss eines 48-eckigen Polygons wurde aus Kostengründen aus Betonfertigteilen errichtet. Auf einem 2 Meter hohen Ortbetonring ruhen nebeneinander 48 Teile zu je 28,7 Tonnen, auf denen weitere 48 Fertigteile mit je 17 Tonnen Gewicht lagern. Der abschließende Ortbetonteil besitzt Öffnungen für die Abgasabsaugung und zum Ausstieg.

Die eigentliche Simulationsanlage zur Erprobung von Feuerleitsystemen besteht aus einer halbkugelförmigen Projektionsfläche, auf der eine Landschaft und bewegte Luft- und Erdziele im sichtbaren und im infraroten Bereich dargestellt werden können.

Bei der Planung wurden besonders hohe Anforderungen an die Maßhaltigkeit der Projektionsfläche gestellt. Um den Einfluss von klimatischen Schwankungen zu vermeiden, wurden deshalb der Träger der Projektionsfläche und die Gebäudehülle getrennt. Die Einzelteile der Fläche, deren Material eigens für diese Anlage entwickelt wurde, sind auf der Innenseite eines halbkugelförmigen Stahlfachwerks befestigt. Da sie wegen der Genauigkeit der Messungen nachjustierbar sein müssen, wurde zwischen innerer und äußerer Kuppel eine Befahranlage installiert.

PROJEKT
Neubau eines Zielsimulationsdoms für die Wehrtechnische Dienststelle 81
STANDORT
Kalvarienberg, 91171 Greding
_AKTEURE
BAUHERR
Bundesministerium der Verteidigung (BMVg)
DURCHFÜHRUNG
Bayerische Staatsbauverwaltung, Staatliches Bauamt Nürnberg
NUTZER
Wehrtechnische Dienststelle für Informationstechnologie und Elektronik, WTD 81
ARCHITEKTEN
Staatliches Bauamt Nürnberg (Entwurfsplanung)
Schmidt-Schicketanz und Partner GmbH, München (Ausführungsplanung)
TECHNISCHE GEBÄUDEAUSRÜSTUNG
Ebert-Ingenieure, Nürnberg
_TERMINE
PLANUNGSVERGABE
1996 (VOF-Verfahren)
BAUBEGINN
1998
FERTIGSTELLUNG
2004
_GEBÄUDEDATEN
HAUPTNUTZFLÄCHE HNF
1 700 m²
BRUTTOGRUNDFLÄCHE BGF
2 800 m²
BRUTTORAUMINHALT BRI
37 000 m³
_KOSTEN
Gesamtbaukosten
KG 200 bis 700, brutto
14 Mio. EUR
KG 300 und 400, brutto
13 Mio. EUR

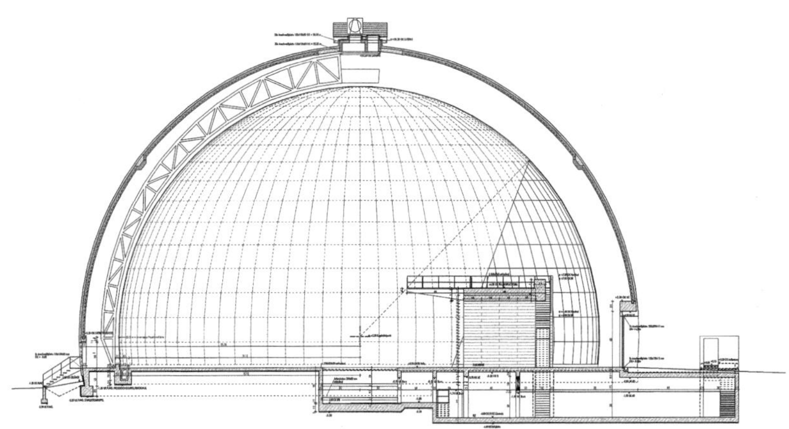

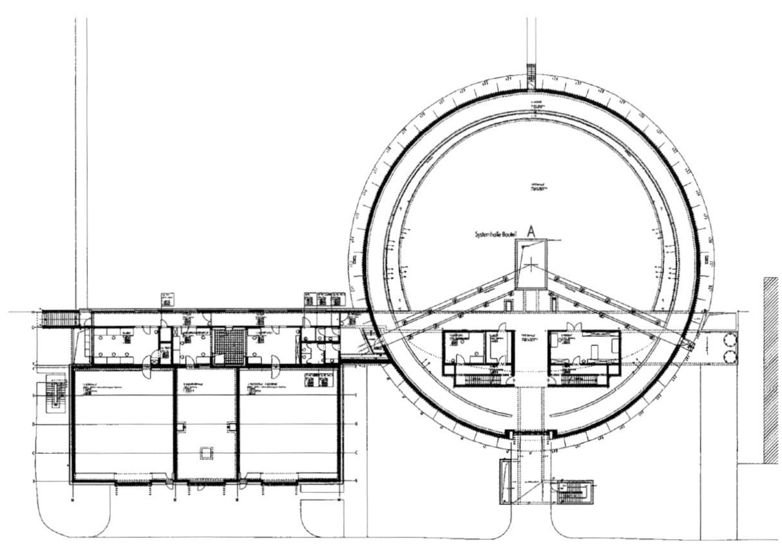

NEUBAU EINES WIRTSCHAFTSGEBÄUDES IN DER KÜRASSIER-KASERNE

STALLBERG-VIERECK _VOF-VERFAHREN 1995 _BAU 1998-2001

Für die Kürassier-Kaserne Stallberg-Viereck hat das Architekturbüro Despang aus Hannover ein neues Wirtschaftsgebäude mit großem Speisesaal entworfen. Das in den Jahren 1998 bis 2001 errichtete Gebäude fügt sich mit seinen beiden rechtwinklig zueinander stehenden Flügeln und dem niedrigen Körper in die Struktur der Gesamtanlage ein, setzt architektonisch aber neue Akzente. Mit dem Neubau, der von den Soldaten mehrmals täglich aufgesucht wird, sollte im Zentrum der Kaserne ein Ort geschaffen werden, der Wärme ausstrahlt.

Als wichtigster Raum ist der große Speisesaal besonders hervorgehoben. Vom niedrigeren Querflügel aus steigt das Dach über die gesamte Breite des Baus steil an. Gegen Süden öffnet sich der Saal in einer raumhohen und raumbreiten Fensterfront. Um das Sonnenlicht nicht mit der vollen Kraft, sondern nur gefiltert in den Raum zu lassen, hat der Architekt ein großes schräg stehendes Metallgerüst mit Lärchenholzlamellen als »Brisesoleil« vor die Fassade gestellt. Auch innen ist der Speisesaal mit Holz verkleidet: mit Birkenholz an den Wänden und Lärchenhirnholz auf dem Fußboden. Die anderen Außenflächen des Baus sind mit roten Ziegeln verkleidet und die Fenster bewusst asymmetrisch angeordnet.

PROJEKT
Neubau eines Wirtschaftsgebäudes in der Kürassier-Kaserne
STANDORT
Pasewalker Chaussee, 17309 Viereck
_AKTEURE
BAUHERR
Bundesministerium der Verteidigung (BMVg)
DURCHFÜHRUNG
Betrieb für Bau und Liegenschaften Mecklenburg-Vorpommern (BBL M-V), Geschäftsbereich Neubrandenburg
NUTZER
Bundesministerium der Verteidigung (BMVg)
ARCHITEKTEN
Despang Architekten, Hannover
TECHNISCHE GEBÄUDEAUSRÜSTUNG
Schäfer Ingenieurbüro, Torgelow
Haff Bauprojekt GmbH, Ueckermünde
_TERMINE
PLANUNGSVERGABE
1995 (VOF-Verfahren)
BAUBEGINN
1998
ÜBERGABE
2001
_GEBÄUDEDATEN
HAUPTNUTZFLÄCHE HNF
1 400 m²
BRUTTOGRUNDFLÄCHE BGF
2 500 m²
BRUTTORAUMINHALT BRI
11 400 m³
_KOSTEN
Gesamtbaukosten
KG 200 bis 700, brutto
4,4 Mio. EUR (ohne KG 710 bis 740)
KG 300 und 400, brutto
4,3 Mio. EUR

NEUBAU VON ÜBUNGSANLAGEN DER MARINETECHNIK-SCHULE STRELASUND-KASERNE

PAROW _VOF-VERFAHREN 1995 _BAU 1998–2003

Der Militärstandort Parow, wenige Kilometer nördlich der Hansestadt Stralsund und gegenüber der Insel Rügen gelegen, hat als Ausbildungseinrichtung eine lange Tradition. Vor über siebzig Jahren kaufte das Deutsche Reich das unmittelbar bis an den Strelasund reichende Grundstück und ließ hier eine Kaserne errichten. 1936 nahm die »Fliegerwaffenschule See« den Flugbetrieb auf. Nach Gründung der DDR wurde in Parow 1950 die »Seepolizeischule der DDR« aufgestellt. Ab 1970 wurden hier alle Mannschaften und Unteroffiziere der NVA-Volksmarine ausgebildet.

Für die Entscheidung, den Standort Parow auch nach der Wiedervereinigung zu erhalten und die zuvor auf mehrere Schulen verteilte technische Ausbildung der Soldaten hier zu konzentrieren, sprachen die jahrzehntelange militärische Nutzung des 250 Hektar großen Geländes und die Eignung der Liegenschaft zum Umbau. Im November 1991 fiel die Entscheidung für die Einrichtung der Marinetechnikschule (MTS) in Parow. Bereits im Mai 1992 war die Zielplanung für das Gelände erarbeitet. Darin war die zukünftige bauliche Struktur des Geländes festgelegt. Von den vorhandenen Baulichkeiten sollten nur die Kasernengebäude aus den Dreißigerjahren in die Neuplanung einbezogen werden. Im November 1992 war Grundsteinlegung, 2003 war die Anlage mit Wohn- und Nebengebäuden, mit Sportanlagen und dem Gebäude der Marinetechnikschule fertiggestellt. Mit etwa 240 Millionen Euro war die MTS in Parow das größte Investitionsprojekt der Bundeswehr in den neuen Bundesländern.

Die Anlage sollte eher den Charakter einer Campusuniversität erhalten als an eine Kaserne erinnern. So wurden die Gebäude nicht aufgereiht, sondern locker in das große Landschaftsareal mit seinem alten Baumbestand eingebettet. Es war zudem der Wunsch der Planer, die einzelnen Bauten mit jeweils anderer architektonischer Handschrift erscheinen zu lassen. Den Architekten waren nur wenige Vorgaben gesetzt. Als Materialien der Außenfassade wurden rote Ziegel, Metall und Holz festgelegt, erwünscht waren ferner hafen- und marinetypische Details wie leichte Relings, sichtbare Metallkonstruktionen oder Bullaugen.

Die Architekten Eller + Eller (Düsseldorf und Berlin), die mit den Ausbildungsgebäuden der Marinetechnikschule das Herzstück der gesamten Anlage entwarfen und bis 2003 fertigstellten, bedienen sich der Schiffsmetaphorik mit leichter Hand.

Der Baukomplex, bestehend aus den Teilen »Schiffstechnik«, »Waffentechnik« und »Zivil anerkannte Weiterbildung« (ZAW), erinnert mit seinen langen Riegeln an einen Pier, quer dazu liegen einige Flügel wie angedockte Boote. In den »Piers« sind die Übungsräume für die praktische Ausbildung untergebracht, in den »Booten« die Schulungsräume für den theoretischen Unterricht. Für die Fassaden der »Piers« wählten die Architekten Sichtbetonfertigteile, für die »Boote« Holz, Well- und Glattblech sowie Glas. Ohne dass die maritimen Anklänge an irgendeiner Stelle überstrapaziert wären, gibt es hier eine gebogene Fassade, die an einen Schiffsbauch erinnert, dort eine leichte Außentreppe, die wie eine Reling behandelt ist, dazu noch einige runde Fenster und an Schiffslampen erinnernde Leuchten. Das Dach des Gebäudes für »Zivil anerkannte Weiterbildung« schwingt als große »Welle« gegen das »Ufer« aus Backsteinen.

PROJEKT
Neubau von Übungsanlagen der Marinetechnikschule Strelasund-Kaserne
STANDORT
Pappelallee 24, 18445 Kramerhof
_AKTEURE
BAUHERR
Bundesministerium der Verteidigung (BMVg)
DURCHFÜHRUNG
Betrieb für Bau- und Liegenschaften Mecklenburg-Vorpommern (BBL M-V), Geschäftsbereich Greifswald
NUTZERIN
Marine
ARCHITEKT
Eller + Eller, Düsseldorf und Berlin
TECHNISCHE GEBÄUDEAUSRÜSTUNG
Canzler Ingenieure, Mülheim
_TERMINE
PLANUNGSVERGABE
1995 (VOF-Verfahren)
BAUBEGINN
1998
FERTIGSTELLUNG
2003
_GEBÄUDEDATEN
HAUPTNUTZFLÄCHE HNF
18 000 m²
BRUTTOGRUNDFLÄCHE BGF
28 900 m²
BRUTTORAUMINHALT BRI
143 300 m³

_KOSTEN
Gesamtbaukosten
KG 200 bis 700, brutto
52 Mio. EUR
KG 300 und 400, brutto
40 Mio. EUR

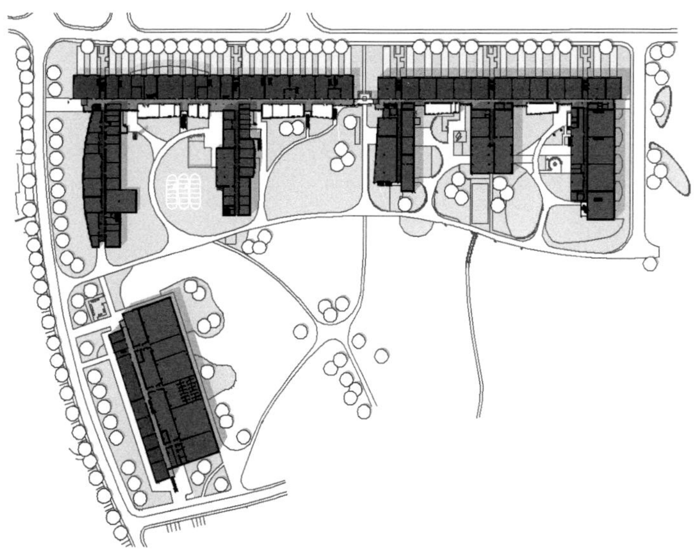

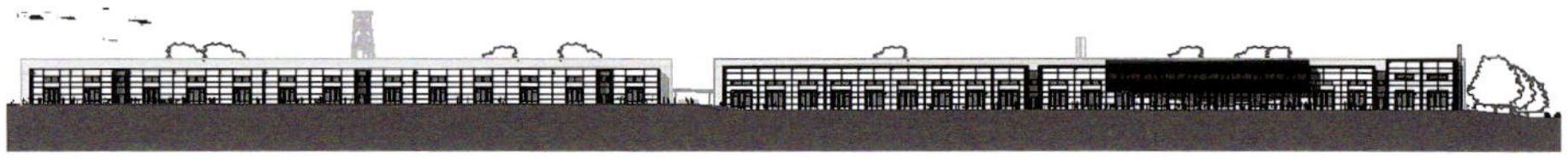

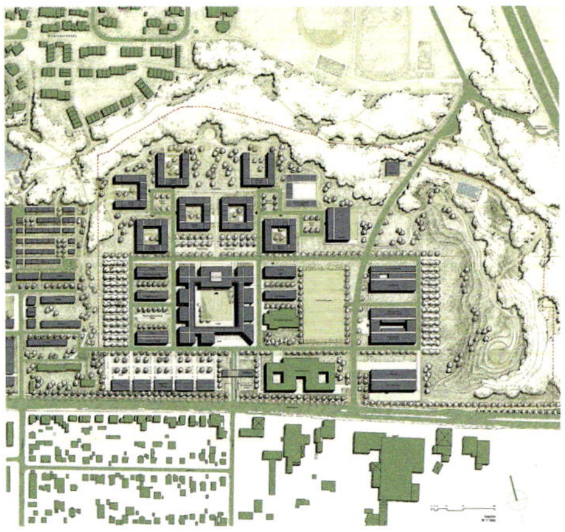

NEU- UND UMBAUTEN IN DER PIONIERKASERNE INGOLSTADT

INGOLSTADT _WETTBEWERB 2002 _BAU 2006–2008

Das Ende des Kalten Krieges führte bei der Bundeswehr zu zahlreichen Umbrüchen. Stationierungsentscheidungen, Personalabbau und Reduzierung von Liegenschaften standen auf der Tagesordnung. In diesem Zusammenhang kam es auch zur kompletten Neuordnung der Ingolstädter Pionierkaserne »Auf der Schanz«. Die Pionierschule und Fachschule des Heeres für Bautechnik, die sich bislang in München befand, und das zuvor im oberbayerischen Brannenburg angesiedelte Gebirgsbataillon 8 wurden nach Ingolstadt verlegt und mit der Sanitätsstaffel Ingolstadt, einem Bundeswehr-Dienstleistungszentrum sowie der multinationalen Ausbildungseinrichtung ENTEC zusammengelegt.

2002 hat das Hamburger Architekturbüro von Gerkan, Marg und Partner mit dem Münchner Landschaftsarchitekten Peter Kluska einen vom Staatlichen Bauamt Ingolstadt in Kooperation mit der Stadt ausgeschriebenen Realisierungswettbewerb für das Gebiet östlich der Ingolstädter Altstadt gewonnen. Nach Konzeptänderungen ist das Projekt in die entscheidende Phase getreten: Seit September 2006 befindet sich die Pionierkaserne »Auf der Schanz« im Umbau.

Das auf einer 27 Hektar großen Fläche angesiedelte militärische Großprojekt hat es in sich: Ein Unterkunftsgebäude mit sechshundertfünfzig Wohnräumen, zwei Sporthallen, Hörsälen und Ausbildungshallen werden neu gebaut und fünfundzwanzig auf dem Areal befindliche Unterkunfts-, Verwaltungs- und Technikgebäude saniert. Bei dieser Gelegenheit werden auf der zur Stadt hin gelegenen Westseite etwa 18 Hektar Fläche frei und von der neuen Eigentümerin, der Wirtschaftförderungsgesellschaft der Stadt (IFG), einer zivilen, städtischen oder privaten Nutzung zugeführt.

Das Planungskonzept der Architekten setzt für die verkleinerte Pionierkaserne mit einer dominanten Längsachse und aufgelockerten, parkähnlichen Nebenzonen klare städtebauliche Akzente. Die Hauptachse wird von einem Wasserlauf und Baumreihen gebildet und verbindet das neue Lehrsaalgebäude auf der einen mit dem ebenfalls neuen Grundausbildungsplatz und den Sporthallen auf der anderen, östlichen Seite. Ein mäanderförmiges Wohn- und Unterkunftsgebäude schließt das Ensemble der Neubauten in nordöstlicher Richtung ab, zu dem unter anderem noch eine Waffenkammer, eine Ausbildungshalle und eine neue Wache gehören. Der architektonische Ausdruck der Neubauten ist sachlich und zurückhaltend – und doch entschieden und abwechslungsreich. Wenige Großformen verbinden sich mit den zeilenförmigen Bestandsbauten im südlichen Bereich der Anlage und bestimmen das Erscheinungsbild: zwei Quader, die ein Atrium umschließen; zwei Riegel, die sich über einen Quertrakt verbinden und zwei dreiseitig umschlossene Höfe freistellen; ein Gebäudeband, das 700 Meter auf abgewinkelte Flügel verteilt. Es handelt sich um flach gedeckte Kuben mit ruhig gegliederten Fassaden aus hellen Faserzementplatten. Der Mäander sucht mit hellen Putzfassaden, horizontalen Fensterbändern und seinem abgeschrägten Dach den Schulterschluss mit den aus den Fünfziger- und Sechzigerjahren stammenden, komplett sanierten Bestandsbauten in den Randbereichen des Areals.

1 300 militärische Arbeitsplätze werden mit dem Neu- und Umbau der Pionierkaserne Ingolstadt entstehen, die nicht nur aus militärischer Sicht, sondern auch stadtplanerisch und wirtschaftlich für die Stadt und das Umland bedeutsam sind.

PROJEKT
Neu- und Umbauten in der Pionierkaserne Ingolstadt
STANDORT
Manchinger Straße 1,
85053 Ingolstadt
_AKTEURE
BAUHERR
Bundesministerium der Verteidigung (BMVg)
DURCHFÜHRUNG
Bayerische Staatsbauverwaltung,
Staatliches Bauamt Ingolstadt
NUTZER
Pionierschule und Fachschule
des Heeres für Bautechnik,
Gebirgspionierbataillon 8,
Sanitätsstaffel Ingolstadt,
Bundeswehr-Dienstleistungszentrum
Ingolstadt,
Kreiswehrersatzamt Ingolstadt
ARCHITEKTEN
von Gerkan, Marg und Partner,
Hamburg
TECHNISCHE GEBÄUDEAUSRÜSTUNG
Müller & Bleher, Radolfzell
Ottitsch, München
Frey, Donabauer & Wich,
Gaimersheim
Reimer, Minden

_TERMINE LEHRSAALGEBÄUDE
PLANUNGSVERGABE
2002 (Wettbewerb)
BAUBEGINN
2007
FERTIGSTELLUNG
2008
_TERMINE UNTERKUNFTSGEBÄUDE
PLANUNGSVERGABE
2002 (Wettbewerb)
BAUBEGINN
2006
FERTIGSTELLUNG
2008
_GEBÄUDEDATEN LEHRSAALGEBÄUDE
HAUPTNUTZFLÄCHE HNF
4 200 m²
BRUTTOGRUNDFLÄCHE BGF
8 100 m²
BRUTTORAUMINHALT BRI
34 800 m³
_GEBÄUDEDATEN UNTERKUNFTSGEBÄUDE
HAUPTNUTZFLÄCHE HNF
12 500 m²
BRUTTOGRUNDFLÄCHE BGF
19 300 m²
BRUTTORAUMINHALT BRI
64 300 m³
_KOSTEN GESAMTPROJEKT
Gesamtbaukosten
KG 200 bis 700, brutto
125 Mio. EUR
KG 300 und 400, brutto
92 Mio. EUR

_KOSTEN LEHRSAALGEBÄUDE
Gesamtbaukosten
KG 200 bis 700, brutto
13 Mio. EUR (ohne KG 500)
KG 300 und 400, brutto
11 Mio. EUR
_KOSTEN UNTERKUNFTSGEBÄUDE
Gesamtbaukosten
KG 200 bis 700, brutto
24 Mio. EUR (ohne KG 500)
KG 300 und 400, brutto
22 Mio. EUR

PROJEKT
Neubau Simulatorgebäude
für den Kampfhubschrauber Tiger
STANDORT
Georg-Friedrich-Kaserne,
Berliner Straße 100,
34560 Fritzlar
_AKTEURE
BAUHERR
Bundesministerium der Verteidigung (BMVg)
DURCHFÜHRUNG
Landesbetrieb Hessisches Baumanagement (hbm), Regionalniederlassung Nord
NUTZER
Kampfhubschrauberregiment 36,
Fliegende Abteilung 361
ARCHITEKTEN
Schleburg Generalplanung,
Rosenheim
TECHNISCHE GEBÄUDEAUSRÜSTUNG
RFG Engineering, Wals, Österreich
Eloplan Engineering, Rosenheim
_TERMINE
PLANUNGSVERGABE
2004 (VOF-Verfahren)
BAUBEGINN
2005
FERTIGSTELLUNG
2008
_GEBÄUDEDATEN
HAUPTNUTZFLÄCHE HNF
2 800 m²
BRUTTOGRUNDFLÄCHE BGF
5 400 m²

SANIERUNG UND NEUBAU VON GEBÄUDEN DER GEORG-FRIEDRICH-KASERNE

FRITZLAR _VOF-VERFAHREN 2002, 2004 _BAU 2005-2008

Wie andernorts kam es in der Vergangenheit auch in der Georg-Friedrich-Kaserne der Bundeswehr in Fritzlar zu Truppenreduzierungen. Gleichzeitig wurde in Fritzlar der Aufgabenbereich erweitert und die 1935–1938 für die Artillerie erbaute und noch im Jahr der Fertigstellung um einen Flugplatz ergänzte Kaserne seit 1997 entsprechend ausgebaut. Neben der Luftbeweglichen Brigade 1 sind hier unter anderem das Kampfhubschrauberregiment 36, das Sanitätszentrum Fritzlar und Teile des Bundeswehrdienstleistungszentrum Homberg (WV) untergebracht. Im Mittelpunkt steht das Miteinander von Hubschrauber und Infanterie.

Mit der Entscheidung, in der Georg-Friedrich-Kaserne sechsunddreißig Kampfhubschrauber des deutsch-französischen Eurocopters Tiger zu stationieren und Fritzlar zum Modellfall für die Modernisierung bei den Heeresfliegern und überhaupt zu einem der modernsten Heeresfliegerstandorte zu machen, waren und sind umfangreiche Veränderungen verbunden.

Schon vor Jahren begannen die – teilweise noch in der Ausführung befindlichen – Umbauten zur Anpassung der Infrastruktur. Zu den wichtigsten Maßnahmen zählen die Instandsetzung der Luftfahrzeughallen 3 und 4 für Wartungsarbeiten am Tiger, der Neubau der Luftfahrzeughalle 8a und 8b und der Neubau der Ausbildungsanlage mit Flugsimulator.

Im August 2006 bereits vollendet wurde die Herrichtung der »Luftfahrzeughalle 3«, eines 4 000 Quadratmeter großen Stahlskelettbaus mit Mauerwerksausfachung, der 1937 entstand und unter Denkmalschutz steht. Mit einem Budget von neun Millionen Euro und innerhalb von sechzehn Monaten passte das Kieler Architekturbüro brockstedt.bergfeld.petersen das vorhandene und nach wie vor solide Gebäude der historischen Flugfahrzeughalle den neuen Bedürfnissen als Wartungs- und Instandsetzungshalle für den Tiger an. Sie statteten die Hallenkrananlage mit neuer Hebetechnik aus und stellten im Bürotrakt im Obergeschoss den Originalzustand mit Innenwänden aus Holz und Glas wieder her.

Daneben errichtete das Architekturbüro Schleburg Generalplanung aus Rosenheim – immer mit Rücksicht auf die denkmalpflegerischen Aspekte der Gesamtanlage – den dreigeschossigen Neubau der Ausbildungsanlage Simulator KHS Tiger, das erste deutsche Simulationszentrum speziell für den Tiger.

Spektakulär sind die im Süden des Heeresflugplatzes gelegenen neuen Luftfahrzeughallen mit jeweils sechzehn Abstell- und Wartungsplätzen. Struhk architekten aus Braunschweig und B.A.C. – Bau- und Anlagenconsult Dr. Barleben aus Leipzig haben die Wartungshallen Tiger 8a und 8b in Stahlkonstruktion konzipiert. Die Besonderheit der weit geschwungenen, flachen Hallen: Sie paraphrasieren den Querschnitt von Rotorblättern und fügen sich mit dem zum Flugfeld ansteigenden Dach gut in die Auenlandschaft der Eder südlich von Fritzlar ein.

BRUTTORAUMINHALT BRI
34 000 m³
_KOSTEN
Gesamtbaukosten
KG 200 bis 700, brutto
14 Mio. EUR
KG 300 und 400, brutto
12 Mio. EUR

PROJEKT
Neubau Luftfahrzeughallen 8a und 8b einschließlich Außenanlagen und ZVA
STANDORT
Heeresflugplatz, Georg-Friedrich-Kaserne, Berliner Straße 100, 34560 Fritzlar
_AKTEURE
BAUHERR
Bundesministerium der Verteidigung (BMVg)
DURCHFÜHRUNG
Landesbetrieb Hessisches Baumanagement (hbm), Regionalniederlassung Nord
NUTZER
LfzTAbt 362
ARCHITEKTEN
Landesbetrieb
Hessisches Baumanagement (hbm), Regionalniederlassung Nord Standort Schwalmstadt (Entwurfsplanung)
B.A.C., Leipzig und struhk architekten, Braunschweig (Entwurfsplanung/Ausführungsplanung)
TECHNISCHE GEBÄUDEAUSRÜSTUNG
B.A.C., Leipzig
_TERMINE
PLANUNGSVERGABE
2004 (VOF-Verfahren)
BAUBEGINN
2005
FERTIGSTELLUNG
2008
_GEBÄUDEDATEN
HAUPTNUTZFLÄCHE HNF
11 300 m² (je Halle)
BRUTTOGRUNDFLÄCHE BGF
15 500 m² (je Halle)
BRUTTORAUMINHALT BRI
158 000 m³ (je Halle)
_KOSTEN
Gesamtbaukosten
KG 200 bis 700, brutto
69 Mio. EUR
KG 300 und 400, brutto
47 Mio. EUR

PROJEKT
Instandsetzung und Anpassung Luftfahrzeughalle 3 in Fritzlar – WS Tiger
STANDORT
Georg-Friedrich-Kaserne, Berliner Straße 100, 34560 Fritzlar
_AKTEURE
BAUHERR
Bundesministerium der Verteidigung (BMVg)
DURCHFÜHRUNG
Landesbetrieb Hessisches Baumanagement (hbm), Regionalniederlassung Nord
NUTZER
LfzTAbt 362
ARCHITEKTEN
brockstedt.bergfeld.petersen architekten bda, Kiel
TECHNISCHE GEBÄUDEAUSRÜSTUNG
brockstedt.bergfeld.petersen architekten bda, Kiel
_TERMINE
PLANUNGSVERGABE
2002 (VOF-Verfahren)
BAUBEGINN
2005
FERTIGSTELLUNG
2006
_GEBÄUDEDATEN
HAUPTNUTZFLÄCHE HNF
4 900 m²
BRUTTOGRUNDFLÄCHE BGF
7 300 m²
BRUTTORAUMINHALT BRI
58 200 m³
_KOSTEN
Gesamtbaukosten
KG 200 bis 700, brutto
11 Mio. EUR (ohne KG 700)
KG 300 und 400, brutto
9 Mio. EUR

6.5t
6.5t

BAUEN FÜR DIE GASTSTREITKRÄFTE IN DEUTSCHLAND

Die seit dem Zweiten Weltkrieg in Deutschland verbliebenen amerikanischen, britischen, französischen, belgischen und niederländischen Streitkräfte werden Gaststreitkräfte genannt. Nach dem Verwaltungsabkommen zwischen dem Bundesministerium für Verkehr, Bau und Stadtentwicklung und den Gaststreitkräften gemäß dem Zusatzabkommen zum NATO-Truppenstatut ist für die Planung und Ausführung der Bauten der Gaststreitkräfte in der Regel die Bundesrepublik Deutschland (vertreten durch BMVBS und BMVg) mit der deutschen staatlichen Bauverwaltung verantwortlich. Die deutschen Bauverwaltungen stellen damit auch hier die Einhaltung der nationalen Vergabevorschriften sowie des nationalen Bau- und Planungsrechts und der entsprechenden Baustandards sicher. Sie fördern damit aber nicht zuletzt auch die Beschäftigung deutscher Fachleute und Unternehmen. Die Kosten für die Baumaßnahmen und deren Unterhaltung werden von den Gaststreitkräften getragen. | Nach dieser Regelung wird beispielsweise auch der Neubau für das Militärgerichtszentrum auf dem Gelände der Antwerp Barracks im westfälischen Paderborn (Sennelager) von der Nordrhein-Westfälischen Bauverwaltung errichtet und mit britischen Haushaltsmitteln finanziert. Für die Durchführung der Baumaßnahmen der Ramstein Air Base, dem NATO-Hauptquartier und größten Stützpunkt der US Air Force außerhalb der USA, ist die Rheinland-Pfälzische Bauverwaltung für den Bund zuständig. Bis 2010 läuft hier unter anderem das größte Wohnungsbauprojekt der US-Streitkräfte, das in der letzten Zeit außerhalb des eigenen Landes gestartet wurde. | Auch die Bauten für Gaststreitkräfte erzielen teilweise beachtliche architektonische Ergebnisse. Der Neubau eines Feldwebelwohnheims für die Deutsch-Französische Brigade in Immendingen erhielt eine Auszeichnung der Architektenkammer Baden-Württemberg für »Beispielhaftes Bauen«. Der zur Hälfte jeweils von deutscher und französischer Seite finanzierte Neubau eines Wirtschafts- und Betreuungsgebäudes für die Deutsch-Französische Brigade in Donaueschingen erhielt eine Auszeichnung im Rahmen des Wettbewerbs *Nachhaltiges Bauen für Bundesbauten.*

ALLIED AIR COMPONENT COMMAND
HEADQUARTERS RAMSTEIN

NEU- UND ERWEITERUNGSBAUTEN FÜR DAS NATO-HAUPTQUARTIER UND DIE US-LUFTWAFFE IN EUROPA

RAMSTEIN AIR BASE, LANDSTUHL, KAISERSLAUTERN-VOGELWEH

Die nahe Kaiserslautern gelegene Ramstein Air Base ist der größte Stützpunkt der US Air Force außerhalb den USA. Auf einem eintausendvierhundert Hektar großen Gelände leben und arbeiten siebentausend US-Soldaten nebst Angehörigen und Zivilisten – über vierzigtausend Menschen sind es in der gesamten Kaiserslautern Military Community (KMC).

Amerikaner und Franzosen bauten den 1951 eröffneten Stützpunkt systematisch aus. Zunächst waren hier Kampfflugzeuge, seit 1971 auch Transportflugzeuge stationiert. 1973 wurde das bis dahin in Wiesbaden stationierte Hauptquartier der United States Air Forces in Europe (USAFE) nach Ramstein verlagert, ein Jahr darauf ein Vorläufer des heutigen Allied Air Component Command Headquarters (CC-Air HQ), das als NATO-Gefechtsstand unter anderem für die Überwachung des Luftraums von Nordeuropa bis in den Mittleren Osten zuständig ist und auch den ISAF-Truppen in Afghanistan und der in Krisensituationen weltweit eingesetzten NATO-Eingreiftruppe Beistand leistet.

Seit der Verlagerung der letzten Kampfflugzeuge im Jahr 1994 ist die Air Base logistische Drehscheibe vor allem für Fracht-, Versorgungs- und Truppentransporte und, wegen des nahegelegenen amerikanischen Landstuhl Regional Medical Center, auch Ziel von Evakuierungsflügen. Mit der Schließung des Militärflughafens in Frankfurt am Main im Dezember 2005 stieg nicht nur erneut die Bedeutung der Air Base als Stützpunkt für den Lufttransport der amerikanischen Streitkräfte – Ramstein avancierte überhaupt zum wichtigsten Flughafen für die in Europa stationierten US-Soldaten und ihre Angehörigen.

Um den gewachsenen Anforderungen gerecht zu werden, kam es zu verschiedenen Neu- und Erweiterungsbauten, für deren Durchführung die seit Langem für die Gaststreitkräfte tätige Niederlassung Kaiserslautern des Landesbetriebs Liegenschafts- und Baubetreuung (LBB) zuständig ist.

Das neu von Baur-Consult (Haßfurt) geplante NATO-Headquarter ist ein moderner Verwaltungsbau mit fünf Geschossen, der achthundert bislang auf zwölf Standorte verteilte Beschäftigte aus vierzehn Nationen unter einem Dach zusammenführt. Sicherheit prägt diesen an der klassischen Moderne orientierten dreiflügeligen Kammbau nicht nur in der technischen Ausstattung mit computergesteuerten Zutrittskontrollen und partiell schusssicheren Fassaden, sondern auch in der Anlage eines vierseitig umschlossenen Innenhofs.

Generell setzen sich die neuen Gebäude von den Bestandsbauten durch eine engagierte und sinnfällige Formensprache ab. Das Hallenbad des Architekturbüros m&s, Marx & Stegner (Pirmasens), variiert im Eingangsbereich ein postmodernes Motivrepertoire, während der Grundriss und das Traggerippe des Daches die Form einer Jakobsmuschel paraphrasieren. Das dreifach mit dem »Design Awards Program« ausgezeichnete Fitnesscenter von Hartmut Cammisar (Kaiserslautern) hat eine dem Farbdisplay der Air Base angepasste braunbeige Sandsteinfassade, eine schiffsbugähnlich spitze dynamische Glasfront und besticht im Innern durch Weite und konzeptionelle Klarheit. Als Reaktion auf die Schließung der Frankfurter Rhein-Main Air Base passte das Plan Team (Taunusstein) in den Jahren 2001 bis 2005 bei laufendem Betrieb das Passagierterminal (»PAX-Terminal«) dem gestiegenen Platzbedarf an. Das Gebäude erhielt eine hochwertig ausgestattete Glasarchitektur, die einen eingeschossigen Riegel mit einem zweigeschossigen Dreieckskörper zu einem flugzeugähnlichen Gebilde kombiniert – und als erster militärischer Bau klimatisiert ist.

Auch neuer Wohnraum entsteht. Bis 2010 läuft das größte Wohnungsbauprojekt der US-Streitkräfte, das in der letzten Zeit außerhalb des eigenen Landes gestartet wurde. Es betrifft die Kaiserslautern Military Community und wird auf einer 45 Hektar großen Fläche der Ramstein Air Base, auf einem 7,5 Hektar großen Areal des nahegelegenen amerikanischen Militärkrankenhauses Landstuhl sowie auf einem 93 Hektar großen Gelände in Kaiserslautern-Vogelweh realisiert. Das nach dem 11. September 2001 weltweit gestiegene Sicherheitsbedürfnis spielt hier eine ganz wesentliche Rolle. Nach anfänglichen Sanierungen und etwa achthundertvierzig instandgesetzten Wohneinheiten in Mehrfamilienhäusern entschied man sich, die anderen Mehrfamilienhäuser abzureißen und stattdessen Doppel- und Reihenhäuser zu errichten. Etwa achthundertfünfzig Häuser in zehn Varianten mit Wohnflächen zwischen 125 und 170 Quadratmetern sollen bis 2010 fertiggestellt sein.

PROJEKT
Neubau für das NATO-Hauptquartier (CC-Air HQ)
STANDORT
NATO-/US-Flugplatz Ramstein, Rheinland-Pfalz
_AKTEURE
BAUHERRIN
NATO
DURCHFÜHRUNG
Landesbetrieb Liegenschafts- und Baubetreuung (Landesbetrieb LBB), Niederlassung Kaiserslautern
NUTZER
NATO Component Command-Air Headquarters Ramstein
ARCHITEKTEN
Baur Consult, Haßfurt
TECHNISCHE GEBÄUDEAUSRÜSTUNG
Klett Ingenieure, Fellbach
_TERMINE
PLANUNGSVERGABE
2000/01 (Direktvergabe)
BAUBEGINN
2003
FERTIGSTELLUNG
2005
_GEBÄUDEDATEN
VERWALTUNGSGEBÄUDE OHNE PARKHAUS
HAUPTNUTZFLÄCHE HNF
13 600 m² (Bürofläche)
BRUTTOGRUNDFLÄCHE BGF
19 200 m²
BRUTTORAUMINHALT BRI
86 200 m³
_KOSTEN
Gesamtbaukosten
KG 200 bis 700, brutto
45 Mio. EUR
KG 300 und 400, brutto
37 Mio. EUR

PROJEKT
Neubau eines Fitnesscenters
STANDORT
NATO-/US-Flugplatz Ramstein, Rheinland-Pfalz
_AKTEURE
BAUHERRIN
US-Streitkräfte
DURCHFÜHRUNG
Landesbetrieb Liegenschafts- und Baubetreuung (Landesbetrieb LBB), Niederlassung Kaiserslautern
NUTZERIN
US Air Force
ARCHITEKTEN
Büro Hartmut Cammisar, Kaiserslautern
TECHNISCHE GEBÄUDEAUSRÜSTUNG
GS-Plan Ing.-GmbH, Otterberg
Rehm Planungsbüro für Elektrotechnik, Walsheim
_TERMINE
PLANUNGSVERGABE
2003 (Direktvergabe)
BAUBEGINN
2004
FERTIGSTELLUNG
2006
_GEBÄUDEDATEN
HAUPTNUTZFLÄCHE HNF
5 400 m²
BRUTTOGRUNDFLÄCHE BGF
8 000 m²
BRUTTORAUMINHALT BRI
48 300 m³
_KOSTEN
Gesamtbaukosten
KG 200 bis 700, brutto
18 Mio. EUR
KG 300 und 400, brutto
12 Mio. EUR

PROJEKT
Neubau eines Hallenbades
STANDORT
NATO-/US-Flugplatz Ramstein, Rheinland-Pfalz
_AKTEURE
BAUHERRIN
US-Streitkräfte
DURCHFÜHRUNG
Landesbetrieb Liegenschafts- und Baubetreuung (Landesbetrieb LBB), Niederlassung Kaiserslautern
NUTZERIN
US Air Force
ARCHITEKTEN
m&s architekten gmbh, Pirmasens
TECHNISCHE GEBÄUDEAUSRÜSTUNG
igp Ingenieurgesellschaft für Technische Ausrüstung mbH, Pforzheim
_TERMINE
PLANUNGSVERGABE
2002 (Direktvergabe)
BAUBEGINN
2006
FERTIGSTELLUNG
2008
_GEBÄUDEDATEN
HAUPTNUTZFLÄCHE HNF
2 300 m²
BRUTTOGRUNDFLÄCHE BGF
3 800 m²
BRUTTORAUMINHALT BRI
30 900 m³
_KOSTEN
Gesamtbaukosten
KG 200 bis 700, brutto
15 Mio. EUR
KG 300 und 400, brutto
10 Mio. EUR

PROJEKT
Erweiterung Passagierterminal (»PAX-Terminal«)
STANDORT
NATO-/US-Flugplatz Ramstein, Rheinland-Pfalz
_AKTEURE
BAUHERRIN
US-Streitkräfte
_DURCHFÜHRUNG
Landesbetrieb Liegenschafts- und Baubetreuung (Landesbetrieb LBB), Niederlassung Kaiserslautern
NUTZERIN
723d Air Mobility Squadron (AMS)
ARCHITEKTEN
Plan Team – Generalplaner GmbH & Co. KG, Taunusstein
TECHNISCHE GEBÄUDEAUSRÜSTUNG
INTEG, Düsseldorf
_TERMINE
PLANUNGSVERGABE
1999 (Direktvergabe)
BAUBEGINN
2003
FERTIGSTELLUNG
2005
_GEBÄUDEDATEN
HAUPTNUTZFLÄCHE HNF
6 400 m²
BRUTTOGRUNDFLÄCHE BGF
5 400 m²
BRUTTORAUMINHALT BRI
39 000 m³
_KOSTEN
Gesamtbaukosten
KG 200 bis 700, brutto
16 Mio. EUR (ohne KG 700)
KG 300 und 400, brutto
13 Mio. EUR

PROJEKT
»Housing«-Programm der US-Luftwaffe – Verbesserung von Wohnraum und Infrastruktur
STANDORTE
NATO-/US-Flugplatz Ramstein, Landstuhl, Kaiserslautern-Vogelweh
_AKTEURE
BAUHERRIN
US-Streitkräfte
DURCHFÜHRUNG
Landesbetrieb Liegenschafts- und Baubetreuung (Landesbetrieb LBB), Niederlassung Kaiserslautern
NUTZERIN
US Air Force
ARCHITEKTEN
Landesbetrieb Liegenschafts- und Baubetreuung (Landesbetrieb LBB), Niederlassung Kaiserslautern
TECHNISCHE GEBÄUDEAUSRÜSTUNG
Landesbetrieb Liegenschafts- und Baubetreuung (Landesbetrieb LBB), Niederlassung Kaiserslautern
_TERMINE
PLANUNGSVERGABE
2000 (Planungsauftrag)
BAUBEGINN
2001
FERTIGSTELLUNG
2010
_GEBÄUDEDATEN
WOHNEINHEITEN
852 Wohneinheiten Neubau
841 Wohneinheiten Sanierung
HAUPTNUTZFLÄCHE HNF
153 000 m² (Neubau)
BRUTTOGRUNDFLÄCHE BGF
192 000 m² (Neubau)
BRUTTORAUMINHALT BRI
584 000 cm³ (Neubau)
_KOSTEN
Gesamtbaukosten
KG 200 bis 700, brutto
400 Mio. EUR

FITNESS CENTER

NEUBAU EINES FELDWEBELWOHNHEIMS FÜR DIE DEUTSCH-FRANZÖSISCHE BRIGADE

IMMENDINGEN _VOF-VERFAHREN 1994 _BAU 1996–1998

Das badische Immendingen ist einer von drei Standorten der Deutsch-Französischen Brigade im Land Baden-Württemberg. In den Fünfziger- und Sechzigerjahren entstand hier ein Militärstützpunkt mit Instandsetzungs- und Werkhallen, Unterkünften sowie Dienst- und Funktionsgebäuden, Schießanlage und Übungsplatz. Seit 1996 sind in Immendingen Einheiten der Deutsch-Französischen Brigade stationiert. Mit dem Bau eines Wohnheims für Feldwebel wurde 1998 die Unterkunftssituation in der Liegenschaft erheblich verbessert.

Der Neubau nach Plänen des Staatlichen Hochbauamtes Freiburg steht außerhalb der bestehenden Kasernenanlage auf einem leicht abfallenden Grundstück. Er besteht aus einem zwei- und einem dreigeschossigen Baukörper. Beide liegen mit ihren Längsseiten parallel zur Hangkante. Durch eine leichte Drehung zum Tal hin ist ein Teil des dreigeschossigen Baukörpers leicht aus der Parallele zu seinem zweigeschossigen Pendant versetzt, sodass sich im Winkel zwischen den beiden Bauten die verglaste Eingangshalle unterbringen ließ. Die Eingangszone leitet in einen Korridor über, der die zweiundfünfzig Einzelappartements des Feldwebelwohnheims erschließt. In zwei Geschossen befindet sich in der Mitte des Baus je eine gemeinsame Teeküche mit Aufenthaltsraum. Fahrrad-, Putz-, Wäsche- und Trockenraum vervollständigen die Infrastruktur.

Die betonierten Trennwände zwischen den Appartements tragen massive Geschossdecken und eine Dachkonstruktion aus Holz. Die Fassaden bestehen aus einer hinterlüfteten Holzkonstruktion, die mit farbigen Faserzementplatten und Lärchenholz verkleidet ist.

Besonders bemerkenswert ist der Kunst-am-Bau-Beitrag von Peter Mell. Der Künstler hat in die Lärchenwand des dreigeschossigen Baus großformatige emaillierte Blechtafeln eingelassen, die den Farbkanon der beiden Nationalflaggen verfremden und so das Gemeinsame und Verbindende der Deutsch-Französischen Brigade subtil thematisieren.

Der Bau erhielt eine Auszeichnung der Architektenkammer Baden-Württemberg für »Beispielhaftes Bauen« im Landkreis Tuttlingen zwischen 1993 und 2003.

PROJEKT
Neubau eines Feldwebelwohnheims für die Deutsch-Französische Brigade
STANDORT
Talmannsberg 2, 78194 Immendingen
_AKTEURE
BAUHERREN
Bundesministerium der Verteidigung (BMVg) und Französische Streitkräfte
DURCHFÜHRUNG
Landesbetrieb Bundesbau Baden-Württemberg, Staatliches Hochbauamt Freiburg
NUTZERIN
Deutsch-Französische Brigade, Immendingen
ARCHITEKTEN
Staatliches Hochbauamt Freiburg (Entwurfsplanung)
Bäuerle + Lüttin, Konstanz (Ausführungsplanung)
TECHNISCHE GEBÄUDEAUSRÜSTUNG
Ing.-Büro Dannecker, Villingen-Schwenningen
_TERMINE
PLANUNGSVERGABE
1994 (VOF-Verfahren)
BAUBEGINN
1996
FERTIGSTELLUNG
1998

_GEBÄUDEDATEN
HAUPTNUTZFLÄCHE HNF
1 200 m²
BRUTTOGRUNDFLÄCHE BGF
2 000 m²
BRUTTORAUMINHALT BRI
6 300 m³
_KOSTEN
Gesamtbaukosten
KG 200 bis 700, brutto
3,1 Mio. EUR
KG 300 und 400, brutto
2,3 Mio. EUR

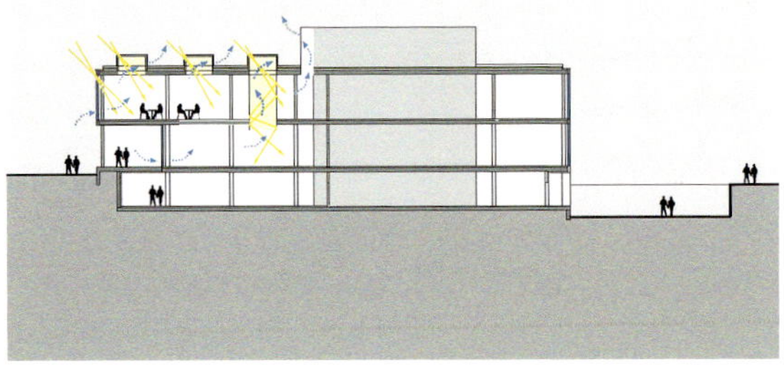

NEUBAU EINES WIRTSCHAFTS- UND BETREUUNGSGEBÄUDES FÜR DIE DEUTSCH-FRANZÖSISCHE BRIGADE

DONAUESCHINGEN _VOF-VERFAHREN 2002 _BAU 2004–2006

Im April 2006 wurde für zweitausend Soldatinnen und Soldaten der Deutsch-Französischen Brigade in der Foch-Kaserne Donaueschingen das neue Wirtschafts-und Betreuungsgebäude fertiggestellt. An zentraler Stelle der Militäranlage gelegen, fasst das von rolf + hotz architekten aus Freiburg geplante und ausgeführte Gebäude verschiedene Funktionen – Verpflegung, soziale Betreuung, Kegelbahn, Sauna, Läden und Internetzugang – unter einem Dach zusammen.

Die Architektur ist durchaus imposant. Auf ein abgesenktes Untergeschoss mit vorgelagertem »Tiefhof« im Norden folgt ein zweigeschossiger Baukörper nebst Dachaufbau für die haustechnischen Anlagen. Das über das Geländeniveau angehobene Erdgeschoss verleiht dem Gebäude eine kraftvolle Erscheinung. Dafür sorgen auch die reduzierten Sichtbetonflächen und die V-förmig gespreizten markanten Betonstützen der Eingangsseite, die das vorkragende Obergeschoss abfangen. Aluminium, Glas und Holz umhüllen die Stahlbeton-Skelett-Konstruktion und lassen die Fassade trotz ihrer Kompaktheit leicht erscheinen.

Der Grundriss gruppiert die kleineren Nebenräume um den massiven Kern des Gebäudes und gewinnt so Fläche und Licht für die Verpflegungs- und Betreuungsräume. Die Aufenthaltsbereiche und Speisesäle sind sinnvollerweise nach Süden orientiert, die Anlieferungs-, Personal- und Küchenbereiche nach Norden, während sich die Lager-, Müll- und Technikräume wie auch eine Kegelbahn im Untergeschoss befinden.

Innen wie außen gibt es manche Reminiszenz an Le Corbusiers architektonisches Fünf-Punkte-Programm und auch einige retrospektive Eindrücke. Zwei in Ortbeton gegossene Wendeltreppen, die von den beiden Hallen im Erdgeschoss zu den Speisesälen hinauf führen, wirken wie ein Zitat aus den Sechziger- oder Siebzigerjahren – so auch die im silberfarbenen Camouflage-Dekor gehaltene Decke der Bar oder die Bestuhlung, um nur zwei Beispiele der Ausstattung zu nennen.

Bemerkenswert an dem Gebäude ist das – gemäß dem »Leitfaden Nachhaltiges Bauen« – von Anfang an konsequent durchgeplante Energiekonzept. Speisesäle und Heimbereich haben eine natürliche Lüftung und Belichtung erhalten, die die Betriebskosten fast um fünfzig Prozent und den CO_2-Ausstoß deutlich senkt. Auch das flache Gründach trägt positiv zum Temperaturhaushalt des Gebäudes bei. Verwendet wurden energiesparende Küchentechnik, wassersparende Armaturen sowie recycelbare und nachwachsende Baustoffe.

Noch bevor das zur Hälfte jeweils von deutscher und von französischer Seite finanzierte Wirtschafts- und Betreuungsgebäude der Deutsch-Französischen Brigade im April 2006 übergeben wurde, erhielt es im Rahmen des Wettbewerbs »Nachhaltiges Bauen für Bundesbauten« eine Auszeichnung.

PROJEKT
Neubau eines Wirtschafts- und Betreuungsgebäudes für die Deutsch-Französische Brigade
STANDORT
Kaserne Foch, Friedhofstraße, 78166 Donaueschingen
_AKTEURE
BAUHERREN
Bundesministerium der Verteidigung (BMVg) und Französische Streitkräfte
DURCHFÜHRUNG
Landesbetrieb Bundesbau Baden-Württemberg, Staatliches Hochbauamt Freiburg
Etablissement du Génie de Strasbourg, Donaueschingen
NUTZERIN
Deutsch-Französische Brigade, Donaueschingen
ARCHITEKTEN
rolf + hotz architekten, Freiburg
TECHNISCHE GEBÄUDEAUSRÜSTUNG
Rentschler und Riedesser, Filderstadt
Müller & Bleher, Radolfzell/Filderstadt
_TERMINE
PLANUNGSVERGABE
2002 (VOF-Verfahren)
BAUBEGINN
2004
FERTIGSTELLUNG
2006

_GEBÄUDEDATEN
HAUPTNUTZFLÄCHE HNF
4 800 m²
BRUTTOGRUNDFLÄCHE BGF
8 900 m²
BRUTTORAUMINHALT BRI
36 000 m³
_KOSTEN
Gesamtbaukosten
KG 200 bis 700, brutto
16 Mio. EUR
KG 300 und 400, brutto
15 Mio. EUR

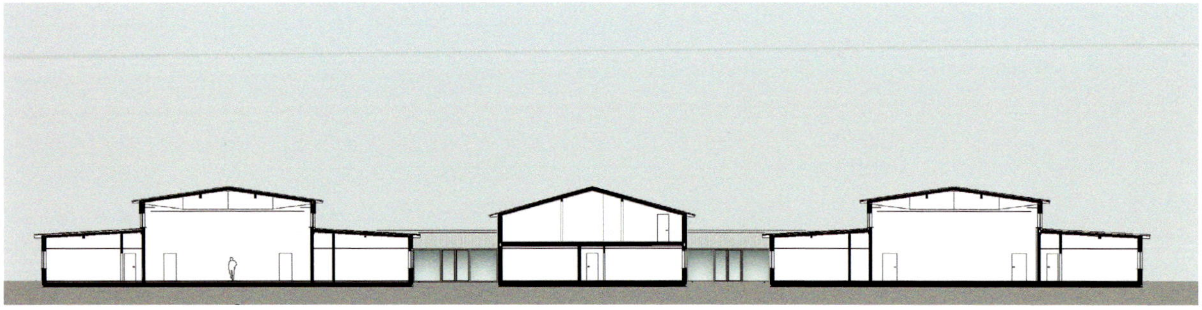

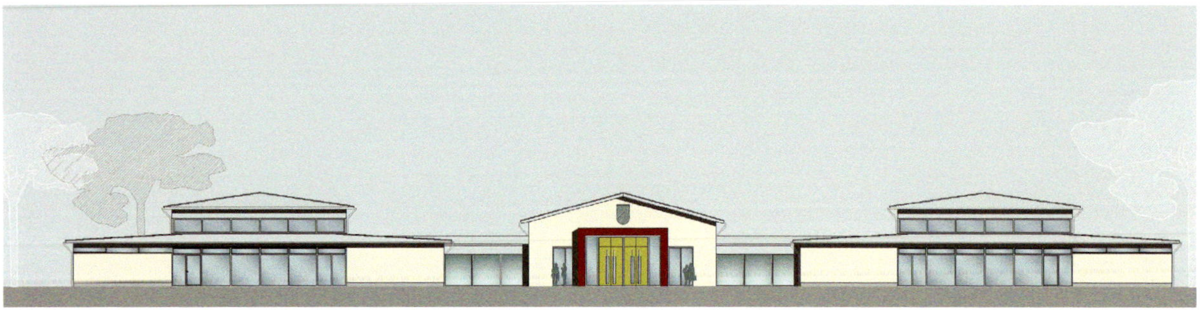

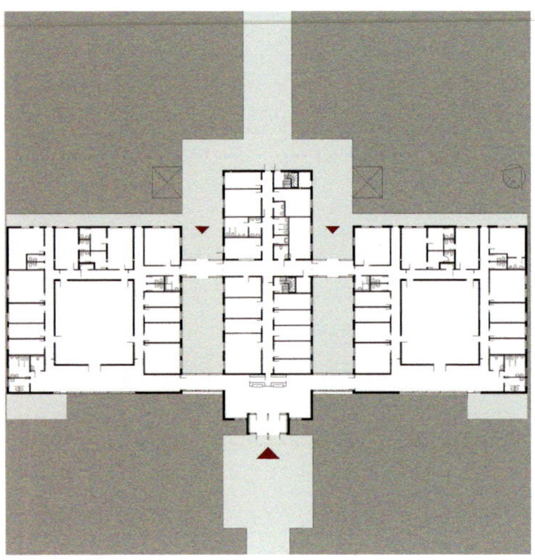

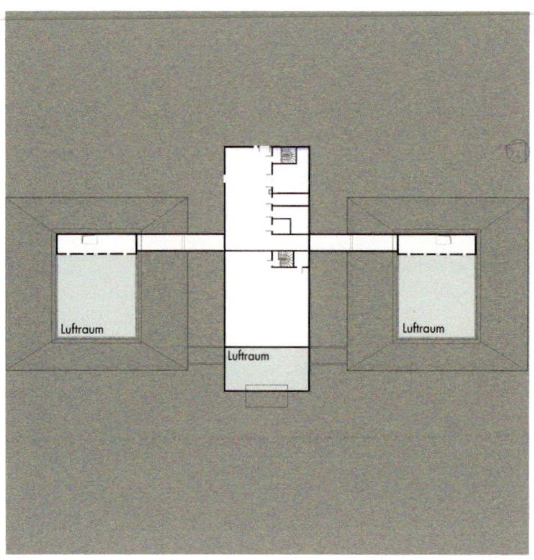
Luftraum
Luftraum
Luftraum

NEUBAU FÜR DAS MILITÄRGERICHTSZENTRUM DER IN DEUTSCHLAND STATIONIERTEN BRITISCHEN STREITKRÄFTE

PADERBORN-SENNELAGER _PLANUNGSAUFTRAG 2006 _BAU 2007-2009

Militärgerichtsprozesse und Gerichtsverfahren, an denen britische Soldatinnen und Soldaten oder die weitere Gemeinschaft der in Deutschland stationierten britischen Streitkräfte beteiligt sind, finden seit Ende des Zweiten Weltkriegs in Räumlichkeiten statt, die eigens für diese Zwecke umgebaut und eingerichtet wurden. Dabei entsprechen diese Gebäude immer weniger den Anforderungen der modernen Verfahrenspraxis – zumal sich die britische Gesetzgebung geändert hat und die vom Europäischen Gerichtshof für Menschenrechte festgelegten Regularien zu berücksichtigen sind.

Eine Prüfung und Rationalisierung der Bereitstellung der Militärgerichtsdienste war notwendig und führte das britische Verteidigungsministerium zu dem Entschluss, alle gerichtsbezogenen Dienste in Deutschland in einem einzigen Militärgerichtszentrum, dem British Forces Germany Court Center, zusammenzufassen.

Dieses neue Gerichtszentrum entsteht seit 2007 auf dem Gelände der Antwerp Barracks im westfälischen Paderborn (Sennelager). Der von der Niederlassung Bielefeld des Bau- und Liegenschaftsbetriebs Nordrhein-Westfalen (BLB NRW) entworfene Bau gliedert sich in drei symmetrisch angelegte Teile. Im Erdgeschoss des mittig angeordneten Verwaltungstraktes befinden sich der Haupteingang, Empfangsbereich, Büro- und Nebenräume, im Obergeschoss die Technik- und Abstellräume. Die beiden flankierenden Gerichtskomplexe mit je einem Gerichtssaal und den Büro- und Nebenräumen für die Richter, Beisitzer, die Anklage und Verteidigung erschließen sich über verglaste Flure.

Das besondere Augenmerk der Planung liegt auf der räumlichen Trennung der beteiligten Parteien und auf der Betreuung gefährdeter Zeugen. Informationstechnologie und Videokonferenzsysteme spielen eine ebenso wichtige Rolle wie die öffentliche Zugänglichkeit des Gebäudes und die Sicherheitsbelange des direkt angrenzenden Kasernenbereichs.

Die Architektur des britischen Gerichtszentrums wird von einer streng gegliederten, auch außen ablesbaren Funktionalität geprägt sein. Die eingesetzten Baustoffe – Beton mit weiß gehaltenem Wärmeputz, verputztes Mauerwerk mit weißem Anstrich, Glas, helles Holz für die Verkleidungen und Einbauten – sollen eine freundliche Atmosphäre schaffen. Ein umlaufendes Oberlichtband in den Gerichtssälen und verglaste raumhohe Stahlrahmen-Türelemente in den Büros und Funktionsräumen versorgen die Räume mit Tageslicht. Gleichzeitig sollen die besondere Gestaltung und räumliche Überhöhung des Eingangsbereichs und der Gerichtssäle eine Aura entwickeln und, ohne einzuschüchtern, den Verfahrensbeteiligten und Besuchern die Bedeutung dieses Ortes der Gerichtsbarkeit vermitteln.

Wie bei allen Baumaßnahmen, die die deutsche Bauverwaltung für die in Deutschland stationierten britischen Streitkräfte durchführt, stammen die Mittel für den Neubau des Militärgerichtszentrums aus dem britischen Haushalt.

PROJEKT
Neubau für das Militärgerichtszentrum der in Deutschland stationierten britischen Streitkräfte
STANDORT
Trothastraße,
33104 Paderborn-Sennelager
_AKTEURE
BAUHERRIN
Britische Streitkräfte
DURCHFÜHRUNG
Bau- und Liegenschaftsbetrieb Nordrhein-Westfalen (BLB NRW), Niederlassung Bielefeld
NUTZERIN
Britische Streitkräfte
ARCHITEKTEN
Bau- und Liegenschaftsbetrieb Nordrhein-Westfalen (BLB NRW), Niederlassung Bielefeld
TECHNISCHE GEBÄUDEAUSRÜSTUNG
Bau- und Liegenschaftsbetrieb Nordrhein-Westfalen (BLB NRW), Niederlassung Bielefeld
_TERMINE
PLANUNGSVERGABE
2006 (Planungsauftrag)
BAUBEGINN
2007
FERTIGSTELLUNG
2009

_GEBÄUDEDATEN
HAUPTNUTZFLÄCHE HNF
1 600 m²
BRUTTOGRUNDFLÄCHE BGF
3 000 m²
BRUTTORAUMINHALT BRI
12 900 m³
_KOSTEN
Gesamtbaukosten
KG 200 bis 700, brutto
5,3 Mio. EUR
KG 300 und 400, brutto
4,3 Mio. EUR

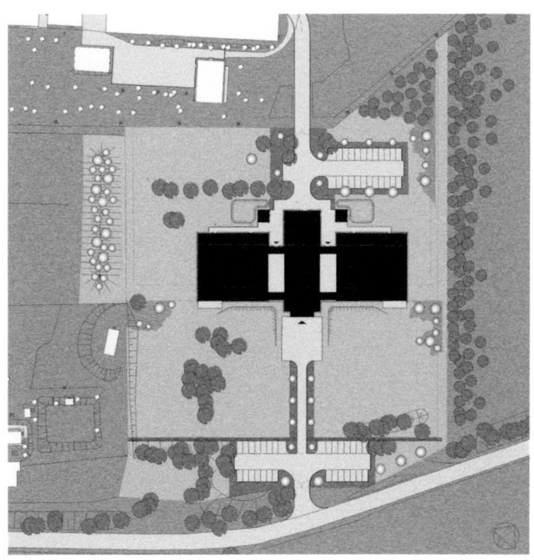

BAUEN IM AUSLAND

Für die Planung und Durchführung der zivilen Auslandsbauten des Bundes ist das Bundesamt für Bauwesen und Raumordnung zuständig. Gemeinsam mit dem übergeordneten Bundesministerium für Verkehr, Bau und Stadtentwicklung und dem Auswärtigen Amt als Hauptnutzer betreut es die Baumaßnahmen für Botschaften, Konsulate, Goethe-Institute, kulturelle und wissenschaftliche Einrichtungen sowie für die Auslandsschulen. | Da die Rolle der Architektur bei der Vermittlung eines Deutschlandbildes im Ausland nicht hoch genug eigeschätzt werden kann, erfordert die architektonische Umsetzung ein besonderes Maß an Qualität und Sensibilität. Beim Neubau der Deutschen Botschaft in Warschau etwa war der Umstand zu bedenken, dass es sich um den ersten öffentlichen deutschen Bau in Polen seit dem Zweiten Weltkrieg handelte. | Der Genius Loci spielt seit jeher bei Botschaftsbauten eine besondere Rolle. Schon das Klima oder bestimmte Baumaterialien erfordern ein Eingehen der Architektur auf den Ort. Der Neubau des Kanzleigebäudes der Deutschen Botschaft in Tokio etwa reagiert auf die Gefahr von Erdbeben mit einem Kubus, der die Baumassen gleichmäßig über die Gebäudehöhen verteilt. | Zu den Aufgaben des Bundesamtes für Bauwesen und Raumordnung gehören nicht nur die Planung und Durchführung von Neubauten, sondern auch die baufachliche Betreuung und Sanierung der mehr als 2 200 ausländischen Liegenschaften. Viele sind denkmalgeschützt wie das 1907 im Beaux-Arts-Stil errichtete Gebäude des Goethe-Instituts in New York oder das Palais Beauharnais in Paris, ein glanzvolles Hôtel des frühen 18. Jahrhunderts, in dem die Residenz des Deutschen Botschafters untergebracht ist. 1715 im Louis-quatorze-Stil erbaut und wertvoll ausgestattet ist das Huis Schuylenburch, die ebenfalls grundlegend instandgesetzte Residenz des Deutschen Botschafters in Den Haag. Auch neuere Architekturen wie das Goethe-Institut in Paris, ein Bau der Nachkriegsmoderne, werden erhalten und erneuert. | Die veränderte politische Ordnung führte im Osten zum Neubau von Auslandsvertretungen, wie in Tallinn / Estland. Die von der Bundesrepublik Deutschland, der Republik Ungarn, dem Land Baden-Württemberg und der Stadt Budapest getragene Deutsche Schule Budapest wurde 1990 in einer Phase tiefster Umbrüche als Begegnungsschule gegründet. | Die Auslandsbauten des Bundes bieten auch die Möglichkeit, Architekten zu fördern und deutsche Architektur als Exportartikel zu etablieren. Deshalb werden die Projekte nicht nur im Gastland, sondern auch in Deutschland überwiegend öffentlich ausgeschrieben. Dabei zeigen die Erfahrungen, dass der Umgang mit örtlichen Bauweisen, Zulassungs- und Lizenzierungsbestimmungen eine besondere Herausforderung für die Bauverwaltung darstellt.

RESTAURIERUNG DES HISTORISCHEN TEILS DER RESIDENZ DES DEUTSCHEN BOTSCHAFTERS IN DEN HAAG (HUIS SCHUYLENBURCH)

DEN HAAG _DIREKTVERGABE 1997 _BAU 2001-2003

Architektur und Ausstattung machen Huis Schuylenburch, die Residenz des Deutschen Botschafters in Den Haag, zu einem Gesamtkunstwerk. Es liegt prominent am Hofweiher mitten im Regierungsviertel in der Lange Vijverberg zwischen den Parlamentsgebäuden und der Prachtallee Lange Voorhout mit ihren ausländischen Vertretungen und dem Königlichen Palast und zählt zu den Baudenkmälern, die in keinem Reiseführer fehlen.

Willem van Schuylenburch und später sein Sohn Cornellis, Bürgermeister von Den Haag, ließ das Haus 1715 von Daniel Marot (1661–1752), einem französischen Architekten hugenottischer Abstammung, erbauen. Schuylenburch und sein Architekt gingen mit gebauter Geschichte recht unbesorgt um. Als es galt, zwei Häuser zu einem repräsentativen Stadtpalais zusammenzufassen, nahm sich Marot alle Freiheit und entwarf für die Gebäude eine gemeinsame Fassade im Louis-quatorze-Stil, der in Frankreich damals aktuell war.

Was heute ohne Weiteres gefällt, war für den calvinistischen Genussverzicht im 18. Jahrhundert vermutlich schon eine Herausforderung. Dabei hält sich die Schauseite des dreigeschossigen Palastes mit einer urnenbesetzten Balustrade und einem auffallenden Giebel durchaus noch zurück. Die Fassade betont den Eingang, der sich mit einer schönen Freitreppe öffnet, und das Piano nobile, dessen Fenster in der Mittelachse hinter einem Balkon von einem eingezogenen Segmentgiebel mit Medaillon akzentuiert und von Festonen gerahmt wird. Doch ist das Gefällige stets auch mit Strenge verbunden.

Im Innern aber beherrschen den Eindruck barock bewegte Wände, ein monumentales Treppenhaus, eine Kuppel über der Halle, Gesimse, Pilaster, Türstürze, Muschelnischen und Supraporten, Porträtbüsten sowie Decken- und Wandmalereien aus der griechischen Mythologie. Sie verdichten sich zu einem Affront gegen protestantische Askese-Ideale.

1888 kaufte der deutsche Kaiser das Gebäude für seine Gesandten und machte Huis Schuylenburch zur Amtswohnung des Botschafters in den Niederlanden. Nach einem Intermezzo als Residenz des niederländischen Marineministeriums wurde das Gebäude 1960 im Rahmen des deutsch-niederländischen Ausgleichsvertrages wieder deutsches Eigentum. Bei der mit der niederländischen Denkmalpflege abgestimmten notwendigen Sanierung von 1964 bis 1968 entstanden ein Neubauflügel für Dienstwohnungen, eine neue Eingangsdiele mit Abgang zu den neuen Garderoben im Untergeschoss, die neue Empfangshalle und das Esszimmer. Auch war moderne Technik vonnöten. Die Stuckdecken, Marmorböden, Wandbespannungen und Gemälde wurden restauriert sowie die teilweise verlorenen alten Möblierungen ergänzt. In den Jahren 2001 bis 2003 folgte eine weitere umfassende und denkmalgerechte Instandsetzung, die den Glanz des Hauses auch künftig sichert.

PROJEKT
Restaurierung des historischen Teils der Residenz des Deutschen Botschafters in Den Haag (Huis Schuylenburch)
STANDORT
Lange Vijverberg 8, 2513 Den Haag, Niederlande
_AKTEURE
BAUHERR
Bundesministerium für Verkehr, Bau und Stadtentwicklung (BMVBS)
DURCHFÜHRUNG
Bundesamt für Bauwesen und Raumordnung (BBR)
NUTZER
Auswärtiges Amt (AA)
SANIERUNGSARCHITEKTEN
architektenatelier steenvoorden, Boskoop
TECHNISCHE GEBÄUDEAUSRÜSTUNG
Ingenieurbüro Jaap, Nieuwenburg
_TERMINE
PLANUNGSVERGABE
1997 (Direktvergabe)
BAUBEGINN
2001
FERTIGSTELLUNG
2003

_GEBÄUDEDATEN
HAUPTNUTZFLÄCHE HNF
1 000 m²
BRUTTOGRUNDFLÄCHE BGF
2 500 m²
BRUTTORAUMINHALT BRI
9 900 m³
_KOSTEN
Gesamtbaukosten
KG 200 bis 700, brutto
2,8 Mio. EUR
(ohne bewegliche Einrichtung)
KG 300 und 400, brutto
2,6 Mio. EUR

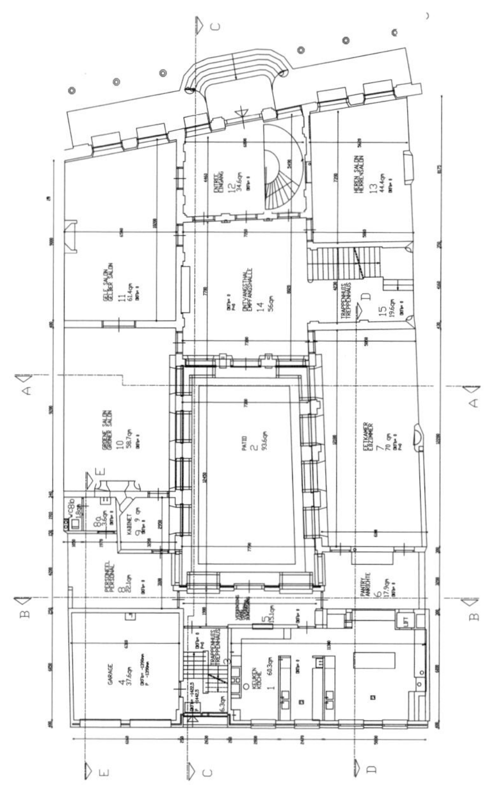

SANIERUNG DER RESIDENZ DES DEUTSCHEN BOTSCHAFTERS IN PARIS (PALAIS BEAUHARNAIS)

PARIS _DIREKTVERGABE 1999 _BAU 2002-2004

Der Deutsche Botschafter in Paris residiert in einem historischen Stadtpalais am Ufer der Seine. Die heutige Residenz wurde 1713 von Germain Boffrand errichtet, neben Jules Hardouin-Mansart oder Robert de Cotte einem der größten französischen Architekten seiner Zeit. Sie gehört zu einer Reihe von glanzvollen Hôtels, die in diesen Jahren am Ufer der Seine entstanden. Wie es für Stadtpalais des frühen 18. Jahrhunderts typisch war, lag das Gebäude parallel zur Straße und verfügte über einen baulich gefassten Cour d'honneur und einen Garten auf der Hinterseite. In dieser bevorzugten Lage, mit Ausblick auf die Seine und die gegenüberliegenden Tuilerien-Gärten, wohnten die Aristokratie und hohe Staatsbeamte; der erste Eigentümer des Palais war Jean-Baptiste Colbert, Marquis de Torcy, Leiter der französischen Staatsdiplomatie unter Ludwig XIV.

Nach der Französischen Revolution gelangte das Palais 1803 in den Besitz des Stiefsohns von Napoleon, Eugène de Beauharnais, der als Vizekönig von Italien ein standesgemäßes Haus benötigte. Durch seine persönliche Nähe zu dem Feldherrn lässt sich der Bau des ägyptisierenden Portals auf der Hofseite als Hommage an Napoleons Ägyptenfeldzüge deuten – doch war das gleichzeitig Teil der »Ägyptomanie«, die nach dem Feldzug Bonapartes zum Nil ganz Europa ergriffen hatte. Beauharnais widmete sich mit Unterstützung seiner Mutter Joséphine vor allem dem Innenausbau seines Palais. Er beauftragte die besten Möbeltischler, Bronzekünstler und Maler der Zeit, die mit üppigen Wandvertäfelungen und Deckenornamenten, Stoffbespannungen, wertvollen Leuchtern und Kaminen ein einzigartiges Ensemble im Empirestil entstehen ließen.

1818 gelangte das Haus an den Preußenkönig Friedrich Wilhelm III. und diente zunächst als Preußische Gesandtschaft, später als Deutsche Botschaft und mit kurzer Unterbrechung nach dem Zweiten Weltkrieg als Residenz des Deutschen Botschafters. Unter deutscher Bauleitung wurde die Einrichtung immer wieder in Teilen dem Zeitgeschmack angepasst. Es wurden zusätzliche Kronleuchter angebracht oder beim gelegentlichen Wechsel der Stoffe statt der kräftigen Originalfarben Pastelltöne bevorzugt – immer jedoch mit Bezug auf die originale Einrichtung.

Weil man das Gebäude seinerzeit auf Schwemmland am Seine-Ufer errichtet hatte, litt es stets unter Setzrissen, die man bereits im 19. Jahrhundert aufwendig beheben musste und denen man in den 1960er-Jahren in einer Generalsanierung mit einer Untergrundverfestigung begegnete.

In den Jahren 2002 bis 2005 war das Pariser Architekturbüro Bertolotti & Brand immer wieder mit behutsamen Sanierungsmaßnahmen des seit 1951 unter Denkmalschutz stehenden Hauses, mit der Fassadensanierung und der Erneuerung der Haustechnik beschäftigt.

PROJEKT
Sanierung der Residenz des Deutschen Botschafters in Paris (Palais Beauharnais)
STANDORT
78, rue de Lille, 75007 Paris, Frankreich
_AKTEURE
BAUHERR
Bundesministerium für Verkehr, Bau und Stadtentwicklung (BMVBS)
DURCHFÜHRUNG
Bundesamt für Bauwesen und Raumordnung (BBR)
NUTZER
Auswärtiges Amt (AA)
SANIERUNGSARCHITEKTEN
Bertolotti & Brand, Paris
TECHNISCHE GEBÄUDEAUSRÜSTUNG
SIRR, Straßburg
_TERMINE
PLANUNGSVERGABE
1999 (Direktvergabe)
BAUBEGINN
2002
FERTIGSTELLUNG
2004

_GEBÄUDEDATEN
HAUPTNUTZFLÄCHE HNF
1 700 m²
BRUTTOGRUNDFLÄCHE BGF
3 600 m²
BRUTTORAUMINHALT BRI
14 800 m³
_KOSTEN
Gesamtbaukosten
KG 200 bis 700, brutto
6 Mio. EUR

NEUBAU DER KANZLEI UND RESIDENZ DER DEUTSCHEN BOTSCHAFT WARSCHAU

WARSCHAU _WETTBEWERB 2002 _BAU 2005-2008

Bauen in Warschau ist aus deutscher Sicht keine Tätigkeit wie jede andere. Nach den Zerstörungen im Zweiten Weltkrieg sind hier Sensibilität und Fingerspitzengefühl ganz besonders gefragt. Mit dem Bau der 2008 fertiggestellten Deutschen Botschaft in Warschau, dem ersten öffentlichen deutschen Bau in Polen seit dem Krieg, machte man es sich nicht leicht. Von 371 Architekturbüros, die an dem 2002 ausgeschriebenen offenen, internationalen und interdisziplinären Wettbewerb teilnahmen, wurde drei ein erster Preis zugesprochen und alle fünf Preisträger aufgefordert, ihren Entwurf zu überarbeiten. Den Auftrag erhielt schließlich der Berliner Architekt Holger Kleine.

Kleines Entwurf für den Neubau der Kanzlei und der Residenz zeigt einen bewegten Baukörper: ein komplex und abwechslungsreich gestaltetes Gebäude, mit überraschenden Rücksprüngen, Überständen und einer vom ersten Obergeschoss in den Garten führenden Rampe. Das Erdgeschoss ist ein als Sockel frei geformter Baukörper mit verschiedenen Funktionsbereichen. Ein Mehrzwecksaal ist hier untergebracht, das Foyer, die Rechts- und Konsularstelle und Repräsentationsräume. Darauf ruhen ein zweigeschossiger T-förmig verzweigter Bürotrakt sowie, in der Ecke abgesetzt, ein viergeschossiger Quader, der als Wohngebäude dient. Wichtig für den Entwurf war die exponierte Lage an der »Warschauer Böschung«, einem fast 13 000 Quadratmeter großen parkähnlichen Grundstück am Rande der historischen Stadt in direkter Nachbarschaft zum Łazienkowski-Park.

Die aufgelösten Bauvolumen und die deutliche Horizontalorientierung der Botschaft prägen ein architektonisches Gesamtbild, das von Monumentalität weit entfernt ist, ohne Repräsentanz einzubüßen. Die Offenheit und Dialogfreude setzen sich fort. Der Entwurf weist den Funktionsbereichen Kanzlei, Rechts- und Konsularreferat und Botschafterresidenz drei Baukörper zu, deren Fassaden je ein eigenes, überaus prägnantes Erscheinungsbild erhalten. Das Gebäude soll von wildem Wein berankt werden. Ein eigens entwickelter Kunststein, ein grün eingefärbter Betonstein mit Blattmuster, soll den natürlichen Bewuchs im Lauf der Jahreszeiten künstlich ergänzen oder ersetzen. Die Bürogeschosse der Kanzlei dagegen sind mit hell schimmerndem Strukturglas verkleidet. Im Kontrast dazu steht der Nero Assoluto, ein schwarzer Granitstein, mit dem Teile des ebenerdigen Sockels verkleidet sind.

Holger Kleine beschreibt den Ansatz seiner Warschauer Architektur – nicht zuletzt vor dem geschichtlichen und politischen Hintergrund – so: »Das Gebäude ist [...] auch als Komposition unterschiedlicher Körper und Materialien konzipiert, da Botschaften Orte der Begegnung und Verständigung mit anderen und Fremden sind. Dabei soll die Botschaft einen sowohl kontemplativen wie festlichen Charakter haben. Statt monumental aufzutrumpfen, beeindruckt sie durch ein Gleichgewicht von Gebundenheit und Freiheit, von Festigkeit und Beweglichkeit, von Nüchternheit und Poesie.«

PROJEKT
Neubau der Kanzlei und Residenz der Deutschen Botschaft Warschau
STANDORT
Ul. Jazdów 12, 00-467 Warschau, Polen
_AKTEURE
BAUHERR
Bundesministerium für Verkehr, Bau und Stadtentwicklung (BMVBS)
DURCHFÜHRUNG
Bundesamt für Bauwesen und Raumordnung (BBR)
NUTZER
Auswärtiges Amt (AA)
ARCHITEKTEN
Generalplaner
Holger Kleine Gesellschaft von Architekten mbH, Berlin
_TERMINE
PLANUNGSVERGABE
2002 (Wettbewerb)
BAUBEGINN
2005
FERTIGSTELLUNG
2008
_GEBÄUDEDATEN
HAUPTNUTZFLÄCHE HNF
3 600 m²
BRUTTOGRUNDFLÄCHE BGF
8 300 m²
BRUTTORAUMINHALT BRI
29 700 m³
_KOSTEN
Gesamtbaukosten
KG 200 bis 700, brutto
21 Mio. EUR
KG 300 und 400, brutto
15 Mio. EUR

NEUBAU DER RESIDENZ DES DEUTSCHEN BOTSCHAFTERS IN PRESSBURG

BRATISLAVA _VOF-VERFAHREN 2000 _BAU 2005-2008

Die unabhängige Slowakische Republik ist 1993 aus der Teilung der Tschechoslowakei hervorgegangen. Ihr Beitritt zur Europäischen Union im Jahr 2004 unterstrich noch einmal die Notwendigkeit einer funktionalen und repräsentativen Deutschen Vertretung. Die Kanzlei der Deutschen Botschaft in Pressburg (Bratislava) ist seit 1996 repräsentativ im ehemaligen Palais Neszter am Rande der historischen Innenstadt untergebracht. Was noch fehlte, war eine adäquate Residenz für den Botschafter.

Dazu hatte das Auswärtige Amt 1998 ein knapp 1 300 Quadratmeter großes Grundstück im Viertel Stavé Mésto an der Mudronovastraße erworben, das hoch über der Altstadt, unmittelbar an der jäh abfallenden Böschungskante zum Donautal liegt. Im Rahmen eines Verhandlungsverfahrens im Jahre 2000 war für den Neubau bereits das Architekturbüro Hillebrandt + Schulz (heute gernot schulz : architektur) ausgewählt worden. Der eigentliche Planungsprozess begann 2002. Wegen verschiedener Hindernisse, insbesondere wegen offener Finanzierungsfragen, wurde der Neubau erst 2005 begonnen.

Die nach dreijähriger Bauzeit im März 2008 fertiggestellte Residenz wirkt luftig und licht. Sie ist von ausgesuchter Eleganz und setzt in der originellen und authentischen Weiterentwicklung des Formempfindens der klassischen Moderne auf klare Kuben und auf den prägnanten Kontrast von Glas, Steigerwald Quarzit, farbig lackiertem Stahlblech und dunkler Räuchereiche.

Gernot Schulz nahm die exponierte Grundstückslage neben der Burg, dem Wahrzeichen der Stadt, zum Ausgangspunkt eines Entwurfs, der die Wege und die weiten Blicke über das Donautal paraphrasiert und interpretierend nachzeichnet. »Der gesamte Entwurf«, so der Architekt, »entsteht aus der Bewegung eines [...] hellen Wand-/Deckenbandes. Dieses beginnt als Grundstücksmauer an der öffentlichen Straße Mudronova, begleitet die Auffahrt, umrahmt winkelförmig einen Vorplatz, klappt um und wird zum Dach des EG, bevor es als mäanderndes Band die privaten Schlafräume der Botschafterfamilie ›einhüllt‹. Der schwellenfreie Umgang mit dem Natursteinbodenbelag und die raumhohe Glasfassade mit ihren großzügigen Schiebeelementen in den privaten und repräsentativen Räumen heben die Grenzen zwischen Innen- und Außenraum scheinbar auf.«

PROJEKT
Neubau der Residenz des Deutschen Botschafters in Pressburg
STANDORT
Mudroňova 3a, 811 01 Bratislava, Slowakische Republik
_AKTEURE
BAUHERR
Bundesministerium für Verkehr, Bau und Stadtentwicklung (BMVBS)
DURCHFÜHRUNG
Bundesamt für Bauwesen und Raumordnung (BBR)
NUTZER
Auswärtiges Amt (AA)
ARCHITEKTEN
gernot schulz : architektur, Köln
TECHNISCHE GEBÄUDEAUSRÜSTUNG
Zibell Willner & Partner GmbH, Köln
_TERMINE
PLANUNGSVERGABE
2000 (VOF-Verfahren)
BAUBEGINN
2005
FERTIGSTELLUNG
2008
_GEBÄUDEDATEN
HAUPTNUTZFLÄCHE HNF
400 m²
BRUTTOGRUNDFLÄCHE BGF
1 300 m²
BRUTTORAUMINHALT BRI
3 600 m³
_KOSTEN
Gesamtbaukosten
KG 200 bis 700, netto
3,6 Mio. EUR
KG 300 und 400, netto
1,7 Mio. EUR

HANNS JOOSTEN © 2008

STOP

NEUBAU DES KANZLEIGEBÄUDES DER DEUTSCHEN BOTSCHAFT TOKIO

TOKIO _WETTBEWERB 2000 _BAU 2004/05

Das 1960/61 entstandene alte Kanzleigebäude der Deutschen Botschaft Tokio war in die Jahre gekommen. Auch stellte sich nach der Katastrophe von Kobe 1995 verstärkt die Frage nach der Erdbebensicherheit. Eine Sanierung der im Wohn- und Geschäftsviertel gegenüber dem Tokioter Arisugawa-Park gelegenen Kanzlei erwies sich als unwirtschaftlich. Deshalb schrieb man einen internationalen Wettbewerb für einen Neubau aus, den das Stuttgarter Architekturbüro Mahler, Günster, Fuchs gewann. Nach kurzer Bauzeit wurde im Jahre 2005 – neben der bestehenden Botschaftsresidenz – ein fünfgeschossiger Kubus fertiggestellt, der die Baumassen gleichmäßig über die Gebäudehöhen verteilt.

Der elegante Solitär der Deutschen Botschaft im Stadtteil Minato-ku liegt auf einem für Tokioter Verhältnisse großen Grundstück mit einem alten japanischen Garten. Hinter einer massiven, sockelähnlichen Betonmauer ragt der Kubus mit seiner Rasterfassade aus Glas und Metall auf. Die vorhandene Vertikaltendenz nimmt er durch die Beschränkung auf fünf markant gegliederte Geschosse gleichzeitig auch zurück und lässt Gedanken an Stadtpaläste der Renaissance aufkommen. Der Bau ist schmucklos und sachlich. Nur das ausgestellte Vordach der Eingangsseite verlässt das strenge Raster. Die großflächig verglaste Fassade bildet mit dem mechanisch verstellbaren Sonnenschutz ein einnehmendes Display ständig wechselnder Eindrücke. Abhängig von den Lichtverhältnissen ändert das Gebäude sein Erscheinungsbild in allen Abstufungen von gänzlicher Verhüllung bis zu vollkommener Offenheit. Ohne Sonnenschutz präsentiert das Gebäude eine Glasfassade mit Aluminiumrahmen, die alles Weitere den Spiegelungen der Wolken oder der Beleuchtung der Büros durch künstliches Licht überlässt. Bei geschlossenem Sonnenschutz verwandelt sich das Gebäude in einen in sich gekehrten, minimalistischen Kubus.

Auch das Innere gibt sich zurückhaltend. Klarheit und Offenheit sind die Maxime der Grundrissbildung und des streng organisierten Raumgefüges. Das erschließt sich vom rund 200 Quadratmeter großen überdachten Atrium, welches das Zentrum der Botschaft und gleichzeitig ihr Schmuckstück ist. Die asymmetrisch mit Öffnungen durchbrochenen Atriumswände ermöglichen vielseitige Raum- und Seherlebnisse und werden bis zur sechzehnfach durchbrochenen Decke hochgeführt, die den Raum bis in die Eingangsebene mit Tageslicht versorgt.

Der architektonische Purismus des Kanzleigebäudes verkörpert Solidität und schafft jene Transparenz, die man sich gemeinhin für Botschaftsgebäude wünscht. Auch das Zusammenspiel von Beton, weißen Putzflächen, Glas, Stahl sowie grauem Muschelkalk verleiht dem Gebäude im Innern eine Eleganz, die sich vornehm über Reduktion und Verzicht definiert.

PROJEKT
Neubau des Kanzleigebäudes der Deutschen Botschaft Tokio
STANDORT
4-5-10, Minami-Azabu, Minato-ku, Tokio 106-0047, Japan
_AKTEURE
BAUHERR
Bundesministerium für Verkehr, Bau und Stadtentwicklung (BMVBS)
DURCHFÜHRUNG
Bundesamt für Bauwesen und Raumordnung (BBR)
NUTZER
Auswärtiges Amt (AA)
ARCHITEKTEN
Mahler Günster Fuchs Architekten, Stuttgart
_TERMINE
PLANUNGSVERGABE
2000 (Wettbewerb)
BAUBEGINN
2004
FERTIGSTELLUNG
2005
_GEBÄUDEDATEN
HAUPTNUTZFLÄCHE HNF
1 600 m²
BRUTTOGRUNDFLÄCHE BGF
3 700 m²
BRUTTORAUMINHALT BRI
14 500 m³
_KOSTEN
Gesamtbaukosten
KG 200 bis 700, netto
19 Mio. EUR
KG 300 und 400, netto
13 Mio. EUR

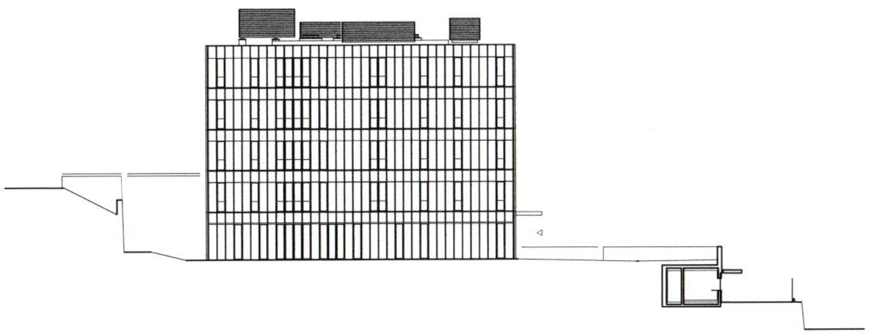

NEUBAU DER BOTSCHAFTSSCHULE UND DIENSTWOHNGEBÄUDE DER DEUTSCHEN BOTSCHAFT PEKING

PEKING _WETTBEWERB 1998 _BAU 1999–2001

Das Hamburger Architekturbüro von Gerkan, Marg und Partner (gmp) realisiert weltweit, besonders in China, eine Vielzahl an Projekten. Den Anfang dortiger Aktivitäten bildeten die Deutsche Botschaftsschule mit Kindergarten, Sportflächen sowie das Dienstwohngebäude der Deutschen Botschaft. Die Bauten wurden auf einem Grundstück im neuen, Anfang der Neunzigerjahre erschlossenen dritten Diplomatenviertel im Nordosten Pekings realisiert.

Der Entwurf ist aus einem internationalen Architektenwettbewerb hervorgegangen. Er grenzt die 2000 sowie 2001 in zwei Bauabschnitten fertiggestellten Gebäude gegenüber dem Stadtraum und der stark befahrenen Liangmaqiao-Lu-Straße inselhaft ab. Die Gebäude sind so an die Ränder des trapezförmigen Grundstücks gesetzt, dass der Pausenhof und der angrenzende Ballspielplatz den Mittelpunkt einer dichten, aber doch Freiräume definierenden Bebauung bilden.

Das dreigeschossige Schulgebäude besteht aus unterschiedlich langen Gebäudeteilen. In den äußeren Flügeln sind die Klassen- und Fachräume, die Schulverwaltung sowie der Kindergarten untergebracht. Der verbindende mittlere Gebäudeteil öffnet sich mit dem Eingang zum Pausenhof. Im Innern wird durch die axiale Anordnung des Foyers mit darüberliegender Bibliothek, der Aula und der Sporthalle eine großzügige Raumabfolge erreicht. Dieser gestalterische Gedanke wird durch die geschickte Einbeziehung der abfallenden Zuschauerränge der Aula und der Erweiterungsmöglichkeit bis in die Sporthalle noch verstärkt. Mobile Trennwände erlauben eine flexible Raumnutzung. Der von markanten Oberlichtkuben und Vierendeel-Trägern geprägte Dachbereich über der Sporthalle kann als zusätzliche Pausenfläche genutzt und direkt von den Fluren aus erreicht werden.

In dem Dienstwohngebäude sind auf neun Geschossen insgesamt neununddreißig Wohnungen unterschiedlicher Größe, davon vier Maisonettes, untergebracht. Verbunden sind die Wohnungsbereiche durch einen zweiseitig offen verglasten Lichthof mit zentralem Treppenhaus und Aufzugsanlage. Die Architektur löst die Baukörper abwechslungsreich, unaufgeregt und stilvoll auf. Sie belebt die Fassaden mit alternierenden geschosshohen Öffnungen, öffnet die Mauerflächen, schafft Freiräume, bildet Lauben, Betonschotten und große Oberlichtlaternen. Das Farbkonzept, das für das Schulgebäude eine in kaiserlichem Rot gehaltene Betonfertigteilfassade vorsieht, für das Wohnhaus dagegen einen Ockerton, sorgt für weitere Abwechslung. Es ist identitätsbildend und verleiht dem Ensemble einen Zusammenhalt, der im heterogenen städtischen Umfeld des Pekinger Diplomatenviertels Akzente setzt.

PROJEKT
Neubau der Botschaftsschule und Dienstwohngebäude der Deutschen Botschaft Peking
STANDORT
Liangmaqiao Lu 49 A,
Chaoyang Bezirk, 100016 Peking,
Volksrepublik China
_AKTEURE
BAUHERR
Bundesministerium für Verkehr, Bau und Stadtentwicklung (BMVBS)
DURCHFÜHRUNG
Bundesamt für Bauwesen und Raumordnung (BBR)
NUTZER
Deutscher Schulverein Peking,
Auswärtiges Amt (AA)
ARCHITEKTEN
Generalplaner
von Gerkan, Marg und Partner (gmp),
Hamburg
_TERMINE
PLANUNGSVERGABE
1998 (Wettbewerb)
BAUBEGINN
1999
FERTIGSTELLUNG
2001
_GEBÄUDEDATEN
HAUPTNUTZFLÄCHE HNF
3 900 m² (Schulgebäude)
5 100 m² (Dienstwohngebäude)
BRUTTOGRUNDFLÄCHE BGF
9 700 m² (Schulgebäude)
9 900 m² (Dienstwohngebäude)
BRUTTORAUMINHALT BRI
33 500 m³ (Schulgebäude)
30 900 m³ (Dienstwohngebäude)

_KOSTEN
Gesamtbaukosten
KG 200 bis 700, netto
28 Mio. Euro
KG 300 und 400, netto
21 Mio. EUR

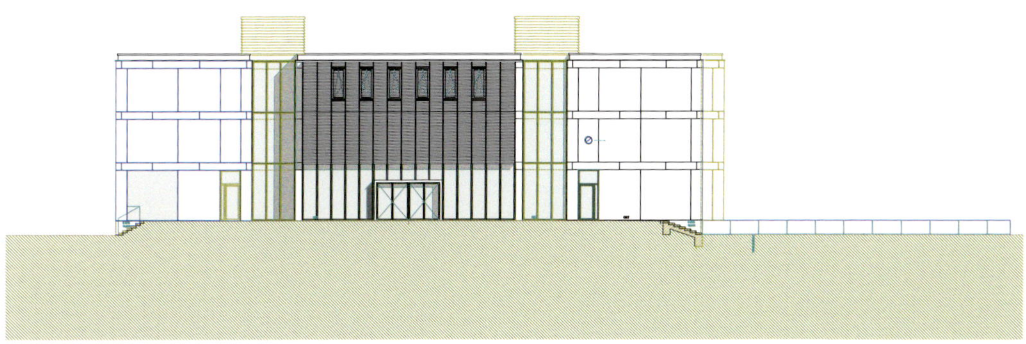

NEUBAU DER DEUTSCHEN SCHULE BUDAPEST

BUDAPEST _WETTBEWERB 1996 _BAU 2000/01

Die im Westen von Budapest gelegene Deutsche Schule wurde 1990, in einer Phase ungeahnter weltpolitischer Umbrüche, gegründet. Fünfzig Lehrer unterrichten etwa vierhundert deutsche, deutschsprachige und ungarische Schüler in einem Schulzentrum mit Grundschule und Gymnasium, das von der Bundesrepublik Deutschland, der Republik Ungarn, dem Land Baden-Württemberg sowie der Stadt Budapest als Begegnungsschule getragen wird.

Mit der Planung für das 2001 fertiggestellte Thomas-Mann-Gymnasium wurde das Frankfurter Architekturbüro Scheffler, Warschauer + Partner beauftragt. Es galt eine Architektursprache zu finden, die sich von den Normierungen und den stereotypen Mustern von Plattenbauten absetzt. Gefragt war eine speziell auf den Ort zugeschnittene Lösung, die eine positive Stimmung verbreitet, sympathisch wirkt und ein freundliches Bild Deutschlands im Ausland vermittelt. Das Ensemble des Frankfurter Architekturbüros transportiert diese Vorstellung mit Leichtigkeit und Selbstverständnis und komponiert einen mehrfach ausgezeichneten Gebäudekomplex in die schwierige Hanglage am Budapester Schwabenberg.

Das Konzept lässt Raum für Luft und Licht. Der vielgliedrige Bau setzt auf Vielfalt, klare Akzente und deutlich herausgearbeitete Kontraste. Architektonisches Versteckspiel, Monotonie und plastisches Gleichmaß sind seine Sache nicht. So variieren die Baukörper in Form und Größe, ebenso die Höhenniveaus und die dem Geländeverlauf angepasste Geschossbildung. Die Klassenräume sind in einem großen dreigeschossigen gläsernen Viertelkreis untergebracht, der die Höhenlinien des Schwabenbergs nachzeichnet und die Sporthalle mit dem begehbaren Dach und den zur Hangseite offenen Schulhof umschließt. Im Südwesten schließen sich die Anbauten für Lehrerzimmer, die Bibliothek und die Aula an, die sich wie die Turnhalle zumindest in Teilen in die Erde hineinschiebt. Überstände, Unterzüge, Flach- und Pultdächer, einschwingende Fassadenflächen, abgerundete Ecken, schräggestellte Pylonen, geböschtes Mauerwerk, Glaswände und schmal aus der Fassade geschnittene Fensterbänder lockern den Bau ebenso spannungsvoll auf wie die unterschiedlichen Materialien: Glas, Naturstein, rot und ockerfarben gestrichene Holzfassaden und Putz.

Die Vielfalt der Motive und die additive Formgebung reagieren auf den Ort und die Hanglage. Sie sind dem Erlebniswert der Architektur, die sich mit einer wandhohen Verglasung zum Park und mit weitem Blick über Buda zum Tal hin öffnet, überaus zuträglich.

PROJEKT
Neubau der Deutschen Schule Budapest
STANDORT
Cinegeút 8/c, 1121 Budapest, Ungarn
_AKTEURE
BAUHERR (BIS LEISTUNGSPHASE 3)
Bundesministerium für Verkehr, Bau und Stadtentwicklung (BMVBS)
ZUWENDUNGSEMPFÄNGER (AB LEISTUNGSPHASE 4)
Stiftungsrat Deutsche Schule Budapest
DURCHFÜHRUNG (BIS LEISTUNGSPHASE 3)
Bundesamt für Bauwesen und Raumordnung (BBR)
DURCHFÜHRUNG (AB LEISTUNGSPHASE 4)
Stiftung Deutsche Schule Budapest
NUTZERIN
Stiftung Deutsche Schule Budapest
ZUWENDUNGSGEBERIN
Bundesrepublik Deutschland (10,8 Mio. EUR aus Mitteln des Auswärtigen Amtes)
ARCHITEKTEN
Generalplaner
Scheffler, Warschauer + Partner, Frankfurt am Main (Entwurfsplanung)
Generalplaner
Bánáti + Hartvig, Budapest (Ausführungsplanung)

_TERMINE
PLANUNGSVERGABE
1996 (Wettbewerb)
BAUBEGINN
2000
FERTIGSTELLUNG
2001
_GEBÄUDEDATEN
HAUPTNUTZFLÄCHE HNF
4 600 m²
BRUTTOGRUNDFLÄCHE BGF
7 800 m²
BRUTTORAUMINHALT BRI
37 600 m³
_KOSTEN
Gesamtbaukosten
KG 200 bis 700, netto
11 Mio. Euro

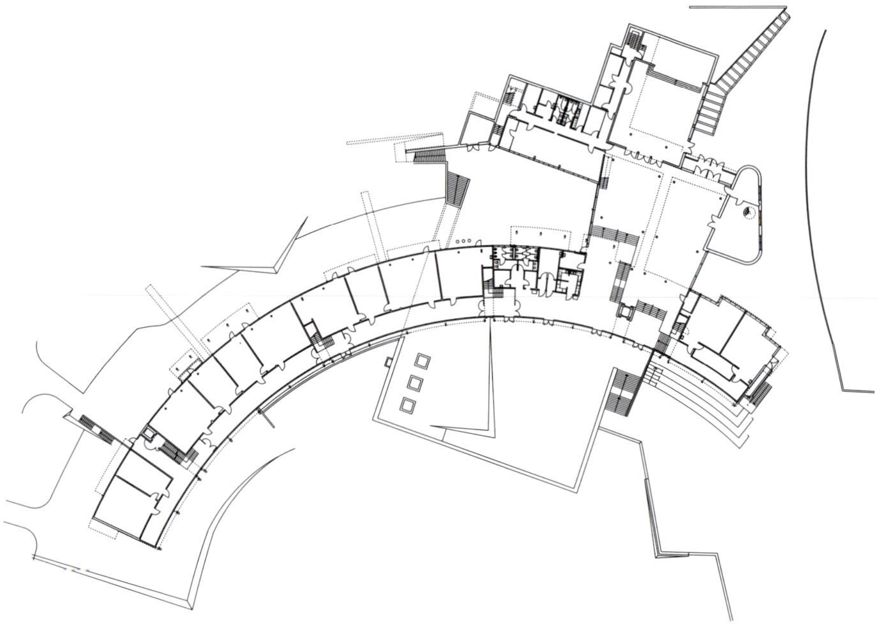

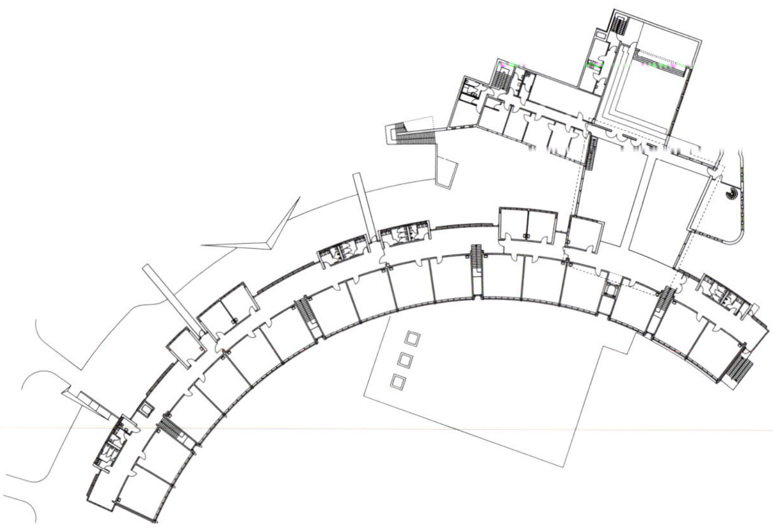

GESAMTSANIERUNG DES GOETHE-INSTITUTS PARIS

PARIS _VOF-VERFAHREN 2002/03 _BAU 2005-2007

Die Einstellung gegenüber Bauten der Nachkriegsmoderne hat sich geändert. Wo bis vor Kurzem ein Abriss heimlich erhofft oder ernsthaft in Betracht gezogen worden wäre, machen sich allmählich Skrupel breit. So auch beim Goethe-Institut in Paris. Rainer Schell hatte das Institut in den Sechzigerjahren entworfen, als man einfache architektonische Aussagen, funktionale Formgebungen und Entwürfe ihrer Klarheit wegen schätzte. Zwei Einzelgebäude setzte der Wiesbadener Architekt unweit vom Arc de Triomphe, den Champs-Élysées und dem Place du Trocadéro an die Avenue d'Iéna beziehungsweise an die dahinter liegende Rue de Lübeck und verband sie durch einen Kellertrakt. Es sind technisch perfekt umgesetzte Baukörper in Stahlbetonkonstruktion, die sich gegenüber den repräsentativen Nachbargebäuden im haussmannschen Stil keinen Zwang antun.

Im Laufe von vierzig Jahren kam es zu Veränderungen und Eingriffen. Immer weniger entsprach das Gebäude der Vorstellung von einem Kulturinstitut, das ein positives Image des eigenen Landes im Gastland vermitteln soll. Vieles schien verbaut und zugestellt.

Das deutsch-französische Architekturbüro richter+piquard machte sich im Jahr 2005 ans Werk, sanierte und stattete den Sechzigerjahre-Bau mit einem zeitgemäßen Outfit aus. Dabei fegten richter+piquard nicht mit großer Geste über das Vorhandene hinweg, sondern passten ihr Vorgehen dem Vorgefundenen an. »Hier wird«, so Hans Philip Richter, »Respekt gezeigt vor dem originären Entwurf, der als Grundschicht der Neugestaltung erscheinen soll. […] Die Prämisse unserer Arbeit war, die Qualitäten des Gebäudes zu belassen, zu erforschen und durch bedachte Eingriffe zu unterscheiden.«

Unter Berücksichtigung der Auflagen der Pariser Denkmalschutzbehörde sanierten die Architekten die Straßenfassaden mit den Balkonbrüstungen und das Dach. Sie ordneten die Räume durch Abriss nicht tragender Wände und den Einzug neuer Wände um und erneuerten die Böden, Wandbekleidungen und Deckenelemente. Im Hof brachten sie aus Sicherheitsgründen Treppen an und schufen in den Gebäuden neue technische Standards. Die zuvor flächenbündigen, nun zurückgesetzten Fenster und Klappläden, die für einen Höhenzug und für eine größere Korrespondenz mit den Nachbarbauten sorgen, werten die Fassade auf. Das ganzflächige, graue Aluminium der Fassadenbrüstungen zum Innenhof wurde durch farbig getöntes Glas ersetzt, das Bezüge zu den mit großen Fenstern ausgestatteten Klassenräumen herstellt und den Baukörper öffnet und belebt.

Auf den Punkt gebracht lautet das Konzept der Sanierung so viel wie »Adieu Tristesse« und bedeutet Aufhellung, Farbe und Weite. Das sachlich eingerichtete Foyer, die Büros, die Bibliothek, die Seminarräume sowie der Veranstaltungs- und Kinosaal des Goethe-Instituts erfreuen nunmehr wieder durch einen transparenten und lichten Charakter.

PROJEKT
Gesamtsanierung des Goethe-Instituts Paris
STANDORT
17 avenue d'Iéna, 75016 Paris, Frankreich
_AKTEURE
BAUHERR
Bundesministerium für Verkehr, Bau und Stadtentwicklung (BMVBS)
DURCHFÜHRUNG
Bundesamt für Bauwesen und Raumordnung (BBR)
NUTZER
Goethe-Institut Paris
SANIERUNGSARCHITEKTEN
richter+piquard Architekten - Bergerac
TECHNISCHE GEBÄUDEAUSRÜSTUNG
ARGETEC, Périgueux
_TERMINE
PLANUNGSVERGABE
2002/03 (VOF-Verfahren)
BAUBEGINN
2005
FERTIGSTELLUNG
2007
_GEBÄUDEDATEN
HAUPTNUTZFLÄCHE HNF
1 800 m²
BRUTTOGRUNDFLÄCHE BGF
4 100 m²
BRUTTORAUMINHALT BRI
16 400 m³

_KOSTEN
Gesamtbaukosten
KG 200 bis 700, brutto
4,7 Mio. EUR
KG 300 und 400, brutto
4,0 Mio. EUR

GOETHE HOUSE
NEW YORK
GERMAN CULTURAL CENTER

GESAMTSANIERUNG DES GOETHE-INSTITUTS NEW YORK

NEW YORK _PLANUNGSAUFTRAG 1984 _BAU 1989-1991

Eines der sieben Goethe-Institute in den Vereinigten Staaten von Amerika befindet sich in prominenter Lage gegenüber dem Metropolitan Museum an der Fifth Avenue in New York. Das Gebäude wurde 1906/07 vom New Yorker Architekturbüro Welch, Smith & Provot als repräsentatives Wohngebäude errichtet. Auf dem handtuchschmalen Grundstück werden – für New Yorker Verhältnisse überaus gemäßigt – sechs Geschosse übereinander gestapelt.

Das »Goethe House« folgt dem in den USA zwischen 1885 und 1920 beliebten akademischen Beaux-Arts-Stil. Die gut proportionierte und auf Symmetrie bedachte Kalksteinfassade ist hierarchisch von unten nach oben abgestuft. Auf das Quadermauerwerk im Erdgeschoss lässt sie Rundbogenfenster im ersten Geschoss, sodann Rechteckfenster und über einem weit auskragenden Konsolengesims ein Dachgeschoss folgen, das die Zweiachsigkeit des Aufrisses durchbricht.

Die Bundesrepublik Deutschland erwarb das Gebäude 1960. Als zwischen 1989 und 1991 eine Sanierung erforderlich wurde, verlangte der Denkmalschutz, unter dem das New Yorker Stadthaus steht, ein äußerst behutsames Vorgehen. In die historische Bausubstanz durfte nicht beziehungsweise nur sehr vorsichtig eingegriffen werden. Nicht mehr vorhandene Bausubstanz wurde wiederhergestellt. Da keine Pläne vorlagen, rekonstruierte das New Yorker Architekturbüro Peter Englert & Associates unter Beteiligung deutscher und amerikanischer Firmen die ursprünglichen Formen der Fenster auf der Grundlage von Studien und alten Fotografien. Im vornehmen Innern des Gebäudes, das wegen der Enge des Grundstücks mehrere Durchgangsräume hintereinanderstaffelt, erfolgten behutsame Umbauten. Man restaurierte die Holzvertäfelungen der Wände, die Stukkaturen, die Eichentüren und das Parkett. Gleichzeitig galt es, das Haus für die Belange einer modernen Bildungseinrichtung auszustatten.

Beim Umbau der Bibliothek zum Auditorium wurde die Technik hinter der Wandvertäfelung und unter der Decke unsichtbar installiert. Die erlesene Innenausstattung spart – so in der Eingangshalle, im Büro des Direktors oder in der Bestuhlung des Auditoriums – das Moderne nicht aus. Den Eindruck aber dominiert – ganz nach dem gepflegten Geschmack der Erbauer – das eklektizistische Angebot des Beaux-Arts-Stils: Böden aus Sienamarmor, Marmorkamine, Pilaster, Reliefs, Girlanden und mit reichem Zierwerk gefüllte Kartuschen.

PROJEKT
Gesamtsanierung des Goethe-Instituts New York
STANDORT
1014 Fifth Avenue, New York, NY 10028, USA
_AKTEURE
BAUHERR
Bundesministerium für Verkehr, Bau und Stadtentwicklung (BMVBS)
DURCHFÜHRUNG
Bundesamt für Bauwesen und Raumordnung (BBR)
NUTZER
Goethe-Institut New York
SANIERUNGSARCHITEKTEN
Peter Englert & Associates, Inc. New York
_TERMINE
PLANUNGSVERGABE
1984 (Planungsauftrag)
BAUBEGINN
1989
FERTIGSTELLUNG
1991

_GEBÄUDEDATEN
HAUPTNUTZFLÄCHE HNF
2 100 m²
BRUTTORAUMINHALT BRI
8 300 m³
_KOSTEN
Gesamtbaukosten
KG 200 bis 700, brutto
4,3 Mio. EUR

BAUEN FÜR DIE SUPRANATIONALEN INSTITUTIONEN IN DEUTSCHLAND

Das Bundesministerium für Verkehr, Bau und Stadtentwicklung übernimmt bei supranationalen Bau- oder Sanierungsmaßnahmen im Ausland – wie beispielsweise bei der Sanierung des Hauptquartiers der Vereinten Nationen in New York oder dem Neubau des Internationalen Strafgerichtshofs in Den Haag – eine beratende baufachliche Unterstützungsfunktion im Zusammenspiel der eigenen und der Interessen der anderen beteiligten Mitgliedstaaten. | Zu den für supranationale Institutionen im Inland durchgeführten Projekten, bei denen das Bundesministerium die Bauherrnfunktion übernahm, gehört der Neubau für den Internationalen Seegerichtshof in Hamburg. Mit dem Internationalen Seegerichtshof hat erstmals eine bedeutende Rechtsinstitution aus dem UN-Bereich ihren Sitz auf deutschem Boden. | Mit ihrer Präsenz in Bonn würdigen die Vereinten Nationen das Engagement Deutschlands für die Weltgemeinschaft. Die Entscheidung, die ehemalige Hauptstadt zu einem Ort internationaler und supranationaler Einrichtungen auszubauen und als UN-Standort zu etablieren, ist Teil des Berlin-Bonn-Gesetzes aus dem Jahre 1994. 2006 schließlich wurde das sanierte ehemalige Abgeordnetenhaus, der »Lange Eugen«, als Dienstsitz fast aller Bonner UN-Organisationen übergeben. Das Alte Abgeordnetenhochhaus wird als bauökologisches Modellprojekt umfassend für das UN-Klimasekretariat saniert. | Wichtigste Stütze beim Ausbau Bonns als deutscher UN-Standort ist das World Conference Center Bonn (WorldCCBonn). Dazu gehören ehemalige Parlamentsbauten wie Günter Behnischs Neuer Plenarsaal, das Alte Wasserwerk und das Pumpenhaus. Ganz wesentlich geprägt wird es vom Neubau eines Konferenzgebäudes und eines zugehörigen Kongresshotels. Mit dem Campus der Vereinten Nationen und dem WorldCCBonn als seinem Herzstück konnten der zeitgeschichtlichen Bedeutung angemessene Folgenutzungen für die ehemaligen Parlamentsgebäude gefunden werden.

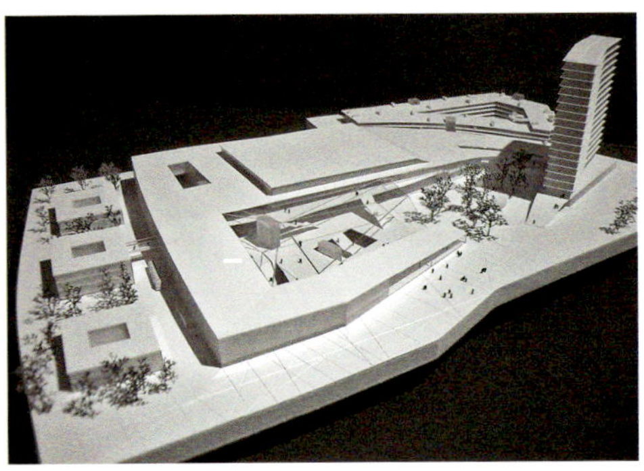

GESAMTDARSTELLUNG UN-CAMPUS BONN

Nicht weniger als fünfundzwanzig Büros der Vereinten Nationen (United Nations) haben ihren Sitz in Deutschland. Alleine achtzehn davon sind in Bonn angesiedelt. Die Entscheidung für Bonn als UN-Standort ist Teil des Berlin-Bonn-Gesetzes vom 26. April 1994, das den Erhalt des Politikstandortes Bonn und den Ausbau der ehemaligen Hauptstadt zu einem Ort internationaler und supranationaler Einrichtungen festschreibt. Auf das zuvor schon in Bonn eingerichtete Sekretariat der »Bonner Konvention« zur Erhaltung der wandernden wild lebenden Tierarten (UNEP/CMS) folgten 1996 das Freiwilligenprogramm der Vereinten Nationen (UNV) und das Sekretariat des Rahmenabkommens der Vereinten Nationen über Klimaänderungen (UNFCCC). Neben weiteren UN-Instituten, die entwicklungs- und umweltpolitische Aufgaben wahrnehmen, wurde es im bundeseigenen Haus Carstanjen untergebracht, einer 1996 vom Bund durch Sofortmaßnahmen für die UN ertüchtigten schlossähnlichen Villa in Bonn-Bad Godesberg, die bis dahin vom Bundesministerium der Finanzen genutzt wurde.

Bald folgten weitere UN-Organisationen, sodass der Platz im Haus Carstanjen nicht mehr ausreichte. Deshalb vereinbarten der Bund, das Land Nordrhein-Westfalen und die Bundesstadt Bonn im Jahr 2002 die zusammenhängende Ansiedlung der UN-Organisationen im ehemaligen engeren Plenarbereich, das heißt im Bundeshaus und in Egon Eiermanns »Langem Eugen«, sowie die Errichtung eines internationalen Kongresszentrums, das den Anforderungen an große Konferenzen der Vereinten Nationen gerecht wird.

Im Juli 2006 konnte Bundeskanzlerin Angela Merkel den sanierten »Langen Eugen« als neuen Dienstsitz fast aller Bonner UN-Organisationen an UN-Generalsekretär Kofi Annan übergeben. Das UN-Klimasekretariat (Sekretariat des Rahmenübereinkommens der Vereinten Nationen über Klimaänderungen, UNFCCC), das derzeit noch im Haus Carstanjen untergebracht ist, wird später ins Alte Abgeordnetenhochhaus einziehen; zuvor wird das Gebäude ab 2011 als bauökologisches Modellprojekt für etwa 55 Millionen Euro umfassend saniert. Das als Pädagogische Akademie für Lehrerfortbildung im Stil des Neuen Bauens 1930 bis 1933 errichtete Kerngebäude des Bundeshauses, in dem der Parlamentarische Rat im Jahre 1949 Bonn zur provisorischen Bundeshauptstadt erhob, war zunächst auch Sitz des Parlamentes. Im Laufe der Zeit entstanden das achtgeschossige Hochhaus, der darunterliegende ehemalige Luftschutzbunker, Fraktionssäle sowie ein Zwischen- und ein Südflügel. Dem erheblich gestiegenen Bedarf an Konferenzmöglichkeiten trägt das World Conference Center Bonn (WorldCCBonn) Rechnung. Zum WorldCCBonn gehört zum einen der ehemalige Plenarbereich des Deutschen Bundestags. Dieses heterogene und hochprominente Bautenensemble besteht im Wesentlichen aus Günter Behnischs Neuem Plenarsaal, dem Alten Wasserwerk, das während der Bauphase des Neuen Plenarsaals den Bundestag aufnahm, sowie aus dem Pumpenhaus. Bei der jetzigen Nutzung der Gebäude wird deren zeitgeschichtliche und architektonische Bedeutung berücksichtigt. Zum andern wird das WorldCCBonn durch den spektakulären Neubau eines mit dem Behnisch-Bau unterirdisch verbundenen Konferenzsaals mit integriertem neuem Hotel mit Rheinblick geprägt. Dieses Bonner Großprojekt, das Ende 2009 vollendet sein soll, befindet sich in unmittelbarer Nachbarschaft zu Joachim Schürmanns Deutscher Welle und Helmut Jahns Post Tower und steht für den erfolgreichen Strukturwandel Bonns nach der Umzugsentscheidung.

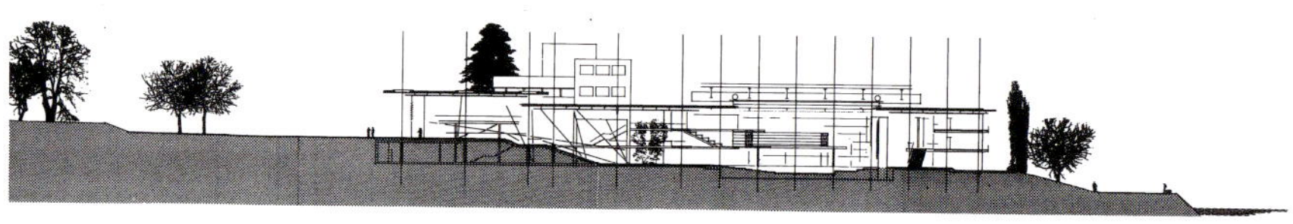

NEUBAU DES PLENARSAALS DES DEUTSCHEN BUNDESTAGS

BONN _DIREKTVERGABE 1983 _BAU 1988-1992

Im ehemaligen Plenarsaal des Deutschen Bundestags prangt hinter dem Rednerpult noch immer (wenn nun auch als Neugestaltung) die berühmte »Fette Henne«. Der 1953 von Ludwig Gies geschaffene Bundesadler erinnert an die Zeit, als Bonn noch Parlamentssitz war. Heute gehört der Parlamentsbau gemeinsam mit dem kaum 200 Meter südlich gelegenen Wasserwerk zum World Conference Center Bonn (WorldCCBonn) und ist mit seinem über 1 200 Quadratmeter großen Plenum ein Ort, an dem wichtige internationale Tagungen und Konferenzen stattfinden.

Der Bonner Plenarsaal gilt als eines der schönsten Parlamentsgebäude überhaupt. Entworfen hat ihn Günter Behnisch, der vielfach ausgezeichnete Stuttgarter Architekt, von dem auch das Münchener Olympiagelände und andere hervorragende Repräsentationsbauten der deutschen Nachkriegszeit stammen. Nachdem der alte Plenarsaal des Bundeshauses den Ansprüchen eines modernen Parlaments nicht mehr gerecht wurde und eine Sanierung nicht mehr möglich war, kam nur ein Neubau infrage. Demokratie – Macht – Monument: Darüber wurde gerade im wiedervereinigten Deutschland viel nachgedacht. Insbesondere ältere Architekten haben hier längst Position bezogen. Günter Behnisch, 1922 geboren, wurde am deutlichsten. In dem 131 Millionen Euro teuren Bau aus Stahl, Glas und Licht tagten die Abgeordneten des Bundestags von 1992 bis 1999 unter architektonischen Bedingungen, die mit programmatischem Vorsatz die Bescheidenheit, Offenheit und unmittelbare Bürgernähe der sogenannten Bonner Republik symbolisieren sollten. Durchgehende Wände gibt es in der »Werkstatt der Demokratie« nicht, einzelne Betonscheiben nur der Statik wegen. Was sich im Innern abspielt, sollte transparent und einsehbar sein.

Zum Stresemannufer am Rhein öffnet sich der flachgedeckte Bau mit dem ehemaligen Präsidialbereich. Das Hauptgebäude wie auch der seitliche Präsidialanbau vermitteln den Eindruck schwebend leichter Pavillons.

Der Eingang an der ehemaligen Görresstraße gegenüber dem bis Ende 2009 entstehenden Erweiterungsbau des WorldCCBonn ist ein Glaskubus, der sein Innerstes preisgibt und nichts verbirgt. Glas ist hier ästhetisches Bekenntnis und Thema. Der scheinbar unter der Fassade hindurch laufende gemeinsame Betonboden von Vorplatz und Lobby schafft eine Symbiose von Innen- und Außenraum. Schon vom Vorplatz sieht man die lebhafte Raumdisposition der Eingangshalle, die teilweise extravagante Ausstattung und die breite, repräsentative Treppe, die zum tiefer gelegten Plenarsaal hinabführt. Die Eingänge für Parlamentarier und Öffentlichkeit lagen nicht weit auseinander und die kreisrunde Sitzordnung des Plenums war, wie auch der kuppellose, flachgedeckte Baukörper insgesamt, Ausdruck einer durch und durch demokratischen Architekturauffassung.

Günter Behnischs Plenarsaal ist ein Meisterwerk der Architekturgeschichte, dem zu Recht zahlreiche Architekturpreise zugesprochen wurden und der bereits heute unter Denkmalschutz steht.

PROJEKT
Neubau des Plenarsaals des Deutschen Bundestags
STANDORT
Görresstraße 15/Platz der Vereinten Nationen 2, 53113 Bonn
_AKTEURE
BAUHERR
Bundesministerium für Verkehr, Bau und Stadtentwicklung (BMVBS)
DURCHFÜHRUNG
Bundesamt für Bauwesen und Raumordnung (BBR)
NUTZER
Bis 1999 Deutscher Bundestag, danach Teil des WorldCCBonn (ehemals IKBB)
ARCHITEKTEN
Behnisch & Partner, Stuttgart
TECHNISCHE GEBÄUDEAUSRÜSTUNG
Ingenieurplanung S. H. Keppler, Ulm/Donau
Ingenieurgesellschaft Zimmermann + Schrage, Düsseldorf
Graner + Partner, Ingenieure, Bergisch-Gladbach
_TERMINE
PLANUNGSVERGABE
1983 (Direktvergabe)
BAUBEGINN
1988
FERTIGSTELLUNG
1992
_GEBÄUDEDATEN
BRUTTOGRUNDFLÄCHE BGF
30 600 m²
BRUTTORAUMINHALT BRI
152 000 m³
_KOSTEN
Gesamtbaukosten
KG 200 bis 700, brutto
131 Mio. EUR

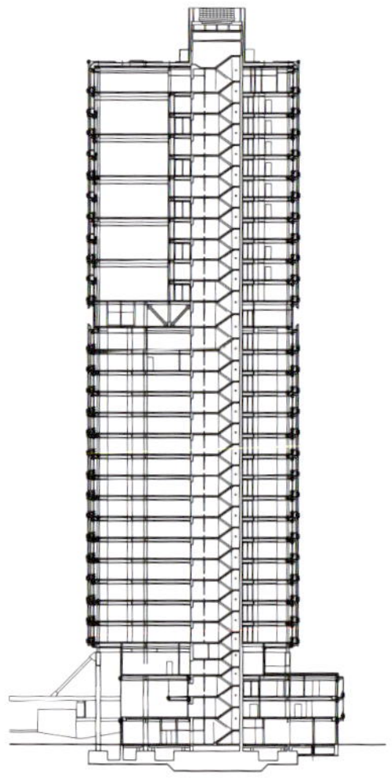

SANIERUNG UND HERRICHTUNG DES EHEMALIGEN NEUEN ABGEORDNETEN-HOCHHAUSES »LANGER EUGEN« FÜR DIE VEREINTEN NATIONEN

BONN _VOF-VERFAHREN 1997/98 _BAU 2002-2006

Egon Eiermanns ehemaliges Abgeordnetenhochhaus am Eingang zur Bonner Rheinaue wurde als »anschauliches Beispiel für das Verständnis demokratischen Bauens in der jungen Bundesrepublik« in die Denkmalliste aufgenommen und ist heute – in unmittelbarer Nachbarschaft von Helmut Jahns noch einmal fast 50 Meter höherem Post Tower – das weit sichtbare Zeichen des UN-Campus.

Der nach Eugen Gerstenmaier, dem damaligen Parlamentspräsidenten, benannte Bau symbolisiert wie kein zweiter die Geschichte der Bonner Republik. Dabei hatte man sich zunächst den Verzicht auf neue Bauten auferlegt, da man Bonn ja nur als provisorische Hauptstadt und die Teilung Deutschlands als nicht endgültig betrachtete. Als das Parlament sich aber in den Sechzigerjahren aus Platzgründen entschließen musste, ein neues Haus für die Abgeordneten zu errichten, bedachten die Verantwortlichen die Nachhaltigkeit und die von vornherein einkalkulierte Nachnutzung des Gebäudes. Eiermanns umsichtige, den Rückbau und die Wiederverwendung stets bedenkende Architekturauffassung sowie sein Zweifel an Ewigkeitsansprüchen der Architektur kamen dem entgegen. Eiermann selbst hätte pyramidal gestufte Scheibenhäuser bevorzugt. Letztlich gelangte aber 1969 ein 114 Meter hohes Haus zur Ausführung, das sich durch eine ruhige abgeklärte Architektursprache auszeichnet. Es ist ein klar strukturierter Stahlskelettbau über rechteckigem Grundriss mit neun auf ein quadratisches Raster verteilten Stützen und einunddreißig Geschossen. Das Zusammenspiel von Horizontalen und Vertikalen, in das sich der Haupteingang mit seinen Ziegelsteinwangen und einem hängenden Vordach harmonisch einfügt, sowie die Zweischichtigkeit der Fassade mit dem vorgelagerten Stahlgestänge bilden ein gleichzeitig kompaktes und aufgelockertes Volumen.

Vierhundertundzehn Büroräume, vier Konferenzräume, sechsunddreißig Besprechungsräume und eine große Bibliothek stehen für siebzehn UN-Organisationen mit derzeit rund vierhundert Beschäftigten zur Verfügung, wobei noch drei Geschosse Platz für den wahrscheinlich wachsenden Raumbedarf der vorhandenen Nutzer oder auch für Neuansiedlungen bieten.

Trotz Sanierung, Modernisierung und Umnutzung hat der »Lange Eugen« als Symbol des Bonner Strukturwandels sein Aussehen kaum verändert. Bei der Möblierung der Büros etwa hielt man, wo es nur ging, an der Originalausstattung fest. Immerhin wurden bei der Modernisierung die Fassade zu großen Teilen ausgetauscht und die gesamte Haustechnik erneuert. Mobile Hochwasserschutzwände und Hochwasserschutzplatten unter dem Haus sowie gläserne Brandschutzwände kamen hinzu. In den Sitzungssälen wurden Dolmetscherkabinen für bis zu sieben Sprachen eingerichtet. Neu sind Videokonferenzräume, ein Internetcafé und ein überkonfessioneller Andachtsraum.

PROJEKT
Sanierung und Herrichtung des ehemaligen Neuen Abgeordnetenhochhauses »Langer Eugen« für die Vereinten Nationen
STANDORT
Hermann-Ehlers-Straße 10,
53113 Bonn
_AKTEURE
BAUHERR
Bundesministerium für Verkehr, Bau und Stadtentwicklung (BMVBS)
DURCHFÜHRUNG
Bau- und Liegenschaftsbetrieb Nordrhein-Westfalen (BLB NRW), Niederlassung Köln
NUTZER
verschiedene UN-Organisationen, koordiniert durch das Bundesministerium für Umwelt, Naturschutz und Reaktorsicherheit (BMU)
ARCHITEKTEN
Generalplaner
HPP INTERNATIONAL Planungsgesellschaft mbH, Düsseldorf
_TERMINE
PLANUNGSVERGABE
1997/98 (VOF-Verfahren),
2000 (Auftragsvergabe)
BAUBEGINN
2002
FERTIGSTELLUNG
2006

_GEBÄUDEDATEN
HAUPTNUTZFLÄCHE HNF
19 600 m²
BRUTTOGRUNDFLÄCHE BGF
54 500 m²
BRUTTORAUMINHALT BRI
161 000 m³
_KOSTEN
Gesamtbaukosten
KG 200 bis 700, brutto
57 Mio. EUR
KG 300 und 400, brutto
51 Mio. EUR

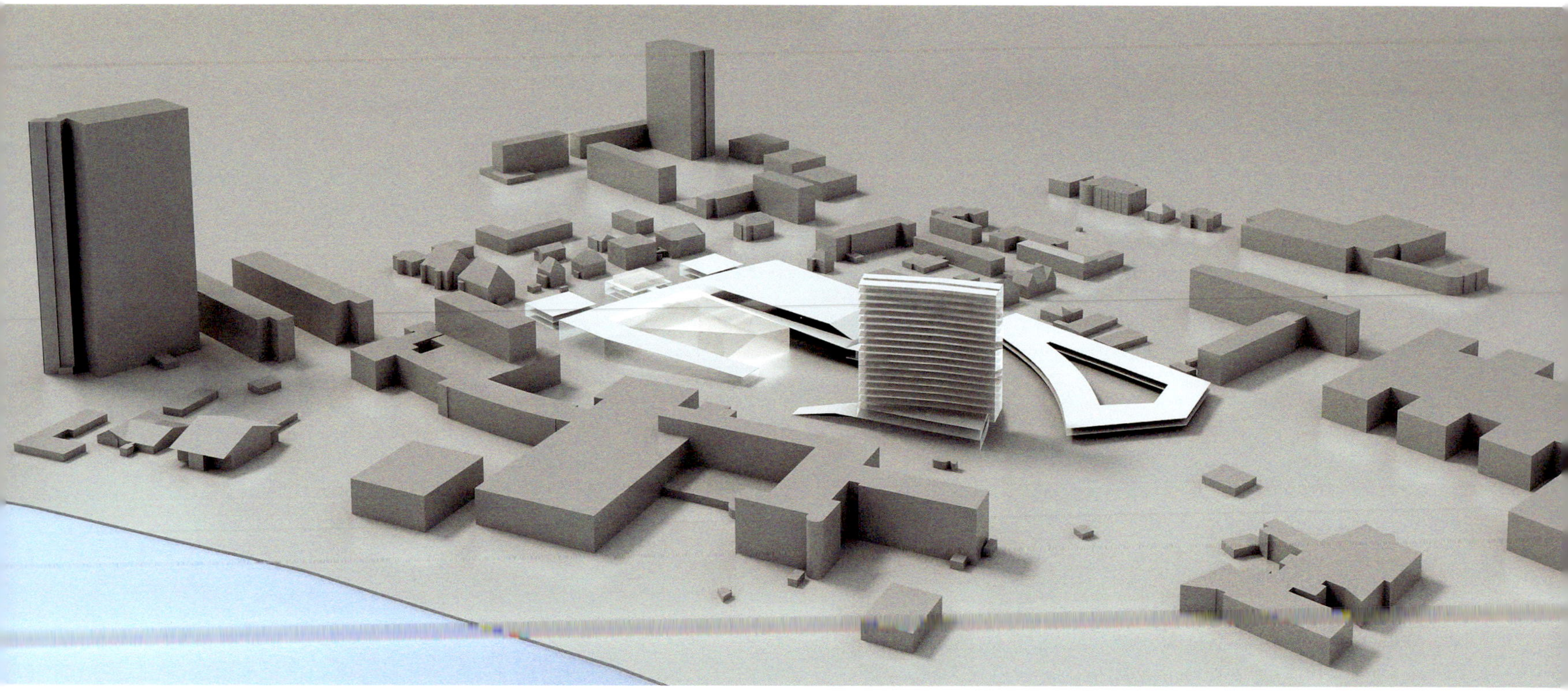

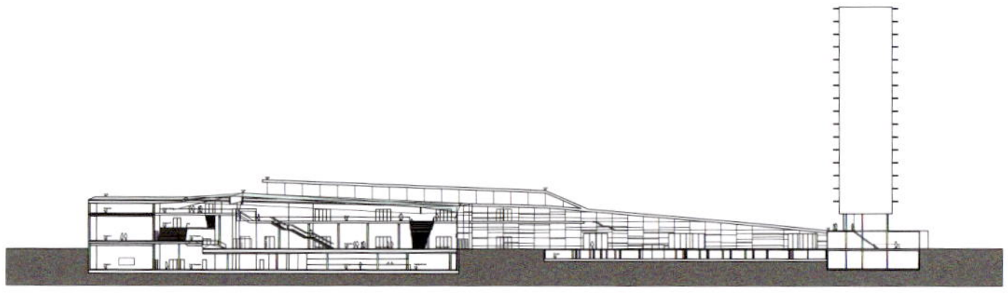

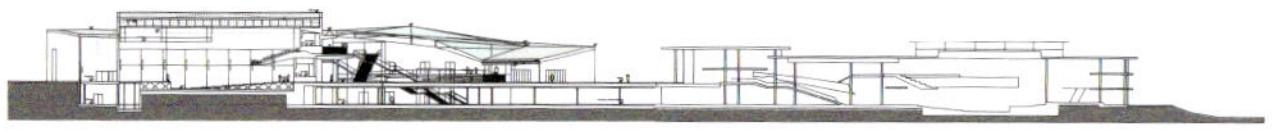

NEUBAU FÜR DAS WORLD CONFERENCE CENTER BONN

BONN _WETTBEWERB 2004 _BAU 2006–2009

Das World Conference Center Bonn (WorldCCBonn) hat sich mit internationalen Kongressen und Tagungen im ehemaligen Bonner Plenarsaal des Bundestags und dem Wasserwerk in den letzten Jahren bereits einen Namen gemacht. Mit dem Bau der erstmals 1999 angedachten Erweiterung konnte 2006 begonnen werden. Das WorldCCBonn gilt als wichtigste Stütze beim Ausbau der Bundesstadt Bonn als deutscher Standort der Vereinten Nationen und verdeutlicht den Strukturwandel Bonns nach der Umzugsentscheidung wie kaum ein anderes Bauvorhaben.

Der Entwurf des Büros yes architecture mit Ruth Berktold aus München und Marion Wicher aus Graz zeigt einen imposanten Gebäudekomplex, der das hochkarätige Bautenensemble im ehemaligen Bonner Regierungsviertel eindrucksvoll bereichert. Das unregelmäßig geformte, flachgedeckte Konferenzgebäude und das siebzehnstöckige Hotel mit seinen 336 Zimmern und Suiten verstecken sich nicht. Dabei passt sich der polygonale Baukörper den Gegebenheiten des Grundstücks- und Straßenverlaufs an. Mit dem rampenähnlich abgeschrägten Flachdach variiert er die Höhe, öffnet sich in einer hofähnlichen Situation mit einer Glasfassade. Das 68 Meter hochragende Hotel erlaubt sich auf der dem Rhein zugewandten Breitseite eine Krümmung, die das Spiel mit dezenten Knicken und Brüchen sensibel fortsetzt.

Innen entsteht auf vier Ebenen ein spannendes Raumgefüge. Ein weitläufiges Foyer wird von einem kristallförmigen Glasdach elegant überspannt und bietet eine 2 300 Quadratmeter große Ausstellungsfläche sowie auf der unterirdischen Rheinebene und auf der Eingangsebene vier jeweils in kleinere Einheiten teilbare Konferenzräume. Im Erdgeschoss befindet sich das Herzstück des hochfunktionalen Gebäudes, der Veranstaltungssaal für 2 650 Personen in Reihenbestuhlung, dessen Kapazität durch die Zusammenlegung mit einem »Kleinen Saal« auf 3 500 Plätze erweitert werden kann.

Die Eingliederung des Gebäudes in den historisch sensiblen Bereich des ehemaligen Regierungsviertels verspricht zu gelingen und sogar strukturbildend zu wirken. Das durch einen Tunnel mit Behnischs Plenarsaal verbundene Kongresszentrum schafft Korrespondenzen und Blickbezüge zu den Bauten des Bundeshauses, zum »Langen Eugen«, zur Deutschen Welle und zum Post Tower wie auch zum Rhein hin.

Das WorldCCBonn ist ein privatwirtschaftliches Projekt, das mit öffentlichen Mitteln gefördert wird. Der 2005 nach einem Investorenverfahren gewonnene Investor, das amerikanisch-koreanische Gemeinschaftsunternehmen SMI Hyundai Corporation, errichtet das Bonner Vorzeigeprojekt. Das Land Nordrhein-Westfalen steuert fünfunddreißig Millionen Euro bei, der Bund hat alle relevanten Bestandsbauten wie unter anderem den ehemaligen Plenarsaal oder das Wasserwerk sowie Grundstücke zum Ausbau des WorldCCBonn zur Verfügung gestellt. Zudem hat er aus Mitteln der »Vereinbarung über die Ausgleichsmaßnahmen für die Region Bonn« eine zweckgebundene Rücklage für Betriebs- und Erhaltungsaufwendungen gebildet. Ende 2009 wird das Kongresszentrum, das unter anderem auf die Bedürfnisse der Vereinten Nationen für große internationale Kongresse ausgelegt ist, fertig sein. Das WorldCCBonn wird helfen, den UN-Standort Bonn dauerhaft zu sichern und auszubauen.

PROJEKT
Neubau für das World Conference Center Bonn
STANDORT
Platz der Vereinten Nationen 2 (Görresstraße 15), 53113 Bonn
_AKTEURE
BAUHERR UND INVESTOR
UNCC Bonn GmbH/SMI HYUNDAI Corporation
NUTZER/BETREIBER
World Conference Center Bonn Management GmbH
ARCHITEKTEN
yes architecture, München (Entwurfsplanung)
SMI HYUNDAI Europe, Berlin (Ausführungsplanung)
_TERMINE
PLANUNGSVERGABE
2004 (Wettbewerb)
2006 (Projektvertrag)
BAUBEGINN
2006
FERTIGSTELLUNG
2009
_GEBÄUDEDATEN
Nutzfläche NF
21 700 m²
Bruttogrundfläche BGF
71 300 m²
Bruttorauminhalt BRI
355 300 m³

_KOSTEN
Gesamtbaukosten
KG 200 bis 700, brutto
155 Mio. EUR
KG 300 und 400, brutto
115 Mio. EUR

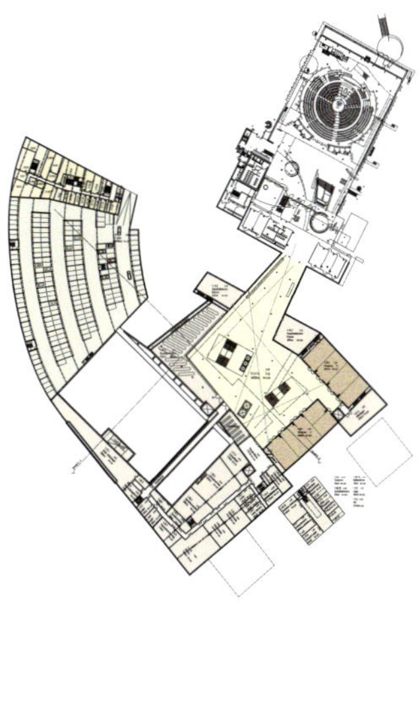

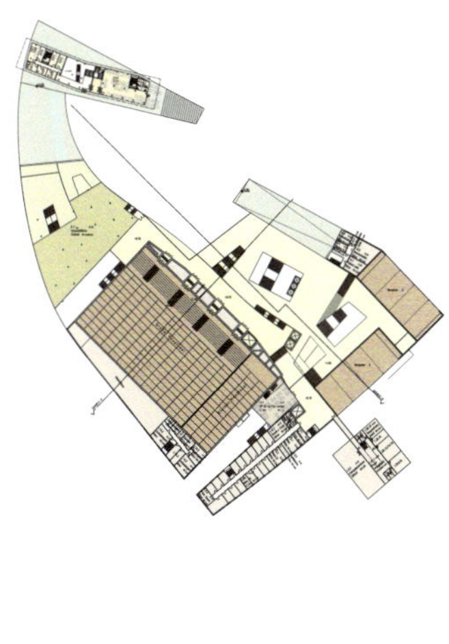

WORLD CONFERENCE
CENTER BONN
WHERE THE WORLD MEETS

NEUBAU FÜR DEN INTERNATIONALEN SEEGERICHTSHOF

HAMBURG _WETTBEWERB 1989 _BAU 1997-2000

Die Bundesrepublik Deutschland ist Sitz des Internationalen Seegerichtshofes der Vereinten Nationen. Dessen einundzwanzig Richter entscheiden auf der Grundlage des Seerechtsübereinkommens der UN über Streitigkeiten zwischen Staaten, können aber auch von Privatpersonen und Internationalen Organisationen angerufen werden.

Für eine angemessene Unterbringung dieser Institution im Hamburger Stadtteil Nienstedten lobte die Bundesrepublik Deutschland 1989 einen internationalen Wettbewerb unter zwanzig renommierten deutschen und ausländischen Architekten aus. Der Entwurf der Münchner Architekten Alexander Freiherr und Emanuela Freiin von Branca wurde mit dem ersten Preis ausgezeichnet.

Aufgabe der Architekten war es, ein Gebäudekonzept für ein repräsentatives Ufergrundstück am Elbufer mit einer denkmalgeschützten Villa des Historismus und einer englischen Parkanlage zu entwickeln, das durch eine überzeugende äußere und innere architektonische Gestaltung den Seegerichtshof zu einem unverwechselbaren Ort der Internationalen Rechtspflege macht.

Der zur Straße gelegene, winkelförmige Bau, der trotz des großen Bauvolumens einen Großteil des Parks unberührt lässt, steht unter dem Thema der Gegensätzlichkeit von streng linearen und geschwungenen Bauformen. Die nach Norden und Osten orientierten, natursteinverkleideten Fassaden bilden ein Rahmenwerk für geschossübergreifende Fensterfelder in Aluminium-Glas-Konstruktion.

Die rundum verglaste, im Drempel verputzte Gerichtssaal-Rotunde im Garten geht beidseitig in eine geschwungene, szenografisch wirksame Kolonnade über. Deren Pfeiler-Architrav-Konstruktion leitet über zum dreigeschossigen, weitgehend in einer Stahl-Glas-Fassade aufgelösten Baukörper, der die Villa mit geschwungenen Bauteilen umfängt und sich behutsam in den alten Baumbestand des Parks einordnet.

Das Erschließungskonzept der Anlage entwickelt sich zwischen den beiden Polen der Vorfahrt und des kreisrunden Sitzungssaals. Dazwischen vermittelt die dreigeschossige, glasüberdeckte Eingangshalle, die auch als Verteiler für die angrenzenden Innenhöfe und Trakte dient. Die noble und elegante Gestaltung des Foyers, der Gänge und Säle mit Brücken, Pfeilern und geschwungenen Wandteilen evoziert Erinnerungen an Schiffsarchitekturen.

PROJEKT
Neubau für den Internationalen Seegerichtshof
STANDORT
Am Internationalen Seegerichtshof 1, 22609 Hamburg
_AKTEURE
BAUHERR
Bundesministerium für Verkehr, Bau und Stadtentwicklung (BMVBS)
DURCHFÜHRUNG
Freie und Hansestadt Hamburg, Behörde für Stadtentwicklung und Umwelt, Bundesbauabteilung
NUTZER
International Tribunal for the Law of the Sea

ARCHITEKTEN
Architekturbüro Alexander Freiherr von Branca und Emanuela Freiin von Branca, München (Wettbewerb und Entwurf)
Emanuela Freiin von Branca, München (Ausführungsplanung)
TECHNISCHE GEBÄUDEAUSRÜSTUNG
Goepfert, Reimer & Partner, Hamburg
_TERMINE
PLANUNGSVERGABE
1989 (Wettbewerb)
BAUBEGINN
1997
FERTIGSTELLUNG
2000
_GEBÄUDEDATEN (INKL. UMBAU VILLA)
HAUPTNUTZFLÄCHE HNF
5 300 m²
BRUTTOGRUNDFLÄCHE BGF
23 200 m²
BRUTTORAUMINHALT BRI
92 700 m³
_KOSTEN (INKL. UMBAU VILLA)
Gesamtbaukosten
KG 200 bis 700, brutto
64 Mio. EUR
KG 300 und 400, brutto
55 Mio. EUR

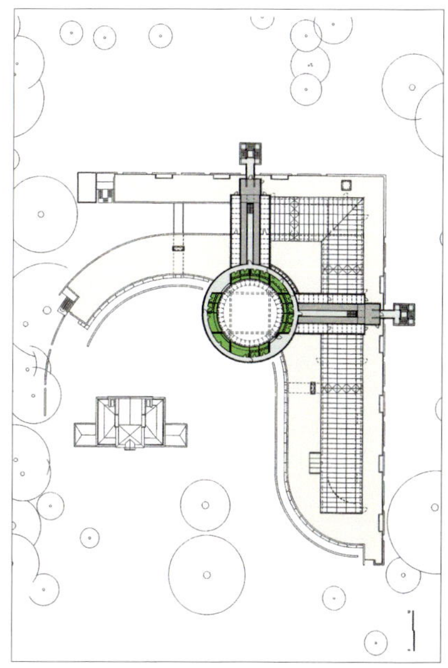

ZUWENDUNGSBAU-MASSNAHMEN

Der Bund schaltet sich immer wieder als Zuwendungsgeber bei Bauvorhaben Dritter ein. Er fördert Projekte von Kommunen, öffentlichen und privaten Institutionen oder von Projektträgern aus Wirtschaft und Gesellschaft, wenn die Zuwendungsempfänger selbst zur Finanzierung nicht in der Lage sind, Projekte in seinem Interesse liegen und besonders förderungswürdig sind. Dabei überprüft die staatliche Bauverwaltung insbesondere baufachlich die Qualität, Sparsamkeit und Wirtschaftlichkeit der Vorhaben. | Traditionell groß ist das Engagement des Bundes in Sachen Kultur. Ein prominenter Zuwendungsempfänger des Bundes ist die Klassik Stiftung Weimar mit ihrem Bestand an Gebäuden, Schlössern, Wohnhäusern sowie Garten- und Parkanlagen. Hier war der Bund nicht nur am Wiederaufbau der Herzogin Anna Amalia Bibliothek nach dem Brand beteiligt, sondern auch am Erweiterungsneubau für das Studienzentrum. Die Museumsinsel Berlin wurde seinerzeit als Symbol eines Preußens errichtet, das den Wandel vom Militär- zum modernen National- und Bildungsstaat vollzog. Auch sie befindet sich nun in einem umfassenden Wiederaufbau- und Umstrukturierungsprozess. Die Grundinstandsetzung und die Erweiterung der Berliner Staatsbibliothek Unter den Linden werden seit 1990 in Zuständigkeit des Bundesamtes für Bauwesen und Raumordnung durchgeführt. Beim Neubau für das Literaturmuseum der Moderne in Marbach hat sich der Bund eingeschaltet und sich die Kosten mit dem Land geteilt. | Auch bei Projekten, die den Finger in die Wunde der deutschen Geschichte legen, ist der Bund beteiligt. Zu nennen wären der Neubau des Denkmals für die ermordeten Juden Europas in Berlin oder der Neubau des Dokumentationszentrums auf dem ehemaligen Reichsparteitagsgelände in Nürnberg. | Das soziale Engagement des Staates schlägt sich in den von Bund, Land und Nutzer gemeinsam finanzierten Neu- und Umbauten für das Integrationszentrum für Cerebralparese in München nieder oder im Neubau für die Werdenfelser Werkstätten in Garmisch-Partenkirchen. | Auch Baumaßnahmen, die der Wirtschaftsförderung dienen, erhalten Zuwendungen. Das Ozeaneum in Stralsund soll sich zu einem »Meilenstein beim Aufbau Ost« (Wolfgang Tiefensee) entwickeln und wurde von der Stiftung Deutsches Meeresmuseum, von der Hansestadt Stralsund, dem Land Mecklenburg-Vorpommern und auch ganz wesentlich vom Bund finanziert. Der Neubau für die Leipziger Messe wurde gefördert, weil er moderne Standards schafft und den Messestandort Leipzig sichert. | Beim Arp Museum in Remagen südlich von Bonn und bei der Forschungseinrichtung Stiftung caesar Bonn spielten der Regierungsumzug von Bonn nach Berlin eine Rolle. Die Institutionen profitierten nicht nur von Zuwendungen durch die jeweiligen Länder, sondern vor allem von den Ausgleichszuwendungen, die der Bund der ehemaligen Bundeshauptstadt für den Umzug von Parlament und Kernbereichen der Regierung nach Berlin bewilligte.

NEUBAU FÜR DIE LEIPZIGER MESSE

LEIPZIG _GUTACHTERVERFAHREN 1991/92 _BAU 1993-1996

Die Bedingungen für die Leipziger Messe änderten sich nach dem Ende der DDR schlagartig. Um konkurrenzfähig zu sein, musste Leipzig von den bis dato zweimal im Jahr abgehaltenen »Universalmessen« Abstand nehmen und sich auf die im Westen längst üblichen Fachmessen einstellen. Auch den alten Standort im Leipziger Südosten verlegte man bei dieser Gelegenheit und ließ die Messe nach dem Masterplan des Architekturbüros von Gerkan, Marg und Partner am nördlichen Stadtrand auf der grünen Wiese neu entstehen.

1996 wurde nach drei Jahren Bauzeit die Messe- und Kongresshalle der Leipziger Messe GmbH vor den Toren der Stadt eröffnet. Entstanden ist ein locker gegliedertes Ensemble aus Stahl und Glas, das bei aller funktionalen Strenge auf ein harmonisches Erscheinungsbild bedacht ist.

Als »Herz der neuen Messe« steht die gläserne Eingangshalle im Mittelpunkt der Anlage: ein 80 Meter breites, 243 Meter langes und fast 30 Meter hohes Gebäude aus Glasplatten, das von einer außen liegenden Stahlkonstruktion gehalten wird. Um dieses Gebäude, das mit heutigem technischem Know-how an die Stahl-Glas-Architekturen des 19. Jahrhunderts anknüpft, gruppieren sich die vom Eingangsbereich aus direkt zu erreichenden Ausstellungshallen. Sie verfügen über 20 000 Quadratmeter Fläche, die für Präsentationszwecke und Events – Konzerte, Sportveranstaltungen, Tagungen – genutzt werden. Dazu gesellt sich das Congress Center Leipzig (CCL) – ein Gebäude mit Atrium und dreiundzwanzig Räumen, dessen Raumkonzept flexibel gehandhabt werden und mehrere Tausend Menschen aufnehmen kann.

Die Infrastruktur der Messeanlage ist mit kurzen Wegen und der durchgehenden Ebenerdigkeit komfortabel und zieht aus der strikten Trennung der Besucher- und Logistikbereiche funktionale Vorteile. Zum Konzept der Messe, deren traditionelles Logo aus zwei »M« nun auch als Zeichen für eine »menschliche Messe« gelesen wird, gehört die landschaftliche Umgebung mit Freigelände und eingebetteten Parkflächen zur Erholung. Ein Highlight und eine schöne wie wohltuende und ökologisch sinnvolle Bereicherung des Geländes ist der »lineare Park« – ein muldenförmig abgesenktes Band, welches das Gelände von West nach Ost durchzieht und mit Wasserflächen, Brücken, Treppen und Terrassen, mit überdachten Wintergärten und Loggien auf angenehme und ansprechende Weise der Erschließung des Geländes dient.

Prägnant ist auch der 80 Meter in die Höhe schießende Messeturm, der als Landmarke dem bestens ins vorhandene Verkehrsnetz aus Autobahn, Eisenbahn und Flughafen eingebundenen Standort und Wirtschaftsfaktor Messe dauernde Präsenz und Aufmerksamkeit verleiht.

PROJEKT
Neubau für die Leipziger Messe
STANDORT
Messe-Allee 1, 04356 Leipzig
_AKTEURE
ZUWENDUNGSEMPFÄNGERIN
Leipziger Messe GmbH
NUTZERIN
Leipziger Messe GmbH
ZUWENDUNGSGEBERIN
Bundesrepublik Deutschland
(153 Mio. EUR Anschubfinanzierung aus Mitteln des Bundesministeriums für Wirtschaft und Technologie)
ARCHITEKTEN
von Gerkan, Marg und Partner, Hamburg
TECHNISCHE GEBÄUDEAUSRÜSTUNG
IBF Ingenieurgesellschaft mbH, München, Berlin
Ebert Ingenieure GdbR mbH, Nürnberg, Leipzig
I.B.S. Ingenieurgesellschaft für Haustechnik mbH, Jena
_TERMINE
PLANUNGSVERGABE
1991/92 (Gutachterverfahren)
BAUBEGINN
1993
FERTIGSTELLUNG
1996

_GEBÄUDEDATEN
HAUPTNUTZFLÄCHE HNF
150 000 m²
BRUTTOGRUNDFLÄCHE BGF
272 000 m²
BRUTTORAUMINHALT BRI
2 540 000 m³
_KOSTEN
Gesamtbaukosten
KG 200 bis 700, brutto
798 Mio. EUR
KG 300 und 400, brutto
486 Mio. EUR

West
2
Ein Haus voller Ideen
SKEYE PROTECT
ALARM
AUS DEM WELTRAUM

West
1

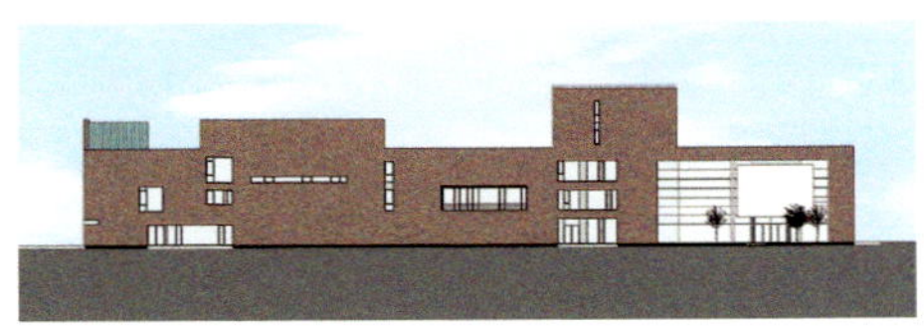

NEUBAU DES KOMPETENZZENTRUMS ELBCAMPUS DER HANDWERKSKAMMER HAMBURG

HAMBURG _WETTBEWERB 2003/04 _BAU 2005-2008

Im Hamburger Stadtteil Harburg liegt, umgeben von Grünflächen und lauten Verkehrsknotenpunkten, seit 2008 der ELBCAMPUS, das Kompetenzzentrum der Hamburger Handwerkskammer. Unter dem Dach des kompakten Baus bieten Handwerkskammer und drei Innungen fünfhundert Werkstatt- und sechshundert Seminarplätze für vielfältige berufliche Fort- und Weiterbildungsmöglichkeiten an.

An dieser städtebaulich schwierigen Stelle lag es für das Hamburger Büro PFP Architekten nahe, mit seinem Neubau eher eine Verbindung zur Landschaft zu suchen als eine Fortsetzung der hier kaum mehr als Anhaltspunkt geeigneten Stadtstruktur. Auf quadratischem Grundriss entwarfen die Architekten ein Bauvolumen, das aus der Nähe fast geschlossen wirkt – und aus der Ferne wie eine minimalistische Skulptur.

Eine mit hohem handwerklichen Können gefertigte Ziegelfassade – inspiriert von klassischen Industriebauten – umhüllt den quaderförmigen Baukörper, der durch zwei Innenhöfe strukturiert wird. Über einen mit einer Kolonnade aufgebrochenen Hof an einer Ecke des Baus erschließt sich die in weiten Teilen dreigeschossige Anlage. Die Eingangshalle mit mehrgeschossigem Luftraum, in dem Infothek und Cafeteria untergebracht sind, leitet Lernende, Lehrende und Besucher zur Treppenanlage, die auf die umlaufenden Galerien und zum Hörsaal im ersten Obergeschoss führt. Hinter den Glasfassaden werden die hellen Fassaden der Innenhöfe sichtbar. Hier im Erdgeschoss liegen Werkstätten und Kantine, im ersten und zweiten Obergeschoss weitere Räume der Fortbildung wie IT-Seminarräume, das Kunststoffzentrum, die Malerinnung und die Friseurakademie. Nur der mittlere Bauteil besitzt ein drittes und viertes Obergeschoss mit Seminar- und Verwaltungsräumen, aus deren Fenstern sich ein weiter Blick über die Stadt eröffnet. Die Gebäudetechnik ist durch eine Bauteilkühlung und den Einsatz eines Blockheizkraftwerkes auf einen wirtschaftlichen Betrieb ausgerichtet.

Das Gebäude umgibt ein Gartenkanal, der die geschlossene Form in der Horizontalen unterstreicht. An der nordöstlichen Seite ergänzt ein Parkhaus den ELBCAMPUS.

Das Kompetenzzentrum wurde 2008 in einem Wettbewerb der Architektenkammer Hamburg mit dem ersten Preis in der Kategorie Öffentliche Gebäude ausgezeichnet.

PROJEKT
Neubau des Kompetenzzentrums ELBCAMPUS der Handwerkskammer Hamburg
STANDORT
Zum Handwerkszentrum 1, 21079 Hamburg
_AKTEURE
ZUWENDUNGSEMPFÄNGERIN
Handwerkskammer Hamburg
NUTZER
Berufsbildungszentren der Handwerkskammer Hamburg, Berufsakademie Hamburg, Landesinnung der Gebäudereiniger Hamburg, Bäckerinnung der Hansestadt Hamburg, Maler- und Lackiererinnung Hamburg, Campus Lounge
ZUWENDUNGSGEBER
Bundesrepublik Deutschland (23,4 Mio. EUR, davon 9,8 Mio. EUR aus Mitteln des Bundesministeriums für Bildung und Forschung sowie 13,6 Mio. EUR aus Mitteln des Bundesministeriums für Wirtschaft und Technologie)
Freie und Hansestadt Hamburg
ARCHITEKTEN
PFP Architekten BDA, Hamburg
TECHNISCHE GEBÄUDEAUSRÜSTUNG
Zibell Willner + Partner – Planerwerft, Hamburg
_TERMINE
PLANUNGSVERGABE
2003/04 (Wettbewerb)
BAUBEGINN
2005
FERTIGSTELLUNG
2008

_GEBÄUDEDATEN
HAUPTNUTZFLÄCHE HNF
12 900 m²
BRUTTOGRUNDFLÄCHE BGF
23 100 m²
(zzgl. 7 900 m² Parkpalette)
BRUTTORAUMINHALT BRI
105 000 m³
(zzgl. 15 000 m³ Parkpalette)
_KOSTEN
Gesamtbaukosten
KG 200 bis 700, brutto
50 Mio. EUR
KG 300 und 400, brutto
32 Mio. EUR

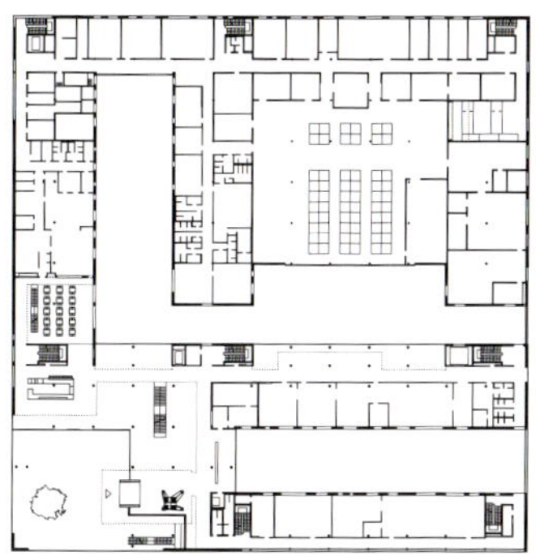

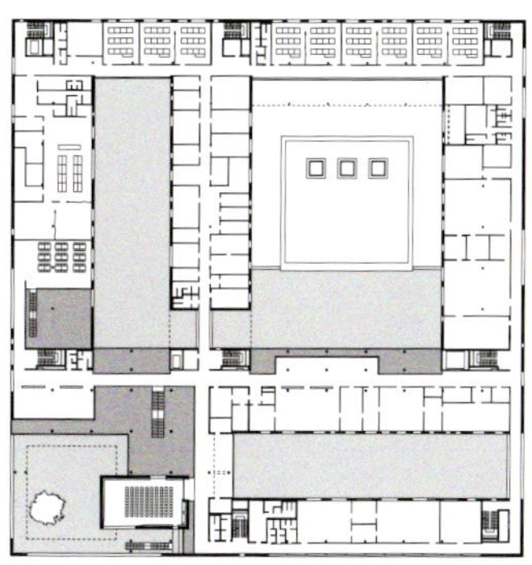

NEUBAU FÜR DIE WERDENFELSER WERKSTÄTTEN

GARMISCH-PARTENKIRCHEN _WETTBEWERB 2000/01 _BAU 2001-2003

Die Kinder-, Jugend- und Erwachsenenhilfe e. V. (kje) in Garmisch-Partenkirchen fördert ein- und mehrfach behinderte Menschen in einem eigenen Betrieb, den Werdenfelser Werkstätten. Nach einem Wettbewerb erhielt das Bayreuther Architekturbüro Meyer & Partner 2001 den Auftrag zum Neubau des Werkstattgebäudes. Hier sollen Behinderte betreut und in den Arbeitsprozess integriert werden. Der 2003 fertiggestellte eingeschossige Bau besteht aus einer Werkstatt mit hundertzwanzig Arbeitsplätzen (davon achtunddreißig für Betreuer, Pädagogen und ehrenamtliche Helfer) und einer Förderstätte mit vierzehn Plätzen für Behinderte.

Das Gebäude gliedert sich in drei Teile. Ein etwas erhöhter, flach gedeckter Bauteil im Zentrum der Anlage nimmt gemeinsam genutzte Räume auf: den Speisesaal, einen Mehrzweckraum, Umkleide- und Sanitärräume sowie das Zentrallager. Daran schließen seitlich zwei unterschiedlich breite Trakte mit Shed- und Flachdächern an. Im südlichen Flügel sind die Werkstatträume mit Wäscherei, Schreinerei mit Holzlager, Weberei und Montagebereich untergebracht. Nördlich wurden die Hauswirtschaft, die Ausgabeküche und ein Mehrzweckraum für Freizeit und Gymnastik angelegt. Die rechtwinklig ansetzende Haupterschließungsachse verbindet die drei Bauteile und schließt die Verwaltung und die Förderstätte an den Werkstattbereich an.

Die Konstruktion des Gebäudes variiert je nach Zweck: Werkstätten, Lager und Verwaltungstrakt sind als Stahlrahmenkonstruktion ausgeführt. Die architektonischen Hüllen von Speisesaal und Mehrzweckraum resultieren aus einer Holzbinderkonstruktion. Für die Außenwände haben die Architekten eine hölzerne Pfosten-Riegel-Konstruktion verwendet, deren Holzfenster durch einen außen liegenden Sonnenschutz verschattet werden können. Die innen liegenden Räume im erhöhten mittleren Bauteil werden durch Oberlichter oder Lichtbänder mit Tageslicht versorgt.

Ökologische Aspekte wurden von Anfang an bei der Planung berücksichtigt. Eine geschickte Raumzonierung, besondere Wärmedämmung und -verglasung, passive Solarenergienutzung, die Aktivierung von Gebäudespeichermassen, der außen liegende Sonnenschutz und Solarkollektoren auf dem Dach (für die Warmwasserbereitung) reduzieren den Energieverbrauch des Gebäudes erheblich. Für die Toilettenspülung und Bewässerung der Grünanlagen wird Regenwasser verwendet.

PROJEKT
Neubau für die Werdenfelser Werkstätten
STANDORT
Dompfaffstraße 1,
82467 Garmisch-Partenkirchen
_AKTEURE
ZUWENDUNGSEMPFÄNGERIN
Kinder-, Jugend- und Erwachsenenhilfe e.V., Garmisch-Partenkirchen
NUTZERIN
Kinder-, Jugend- und Erwachsenenhilfe e.V., Garmisch-Partenkirchen
ZUWENDUNGSGEBER
Bundesrepublik Deutschland (4,2 Mio. EUR, davon 0,5 Mio. EUR Darlehen und 2,9 Mio. EUR Zuschüsse des Bundesministeriums für Arbeit und Soziales sowie 0,8 Mio. EUR Darlehen der Bundesanstalt für Arbeit)
Freistaat Bayern
ARCHITEKTEN
Meyer & Partner, Bayreuth
TECHNISCHE GEBÄUDEAUSRÜSTUNG
Ingenieurbüro Wagner, Garmisch-Partenkirchen
_TERMINE
PLANUNGSVERGABE
2000/01 (Wettbewerb)
BAUBEGINN
2001
FERTIGSTELLUNG
2003
_GEBÄUDEDATEN
HAUPTNUTZFLÄCHE HNF
3 700 m²
BRUTTOGRUNDFLÄCHE BGF
3 600 m²
BRUTTORAUMINHALT BRI
19 500 m³

_KOSTEN
Gesamtbaukosten
KG 200 bis 700, brutto
9 Mio. EUR
KG 300 und 400, brutto
7 Mio. EUR

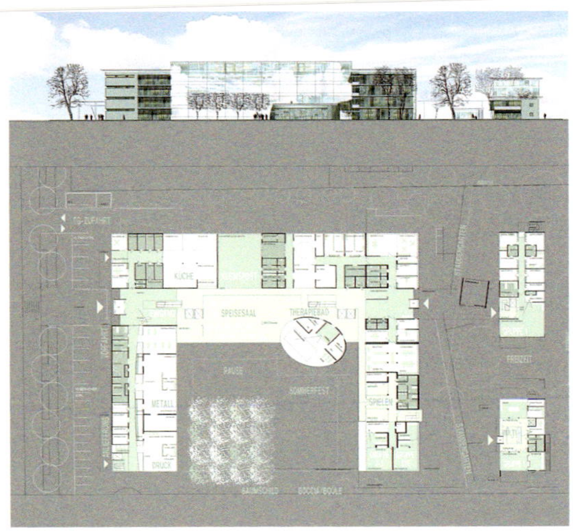
TG-ZUFAHRT
KÜCHE
SPEISESAAL
THERAPIEBAD
SOMMERFEST
METALL
SPIELEN
DRUCK
FREIZEIT
BOCCIA/BOULE

NEU- UND UMBAUTEN FÜR DAS INTEGRATIONSZENTRUM FÜR CEREBRALPARESE

MÜNCHEN _WETTBEWERB 2000 _BAU 2002-2004

Das Integrationszentrum für Cerebralparese (ICP) in München ist eine Spezialeinrichtung zur Behandlung und Förderung von Kindern und Jugendlichen mit infantiler Cerebralparese. Vor allem Jugendliche mit frühkindlichen Hirnschädigungen fördert das Zentrum ganzheitlich. Eine pädagogisch-psychologische Betreuung, medizinisch-therapeutische Maßnahmen und eine angemessene berufliche Ausbildung sollen die Betroffenen auf ein Berufsleben vorbereiten. Die Bedürfnisse der Kinder und Jugendlichen mit infantiler Cerebralparese und die intensive Arbeit der Lehrer, Ausbilder, Therapeuten, Psychologen, Ärzte und Betreuer erfordern eine besondere räumliche Umgebung.

Der Neubau des Integrationszentrums an der Garmischer Straße wurde im Ergebnis eines Wettbewerbs an das Architekturbüro Mann + Partner in München vergeben. Die Architekten haben die Funktionen des neuen, von Bund, Land und Nutzer gemeinsam finanzierten ICP auf drei Gebäude aufgeteilt. Das Hauptgebäude umschließt dreiseitig einen Hof, der sich zum Süden hin öffnet. Ein Wohnheim und eine Krippe schließen sich dem Bau im Osten als eigenständige Baukörper an.

Im Hauptbau sind Grund- und Hauptschule, Tagesstätte, Berufsschule, Berufsbildungswerk, Verwaltung, Turnhalle, Therapiebad und Therapiebereich sowie Küche und Kantine untergebracht. An der Stirnseite bildet eine große Halle mit einer leicht schräg gestellten Glasfassade das Zentrum der Anlage. Hier sind Speisesaal, Cafeteria und Pausenbereiche zu einem kommunikativen Knotenpunkt zusammengefasst. Glaswand und -dach verbinden die Halle eng mit den Freianlagen des Hofes und haben – wie ein riesiger Wintergarten – eine wichtige Funktion für das Energiekonzept des Gebäudes.

Von der Halle, die dem mittigen Baukörper vorgelagert ist, erreicht man die vier-, teilweise fünfgeschossigen Stockwerksbauten mit den verschiedenen Funktionsbereichen. Der aus dem früheren Bestand erhaltene Ostflügel des Hauptgebäudes mit Grund- und Hauptschule sowie Tagesstätte wurde entkernt und in der Erscheinungsform dem terrakottafarben gestrichenen Neubau angeglichen.

PROJEKT
Neu- und Umbauten für das Integrationszentrum für Cerebralparese
STANDORT
Garmischer Straße 241, 81377 München
_AKTEURE
ZUWENDUNGSEMPFÄNGER
Spastiker-Zentrum München, Verein zur Förderung spastisch gelähmter Kinder, Jugendlicher und Erwachsener e.V., München
NUTZER
Spastiker-Zentrum München, Verein zur Förderung spastisch gelähmter Kinder, Jugendlicher und Erwachsener e.V., München
ZUWENDUNGSGEBER
Bundesrepublik Deutschland (11,8 Mio. EUR für das Berufsbildungswerk (BBW), davon 5,9 Mio. EUR aus Mitteln des Bundesministeriums für Arbeit und Soziales und 5,9 Mio. EUR aus Mitteln der Bundesagentur für Arbeit)
Freistaat Bayern
ARCHITEKTEN
Mann + Partner, Freie Architekten BDA, München
TECHNISCHE GEBÄUDEAUSRÜSTUNG
Ingenieurbüro Hausladen GmbH, Kirchheim
Ingenieurbüro Werner Kasprowski GmbH, Grünwald
_TERMINE
PLANUNGSVERGABE
2000 (Wettbewerb)
BAUBEGINN
2002
FERTIGSTELLUNG
2004

_GEBÄUDEDATEN
HAUPTNUTZFLÄCHE HNF
10 900 m²
BRUTTOGRUNDFLÄCHE BGF
21 500 m²
BRUTTORAUMINHALT BRI
76 800 m³
_KOSTEN
Gesamtbaukosten
KG 200 bis 700, brutto
36 Mio. EUR
(davon 18 Mio. EUR Berufsbildungswerk (BBW))
KG 300 und 400, brutto
27 Mio. EUR

caesar

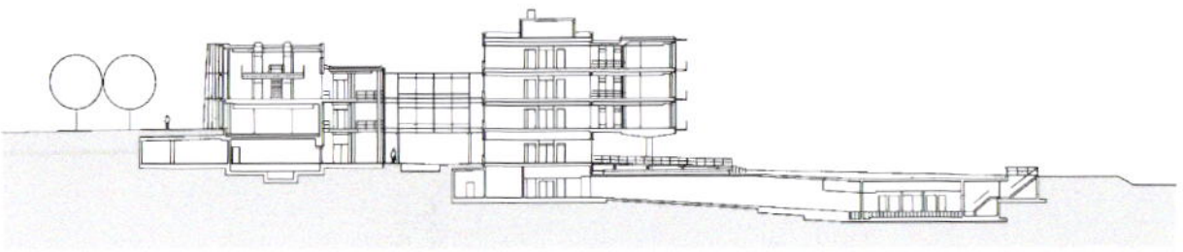

NEUBAU FÜR DAS FORSCHUNGSZENTRUM CAESAR

BONN _WETTBEWERB 1999 _BAU 2000-2003

Gerade für neue Forschungseinrichtungen, die mit Empirie und Pragmatik, mit Messen, Zählen und Wägen zu tun haben, entstehen immer wieder private und öffentliche Bauten, die sich mühelos von der Tradition lösen und zu den innovativsten sowie spektakulärsten Lösungen vorstoßen. Auch das caesar abgekürzte Center of Advanced European Studies and Research in Bonn, ein interdisziplinäres naturwissenschaftliches Forschungszentrum mit neurowissenschaftlicher Ausrichtung, zählt hierzu.

Caesar profitierte von den Ausgleichszuwendungen, die der ehemaligen Bundeshauptstadt für den Umzug von Parlament und Kernbereichen der Regierung nach Berlin gewährt wurden. Der Bund bewilligte der Stiftung caesar insgesamt rund 350,2 Millionen Euro als Stiftungskapital, davon für Investitionen zweckgebunden bis zu 97,1 Millionen Euro; das Land Nordrhein-Westfalen beteiligte sich mit rund 33,3 Millionen Euro.
Für dieses größte einzelne Bonn-Ausgleichsprojekt errichtete das nach einem Einladungswettbewerb beauftragte Münchner Architekturbüro BMBW Architekten BDA + Partner zwischen 2000 und 2003 ein lang gestrecktes Gebäude, dem es gelingt, ebenso auffällig wie unauffällig den Übergang vom Stadt- zum Landschaftsraum der Rheinaue, des Rheins und des Siebengebirges zu markieren.

Drei parallel zur Straße gestaffelte Gebäuderiegel bestechen durch Klarheit, Transparenz und Eleganz. Grün und an den Seiten silbern glänzt die Glas- und Edelstahlfassade, die sich mit zwei Geschossen öffnet und die dahinter liegenden Verwaltungs- und Seminarräume, den Hörsaal und das Casino vorführt wie auf einer Bühne. In der Mitte schließt sich aus glatt poliertem Edelstahl der viergeschossige Laborteil an, während der zum Rhein hin aufgeständerte dreigeschossige Bürotrakt als »Markenzeichen des Gebäudes« die geschmeidige Gestalt einer Welle annimmt. Zwei Kilometer von Post Tower, Schürmann-Bau, »Langem Eugen« und Plenarsaal entfernt liegt das Institut etwas abseits am Rand der Rheinaue an der Ludwig-Erhard-Allee. Verstärkt durch eine rote Stele, die der Kölner Bildhauer Lutz Fritsch vor dem Eingang fahnenmastähnlich 25 Meter hoch in den Himmel ragen lässt, gelingt es caesar dennoch, sich als Identifikationssymbol in die Zusammenhänge des städtischen Lebens einzubringen. Die gläserne Fassade trägt ihren Teil dazu bei. Sie macht aus dem öffentlich nicht zugänglichen Forschungszentrum eine Architektur, die dennoch offen agiert und zeigt, was im Innern des Gebäudes vor sich geht.

PROJEKT
Neubau für das Forschungszentrum caesar
STANDORT
Ludwig-Erhard-Allee 2, 53175 Bonn
_AKTEURE
BAUHERRIN
Stiftung caesar
NUTZERIN
Stiftung caesar
ARCHITEKTEN
BMBW Architekten BDA + Partner, München
TECHNISCHE GEBÄUDEAUSRÜSTUNG
JMP Jaeger, Mornhinweg + Partner Ingenieurges. mbH, Stuttgart in Zusammenarbeit mit Müller + Bleher GmbH, Ingenieurbüro für Elektrotechnik, Radolfzell
_TERMINE
PLANUNGSVERGABE
1999 (Wettbewerb)
BAUBEGINN
2000
FERTIGSTELLUNG
2003
_GEBÄUDEDATEN
HAUPTNUTZFLÄCHE HNF
11 700 m²
BRUTTOGRUNDFLÄCHE BGF
24 600 m²
BRUTTORAUMINHALT BRI
106 900 m³

_KOSTEN
Gesamtbaukosten
KG 200 bis 700, netto
60 Mio. EUR (Bundes- und Landesförderung siehe Text)
KG 300 und 400, netto
48 Mio. EUR

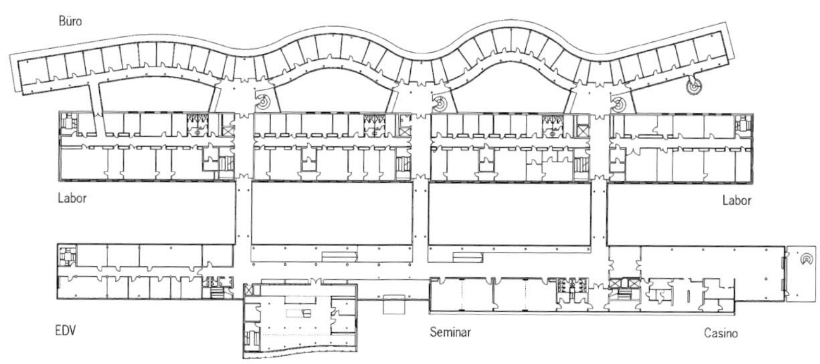

NEUBAU EINES BÜRO- UND LABORGEBÄUDES FÜR DIE STIFTUNG ALFRED-WEGENER-INSTITUT

BREMERHAVEN _VOF-VERFAHREN 1999 _BAU 2000–2003

Weithin sichtbar präsentiert sich das Alfred-Wegener-Institut für Polar- und Meeresforschung (AWI) als farbiger Ziegelbau und kühn bewegtes Architekturgebilde, das sich bestens in die Reihe der Bremerhavener Wissenschaftsbauten einfügt. Neben Oswald Mathias Ungers' Hauptgebäude für das Alfred-Wegener-Institut aus dem Jahre 1982, Hans Scharouns Schifffahrtsmuseum (1970) und Gottfried Böhms Hochschule (1979–1985 und 1989–1998) hat sich Otto Steidles Bau zu einem Imagefaktor der Stadt und zu einer weit darüber hinaus ausstrahlenden architektonischen Attraktion entwickelt.

Zwischen dem Deich im Westen, dem südlichen Handelshafen und den im Norden und Osten gelegenen Gebäuden ragt das in den Jahren 2000 bis 2003 für zweihundertvierzig Beschäftigte errichtete Institutsgebäude wie ein Dampfer empor. Das Erdgeschoss ist zur Deichkante und zum Hafen hin aufgeständert. 12 mal 12 Meter große, versetzt angeordnete Innenhöfe, begrünte Dächer, drei markante Türme, Außentreppen und die Eingangsbrücke auf der Westseite beleben und zerlegen das Volumen wie eine konstruktivistische Plastik. Markant zugespitzte Ecken, wechselnd quadratische und hochrechteckige Fenster und die teils doppelläufigen Fensterreihen tun ihr Übriges.

Für Otto Steidle (1943–2004) war es immer selbstverständlich gewesen, architektonische Formgebung, Gebäudetechnik und städtebauliches Umfeld zusammenzudenken. In seinem integrativen Architekturkonzept, das die Belange des Menschen als Nutzer der Architektur über Formfragen stellte, spielte Farbe als Ausdruck von Gefühl und Energie oder, wie Steidle sich ausdrückte, als »Träger von Individualität im Stadtraum« eine wichtige Rolle.

Seit Jahren arbeitete Otto Steidle deshalb mit dem Künstler Erich Wiesner zusammen. Diese Kooperation fand in Bremerhaven ihre Fortsetzung. Die dem Hafen zugewandte Außenfassade verwebt weiß, grau und schwarz glasierte Hochformatsteine zu einem tweedstoffähnlich changierenden Muster, das ortstypische und ortsangemessene Einflüsse aus Natur und Kunst zu einem assoziationsreichen abstrakten Ornament verschmilzt, das an elektrische Spannungsfelder, natürliche Ablagerungsprozesse, aber auch an die Kunst eines Piet Mondrian erinnert. Die Außenwände der Innenhöfe sind – wie im Gebäudeinnern die ins Farbkonzept eingebundenen Treppenhäuser, Flure und das Foyer – ohne Muster mit gelben, grünen, schwarzen und weißen Klinkern verkleidet.

Wiesners Farb- und Ornamentkunst beruft sich auf Gottfried Sempers Bekleidungstheorie, die das konstruktive Gerüst von der dekorativen Kunstform als einer übergezogenen textilen Struktur unterscheidet. Die Farben akzentuieren die Flächen und Körper, sie trennen Form und Funktion oder bringen sie neu zusammen. Beim AWI verliert beispielsweise die Geschossgliederung ihre konstruktive Klarheit, weil die Farbgestaltung der Fassade über die Gebäudestruktur einfach hinweggeht und die Architektur auch als ein abstraktes Gebilde erlebbar macht.

PROJEKT
Neubau eines Büro- und Laborgebäudes für die Stiftung Alfred-Wegener-Institut
STANDORT
Am Handelshafen 12, 27570 Bremerhaven
_AKTEURE
ZUWENDUNGSEMPFÄNGERIN
Stiftung Alfred-Wegener-Institut für Polar- und Meeresforschung (AWI)
NUTZERIN
Stiftung Alfred-Wegener-Institut für Polar- und Meeresforschung (AWI)
ZUWENDUNGSGEBER
Bundesrepublik Deutschland (90% der Gesamtkosten aus Mitteln des Bundesministeriums für Bildung und Forschung)
Freie Hansestadt Bremen
ARCHITEKTEN
Steidle + Partner Architekten, München
TECHNISCHE GEBÄUDEAUSRÜSTUNG
Dr. Ing. B. Kriegel Ingenieure GmbH, Hamburg
_TERMINE
PLANUNGSVERGABE
1999 (VOF-Verfahren)
BAUBEGINN
2000
FERTIGSTELLUNG
2003

_GEBÄUDEDATEN
HAUPTNUTZFLÄCHE HNF
7 600 m²
BRUTTOGRUNDFLÄCHE BGF
18 500 m²
BRUTTORAUMINHALT BRI
78 900 m³
_KOSTEN
Gesamtbaukosten
KG 200 bis 700, brutto
48 Mio. EUR
KG 300 und 400, brutto
38 Mio. EUR

NEUBAU FÜR DAS FRAUNHOFER-INSTITUT FÜR BIOMEDIZINISCHE TECHNIK

POTSDAM-GOLM _VOF-VERFAHREN 2003 _BAU 2004-2006

Der Wissenschaftspark Potsdam-Golm ist mit drei Max-Planck-Instituten, dem Fraunhofer-Institut für Angewandte Polymerforschung (IAP) und dem Fraunhofer-Institut für Biomedizinische Technik (IBMT) in die bis heute markanten landschaftlichen Planungen Peter Joseph Lennés für den preußischen König Friedrich Wilhelm IV. in Potsdam-Golm eingebettet. Zugleich bildet die neue architektonische Struktur einen modernen Kontrapunkt zur romantischen Landschaftsgestaltung Lennés. Der Neubau des Fraunhofer-Instituts für Biomedizinische Technik steht in engem räumlichen Zusammenhang mit dem Institut für Angewandte Polymerforschung. Nach einer europaweiten Ausschreibung entstand das Gebäude zwischen 2004 und 2006. Entwurf, Ausführungsplanung und Bauleitung lagen beim Stuttgarter Büro Brenner & Partner (seit 2007 Hammeskrause Architekten).

Die landschaftliche Mitte des Fraunhofer-Campus ist ein Park mit Teich, der durch einen Kiefernhain und eine Streuobstwiese ergänzt wurde. Hier befinden sich vis-à-vis die Haupteingänge beider Institute. Trotz dieser räumlichen Beziehung erscheint das Gebäude des IBMT als eigenständiger, skulptural wirkender Solitär in der Landschaft der Havelauen.

Die Architekten haben sich bei der Gestaltung des dreigeschossigen Baukörpers für eine geometrische Wirkung der Fassade und eine auffällige Artikulation der mit abgerundeten Ecken gestalteten Dachzone entschieden. Die Außenansicht bekommt durch den farblich akzentuierten Wechsel von geschlossenen und durch Fenster geöffneten Teilen eine reliefartige Plastizität. Der lebendige Eindruck entsteht durch die mäandrierende Struktur, die ein einfaches und zugleich komplexes Muster bildet. Dass die Architekten bei dieser Gestaltung Assoziationen zu zellulären Systemen nahelegen, bietet sich an bei einem Haus, das einer »Lebenswissenschaft« dient.

Die Farbgebung des Gebäudes nähert sich gezielt den sandigen Böden Brandenburgs an. Sie resultiert aus gefärbtem Mineralputz, der in Handarbeit aufgetragen wurde – und kennzeichnet die Haltung der Architekten zwischen Abstraktion und Einfühlung.

Innerhalb des verdichteten, dreibündigen Grundrisses haben die Architekten die Wirkung des Tageslichtes genutzt, um das Gebäude rhythmisch zwischen den Laborclustern zu gliedern. Foyer, Bibliothek, Lichthof und Patio werden – unter anderem durch die skulptural wirkenden Treppenanlagen – zu Orten mit besonderer Stimmung und sollen Kommunikation fördern.

PROJEKT
Neubau für das Fraunhofer-Institut für Biomedizinische Technik
STANDORT
Am Mühlenberg 13,
14476 Potsdam-Golm
_AKTEURE
ZUWENDUNGSEMPFÄNGERIN
Fraunhofer-Gesellschaft zur Förderung der angewandten Forschung e.V., München
NUTZER
Fraunhofer-Institut für Biomedizinische Technik (IBMT), Institutsteil Potsdam-Golm
ZUWENDUNGSGEBER
Bundesrepublik Deutschland
(25% der Gesamtkosten aus Mitteln des Bundesministeriums für Bildung und Forschung)
Land Brandenburg
Europäischer Fonds für regionale Entwicklung (EFRE)
ARCHITEKTEN
Brenner & Partner, Stuttgart
TECHNISCHE GEBÄUDEAUSRÜSTUNG
Clean Room Consulting GmbH, Weßling

_TERMINE
PLANUNGSVERGABE
2003 (VOF-Verfahren)
BAUBEGINN
2004
FERTIGSTELLUNG
2006
_GEBÄUDEDATEN
HAUPTNUTZFLÄCHE HNF
4 100 m²
BRUTTOGRUNDFLÄCHE BGF
8 600 m²
BRUTTORAUMINHALT BRI
36 300 m³
_KOSTEN
Gesamtbaukosten
KG 200 bis 700, netto
16 Mio. EUR
KG 300 und 400, netto
13 Mio. EUR

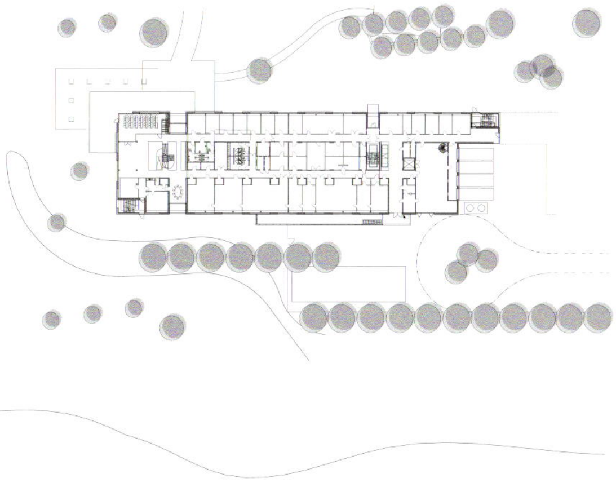

NEUBAU FÜR DAS INSTITUT FÜR NANOTECHNOLOGIE IM FORSCHUNGSZENTRUM KARLSRUHE

EGGENSTEIN-LEOPOLDSHAFEN _VOF-VERFAHREN 2003 _BAU 2006-2008

Im Hardtwald, 12 Kilometer nördlich von Karlsruhe, erstreckt sich auf einer Fläche von 2 Quadratkilometern eine der größten natur- und ingenieurwissenschaftlichen Forschungseinrichtungen Europas: das Forschungszentrum Karlsruhe mit zweiundzwanzig wissenschaftlichen Instituten und über dreitausendachthundert Beschäftigten. Dazu gehört auch das Institut für Nanotechnologie (INT), dessen zweihundertfünfzig Mitarbeiter sich mit der Erforschung von Materialeigenschaften und -strukturen beschäftigen, die im Millionstel-Millimeterbereich liegen und für das menschliche Auge nicht mehr wahrnehmbar sind.

Neue Verfahren und Materialien in der Nanowissenschaft werden von Physikern, Chemikern, Biologen und Ingenieuren gleichermaßen erkundet. Für dieses interdisziplinäre Wissenschaftsteam des INT sind deshalb Gespräche und der Gedankenaustausch zwischen den und innerhalb der zwölf Arbeitsgruppen sehr wichtig. Nachdem die Mitarbeiter jahrelang auf mehrere Institutsgebäude verteilt waren, arbeiten sie seit 2008 gemeinsam in einem Neubau nach Plänen der HWP Planungsgesellschaft aus Stuttgart.

Der Gebäudekomplex besteht aus einem Büroriegel und einem Labortrakt, die durch ein hallenähnliches Forum mit geschwungenen Galeriebrücken miteinander verbunden sind. Im Zentrum des Labortraktes ist ein begrünter Atriumhof entstanden, der der schon vor der Errichtung des Gebäudes hier vorhandenen Versuchseinrichtung CASCADE Raum gibt.

Das Forum mit dem angrenzenden Seminarraum dient als Kommunikationszentrum des Komplexes. Ein Folienkissendach sorgt für eine offene und helle Atmosphäre. Die Halle fungiert zudem als konstruktive Trennfuge zwischen dem schwingungsresistenten Gebäudeteil der Labore und dem Büroriegel.

Das dreigeschossige Laborgebäude wird durch einen umlaufenden Mittelgang erschlossen, der sich auf der Südseite zum Atrium hin öffnet. Die hochsensiblen Anforderungen der Nanowissenschaft stellen hier spezielle Anforderungen: So ermöglicht eine fast 2 Meter dicke, massive Betonplatte außerordentlich schwingungsarme Labore, die für die Betrachtung einzelner Atome mit Rastertunnel- oder Transmissionselektronenmikroskopen notwendig sind.

Im viergeschossigen Büroriegel sind neben den Büros der Arbeitsgruppen zusätzliche Arbeitsplätze für Gastwissenschaftler eingerichtet, um unter anderem Kooperationen mit der Wirtschaft zu ermöglichen. Ebenfalls hier untergebracht sind die maschinentechnischen Einrichtungen, um die hieraus resultierenden Schwingungen vom Labortrakt fernzuhalten.

PROJEKT
Neubau für das Institut für Nanotechnologie im Forschungszentrum Karlsruhe
STANDORT
Hermann-von-Helmholtz-Platz 1, 76344 Eggenstein-Leopoldshafen
_AKTEURE
ZUWENDUNGSEMPFÄNGER
Forschungszentrum Karlsruhe GmbH, Mitglied der Hermann-von-Helmholtz-Gemeinschaft Deutscher Forschungszentren e.V. (HGF)
NUTZER
Institut für Nanotechnologie (INT)
ZUWENDUNGSGEBER
Bundesrepublik Deutschland (90% der Gesamtkosten aus Mitteln des Bundesministeriums für Bildung und Forschung)
Land Baden-Württemberg
ARCHITEKTEN
HWP Planungsgesellschaft mbH, Stuttgart
TECHNISCHE GEBÄUDEAUSRÜSTUNG
Scholze Gruppe, Ingenieure, Consultants, Leinfelden-Echterdingen
_TERMINE
PLANUNGSVERGABE
2003 (VOF-Verfahren)
BAUBEGINN
2006
FERTIGSTELLUNG
2008

_GEBÄUDEDATEN
HAUPTNUTZFLÄCHE HNF
6 600 m²
BRUTTOGRUNDFLÄCHE BGF
13 700 m²
BRUTTORAUMINHALT BRI
58 400 m³
_KOSTEN
Gesamtbaukosten
KG 200 bis 700, netto
21 Mio. EUR
KG 300 und 400, netto
17 Mio. EUR

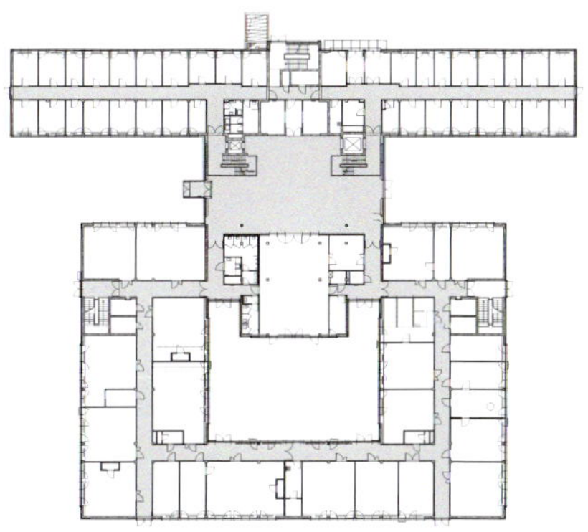

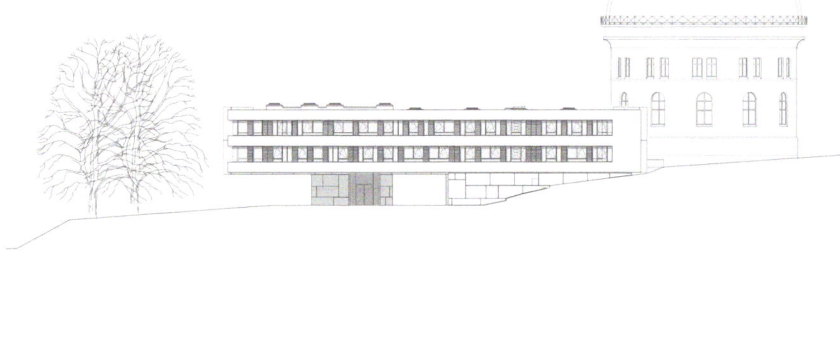

NEUBAU EINES INSTITUTSGEBÄUDES FÜR DAS DEUTSCHE GEOFORSCHUNGSZENTRUM

POTSDAM _INTERNES AUSWAHLVERFAHREN 2003 _BAU 2006–2008

Auf dem Telegrafenberg, südlich des historischen Stadtkerns von Potsdam, liegt einer der traditionsreichsten Wissenschaftsstandorte Deutschlands. In einem eigens angelegten englischen Landschaftspark wurden seit 1874 zahlreiche wissenschaftliche Observatorien errichtet. Das Astrophysikalische Observatorium (1876–1879), das Geodätische Institut (1889–1892), das Geodätisch-Astronomische Observatorium (1892–1893), das Magnetische und das Meteorologische Observatorium (1888–1893) und schließlich der Große Refraktor mit dem damals weltweit größten Fernrohr (1896–1899) entstanden als große Klinkergebäude nach Plänen des Architekten und Oberbaudirektors Paul Spieker. Das als expressionistisches Kleinod am bekanntesten gewordene Gebäude in diesem Ensemble wurde nach dem Ersten Weltkrieg errichtet: der Einsteinturm (1917–1921) von Erich Mendelsohn.

Seit 1992 sind an diesem Standort weitere Institute gegründet und etliche Neubauten errichtet worden. Als jüngstes Bauvorhaben entstand ein Erweiterungsneubau für das Deutsche GeoForschungsZentrum (GFZ), entworfen vom Potsdamer Architekturbüro Reiner Becker. Er steht inmitten der klinkerverkleideten historischen Großbauten und passt sich hervorragend in die landschaftliche und bauliche Situation ein.

Die Architekten haben den Bau aus der besonderen Lage am Hang entwickelt. Um Raum für die Werkstätten und den Gerätepool zu gewinnen, haben sie einen großen Gebäudebereich in den Hang eingebettet. Er reicht unterirdisch fast bis an den Großen Refraktor heran und tritt nur mit einer langen Fensterfront unter der begrünten Bodenwelle in Erscheinung. Darüber kragt orthogonal der zweigeschossige Büroriegel aus, der in respektvoller Distanz zum historischen Rundbau bleibt.

In der architektonischen Formulierung erinnert der Neubau stark an expressionistische Baukunst. Wie die Bauten der frühen Zwanzigerjahre gewinnt auch das neue Potsdamer Institutsgebäude seine Spannung aus der Gegenüberstellung gegensätzlicher Materialien: Glas, Klinker und Beton. Das Thema »Tragen und Lasten« ist durch den weit auskragenden Büroriegel gelungen inszeniert. Ähnlich vieler Bauten der Zwanzigerjahre wirkt auch die Architektur des GeoForschungsZentrums grafisch und mit ihren langen geraden Linien und Flächen wie in den Raum gezeichnet. Die farbigen Fensterrahmen treten scheinbar hinter die Glasfläche, die dadurch wie ein Band erscheint. Die langen Brüstungsflächen sind mit beige, gelb und rötlich changierenden Klinkern spannungsreich verkleidet.

PROJEKT
Neubau eines Institutsgebäudes für das Deutsche GeoForschungsZentrum
STANDORT
Telegrafenberg, 14473 Potsdam
_AKTEURE
ZUWENDUNGSEMPFÄNGER
Helmholtz-Zentrum Potsdam, Deutsches GeoForschungsZentrum (GFZ)
NUTZER
Helmholtz-Zentrum Potsdam, Deutsches GeoForschungsZentrum (GFZ)
ZUWENDUNGSGEBER
Bundesrepublik Deutschland (90% der Gesamtkosten aus Mitteln des Bundesministeriums für Bildung und Forschung)
Land Brandenburg
ARCHITEKTEN
Reiner Becker Architekten BDA, Potsdam
TECHNISCHE GEBÄUDEAUSRÜSTUNG
Planungsbüro Rohling AG, Berlin
_TERMINE
PLANUNGSVERGABE
2003 (internes Auswahlverfahren)
BAUBEGINN
2006
FERTIGSTELLUNG
2008

_GEBÄUDEDATEN
HAUPTNUTZFLÄCHE HNF
1 600 m²
BRUTTOGRUNDFLÄCHE BGF
2 500 m²
BRUTTORAUMINHALT BRI
8 900 m³
_KOSTEN
Gesamtbaukosten
KG 200 bis 700, brutto
5,6 Mio. EUR
KG 300 und 400, brutto
4,0 Mio. EUR

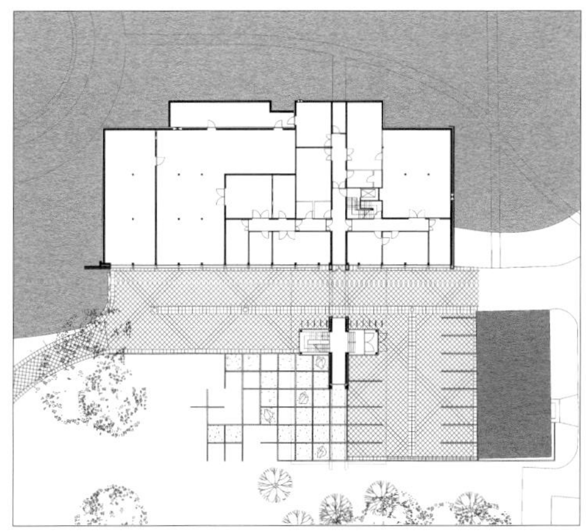

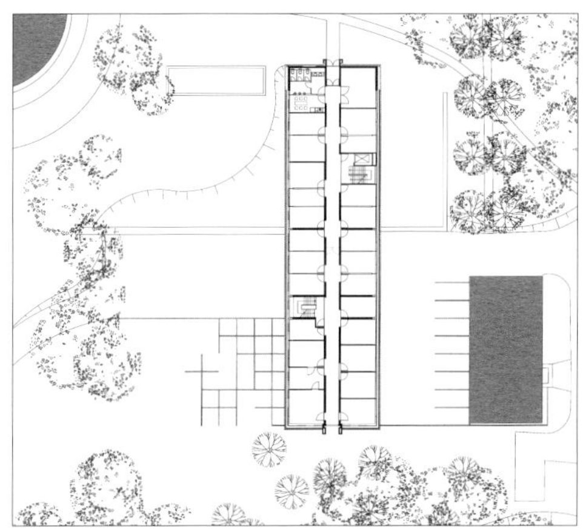

NEUBAU DES KOMPETENZZENTRUMS ADAPTRONIK IM AUTOMOBIL-, MASCHINEN- UND ANLAGENBAU DER FRAUNHOFER-GESELLSCHAFT

DARMSTADT _VOF-VERFAHREN 2007 _BAU 2008/09

In der südöstlichen Ecke des Geländes der Fraunhofer-Gesellschaft in Darmstadt-Kranichstein entsteht das Kompetenzzentrum Adaptronik im Automobil-, Maschinen- und Anlagenbau (KAAMA). Das Kölner Büro JSWD Architekten + Planer hat einen bei Bedarf erweiterbaren kompakten Quader entworfen, der zur Straße hin die Fluchtlinie der benachbarten Versuchshallen aufnimmt und sich eher unauffällig in die vorhandenen städtebaulichen Strukturen integriert.

Auffällig dagegen ist die Fassade des dreigeschossigen Institutsgebäudes: eine auf drei Seiten mit Messing verkleidete und dementsprechend schimmernde Hülle aus vorpatiniertem Messing, deren kleinteilige Oberflächentextur sich auf ein ständiges facettenreiches Spiel mit den unterschiedlichen Lichtsituationen der Tages- und Jahreszeiten einlässt. Die Fassade bringt das Kompetenzzentrum des Fraunhofer Instituts zum Sprechen und illustriert auf symbolischer Ebene, was Adaptronik ist. Denn die gleichzeitig agierende und reagierende Fassade soll – so die erklärte Entwurfsabsicht – in Form, Funktion, Materialwahl und Materialbehandlung Grundzüge adaptronischer Thematik, nämlich den Aufbau selbstanpassender »intelligenter« Struktursysteme, aufgreifen und versinnbildlichen.

Wie die bei aller Lebhaftigkeit in der Grundform strenge Gebäudehülle ist auch das Gebäudeinnere zurückhaltend und in der Beschränkung auf wenige Materialien und architektonische Mittel nochmals reduzierter organisiert. Auch hier haben die Architekten eine Lösung gefunden, die mit dem interdisziplinären wissenschaftlichen Ansatz der Adaptronik verträglich ist und deren Themenfelder »Forschen, Analysieren und Präsentieren« sinnfällig zur Anschauung bringt. Das um ein Atrium und einen Luftraum gruppierte vielschichtige Raumgefüge bringt die verschiedenen Bereiche – die zweigeschossigen Räume von Versuchshalle, Showroom und Kommunikationszone sowie die eingeschossigen Seminar- und Büroräume – in einem entsprechend offen gestalteten und geschossübergreifenden hellen Raumgefüge zusammen. »Dieser Erlebnisraum soll«, so die Worte der Architekten, »zum Wissensaustausch genutzt und als Kommunikationszone zwischen internen und externen Mitarbeitern gesehen werden. Dieser steht im Vordergrund des Raumkonzepts dieser modernen Arbeitswelt.«

Zu einer zeitgemäßen Wissenschaftsarchitektur gehören sowohl ökologisch nachhaltige Bauweisen als auch wirtschaftlich vertretbare Betriebs- und Folgekosten. Für das Adaptronik-Zentrum ist beispielsweise eine Temperierung des Betonkerns vorgesehen, mit der die Räume geheizt oder auch gekühlt werden können. Auch die Abwärme einer Hydraulikanlage im Bestand des Instituts wird zur Klimaoptimierung für den Neubau genutzt werden.

PROJEKT
Neubau des Kompetenzzentrums Adaptronik im Automobil-, Maschinen- und Anlagenbau der Fraunhofer-Gesellschaft
STANDORT
Bartningstraße 47, 64289 Darmstadt
_AKTEURE
ZUWENDUNGSEMPFÄNGERIN
Fraunhofer-Gesellschaft zur Förderung der angewandten Forschung e.V., München
NUTZER
Fraunhofer-Institut LBF, Darmstadt

ZUWENDUNGSGEBER
Bundesrepublik Deutschland (50% der Gesamtkosten aus Mitteln des Bundesministeriums für Bildung und Forschung)
Land Hessen
ARCHITEKTEN
JSWD Architekten + Planer, Köln
TECHNISCHE GEBÄUDEAUSRÜSTUNG
IB-Rödel, Darmstadt
MIB MATYSIK, Frankfurt am Main
_TERMINE
PLANUNGSVERGABE
2007 (VOF-Verfahren)
BAUBEGINN
2008
FERTIGSTELLUNG
2009

_GEBÄUDEDATEN
HAUPTNUTZFLÄCHE HNF
1 100 m²
BRUTTOGRUNDFLÄCHE BGF
2 300 m²
BRUTTORAUMINHALT BRI
9 700 m³
_KOSTEN
Gesamtbaukosten
KG 200 bis 700, netto
4,4 Mio. EUR
KG 300 und 400, netto
3,7 Mio. EUR

NEUBAU FÜR DAS ZENTRUM FÜR VIRTUELLES ENGINEERING AM FRAUNHOFER-INSTITUT FÜR ARBEITSWIRTSCHAFT UND ORGANISATION

STUTTGART _VOF-VERFAHREN/GUTACHTERVERFAHREN 2006 _BAU 2009/10

Das Zentrum für Virtuelles Engineering (ZVE) wird ab 2010 dem Fraunhofer-Institut für Arbeitswirtschaft und Organisation (IAO) auf dem Fraunhofer-Campus in Stuttgart-Vaihingen als Forschungslabor zur Verfügung stehen. Hier sollen Möglichkeiten zur schnellen Produktentwicklung, die Folgen neuer Produkte abgeschätzt und kreative Formen der Teamarbeit erforscht werden. Das IAO stellt sich ein offenes, technisch und energetisch innovatives Gebäude vor, das als Kommunikationszentrum dienen soll.

Der hohe Anspruch, den die künftigen Betreiber des Zentrums auch auf die Architektur projiziert haben, beflügelte die Arbeitsgemeinschaft der Architekturbüros ASPLAN, Kaiserslautern, und UNStudio (Ben van Berkel und Caroline Bos), Amsterdam, die das Gebäude geplant hat. Nach einer Programmanalyse haben die Architekten die Laborbereiche zu einem linearen Band zusammengefasst, an das sich Büro- und Technikbereiche angliedern. Dabei wurde der sogenannte Laborstrang räumlich gefaltet, sodass die bis zu zweigeschossigen Labore im Nord- und Südflügel des Baus alternierend angeordnet sind. Auf diese Weise sollen differenzierte Arbeitsbereiche entstehen, die ineinanderfließen und damit das interdisziplinäre Arbeiten fördern, sowie tiefere Büroebenen mit Einzelarbeitsplätzen und offene Gruppenbereiche, die um ein Atrium herum angeordnet sind.

Neben den Bedürfnissen der Institutsangehörigen stand bei der Formulierung des Raumprogramms eine szenografische Besucherführung im Mittelpunkt, für die die geplante Treppenanlage einen roten Faden bilden soll, über die sich die Besucher nach oben »schrauben«. Höhepunkt des Rundgangs wird der Besuch des Virtual-Reality-Bereichs des Hauses sein.

Besondere Bedeutung messen die Architekten der Fassade des Gebäudes bei: Sie soll als Schlusspunkt des Fraunhofer-Campus in Vaihingen ein »objekthaftes Erscheinungsbild« des zukunftsorientierten Wissenslabors abgeben. Neutralfarbige Glaselemente, dunkle geschlossene Bänder aus Aluminiumverbundplatten und vertikale Rippen aus zweifarbig lackierten Aluminiumelementen lösen die Geometrie des Grundrisses, der sich aus gekrümmten und geraden Elementen zusammensetzt, polygonal auf, um das Bild einer sich kontinuierlich transformierenden Fläche zu bieten. So sollen die Themen der Virtual Reality und des computergestützten Entwurfs zeichenhaft in der Fassade des Institutsgebäudes wiederkehren.

PROJEKT
Neubau für das Zentrum für Virtuelles Engineering am Fraunhofer-Institut für Arbeitswirtschaft und Organisation
STANDORT
Nobelstraße 12, 70569 Stuttgart
_AKTEURE
ZUWENDUNGSEMPFÄNGERIN
Fraunhofer-Gesellschaft zur Förderung der angewandten Forschung e.V., München
NUTZER
Fraunhofer-Institut für Arbeitswirtschaft und Organisation (IAO)
ZUWENDUNGSGEBER
Bundesrepublik Deutschland (50% der Gesamtkosten aus Mitteln des Bundesministeriums für Bildung und Forschung)
Land Baden-Württemberg
ARCHITEKTEN
ASPLAN, Kaiserslautern mit UNStudio, Amsterdam
TECHNISCHE GEBÄUDEAUSRÜSTUNG
Rentschler und Riedesser, Filderstadt
Müller & Bleher, Filderstadt

_TERMINE
PLANUNGSVERGABE
2006 (VOF-Verfahren, Gutachterverfahren)
BAUBEGINN
2009
FERTIGSTELLUNG
2010
_GEBÄUDEDATEN
HAUPTNUTZFLÄCHE HNF
3 100 m²
BRUTTOGRUNDFLÄCHE BGF
5 800 m²
BRUTTORAUMINHALT BRI
27 100 m³
_KOSTEN
Gesamtbaukosten
KG 200 bis 700, netto
11 Mio. EUR
KG 300 und 400, netto
9 Mio. EUR

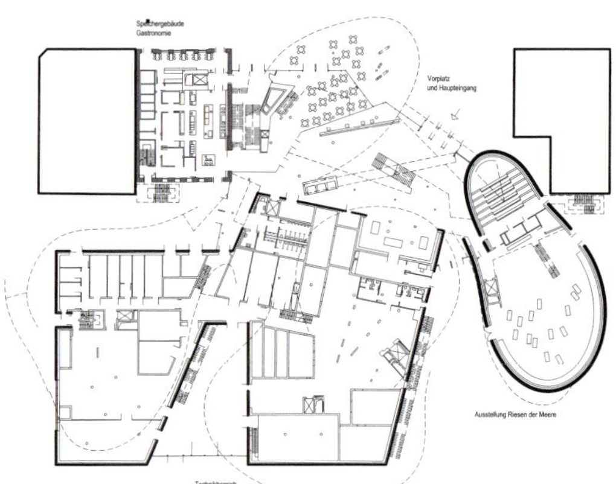
Speichergebäude
Gastronomie
Vorplatz
und Haupteingang
Ausstellung Riesen der Meere
Technikbereich

NEUBAU DES OZEANEUMS FÜR DAS DEUTSCHE MEERESMUSEUM

STRALSUND _WETTBEWERB 2001/02 _BAU 2005-2008

Der Entwurf für das Ozeaneum des Deutschen Meeresmuseums in Stralsund ging aus einem Wettbewerb im Jahre 2002 hervor, den das Stuttgarter Architekturbüro Behnisch, Behnisch & Partner für sich entschied. Die Architekten vergleichen ihr Entwurfskonzept, das die Gebäudeteile um ein gemeinsames Foyer gruppiert, mit Kieselsteinen, die von Wasser umspült werden. Solche Assoziationen werden durch das nach allen Seiten hin offene und von den ein- und ausströmenden Menschen gleichsam »umspülte« Erdgeschoss gestärkt, vor allem aber durch die freie Form des Grundrisses, die kaum ein Vorne und Hinten, geschweige denn eine konventionelle Schau- und Hauptseite oder hierarchische Gliederungen der Gebäudeteile erkennen lässt.

Das Ozeaneum ist eine organisch anmutende, dabei akkurat durchgebildete und städtebaulich durchdachte symbolische Großform. Mit ihrer voluminösen Ummantelung der Gebäudeteile nimmt sie sich gestalterische Freiheiten heraus, die sich vor allem Kulturbauten leisten können. Dabei bleiben strukturelle Offenheit und Transparenz das Prinzip der Architektur, die sich auf mehr als 9 000 Quadratmetern Ausstellungsfläche in vier Bereiche gliedert. Eine Gebäudeschleife ist für die Gastronomie und die Themenausstellungen *Weltmeer. Die Vielfalt des Lebens*, *Die Ostsee* sowie *Erforschung und Nutzung der Meere* reserviert. Im zweiten und dritten Gebäudeteil sind das Ostsee- beziehungsweise das Nordsee-Aquarium mit Schwarmfischbecken und die Ausstellung *Ein Meer für Kinder* einquartiert, während im vierten Bauteil – im Maßstab 1:1 – die *Riesen der Meere* untergebracht sind. Ein in den Gesamtkomplex integriertes Speichergebäude steht für die Vergangenheit des im 19. Jahrhundert angeschütteten Stralsunder Hafenareals und beherbergt neben weiteren gastronomischen Einrichtungen die museumspädagogische Abteilung sowie ein Kongresszentrum.

Nach allen Seiten ergeben sich Durchblicke, Sichtbezüge, Analogien und Korrespondenzen. Die moderne Architektur der amorphen Gebäudehülle ist städtebaulich geschickt – und verträglich mit dem Status der Stralsunder Altstadt als UNESCO-Welterbe – in den Kontext der alten Hafeninsel eingebunden.

Die Gesamtkosten des vom Bund, dem Land Mecklenburg-Vorpommern, der Hansestadt Stralsund und der Stiftung Deutsches Meeresmuseum getragenen Baus liegen bei etwa sechzig Millionen Euro. Das Ozeaneum ist ein Erweiterungsbau des Deutschen Meeresmuseums, des größten naturkundlichen Museums an der deutschen Ostsee. Mit seinen neununddreißig Aquarien und etwa siebentausend lebenden Tieren und seinen profunden Ausstellungsangeboten soll es sich – bei einer Erwartung von bis zu einer Million Besuchern pro Jahr – zu einem veritablen Wirtschaftsfaktor und wichtigen »Meilenstein beim Aufbau Ost« (Wolfgang Tiefensee) entwickeln.

PROJEKT
Neubau des Ozeaneums für das Deutsche Meeresmuseum
STANDORT
Hafenstraße 11, 18439 Stralsund
_AKTEURE
ZUWENDUNGSEMPFÄNGER
Deutsches Meeresmuseum, Stralsund
NUTZER
Deutsches Meeresmuseum
BETREIBER
OZEANEUM Stralsund GmbH
ZUWENDUNGSGEBER
Bundesrepublik Deutschland (30 Mio. EUR, davon 15 Mio. EUR aus Mitteln des Beauftragten der Bundesregierung für Kultur und Medien sowie 15 Mio. EUR aus Mitteln des Bundesministeriums für Verkehr, Bau und Stadtentwicklung)
Land Mecklenburg-Vorpommern
Hansestadt Stralsund
ARCHITEKTEN
Behnisch, Behnisch & Partner, Stuttgart
TECHNISCHE GEBÄUDEAUSRÜSTUNG
Ingenieurbüro Thomas Engelbrecht, Stralsund
INROS Lackner AG, Rostock
Schreiber Ingenieure GmbH, Ulm
IB Bamberger, Pfünz
AIU Stralsund GmbH, Stralsund
ARGE Aquarientechnik, Stralsund
u.a.

_TERMINE
PLANUNGSVERGABE
2001/02 (Wettbewerb)
BAUBEGINN
2005
FERTIGSTELLUNG
2008
_GEBÄUDEDATEN
HAUPTNUTZFLÄCHE HNF
8 400 m²
BRUTTOGRUNDFLÄCHE BGF
17 500 m²
BRUTTORAUMINHALT BRI
93 500 m³
_KOSTEN
Gesamtbaukosten
KG 200 bis 700, brutto
60 Mio. EUR
KG 300 und 400, brutto
46 Mio. EUR

STADEMANN SOHN

ROLANDSECK Arp Museum

NEUBAU FÜR DAS ARP MUSEUM

REMAGEN-ROLANDSECK _DIREKTVERGABE 2002 _BAU 2004-2007

Richard Meier ist der Schöpfer des größten Museumsneubaus des 20. Jahrhunderts, des Getty Centers in Los Angeles. In Deutschland hat er Museen in Frankfurt am Main und Baden-Baden gebaut. Hinzugekommen ist im Jahr 2007 das Arp Museum in Remagen-Rolandseck.

Die Idee für den ins Grün der Rheinhöhe hineingebauten weißen Quader, den ein Tunnel mit dem klassizistischen Bahnhof aus dem 19. Jahrhundert verbindet, hat eine längere Vorgeschichte. Sie geht auf den Galeristen und Sammler Johannes Wasmuth zurück, der den vom Abriss bedrohten Bahnhof Rolandseck seit 1964 zu einem virulenten Zentrum der Kultur ausgebaut hatte. Wasmuths Tod im Jahre 1997 bedeutete zwar einen Einschnitt, aber keinen Stillstand. Bereits im Jahr 1977 hatte die Stiftung Hans Arp und Sophie Taeuber-Arp e.V. angeboten, dem Bahnhof ihre Sammlung mit Werken von Hans Arp und Sophie Taeuber-Arp zur Verfügung zu stellen. Aus dieser Zeit resultieren bereits erste Überlegungen zu einer baulichen Erweiterung des Bahnhofs. Die erste Rahmenvereinbarung zwischen dem Land Rheinland-Pfalz und dem Arp-Verein wurde im Jahr 1995 abgeschlossen.

Die Kosten für das neue Museum, das die Bonner Museumsmeile mit dem Museum König, dem Haus der Geschichte, dem Kunstmuseum und der Bundeskunsthalle um 11 Kilometer nach Süden verlängert, haben letztlich das Land Rheinland-Pfalz als Bauherr und ganz maßgeblich der Bund übernommen. Das Arp Museum ist eines der vom Bund im Rahmen des Bonn-Ausgleichs geförderten Projekte, zum Ausgleich des Verlustes von Parlament und Regierung durch die Übernahme und Ansiedlung neuer Funktionen und Institutionen von nationaler und internationaler Bedeutung im politischen, wissenschaftlichen und kulturellen Bereich.

Architektur von Richard Meier – das bedeutete immer Eleganz, reines Weiß, kompromisslose Geometrie und Räume, deren besonderes Element das Licht ist. Dass das Zusammenspiel von meierscher Architektur und arpscher Kunst funktioniert, können Besucherinnen und Besucher unmittelbar erleben. Die Konzepte ergänzen sich in ihrer Gegensätzlichkeit, auch wenn der Bau sachlich elegant erscheint und den Konstruktivismus einer wiederbelebten Moderne verkörpert. Die Transparenz aber, die durch die Metallpaneele etwas zurückgehalten wird, entspricht – so die erklärte Absicht Meiers – der Idee, Kunst und Natur ganz im Sinne der künstlerischen Überzeugungen von Hans Arp zu vereinen.

Nach der Trennung zwischen Land Rheinland-Pfalz und Arp-Verein führt nun eine neue öffentlich-rechtliche Landesstiftung Arp Museum Bahnhof Rolandseck das Haus in alleiniger Verantwortung.

PROJEKT
Neubau für das Arp Museum
STANDORT
Hans-Arp-Allee 1, 53424 Remagen-Rolandseck
_AKTEURE
BAUHERR
Land Rheinland-Pfalz,
Ministerium der Finanzen
DURCHFÜHRUNG
Landesbetrieb Liegenschafts- und Baubetreuung (Landesbetrieb LBB), Niederlassung Koblenz
NUTZER
Arp Museum,
Künstlerbahnhof Rolandseck
ARCHITEKTEN
Richard Meier & Partners Architects LLP, New York
TECHNISCHE GEBÄUDEAUSRÜSTUNG
Müller & Bleher Filderstadt GmbH & Co.KG
Freiländer + Partner, Mannheim
_TERMINE
PLANUNGSVERGABE
2002 (Direktvergabe)
BAUBEGINN
2004
FERTIGSTELLUNG
2007
_GEBÄUDEDATEN
HAUPTNUTZFLÄCHE HNF
2 900 m²
BRUTTOGRUNDFLÄCHE BGF
5 200 m²
BRUTTORAUMINHALT BRI
29 200 m³
_KOSTEN
31 Mio. EUR (maximale Förderhöhe für Museum, Funktionsgebäude, Übergang ohne Bahnhofsgebäude; davon 17,6 Mio. EUR aus Mitteln des Bundesministeriums für Verkehr, Bau und Stadtentwicklung)

NEUBAU FÜR DAS LITERATURMUSEUM DER MODERNE

MARBACH _WETTBEWERB 2001 _BAU 2004-2006

Marbach, die kleine Schiller-Stadt am Neckar, verfügt über ein einzigartiges Ensemble aus Literaturbauten. 1859 bereits wurde Friedrich Schillers Geburtshaus in der Marktstraße als Museum eingerichtet. 1903 entstand auf der Schillerhöhe oberhalb des Neckars das Schiller-Nationalmuseum, in den Siebzigerjahren ebenda das Deutsche Literaturarchiv nebst Kollegienhaus. Nicht mehr ganz zum Schillerjahr 2005, sondern ein Jahr darauf kam das neue, »LiMo« abgekürzte Literaturmuseum der Moderne hinzu.

Dessen Ausstellungsraum macht auf 1 000 Quadratmetern bisher verschlossen gehaltene, nur Forschern nach Anmeldung zugängliche Archivalien öffentlich. Das Angebot ist nicht auf Schiller beschränkt. Im neuen Museum werden in drei – »fluxus«, »stilus« und »nexus« genannten – Räumen tausenddreihundert Raritäten präsentiert: das Manuskript von Franz Kafkas *Der Prozess,* Alfred Döblins *Berlin Alexanderplatz,* aber auch Dinge wie Notizbücher, Fotoalben, Personalausweise oder sonstige kuriose Sammlerstücke – Thomas Manns Taufkleid, Hans-Georg Gadamers Schere oder das Röntgenbild des lungenkranken Karl Jaspers.

Den kulturellen Anspruch beschreibt das Museum selbst in standesgemäßer dichterischer Freiheit so: »Die Dauerausstellung im ›LiMo‹ zeigt die kostbarsten und kuriosesten, aber auch zunächst unscheinbare Stücke aus den Beständen des Deutschen Literaturarchivs zum 20. Jahrhundert und zur Gegenwart in ihrer vollen Körperlichkeit. Verschiedene Sichtweisen sind möglich: von oben, unten, vorne und hinten, aus der Perspektive der Götter und jener der Frösche, mit den Augen des Spaziergängers und dem Blick des Lesers, aus dem Stand, im Sitzen und Gehen, vom Winkel der Literatur aus und von der Seite des Lebens.«

Anspruch und Absicht des Museums ziehen besondere architektonische Formen nach sich. Das Büro David Chipperfield Architects hat einen bemerkenswert flachen Baukörper entworfen, dessen vertikale Züge sich zum Bild eines Tempels addieren. Dank der verwendeten Materialien – Beton, Muschelkalk, Werkstein und Tropenholz – nimmt dessen beherrschter Klassizismus ein zeitgenössisches Idiom an. Von der Anhöhe aus betrachtet scheint sich der terrassierte, mit seiner Umgebung vielfache Korrespondenzen eingehende Säulenbau unter den Blicken in die Landschaft hinwegzuducken.

Im Sockelgeschoss, das in den Hang hineingebaut ist, befinden sich die unterschiedlich proportionierten, holzvertäfelten und künstlich beleuchteten Ausstellungsräume mit variierenden Deckenhöhen. Im Gegensatz dazu öffnen sich die an die dunklen Kabinette anschließenden Galerien dem Tageslicht und der weiten Neckarlandschaft.

David Chipperfields zu gleichen Teilen von Bund und Land finanziertes Literaturmuseum wurde unter anderem mit dem »RIBA Stirling Prize 2007« und dem »Deutschen Architekturpreis 2007« ausgezeichnet.

PROJEKT
Neubau für das Literaturmuseum der Moderne
STANDORT
Schillerhöhe 8-10, 71672 Marbach am Neckar
_AKTEURE
ZUWENDUNGSEMPFÄNGERIN
Deutsche Schillergesellschaft e.V.
NUTZER
Deutsche Schillergesellschaft e.V.
Deutsches Literaturarchiv Marbach
ZUWENDUNGSGEBER
Bundesrepublik Deutschland
(5,9 Mio. EUR aus Mitteln des Beauftragten der Bundesregierung für Kultur und Medien)
Land Baden-Württemberg
ARCHITEKTEN
David Chipperfield Architects, Berlin
TECHNISCHE GEBÄUDEAUSRÜSTUNG
ibb Burrer + Deuring, Ingenieurbüro GmbH, Ludwigsburg
Jaeger, Mornhinweg + Partner, Ingenieurgesellschaft, Stuttgart
_TERMINE
PLANUNGSVERGABE
2001 (Wettbewerb),
2003 (Auftragsvergabe)
BAUBEGINN
2004
FERTIGSTELLUNG
2006

_GEBÄUDEDATEN
HAUPTNUTZFLÄCHE HNF
2 300 m²
BRUTTOGRUNDFLÄCHE BGF
3 800 m²
BRUTTORAUMINHALT BRI
20 100 m³
_KOSTEN
Gesamtbaukosten
KG 200 bis 700, brutto
12 Mio. EUR
KG 300 und 400, brutto
8 Mio. EUR

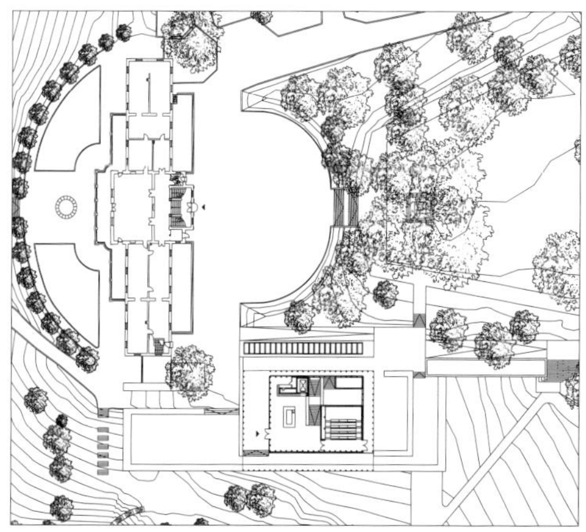

SANIERUNG UND BRANDSCHADENSBESEITIGUNG DES HISTORISCHEN GEBÄUDES SOWIE ERWEITERUNGSNEUBAU FÜR DAS STUDIENZENTRUM DER HERZOGIN ANNA AMALIA BIBLIOTHEK

WEIMAR _VOF-VERFAHREN 2004 _BAU 2004-2007 SOWIE _WETTBEWERB 2000 _BAU 2001-2005

Die Herzogin Anna Amalia Bibliothek, die Johann Wolfgang von Goethe zu einer der bedeutendsten Büchersammlungen Deutschlands und zu einer Kultstätte der deutschen Klassik ausgebaut hatte, wurde 1998 mit weiteren Klassiker-Stätten in Weimar in die Weltkulturerbeliste der UNESCO aufgenommen. Bei ihrem Brand in der Nacht vom 2. auf den 3. September 2004 wurde das gesamte Mansardgeschoss zerstört. Fünfzigtausend Bücher fielen den Flammen zum Opfer, weitere zweiundsechzigtausend Bände kamen zu Schaden. Ironie des Schicksals: Nur drei Wochen nach dem Feuer wären die Bücher planmäßig in die Magazine des neuen Studienzentrums der Bibliothek umgezogen. Denn das historische Gebäude war für die mehr als eine Million Bücher, die zum Teil im Weimarer Schloss und an anderen Orten der Stadt lagerten, schon lange zu klein und eine Sanierung der weit über zweihundert Jahre alten Bibliothek geplant.

Nach der Wiedereröffnung im Oktober 2007 erstrahlt die zwischen 1562 und 1569 als Wohngebäude errichtete und ab 1766 unter der Regentschaft von Anna Amalia als Ort der höfischen Büchersammlung ausgebaute Bibliothek in neuem Glanz. Der Berliner Denkmalexperte Walther Grunwald versetzte das Gebäude in den Zustand von 1849, dem Jahr der Feiern zu Goethes hundertsten Geburtstag, zurück. Im berühmten ovalen Rokokosaal dominieren blau gefasste Holzregale, Stukkaturen mit Rocaillen und wirkungsvolle Verzierungen sowie Gemälde und Büsten den Eindruck.

Für den notwendigen Erweiterungsbau, das Studienzentrum der Herzogin Anna Amalia Bibliothek, wählte man als Standort den in funktionaler Nähe zum Stammhaus, dem »Grünen Schloss«, gelegenen Platz der Demokratie mit seinem Ensemble aus »Rotem Schloss« und »Gelbem Schloss«. Den Wettbewerb im Jahre 2000 gewannen die Weimarer Architekten Hilde Barz-Malfatti und Karl-Heinz Schmitz mit einem Entwurf, der die Jury durch seinen »radikalen konzeptionellen Ansatz, seine Sensibilität im Umgang mit der vorhandenen Bausubstanz und seine ausgezeichnete Funktionalität« überzeugte. Im denkmalgeschützten Weimarer Schlösserbezirk nutzten die Architekten Gebäude des Bestandes um und ergänzten sie durch oberirdische und unterirdische Neubauten, die man im historischen Umfeld kaum wahrnimmt.

Den Empfangbereich des Studienzentrums bildet eine asymmetrische Giebelfassade. Das Herzstück der Anlage ist der »Bücherkubus« im Innenhof. In ihm befinden sich neben der Eingangshalle die Information, Ausleihe, Cafeteria, Mediathek, Fotothek sowie ein Hörsaal. Im Obergeschoss sind die Leseplätze untergebracht. Im und um den Kubus herum gruppieren sich der Freihandbestand mit mehr als zweihunderttausend Büchern sowie weitere Leseplätze. Mit einem Dach aus sechzehn verglasten Oberlichtern, den als Bücherregale ausgekleideten Innenwänden und den viergeschossig umlaufenden Galerien erweist sich der Kubus in seiner klaren Geometrie als adäquates Pendant des alten Rokokosaals im »Grünen Schloss«.

_PROJEKT
Sanierung und Brandschadensbeseitigung des Historischen Gebäudes der Herzogin Anna Amalia Bibliothek
STANDORT
Platz der Demokratie 4,
99423 Weimar
_AKTEURE
ZUWENDUNGSEMPFÄNGERIN
Klassik Stiftung Weimar
NUTZERIN
Klassik Stiftung Weimar, Direktion Herzogin Anna Amalia Bibliothek
ZUWENDUNGSGEBER
Bundesrepublik Deutschland
(6,0 Mio. EUR aus Mitteln des Beauftragten der Bundesregierung für Kultur und Medien)
Land Thüringen
ARCHITEKTEN
Grunwald + Burmeister Architekten, Berlin/Weimar
TECHNISCHE GEBÄUDEAUSRÜSTUNG
Ingenieurbüro Six, Rudolstadt
b.i.g. bechtold Ingenieurgesellschaft, Weimar
_TERMINE
PLANUNGSVERGABE
2004 (VOF-Verfahren mit Stegreifentwurf)
BRAND
02.09./03.09.2004
BRANDSCHADENSBESEITIGUNG
ab 3.9.2004
BAUBEGINN
fließend aus der Brandschadensbeseitigung heraus
FERTIGSTELLUNG
2007
_GEBÄUDEDATEN
HAUPTNUTZFLÄCHE HNF
1 900 m²
BRUTTOGRUNDFLÄCHE BGF
4 300 m²
BRUTTORAUMINHALT BRI
16 500 m³
_KOSTEN
Gesamtbaukosten
KG 200 bis 700, brutto
13 Mio. EUR
KG 300 und 400, brutto
10 Mio. EUR

PROJEKT
Erweiterungsneubau für das Studienzentrum der Herzogin Anna Amalia Bibliothek
STANDORT
Platz der Demokratie 4,
99423 Weimar
_AKTEURE
ZUWENDUNGSEMPFÄNGERIN
Klassik Stiftung Weimar
NUTZERIN
Klassik Stiftung Weimar, Direktion Herzogin Anna Amalia Bibliothek
ZUWENDUNGSGEBER
Bundesrepublik Deutschland
(12,5 Mio. Euro aus Mitteln des Beauftragten der Bundesregierung für Kultur und Medien)
Land Thüringen
ARCHITEKTEN
ARGE Karl-Heinz Schmitz und Hilde Barz-Malfatti, Weimar
TECHNISCHE GEBÄUDEAUSRÜSTUNG
Ingenieurbüro Six, Rudolstadt
b.i.g. bechtold Ingenieurgesellschaft, Weimar
_TERMINE
PLANUNGSVERGABE
2000 (Wettbewerb)
BAUBEGINN
2001
FERTIGSTELLUNG
2005
_GEBÄUDEDATEN
HAUPTNUTZFLÄCHE HNF
6 300 m²
BRUTTOGRUNDFLÄCHE BGF
13 500 m²
BRUTTORAUMINHALT BRI
54 800 m³
_KOSTEN
Gesamtbaukosten
KG 200 bis 700, brutto
25 Mio. EUR
KG 300 und 400, brutto
18 Mio. EUR

NEUBAU DES DOKUMENTATIONSZENTRUMS AUF DEM EHEMALIGEN REICHSPARTEITAGSGELÄNDE

NÜRNBERG _WETTBEWERB 1998 _BAU 2000/01

1933 wurde Nürnberg »Stadt der Reichsparteitage«. Ein Jahr darauf erstellte Hitlers »Hausarchitekt« Albert Speer (1905–1981) den Gesamtplan für das gigantisch große Reichsparteitagsgelände im Südosten der Stadt. Arenen, Aufmarschplätze, Tribünen, eine 2 Kilometer lange und 60 Meter breite »Große Straße« als Verbindungsachse, zwei Stadien, von denen eines für vierhunderttausend Menschen konzipiert war, und andere Gebäude sollten in Größe und Ausdruck den Machtanspruch und die Ideologie der Nationalsozialisten demonstrieren.

Etwa ein Drittel des 11 Quadratkilometer großen Reichsparteitagsgeländes hat sich in Teilen erhalten, darunter auch die nicht vollendete hufeisenförmige Kongresshalle. Sie ist der größte überkommene Bau der NS-Herrschaftsarchitektur in Deutschland und steht als Beispiel des »Kolossalstils des Dritten Reiches« seit 1973 unter Denkmalschutz.

Nach einer Nutzung als Lagerhalle und der Entscheidung, im nördlichen Kopfbau das »Dokumentationszentrum Reichsparteitagsgelände« einzurichten, kam es 1998 zu einem Architektenwettbewerb. Günther Domenig, der Wettbewerbssieger, hatte sich die 1935 von Ludwig Ruff (1878–1934) und seinem Sohn Franz Ruff (1906–1979) entworfene Kongresshalle genau angesehen und entscheidende Eingriffe vorgeschlagen. Den Kopfbau öffnete er an der Nordecke mit einer spannungsvollen Eingangssituation. Auf das Dach setzte er schräg einen als internationales Lern- und Studienforum dienenden gläsernen Kasten und in den Eingangsraum integrierte er einen von der Decke abgehängten Kino- und Vortragssaal. Im Entwurfskonzept spielt der Laufgang, der die Eingangstreppe fortsetzt und diagonal aufsteigend durch das Gebäude führt, die wichtigste Rolle. Er kreuzt den Kinohörsaal, spannt sich frei schwebend über den Standartenhof des Kopfbaus, durchschneidet den Ausstellungsraum im westlichen Längsflügel und endet mit einer Aussichtsplattform, die in den kolossalen Innenhof hineinragt.

Der dekonstruktivistische Ansatz des Grazer Architekten bedarf kaum einer Erläuterung. Die Einbauten verhalten sich gegenüber dem Bestand wie eine Antithese. Domenig kontert Stein mit Glas und Stahl, rechte Winkel und Symmetrien mit Schrägen und Spitzen, Kompaktheit mit Offenheit und Statik mit Bewegung. Der Weg ist eine geschlossene Gangway aus Stahl und Glas und bohrt sich als Akzent und unmissverständliches Statement gegen den Bestand durch das meterdicke Ziegelmauerwerk. Die Intervention macht nationalsozialistischen Beeindruckungs- und Einschüchterungsstrategien einen Strich durch die Rechnung. Die historische Architektur mit dem Innenhof hinter der Aussichtsplattform und dem unverputzten Gemäuer des Dokumentationszentrums ist Teil von Domenigs architektonischem Gegenentwurf und wird so auch zum Inhalt der Dauerausstellung *Faszination und Gewalt,* die sich mit der Geschichte des Nationalsozialismus bis hin zu den Nürnberger Prozessen auseinandersetzt.

PROJEKT
Neubau des Dokumentationszentrums auf dem ehemaligen Reichsparteitagsgelände
STANDORT
Bayernstraße 110, 90478 Nürnberg
_AKTEURE
ZUWENDUNGSEMPFÄNGER
Museen der Stadt Nürnberg
NUTZER
Museen der Stadt Nürnberg
ZUWENDUNGSGEBER
Bundesrepublik Deutschland
(3,0 Mio. EUR aus Mitteln des Beauftragten der Bundesregierung für Kultur und Medien)
Freistaat Bayern
Stadt Nürnberg
ARCHITEKTEN
Domenig & Wallner ZT GmbH, Graz
TECHNISCHE GEBÄUDEAUSRÜSTUNG
Dess/Dauphin - Beratende Ingenieure, Nürnberg
_TERMINE
PLANUNGSVERGABE
1998 (Wettbewerb)
BAUBEGINN
2000
FERTIGSTELLUNG
2001

_GEBÄUDEDATEN
HAUPTNUTZFLÄCHE HNF
4 600 m²
BRUTTOGRUNDFLÄCHE BGF
5 700 m²
BRUTTORAUMINHALT BRI
27 400 m³
_KOSTEN
Gesamtbaukosten
KG 200 bis 700, brutto
8 Mio. EUR
KG 300 und 400, brutto
6 Mio. EUR

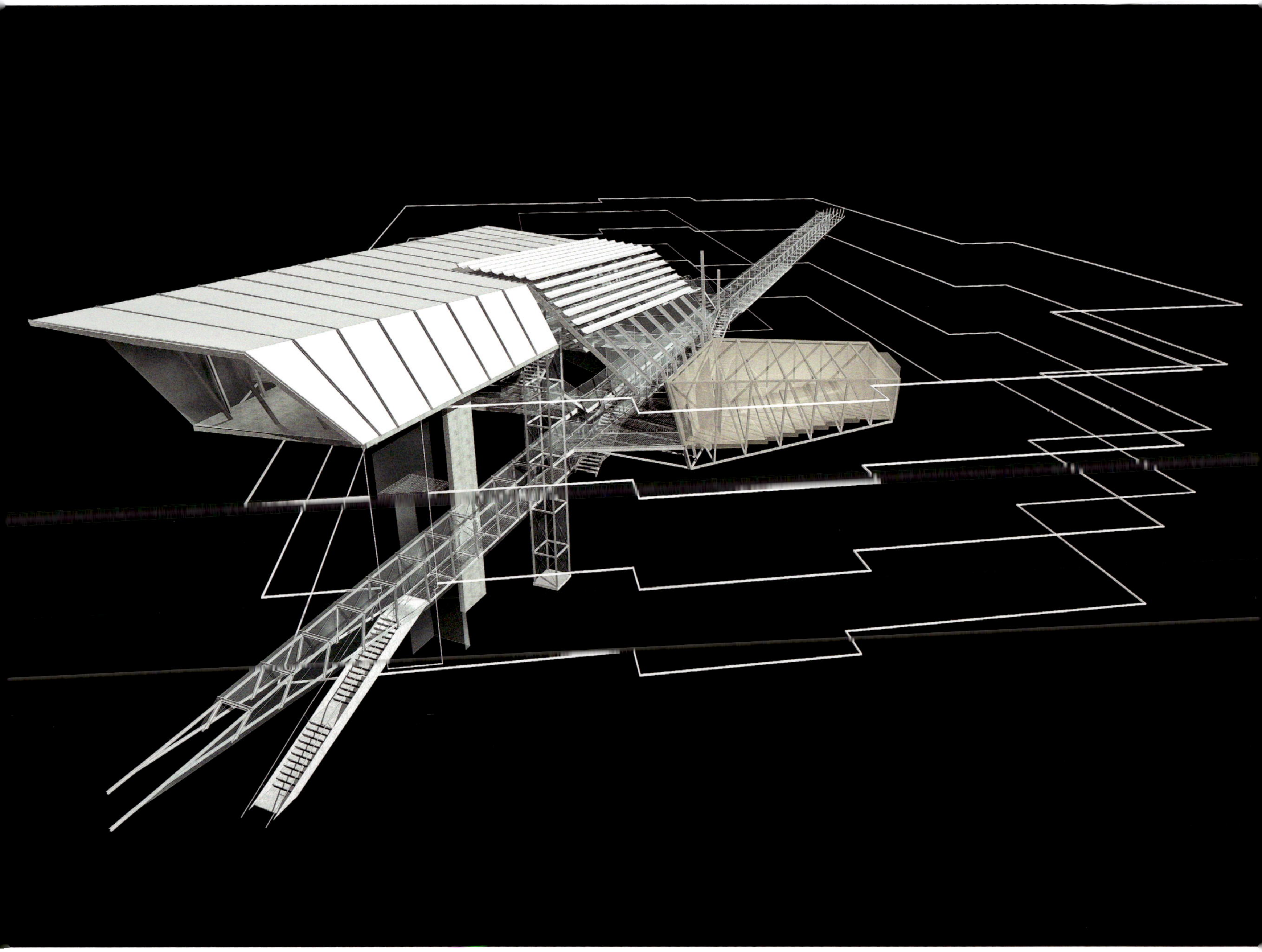

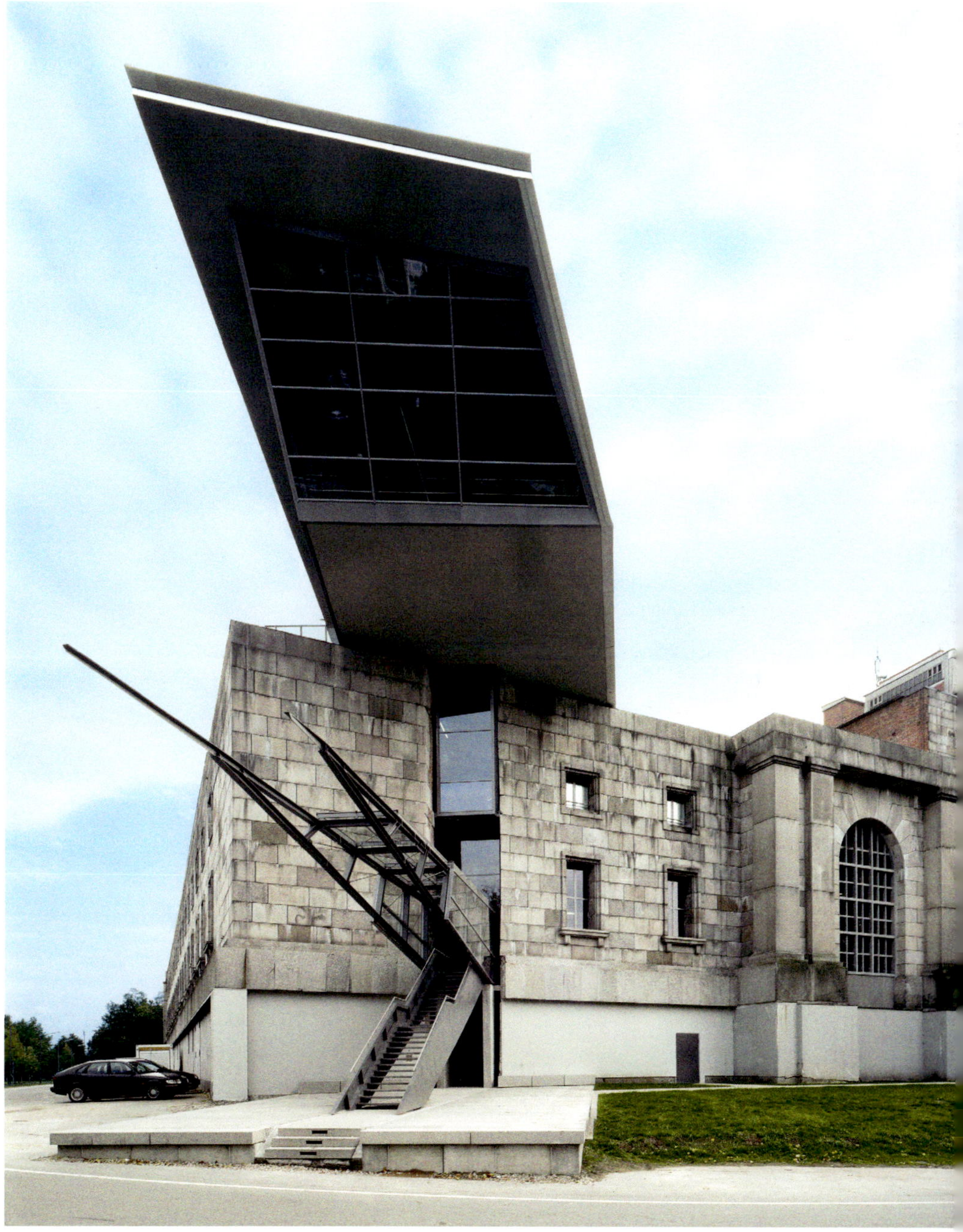

NEUBAU DES DENKMALS FÜR DIE ERMORDETEN JUDEN EUROPAS

BERLIN _OFFENER WETTBEWERB 1994 _ENGERER WETTBEWERB 1997/98 _BAU 2003-2005

Das Denkmal für die ermordeten Juden Europas ist kein Ort der Trauer im herkömmlichen Sinn. Es ist eine aus dem Berliner Stadtbild und dem innerstädtischen Funktionszusammenhang herausgelöste Fläche von nicht weniger als 19 000 Quadratmetern. Auf ihr befinden sich 2 711 Stelen, leicht geneigte Betonquader unterschiedlicher Breite und Höhe. In unmittelbarer Nähe zum Brandenburger Tor bilden sie ein wogendes Feld, das auf übliche Mahnmalrhetorik verzichtet. Das Denkmal bleibt abstrakt, erinnert an die im Holocaust ermordeten Juden ohne explizite Bezüge herzustellen.

Der US-amerikanische Architekt Peter Eisenman hat es in der Tradition konkreter Kunst als »Place of no meaning« konzipiert. Es ist der Versuch, dem undarstellbaren Schrecken doch eine Form und dem Unsagbaren eine stumme Gestalt zu geben. An Sarkophage und Soldatenfriedhöfe lassen die Quader denken, an Asche das Grau des Betons. Doch die Assoziationen bleiben bewusst vage. Wer davor steht oder sich zwischen die Betonblöcke begibt, ist irritiert, überwältigt, vom Ganzen unangenehm betroffen – oder ist im Gegenteil von der räumlichen, ästhetischen und akustischen Atmosphäre beeindruckt oder sogar fasziniert. Die Reaktionen auf das Mahnmal, das mit seiner gewellten Grundfläche ein »Gefühl der Verunsicherung« (Stiftung Denkmal für die ermordeten Juden Europas) erzeugen will, sind vielfältig. Der ehemalige Bundeskanzler Gerhard Schröder hatte gehofft, das Monument werde zum Ort, »zu dem man gerne hingeht«. Diese Hoffnung hat sich von Anbeginn an erfüllt. Das Stelenfeld ist ein Publikumsmagnet und, solange man sich nicht in die Ausstellungsräume des unterirdischen Informationszentrums begibt, eine Attraktion, die Kinder und Jugendliche gerne auch spielend »nutzen«.

Das Denkmal gehört zu den großen Bauprojekten der Nachwendezeit von national und international herausrausragender Bedeutung. Ein erstes, von der Künstlerin Christine Jackob-Marks 1994 vorgelegtes Wettbewerbskonzept – eine 2 000 Quadratmeter große schiefe Betonebene mit den eingemeißelten Namen der Opfer – scheiterte am Einspruch des damaligen Bundeskanzlers Helmut Kohl. Anschließend entschied man sich für das von Peter Eisenman und dem Künstler Richard Serra gemeinsam vorgeschlagene Stelenfeld. Nach einigen Konzeptänderungen und dem Beschluss, unterirdisch einen 930 Quadratmeter großen unterirdischen »Ort der Information« mit Ausstellungs- und Vortragsräumen sowie einer Buchhandlung zum Bestandteil der Anlage zu machen, beschloss der Bundestag 1999 das Denkmal in seiner heutigen Form.

PROJEKT
Neubau des Denkmals für die ermordeten Juden Europas
STANDORT
Cora-Berliner-Straße 1, 10117 Berlin
_AKTEURE
ZUWENDUNGSEMPFÄNGERIN
Stiftung Denkmal für die ermordeten Juden Europas
NUTZERIN
Stiftung Denkmal für die ermordeten Juden Europas
ZUWENDUNGSGEBERIN
Bundesrepublik Deutschland (100% der Gesamtkosten aus Mitteln des Beauftragten der Bundesregierung für Kultur und Medien)
ARCHITEKTEN
Eisenman Architects, New York
TECHNISCHE GEBÄUDEAUSRÜSTUNG
Happold Ingenieurbüro GmbH, Berlin
_TERMINE
PLANUNGSVERGABE
1994 (offener Wettbewerb), 1997/98 (engerer Wettbewerb)
BAUBEGINN
2003
FERTIGSTELLUNG
2005

_GEBÄUDEDATEN
GRÖSSE DES STELENFELDES
19 100 m²
ZAHL DER STELEN
2 711
NUTZFLÄCHE NF DES »ORTS DER INFORMATION«
1 100 m²
_KOSTEN
Gesamtbaukosten
KG 200 bis 700, brutto
28 Mio. EUR

Doba Blyakhman
Doba Blyakhman

Das Denkmal in der Diskussion 1988 bis 2005
The Discussion on the Memorial 1988 until 2005
Das Denkmal für die ermordeten Juden Europas ist einer Initiative von Bürgerinnen und Bürgern aus der Mitte der Gesellschaft zu verdanken. Den Beschluss zu seiner Verwirklichung fasste der Deutsche Bundestag am 25. Juni 1999.
The Memorial to the Murdered Jews of Europe has come about thanks to an initiative set in motion by a group of citizens from within society. The decision to create the memorial was taken by the German Bundestag on 25 June 1999.

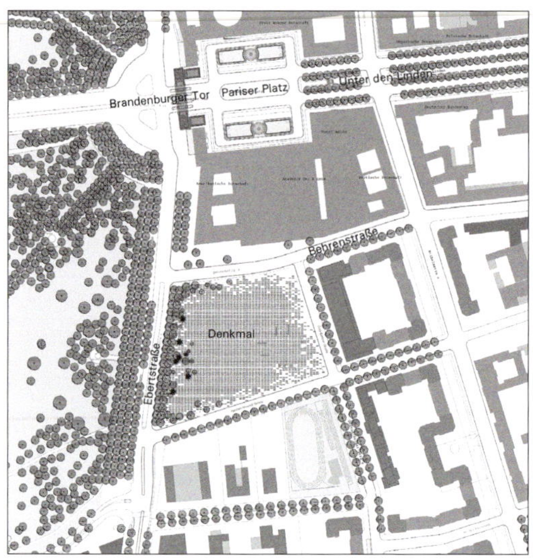
Brandenburger Tor
Pariser Platz
Unter den Linden
Behrenstraße
Denkmal
Ebertstraße

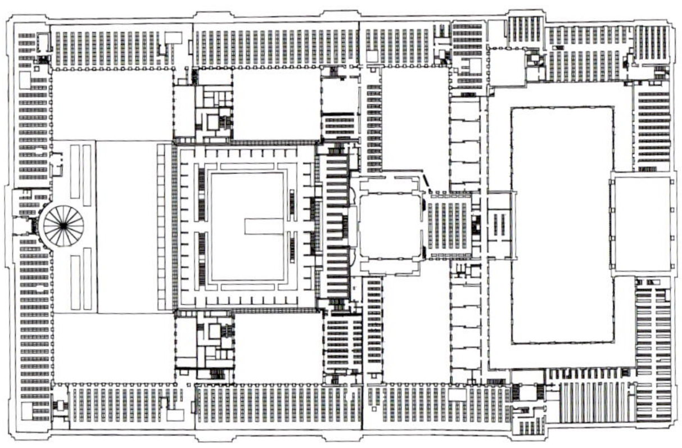

GRUNDINSTANDSETZUNG UND ERWEITERUNG DER STAATS-BIBLIOTHEK UNTER DEN LINDEN

BERLIN _WETTBEWERB 2000 _BAU 2003-2012

Die Bibliothek Unter den Linden gehört mit ihrem Bestand von circa 3,5 Millionen Büchern zu den bedeutendsten Bibliotheken der Welt. Nach der Wiedervereinigung wurden die Deutsche Staatsbibliothek und die Staatsbibliothek Preußischer Kulturbesitz 1992 zur Staatsbibliothek zu Berlin – Preußischer Kulturbesitz zusammengefasst. Der von Hans Scharoun erbaute Teil der Bibliothek befindet sich im Haus Potsdamer Straße 33. Ein neues Magazingebäude des Architekten Eberhard Wimmer entsteht bis 2010 in Berlin-Friedrichshagen.

Der Bereich mit der historischen Forschungsbibliothek ist im Haus Unter den Linden 8 untergebracht, einer der größten historischen Bauten in Berlin-Mitte. Errichtet wurde er 1903 bis 1914 vom kaiserlichen Hofbaumeister Ernst von Ihne als Gebäude, das sich ins pracht- und machtvolle Erscheinungsbild des Linden-Boulevards und des Schlosses einfügen sollte. Hinter einer repräsentativen Fassade mit zwei Kolossalgeschossen öffnete sich in einer zentralen Erschließungsachse eine bis zu dreizehn Geschosse hohe Raumfolge, die ihren Höhepunkt in einem zentralen Kuppelsaal hatte.

Im Zweiten Weltkrieg wurde der wilhelminische Großbau, der an Volumen selbst den Reichstag übertrifft, mehrfach schwer beschädigt und nur partiell repariert. 1975 kam es zur Sprengung der ehemals reich dekorierten, im Krieg beschädigten Kuppel und zum Abbruch des ruinösen Kuppelsaales. Stattdessen errichtete man, um Raum für zwei Millionen Bücher zu schaffen, vier zu einem Quader verdichtete Büchertürme. Die zwischen 1984 und 1987 durchgeführte Baumaßnahme war baukünstlerisch wenig gefühlvoll, und auch die Funktionalität ließ zu wünschen übrig. Insbesondere genügte der Bau nicht den klimatischen Anforderungen, zudem wurde er dem Platzbedarf nicht gerecht.

Seit 1990 wurden in Zuständigkeit der Bundesbaudirektion beziehungsweise des Bundesamtes für Bauwesen und Raumordnung ständig Baumaßnahmen durchgeführt. Zwischen 1991 und 2005 setzte man die Keller instand, ersetzte das Fundament aus zweitausensiebenhundert Holzpfählen durch bis zu 26 Meter lange Betonpfähle, sanierte die Dächer, sicherte die Fassaden und riss die vier Büchertürme ab.

2008 war Richtfest für den Erweiterungsbau mit dem weitgehend gläsernen Baukörper des zentralen Lesesaales, der anstelle der Türme entsteht. Der Architekt HG Merz greift in seinem Entwurf auf den Vorläufer, die historische monumentale Kuppel, zurück und übersetzt das verlorene Vorbild in die zeitgemäß versachlichte, aber nicht weniger geschliffene und nicht weniger ausdrucksstarke architektonische Gegenwartssprache eines Kubus aus 400 Stahlbetonfertigteilen. Der Würfel ruht auf einer massiven Basis, ist 18 Meter hoch und wird 250 Leseplätze und drei umlaufende Büchergalerien mit dahinterliegenden Freihandbereichen enthalten. Er verfügt über ein reduziertes Fertigteiltragwerk und eine mehrschichtige Fassade aus Glas und Gewebe, die sowohl der Lichtsteuerung als auch der Klimatisierung dient. Wie zuvor der Kuppelsaal bildet der in der Dunkelheit dezent in den Stadtraum leuchtende Kubus den Höhepunkt der historischen Raumfolge aus Lindenhalle, Brunnenhof, Treppenhalle und Vestibül.

Der nach den Plänen von HG Merz errichtete Erweiterungsbau mit dem zentralen Lesesaal wird 2009 fertiggestellt, die Grundinstandsetzung und Modernisierung sollen 2012 abgeschlossen sein.

PROJEKT
Grundinstandsetzung und Erweiterung der Staatsbibliothek Unter den Linden
STANDORT
Unter den Linden 8, 10117 Berlin
_AKTEURE
ZUWENDUNGSEMPFÄNGERIN UND BAUHERRIN
Stiftung Preußischer Kulturbesitz (SPK)
DURCHFÜHRUNG
Bundesamt für Bauwesen und Raumordnung (BBR)
NUTZERIN
Staatsbibliothek zu Berlin – Preußischer Kulturbesitz (SBB)
ZUWENDUNGSGEBERIN
Bundesrepublik Deutschland (100% der Gesamtkosten aus Mitteln des Beauftragten der Bundesregierung für Kultur und Medien)
ARCHITEKTEN
prof hg merz architekten, Stuttgart und Berlin
TECHNISCHE GEBÄUDEAUSRÜSTUNG
Ingenieurbüro NEK, Berlin
KMS Beratungs- und Planungsgesellschaft mbH, Berlin
Ingenieurbüro Elsken und Erdmann, Berlin

_TERMINE
PLANUNGSVERGABE
2000 (Wettbewerb)
BAUBEGINN
2003
FERTIGSTELLUNG
2012
_GEBÄUDEDATEN
HAUPTNUTZFLÄCHE HNF
52 000 m^2
BRUTTOGRUNDFLÄCHE BGF
105 000 m^2
BRUTTORAUMINHALT BRI
419 000 m^3
_KOSTEN
Gesamtbaukosten
KG 200 bis 700, brutto
333 Mio. EUR
KG 300 und 400, brutto
243 Mio. EUR

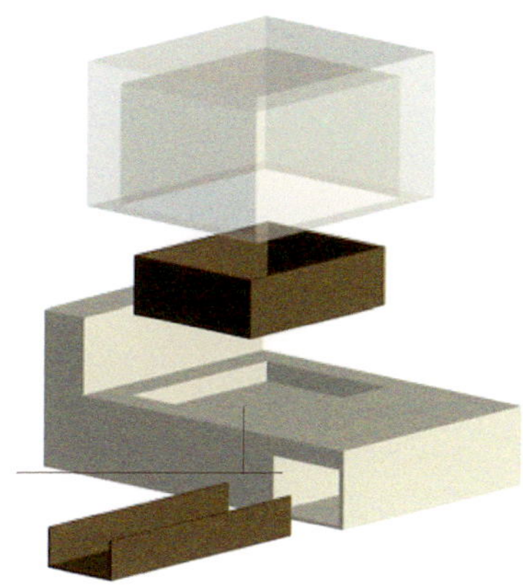

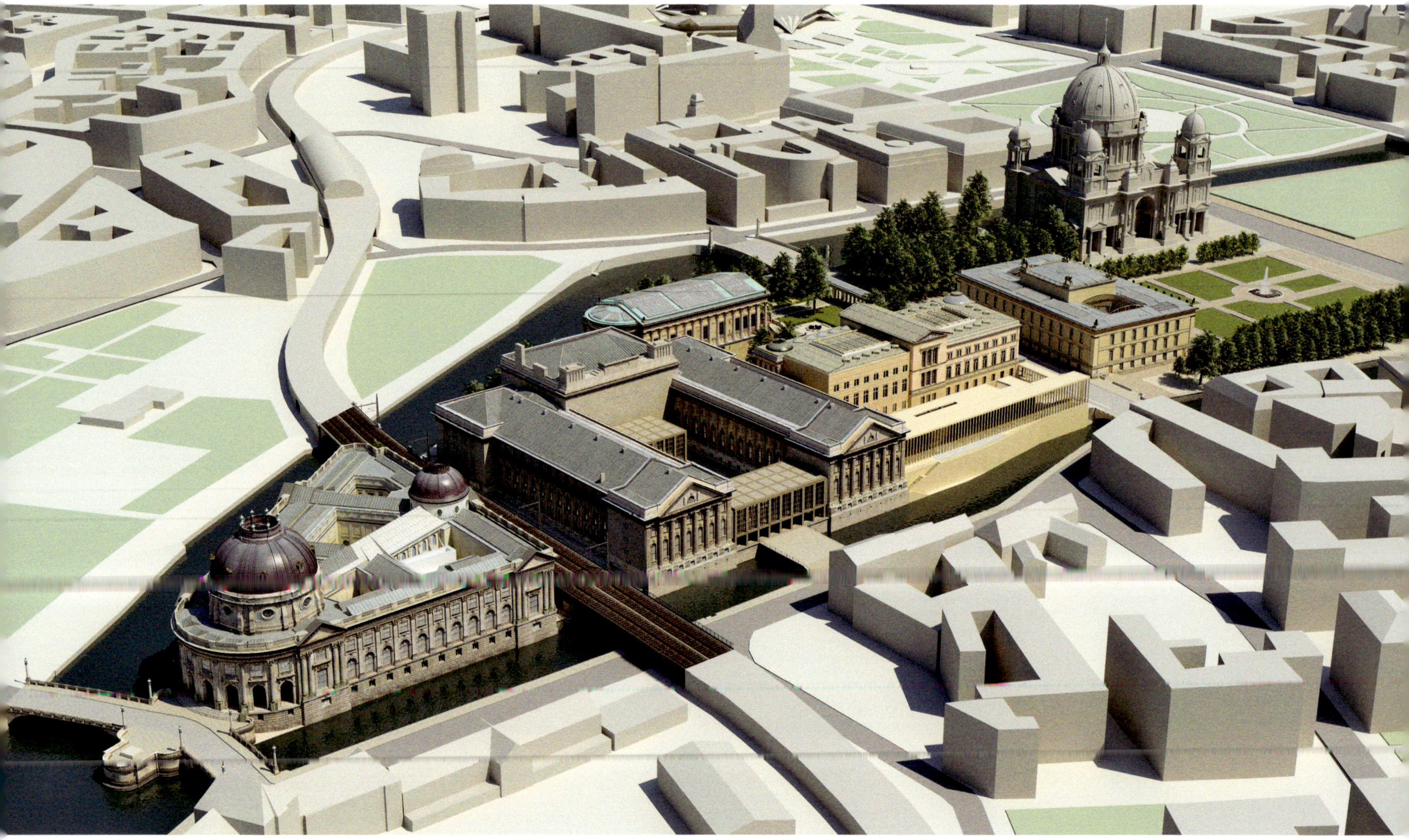

MASTERPLAN MUSEUMSINSEL BERLIN

BERLIN _BESCHLUSS MASTERPLAN MUSEUMSINSEL 1999 _BAU 1992–2027

Die 1999 zum Weltkulturerbe erklärte Museumsinsel gehört zu den interessantesten und schönsten Museumskomplexen der Welt. Errichtet wurde sie in direkter Nachbarschaft zum Berliner Schloss als Symbol eines preußischen Staates, der nach den Freiheitskriegen gegen Napoleon den Wandel vom Militär- zum modernen National- und Bildungsstaat vollzog.

Es war die Idee Friedrich Wilhelms III., die in den Schlössern verborgen gehaltene Kunst der Öffentlichkeit zugänglich zu machen und an der Nordseite des Lustgartens das Königliche Museum (von 1824 bis 1830, heute Altes Museum) in Form eines Tempels zu errichten. Sein Nachfolger Friedrich Wilhelm IV. ging weiter und sprach von der Errichtung einer »Freistätte für Kunst und Wissenschaft«. Als einen der »Kunst und der Altertums-Wissenschaft geweihten Bezirk« erwählte er den nördlichen Teil der Spreeinsel. 1841 ließ der preußische Baumeister Friedrich August Stüler (1800–1865) die Gesamtplanung für die auch »Akropolis des Nordens« genannte Museumsinsel folgen.

Zwischen 1841 und 1855 entstand das Neue Museum. Mit der Alten Nationalgalerie und ihrem vorgelagerten Kolonnadenbauwerk war 1876 das erste Museumsforum vollendet. 1904 kam das Kaiser-Friedrich-Museum, das heutige Bode-Museum, hinzu. Der Bau des Pergamonmuseums begann 1910, wurde infolge des Ersten Weltkrieges jedoch erst 1930 vollendet. Fast Dreiviertel dieser einzigartigen Anlage aus klassizistischen und neobarocken Monumentalbauten wurde im Zweiten Weltkrieg zerstört und anschließend – mit Ausnahme des Neuen Museums, das bis zum Jahr 1986 Ruine blieb – unter schwierigen Bedingungen restauriert.

1999 wurde ein Masterplan für die Museumsinsel verabschiedet. Die »Planungsgruppe Museumsinsel«, bestehend aus den mit der Sanierung der einzelnen Bauten beauftragten Architekten, entwickelte unter der Federführung des britischen Architekten David Chipperfield ein Konzept, das die museumspolitischen und wissenschaftlichen Absichten und Ansprüche der Staatlichen Museen zu Berlin baulich adäquat umsetzt. Nicht nur sollen die im Zweiten Weltkrieg beschädigten und zerstörten Gebäude saniert, modernisiert und optimiert werden. Es soll auch eine attraktive Gesamtanlage entstehen. Ein zweckmäßiges und barrierefreies Erschließungssystem wird die einzelnen Häuser und das ganze Areal enger zusammenrücken lassen. Die Höfe des Bode-Museums erhalten eine Verbindung, die vier Museen mit archäologischen Sammlungen eine durchgehende »Archäologische Promenade«. Die Freiflächen werden hergerichtet und für die Museumsbesucher geöffnet. Zum Kupfergraben vor dem Neuen Museum, wo sich bis 1930 noch Karl Friedrich Schinkels Packhof befand, entsteht die James Simon-Galerie als zentrales Eingangs- und Verteilergebäude der gesamten Museumsinsel. 2009 soll mit diesem Bau begonnen werden, die Fertigstellung ist für 2013 geplant. Im Pergamonmuseum wird – für die Aufnahme des Sahure-Tempels – der Rundgang auf der Hauptgeschossebene mit einem vierten Flügel geschlossen. Für die interne Museumsarbeit – unter anderem die wissenschaftliche Verwaltung und die Restaurierungswerkstätten – entsteht auf einem ehemaligen Kasernengelände gegenüber dem Bode-Museum ein Kompetenzzentrum. Auch die Entwicklung eines eigenen Corporate Designs für die Museumsinsel und eines modernen Leit- und Informationssystems mit Neuen Medien gehört zu den Aufgaben des Masterplans.

PROJEKT
Masterplan Museumsinsel Berlin
STANDORT
Museumsinsel Berlin,
Bodestraße 1-3, 10178 Berlin
_AKTEURE
ZUWENDUNGSEMPFÄNGERIN UND BAUHERRIN
Stiftung Preußischer Kulturbesitz (SPK)
DURCHFÜHRUNG
Bundesamt für Bauwesen und Raumordnung (BBR)
NUTZER
Staatliche Museen zu Berlin
ZUWENDUNGSGEBERIN
Bundesrepublik Deutschland (100% der Gesamtkosten aus Mitteln des Beauftragten der Bundesregierung für Kultur und Medien)
ARCHITEKTEN
David Chipperfield Architects, London und Berlin (Neues Museum, Neues Eingangsgebäude)
Atelier Heinz Tesar, Wien und Atelier Christoph Fischer, Berlin (Bode-Museum)
prof hg merz, Stuttgart (Alte Nationalgalerie)
HILMER & SATTLER und ALBRECHT, München (Altes Museum)
Prof. O.M. Ungers, Köln (Pergamonmuseum)
harris + kurrle architekten, Stuttgart (Kompetenzzentrum/Museumshöfe)
LANDSCHAFTSARCHITEKTEN
Levin Monsigny Landschaftsarchitekten GmbH, Berlin
_TERMINE
BESCHLUSS MASTERPLAN MUSEUMSINSEL
1999
BAUBEGINN
1992
FERTIGSTELLUNG
2027
_GEBÄUDEDATEN
HAUPTNUTZFLÄCHE HNF
53 000 m²
BRUTTOGRUNDFLÄCHE BGF
150 000 m²
BRUTTORAUMINHALT BRI
870 000 m³
_KOSTEN
Gesamtbaukosten KG 200 bis 700, brutto
1,48 Mrd. EUR
(Gesamtmaßnahme Museumsinsel)

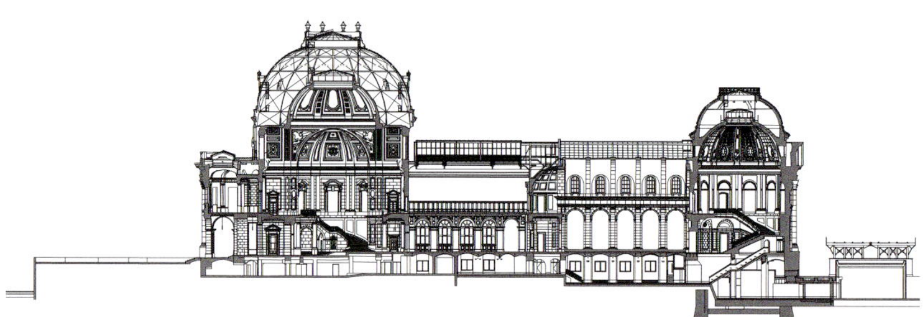

GRUNDINSTANDSETZUNG DES BODE-MUSEUMS

BERLIN _DIREKTVERGABE 1999 _BAU 2000-2006

Mit venezianischem Flair taucht das Bode-Museum an der Nordspitze der Museumsinsel aus der Spree empor: ein zwischen 1897 und 1904 entstandener neobarocker Sandsteinbau mit mächtigem Quadersockel und zwei Obergeschossen, die unter einer zierlichen Attika von Halbsäulen und Risaliten zusammengebunden werden. Der Architekt und Hofbaumeister Ernst von Ihne (1848–1917) errichtete das als Kaiser-Friedrich-Museum erbaute und an ein Schloss erinnernde Gebäude, dessen weite und weithin sichtbare Kuppel das große Treppenhaus überhöht. Dieses bildet als Große Kuppel den Anfang jener grandiosen Raumfolge, die in der Mittelachse der dreieckigen Grundrissform von der Kamecke-Halle zur Basilika und schließlich zur Kleinen Kuppel führt.

Nach Zerstörungen der Architektur im Zweiten Weltkrieg wurden die Sammlungen des Bode-Museums – so ist der Bau seit 1956 nach seinem Impulsgeber und ersten Direktor Wilhelm von Bode benannt – in den Fünfziger- und Sechzigerjahren allmählich wieder zugänglich gemacht. Gleichzeitig war man bis 1987 damit beschäftigt, die vielen Kriegsschäden zu beseitigen und Zug um Zug die Innenräume instand zu setzen. Bei genauerem Hinsehen zeigten sich aber noch Anfang der Neunzigerjahre derart bedenkliche Schäden, Mängel und Gefährdungen, dass eine mit 152 Millionen Euro veranschlagte Generalsanierung des Museumsgebäudes mehr als angeraten war.

Der österreichische Architekt Heinz Tesar und das Berliner Atelier Christoph Fischer übernahmen in einer Projektgemeinschaft die Aufgabe und passten das Gebäude den Anforderungen eines modernen Museumsbetriebs an. Nach fünfeinhalb Jahren Grundinstandsetzung und der Einrichtung der Ausstellungen ist das Bode-Museum seit Oktober 2006 wieder zugänglich und zeigt in sechsundsechzig Ausstellungsräumen seine umfangreiche Skulpturensammlung, das Museum für Byzantinische Kunst, das große Münzkabinett und die im Sockelgeschoss untergebrachte Kindergalerie.

Die Instandsetzungsmaßnahmen umfassten die Modernisierung der Sicherheit, den Brandschutz und technische Einrichtungen wie das Fotoatelier oder den Restaurierungsbetrieb; sie führten zum Einbau einer Klimaanlage und behindertengerechter Zugänge. Hausschwamm wurde beseitigt und korrodierte Stahlträger instand gesetzt. Im Sockelgeschoss schuf man Raum für die neue Kindergalerie, für Depots und Werkstätten sowie weitere Ausstellungsflächen. Die Innenhöfe erhielten einen Skulpturenparcours. Und gemäß dem Masterplan Museumsinsel wurde der Anschluss an die später hinzukommende »Archäologische Promenade«, die vier Museen der Spreeinsel miteinander verbinden soll, vorbereitet.

Darüber hinaus wurde zur besseren Erschließung der drei Ausstellungsebenen ein neues Treppenhaus mit Personen- und Lastenaufzug in einen der Innenhöfe eingestellt. Umgekehrt beseitigte man nachträgliche Einbauten und restaurierte alte Farbfassungen. Zahlreiche Bau- und Dekorelemente des üppig ausgestatteten denkmalgeschützen Gebäudes wurden erneuert. Auch das im Krieg zerstörte Tiepolo-Kabinett mit seinen reichen Stuckverzierungen und zweiundzwanzig (im Krieg ausgelagerten) Fresken von Giovanni Battista Tiepolo wurde wiederhergestellt. Die aktuelle Präsentation der Kunstwerke in Verbindung mit historischen Böden, Decken oder Möbeln folgt in Ansätzen wieder dem alten Konzept der »Stilräume«, das seinerzeit Wilhelm von Bode durchgesetzt hatte.

PROJEKT
Grundinstandsetzung
des Bode-Museums
STANDORT
Museumsinsel Berlin,
Bodestraße 1-3, 10178 Berlin
_AKTEURE
ZUWENDUNGSEMPFÄNGERIN
UND BAUHERRIN
Stiftung Preußischer Kulturbesitz
(SPK)
DURCHFÜHRUNG
Bundesamt für Bauwesen und Raumordnung (BBR)
NUTZER
Staatliche Museen zu Berlin
ZUWENDUNGSGEBERIN
Bundesrepublik Deutschland
(100% der Gesamtkosten aus Mitteln des Beauftragten der Bundesregierung für Kultur und Medien)
ARCHITEKTEN
Atelier Heinz Tesar, Wien und
Atelier Christoph Fischer, Berlin
TECHNISCHE GEBÄUDEAUSRÜSTUNG
Planungsbüro Rohling AG, Osnabrück
_TERMINE
PLANUNGSVERGABE
1999 (Direktvergabe)
BAUBEGINN
1992 (Teilbaumaßnahmen)
2000 (Grundinstandsetzung)
FERTIGSTELLUNG
2006

_GEBÄUDEDATEN
HAUPTNUTZFLÄCHE HNF
11 100 m²
BRUTTOGRUNDFLÄCHE BGF
25 300 m²
BRUTTORAUMINHALT BRI
169 500 m³
_KOSTEN
Gesamtbaukosten
KG 200 bis 700, brutto
109 Mio. EUR (Grundinstandsetzung)
48 Mio. EUR (Teilbaumaßnahmen)
9 Mio. EUR (Erstausstattung)
KG 300 und 400, brutto
78 Mio. EUR (Grundinstandsetzung)

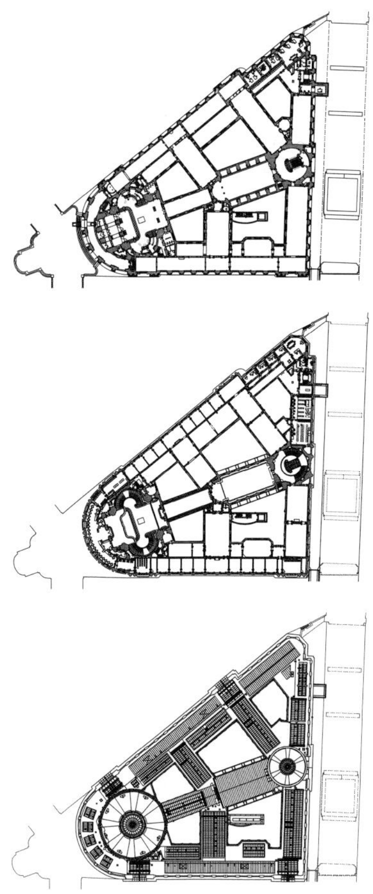

WIEDERAUFBAU UND RESTAURIERUNG DES NEUEN MUSEUMS

BERLIN _WETTBEWERB 1993/94 _GUTACHTERVERFAHREN 1997 _BAU 2003–2009

Das Neue Museum stellt sowohl als Teil der Gesamtanlage der Museumsinsel und auch als Einzelbauwerk des späten Klassizismus eines der bedeutendsten Dokumente des Museumsbaus im 19. Jahrhundert dar. Zudem ist das zwischen 1841 und 1855 nach Plänen des Schinkel-Schülers Friedrich August Stüler (1800–1865) erbaute Neue Museum dank neuer industrialisierter Bauverfahren und seiner Eisenkonstruktionen ein Meilenstein der Technikgeschichte. Seit seiner Zerstörung im Zweiten Weltkrieg blieb das Neue Museum als einziges Museum der Spreeinsel eine Ruine. Erst 1986 machte man sich daran, die Schäden zu beseitigen. Nicht nur mit der Erarbeitung eines Masterplans für die Berliner Museumsinsel, sondern auch mit der Planung für den Wiederaufbau des Neuen Museums beauftragte die Stiftung Preußischer Kulturbesitz nach einem beschränkten Realisierungswettbewerb mit achtzehn Teilnehmern (1993/94) und einem anschließendem Gutachterverfahren 1997 das Architekturbüro David Chipperfield.

Seit 1999 ist der britische Architekt mit den Planungen beschäftigt. Zu seinem Konzept gehört es, die Brüche, Wunden und Risse, die dem Gebäude anhaften, und die historischen Schichten sichtbar zu machen. Denn Art und Intensität der Zerstörung des Hauses sind sehr unterschiedlich. Teile wie der Nordwestflügel sind vollständig verfallen. Dazwischen gibt es immer wieder zumindest in Fragmenten erhalten gebliebene Abschnitte. Die von Chipperfield wiederhergestellte Raumabfolge verbindet Bereiche, die samt Dekor nahezu vollständig erhalten sind, mit Räumen, von denen nichts geblieben ist als nacktes Mauerwerk oder das Eisenskelett, oder auch mit Räumen, die ganz neu entstehen.

Für dieses anspruchsvolle Sanierungsziel zitiert das Bundesamt für Bauwesen und Raumordnung als Bauherrenvertreter der Stiftung Preußischer Kulturbesitz den Architekten wie folgt: »Das architektonische Thema ist hier weniger der Kontrast als die Kontinuität. Der Wiederaufbau des Neuen Museums soll einer enthistorisierenden Rekonstruktion ebenso entgehen wie einer romantisierenden Alt-Neu-Rhetorik oder der Monumentalisierung seiner Zerstörung.«

Nach der Fertigstellung des Wiederaufbaus sind in dem viergeschossigen Neuen Museum das Ägyptische Museum mit seiner Papyrussammlung sowie das Museum für Vor- und Frühgeschichte untergebracht. Das Untergeschoss ist Teil der »Archäologischen Promenade«, die in gerader Linie vom Pergamonmuseum zum Alten Museum führen wird.

PROJEKT
Wiederaufbau und Restaurierung des Neuen Museums
STANDORT
Museumsinsel Berlin, Bodestraße 1–3, 10178 Berlin
_AKTEURE
ZUWENDUNGSEMPFÄNGERIN UND BAUHERRIN
Stiftung Preußischer Kulturbesitz (SPK)
DURCHFÜHRUNG
Bundesamt für Bauwesen und Raumordnung (BBR)
NUTZER
Staatliche Museen zu Berlin
ZUWENDUNGSGEBERIN
Bundesrepublik Deutschland (100% der Gesamtkosten aus Mitteln des Beauftragten der Bundesregierung für Kultur und Medien)
ARCHITEKTEN
David Chipperfield Architects, London und Berlin
TECHNISCHE GEBÄUDEAUSRÜSTUNG
KMS Beratungs- und Planungsgesellschaft, Berlin
Jaeger, Mornhinweg + Partner, Stuttgart und Berlin
_TERMINE
PLANUNGSVERGABE
1993/94 (Wettbewerb)
1997 (Gutachterverfahren)
BAUBEGINN
2003
FERTIGSTELLUNG
2009

_GEBÄUDEDATEN
HAUPTNUTZFLÄCHE HNF
9 500 m²
BRUTTOGRUNDFLÄCHE BGF
19 600 m²
BRUTTORAUMINHALT BRI
121 500 m³
_KOSTEN
Gesamtbaukosten
KG 200 bis 700, brutto
200 Mio. EUR (Wiederaufbau)
12 Mio. EUR (Erstausstattung)
KG 300 und 400, brutto
121 Mio. EUR (Wiederaufbau)

ES SCHUF PROMETHEUS JEDE KUNST
DEN STERBLICHEN.

BILDUNTERSCHRIFTEN

S. 34 Oben: Frontalansicht
Unten: Schnitt
S. 35 Lageplan
S. 36 Oben: Langhanssaal
Unten: Fest- und Bankettsaal im Obergeschoss
S. 37 Oben: Schinkelsaal im Obergeschoss
Unten: Parkseite
S. 38 Oben: Nordwestfassade
Unten: Treppe
S. 39 Büroraum
S. 40/41 Südostfassade
S. 40 Oben: Südostfassade
Unten: Schnitt Treppe
S. 41 Oben: Südostfassade
Unten: Axonometrie
S. 42/43 Nordwestfassade
S. 44 Außenansicht (Brüstungsfelder mit organischen Strukturen des Künstlers Stefan Laskowski)
S. 45 Fassadendetails
S. 46 Links: Treppenhaus
Rechts: Bibliothek
S. 47 Oben: Längsschnitt durch das Gebäude in Nord-Süd-Richtung
Unten: Fassade (Brüstungsfelder mit organischen Strukturen des Künstlers Stefan Laskowski)
S. 48 Südansicht
S. 49 Eingangsseite
S. 50/51 Nordansicht mit Haupteingang
S. 52 Oben: Eingangshalle
Unten links: Bibliothek
Unten rechts: Besprechungsraum
S. 53 Eingang
S. 54 Oben: Vogelperspektive vom Potsdamer Platz zur Stresemannstraße
Unten: Informationszentrum mit Mauerblick
S. 55 Fassade an der Stresemannstraße (1937), Berliner Mauer (1987)
S. 56 Nordhof
S. 57 Oben: Veranstaltungshof
Unten: Blick vom Potsdamer Platz zur Stresemannstraße
S. 58 Oben: Ansicht des Erweiterungsbaus von der Ecke Wilhelm- / Französische Straße; rechts der historische Bau des ehemaligen Kaiserlichen Geheimen Civil-Cabinett von 1903
Unten: Längsschnitt
S. 59 Grundriss
S. 60 Ansicht des Innenhofs mit dem Erweiterungsbau, rechts das sanierte Gebäude der ehemaligen Hochschule für Musik Hanns Eisler
S. 61 Blicke in das Atrium (Rohbau)
S. 62 Oben: Eingangssituation
Unten: Grundriss
S. 63 Lageplan
S. 64 Von oben nach unten:
Südfassade mit Protokollvorfahrt
Nordfassade mit Haupteingang
Längsschnitt, Querschnitt
S. 65 Lichthof
S. 66 Eingangssituation
S. 67 Oben: Protokollvorfahrt
Unten: Fassadendetail
S. 68 Eingangshof am Tag
S. 69 Modell
S. 70 Oben: Eingangshof bei Nacht
Unten von links nach rechts:
Modell 1, Modell 2, Modell 3
S. 71 Oben: Lichthof
Unten links: Grundriss Erdgeschoss
Unten rechts: Grundriss 2. Obergeschoss
S. 72 Oben: Frontalansicht
Unten links: Luftaufnahme mit Huwenowsee
Unten rechts: Blick ins Foyer
S. 73 Links: Kronleuchter
Rechts: Theatersalon
S. 74 Oben: Blick in das Ehrenmal vom Paradeplatz
Unten: Konstruktion des Ehrenmals
S. 75 Das Ehrenmal im räumlichen Kontext mit Bendlerblock
S. 78 Oben: Ostansicht des Hauptgebäudes
Unten: Innenraum
S. 79 Links: Detail des Eingangsbereichs
Rechts: Eingangsfoyer
S. 80/81 Eingangsfoyer
S. 82 Oben: Nordwestansicht
Unten von links nach rechts:
Arbeitsplatz, Konferenzraum, Sitzungssaal
S. 83 Oben: Nordostansicht des Hauptgebäudes
Unten links: Dachterrasse
Unten rechts: Kolonnaden im Eingangsbereich
S. 84 Oben: Blick von der Torwache auf die Bibliothek
Unten links: Schnittansicht Bibliothek
Unten rechts: Schnitt Bibliothek
S. 85 Lageplan
S. 86/87 Erschließungsachse des Magazins
S. 88 Oben: Großer Sitzungssaal mit einer Plastik von Markus Lüpertz
Unten: Bibliothek mit gebauten »Buchrücken« im Senatshof, im Vordergrund eine Plastik von Rudolf Herz
S. 89 Oben: Blumenstraße mit »Karlsruher Knick«, unten: Haupteingang der Bibliothek mit Senatshof
S. 90 Ostfassade mit Haupteingang
S. 91 Giebelrelief der Südfassade
S. 92 Innenhof mit Aufzug
S. 93 Oben: Bibliothek
Unten: Eingangsseite des Großen Sitzungssaals im 2. Hauptgeschoss
S. 94 Kuppelhalle
S. 95 Links: Haupttreppe mit der Skulptur *Die Verdammnis*
Rechts: Lesesaal
S. 96 Oben: Gesamtansicht von Südwesten
Unten: Längsschnitt
S. 97 Lageplan
S. 98 Detail des Eingangsbereichs
S. 99 Detail der Innenhoffassade
S. 100 Oben: Foyer
Unten: Bibliothekshof
S. 110 Oben: Modell
Unten: Historische Luftaufnahme des Schlosses
S. 111 Von links nach rechts:
Historische Aufnahme der Kuppel, Historische Luftaufnahme des zerstörten Schlosses, Staatsratsgebäude
S. 112 Oben: Perspektive Schlüterhof
Unten: Historische Aufnahme des Schlüterhofes
S. 113 Links, von oben nach unten:
Querschnitt durch die Portale II–IV und Ansicht der neuen Fassade zum Schlossforum, Schnitt durch die Portale I–V und Ansicht der neuen Fassade zum Schlüterhof, Ansicht der neuen Fassade zur Spree
Rechts: Fassadendetails
Unten: Längsschnitt durch das Portal III, die Eingangshalle, das Schlossforum und den Schlüterhof
S. 114 Oben: Straßenfassade des Zeughauses
Unten: Rendering der Außenansicht
S. 116/117 Halle des Wechselausstellungsgebäudes
S. 118 Oben: Der Schlüterhof des Zeughauses mit der neuen Überdachung von I. M. Pei
Unten: Eingangsbereich mit Rolltreppen
S. 119 Oben: Treppenturm des Deutschen Historischen Museums
Unten: Lageplan

S. 437: Neues Museum, Berlin

S. 120 Oben: Gesamtansicht mit Visualisierung des Erweiterungsbaus
Unten links: Visualisierung Bücherturm am Tag
Unten rechts: Visualisierung Bücherturm bei Nacht
S. 121 Visualisierung der Gesamtansicht
S. 122 Oben: Visualisierung des Lesesaals des Deutschen Musikarchivs
Unten: Gesamtansicht
S. 123 Von oben nach unten: Luftaufnahme mit Visualisierung des Erweiterungsbaus, Visualisierung Lesesaal des Deutschen Musikarchivs, Visualisierung Ausstellungsraum
S. 124 Südwestansicht des Funkhauses für die Deutsche Welle, im Hintergrund der »Lange Eugen«
S. 125 Lageplan
S. 126 Haupteingang
S. 127 Links: Erdgeschosszone mit glasgedeckter Halle
Rechts: Blick entlang der »Gartenstraße«, im Hintergrund der Post Tower
S. 128 Oben: Neues Eingangsgebäude
Unten: Detail des Eingangsgebäudes
S. 129 Querschnitt
S. 130/131 Blick von Bunkerzugang in den rückgebauten Bereich
S. 132/133 Gesamtplan und Schnitt der Stollenanlage
S. 132 Oben links: Details des Eingangsgebäudes
Oben rechts: Erdgeschoss des Eingangsgebäudes
S. 133 Umgehungsschleuse eines MAN-Tores
S. 134 Von oben nach unten: Haupteingang, Ostansicht, Ansicht der Eingangsseite
S. 135 Lageplan
S. 136 Oben: Bibliothek am Innenhof
Unten: Konferenzraum am Lichtgraben
S. 137 Oben: Dauerausstellung
Unten links: Grundriss des Erdgeschosses
Unten rechts: Grundriss des Sockelgeschosses
S. 140 Ansicht von der Chausseestraße
S. 141 Musterfassade
S. 142 Links: Modell der Gesamtbaumaßnahme mit Hauptgebäude, Technik und Logistikzentrum sowie Schule / Internat und Besucherzentrum
Rechts: Büro
S. 143 Halle
S. 144 Fassade
S. 145 Modell
S. 146 Oben: Blick in ein Labor
Unten: Flur
S. 147 Blick auf ein Treppenhaus
S. 148 Ostansicht
S. 149 Lageplan
S. 150/151 Westansicht
S. 152 Links: Treppenhaus
Rechts: Flur
S. 153 Links: Treppenhaus
Rechts: Küche
S. 154 Oben: Nordostansicht
Unten: Publikumsraum
S. 155 Links: Nordwestansicht
Rechts: Südwestansicht
S. 156 Oben: Nordostansicht
Unten links: Nordostansicht bei Dämmerung
Unten rechts: Nordansicht bei Nacht
S. 157 Eingangsbereich
S. 158 Oben: Südwestansicht
Unten: Nordansicht
S. 159 Oben: Südostansicht
Unten: Publikumsraum
S. 162 Oben: Achse zwischen Hauptgebäude und Technikumshallen
Unten: Blick von Osten in Richtung Eingang
S. 163 Luftaufnahme
S. 164/165 Rotunde, im Vordergrund Plastiken von Johannes Brus
S. 166 Oben: Gewächshaus mit Hausmeisterwohnung
Unten: Rotunde des Eingangsbereichs
S. 167 Oben links: Blick vom Platz des Eingangsbereichs in Richtung Osten
Oben rechts: Foyer
Unten: Eingangsbereich
S. 168 Oben: Eingangsbereich
Unten links: Ostansicht der Gebäuderiegel
Unten rechts: Ostfassade mit Kunst am Bau von Rainer Tappeser
S. 169 Lageplan
S. 170 Nordfassade mit Anlieferung und Auditorium
S. 171 Links: Grundriss des Erdgeschosses
Rechts: Detail der Westfassade mit Kunst am Bau (Beiboot von Christiane Möbus)
S. 172 Oben: Detail der Westfassade
Unten: Detail der Ostfassade
S. 173 Oben: Westfassade
Unten: Blick aus dem Foyer Richtung Westen mit Kunst am Bau (Beiboot von Christiane Möbus)
S. 174 Oben: Der zweigeschossige Speisesaal
Unten links: Grundriss des Erdgeschosses mit Speisesaal (links), Küche, Kiosk und Nebenräumen
Unten rechts: Grundriss des Obergeschosses mit Luftraum des Speisesaals (links), Galerie der Cafeteria und Nebenräume
S. 175 Lageplan mit Bundesamt für Bauwesen und Raumordnung, der Bundesanstalt für Landwirtschaft und Ernährung sowie Casino
S. 176 Oben: Ostansicht
Unten links: Bundesanstalt für Landwirtschaft und Ernährung, Blick über den Vorplatz auf Haus 6 und 7
Unten rechts: Bundesamt für Bauwesen und Raumordnung und Bundesanstalt für Landwirtschaft und Ernährung, Haus 4 und Haus 6
S. 177 Oben: Südwestansicht
Unten: Bundesanstalt für Landwirtschaft und Ernährung, Blick über den Gartenhof auf den Brückenbau E + F und den Gebäudekopf von Haus 6
S. 178 Oben: Querschnitt mit Speisesaal und Cafeteria
Mitte: Längsschnitt mit Speisesaal (links), Küche und Nebenräumen im Erdgeschoss sowie mit Galerie der Cafeteria und Nebenräumen im Obergeschoss
Unten links: Galerie der Cafeteria im 1. Obergeschoss
Unten rechts: Zweigeschossiger Speisesaal
S. 179 Detail der Fassade aus Stahl, Glas und Holz
S. 180 Oben: Blick von Norden auf die Eingangsseite
Unten: Forum
S. 181 Grundriss
S. 182/183 Detail der vorgefertigten Elementfassade mit Lüftungsgittern in den Laibungen
S. 184 Oben: Südansicht
Unten: Hörsaal
S. 185 Oben: Atrium
Unten: Nordwestansicht
S. 186 Oben: Ansicht des Eingangsbereichs von Westen mit Plastiken von Trak Wendisch
Unten links: Südwestansicht des Eckbaus mit Konferenz-, Bibliotheks- und Casinobereich
Unten rechts: Fassadendetail
S. 187 Südwestansicht
S. 188 Oben: Bibliothek
Unten links: Grundriss
Unten rechts: Bibliothek

S. 189 Oben: Foyer
Unten: Zentrale gläserne Erschließungsachse
S. 190/191 Südansicht
S. 192 Oben: Ansicht des Gebäudes von Westen
Unten: Ansicht des Gebäudes von Osten
S. 193 Treppenaufgang an der Hafenseite
S. 194 Südwestansicht
S. 195 Zeichnung
S. 196 Von oben links nach unten rechts:
Schnitt und Ansicht von Süden
Schnitt durch Eingangsbereich und Ansicht Ostseite des Westriegels
Fassadendetail
Grünanlage an der Löwenstraße
S. 197 Von oben links nach unten rechts:
Schnitt und Teilansicht von der Löwenstraße
Schnitt durch Tiefgarage und Ansicht von Osten
Blick von der Löwenstraße
Blick von der Löwenstraße
S. 198 »Innere Straße«
S. 198/199 Straßenfassade des Laborgebäudes
S. 199 Oben: Luftaufnahme des Gesamtausbaus
Unten: Lageplan
S. 200 Oben: Blick aus dem Flur auf die »Innere Straße«
Unten links und rechts: Querschnitt durch Stall- und Laborgebäude
S. 258 Oben: Unterkünfte
Unten links: Wirtschaftsgebäude, Saal
Unten rechts: Atrium der Unterkünfte
S. 259 Links: Innenhof der Unterkünfte
Rechts: Unterkünfte
S. 260 Rettungszentrum
S. 261 Haupteingang des Stabsbereiches
S. 262/263 Isometrie und Ansichten des Wirtschaftsgebäudes
S. 264 Oben: Blick aus der gläsernen Keilspitze auf Dresden
Unten: Südansicht der Hauptfassade
S. 265 Links: Baustelle
Rechts: Grundriss des Erdgeschosses
S. 266 Oben: Bibliothek
Unten links und rechts: Gebäude des Militärgeschichtlichen Forschungsamtes
S. 267 Grundriss der Villa
S. 268 Oben: Nordwestansicht des Lehrsaalgebäudes
Unten links: Südostansicht
Unten rechts: Nordostansicht
S. 269 Oben: Lehrsaalgebäude, Eingang zum Lehrbereich mit Kunst am Bau von Gerd Winner
Unten: Ostansicht
S. 270 Oben: Südwestfassade des Stabs- und Lehrsaalgebäudes
Unten: Südostansicht
S. 271 Zwischenfassade des Stabs- und Lehrsaalgebäudes
S. 272 Von oben nach unten:
Südostansicht des Stabs- und Lehrsaalgebäudes
Eingang des Stabs- und Lehrsaalgebäudes
Grundriss des Erdgeschosses des Stabs- und Lehrsaalgebäudes
S. 273 Foyer des Stabs- und Lehrsaalgebäudes
S. 274 Oben: Gesamtanlage mit metallverkleideter Kuppel des Zielsimulationsdoms (Gebäude 32)
Unten links: Axonometrische Darstellung
Unten rechts: Laborbereich
S. 275 Oben: Schnitt durch die Kuppel
Unten: Grundriss des Erdgeschosses
S. 276 Oben: Südostansicht der Hauptfassade
Unten links: Nordansicht der Hauptfassade
Unten rechts: Detail der Glasfassade
S. 277 Oben: Südansicht
Unten: Nordwestansicht
S. 278 Oben: Südostansicht des Gebäudes »Waffentechnik«
Unten: Ostansicht des Gebäudes »Waffentechnik«
S. 279 Grundriss der Gebäude »Zivil anerkannte Weiterbildung«, »Schiffstechnik« und »Waffentechnik«
S. 280 Von oben nach unten:
Südansicht des Gebäudes »Schiffstechnik«
Südostansicht der Gebäude »Schiffstechnik« und »Waffentechnik«: »Boote«
Nordwestansicht der Gebäude »Schiffstechnik« und »Waffentechnik«: »Pier«
S. 281 Oben: Westansicht des Gebäudes »Schiffstechnik«
Unten links: Eingang zum Gebäude »Schiffstechnik«
Unten rechts: Flur im Gebäude »Zivil anerkannte Weiterbildung«
S. 282 Oben: Grundausbildungsplatz und Sporthallen
Unten links: Masterplan
Unten rechts: Lehrsaalgebäude
S. 284 Oben und unten: Südbereich der Wartungshallen 8a und 8b
S. 286 Oben: Ostseite der Wartungshalle
Unten links: Blick in die Luftfahrzeughalle 3
Unten rechts: Blick in das Simulatorgebäude
S. 287 Oben: Blick in die Wartungshalle 8 A
Unten von links nach rechts:
Flur der Wartungshalle, Hallenschiebetore der Wartungshalle, Treppenhaus der Wartungshalle
S. 290 Oben: Südwestansicht des NATO-Hauptquartiers
Unten: Eingangsbereich des NATO-Hauptquartiers
S. 292 Flugzeug vor dem NATO-Hauptquartier
S. 293 Oben: Blick ins Gebäudeinnere des NATO-Hauptquartiers
Unten links: Südwestansicht des NATO-Hauptquartiers
Unten rechts: Innenhof des NATO-Hauptquartiers
S. 294 Oben: Eingangsbereich mit Glaskubus des Fitnesscenters
Unten links: Turnhalle des Fitnesscenters
Unten rechts: Foyer des Fitnesscenters
S. 295 Oben: Innenansicht des Hallenbads
Unten links: Detailansicht des Eingangsbereiches des Hallenbads
Unten rechts: Innenansicht des Hallenbads
S. 296 Oben: Südansicht des Passagierterminals (»PAX-Terminal«)
Unten links: Südwestansicht des Passagierterminal (»PAX-Terminal«)
Unten rechts: Blick in die Abfertigungshalle des Passagierterminals (»PAX-Terminal«)
S. 297 Oben: »Housing«-Programm der US-Luftwaffe: Reihen-Doppelhäuser in Kaiserslautern-Vogelweh
Unten links: »Housing«-Programm der US-Luftwaffe: Gesamtübersicht in Kaiserslautern-Vogelweh
Unten rechts: »Housing« Programm der US-Luftwaffe: Generalshäuser in Kaiserslautern-Vogelweh
S. 298 Fassadendetail der Eingangsseite mit Kunst am Bau von Peter Mell (Anordnung des Farbenkanons der deutschen und französischen Nationalflaggen)
S. 299 Eingangsbereich
S. 300 Oben: Aufenthaltsraum
Unten links: Fassadendetail
Unten rechts: Teeküche
S. 301 Oben: Treppenhaus
Unten: Gesamtansicht

BILDNACHWEIS

Dirk Altenkirch S. 29, 38 oben, 39, 40 oben, 41 oben, 78–83, 162, 164–167

Anderhalten Architekten S. 58, 59, 60

architekten schomers.schürmann S. 192 unten, 193

Architekturbüro Francesco Stella S. 108/109, 112 oben, 113

Architekturbüro Libeskind S. 256, 264/265

Archiv World Conference Center Bonn S. 346 oben

ARGE Generalplaner Insel Riems S. 198–200

ASPLAN/UNStudio S. 396/397

Atelier Tesar S. 426 unten, 427

Friedrich Ballheim S. 274 oben und unten rechts

Stephan Baumann S. 84 oben, 86–89, 156–159, 234

BBR S. 111 links und Mitte, 125, 219, 310–313, 322 unten, 326, 329

Behnisch Architekten S. 398 unten rechts

Behnisch & Partner S. 348 unten

Horst Bernhard S. 402/403

Bildarchiv Preußischer Kulturbesitz S. 110 unten

Bildarchiv Preußischer Kulturbesitz, Gisela Stappenbeck S. 111 rechts

Bildarchiv Preußischer Kulturbesitz, Ewald Gnilka S. 112 unten

Bitter Bredt Fotografie S. 180, 184, 236

BLFP Frielinghaus Architekten BDA S. 195, 196 oben links und rechts, 197 oben links und rechts

BMBW Architekten S. 376 unten, 377

Ursula Böhmer | Fotografie S. 61

Marcus Bredt S. 278, 280 oben, 281

Simon Breth S. 134 oben, 136, 137 oben

Siegfried Büker S. 17

Büro Meyer & Partner S. 372/373

Bundesbaugesellschaft Berlin mbH S. 226

Bundeskanzleramt S. 72/73

Bundeswehr S. 28, 258–261

Friedrich Busam/Richter S. 366/367

Ralf Buscher S. 270 oben, 368 oben, 369 rechts, 370/371

Stiftung caesar S. 378/379

Conseil de l'Europe/Council of Europe S. 31

David Chipperfield Architects S. 404/405

Di-Vision 3, Jan Forner S. 120–123

Dohle + Lohse | Architekten S. 84 unten links und rechts, 85

Roland Dreßler S. 249, 410

Martin Duckek S. 387

Eller + Eller S. 279, 280 Mitte und unten

Emanuela Freiin von Branca S. 359 rechts

Englert & Associates S. 342/343

Ermel Horinek Weber – ASPLAN S. 144–147

Ernst^2 S. 262/263

Hans-Georg Esch S. 44–46, 47 unten, 128, 130/131, 132 oben links und rechts, 133 oben, 208, 209, 358, 359 links, 360/361, 364

Klaus Frahm S. 272, 371

Christoph Gebler S. 271, 272, 273

Geier Maass Pleuser Architekten Berlin S. 54, 56/57

Gesine Weinmiller S. 96 unten, 97

gmp Architekten von Gerkan, Marg und Partner S. 282, 330–333

Reinhard Görner S. 254, 426 oben, 428, 430 unten, 431

GP/Architekturbüro struhk S. 186–191

Roland Halbe S. 154/155, 384, 385 oben, 386

hammeskrause architekten S. 385 unten

Heinle Wischer und Partner, Freie Architekten GbR S. 174 unten links und rechts, 175, 178 oben und Mitte

Oliver Heißner S. 361

Hessisches Baumanagement, Regionalniederlassung Nord S. 286 unten links und rechts

HG Merz S. 242, 420–423

HPP Architekten S. 352 rechts, 347 Mitte

Werner Huthmacher S. 10/11, 114 oben, 116/117, 352 links, 416, 419

HWP Planungsgesellschaft mbH S. 389 oben

Ingenhoven Architects S. 47 oben

Jean-Marie Monthiers S. 338, 339 links, 340, 341 oben links und unten

Hanns Joosten S. 42/43, 318–321, 323, 324 unten

JSWD Architekten S. 394/395

Uwe Kabelitz S. 412 unten links und rechts, 415 oben

Christian Kandzia S. 202, 204, 231, 347 links, 348 oben, 349–351

Klaus Kinold S. 96 oben, 98/99, 100

André Kirchner S. 14

Annette Kisling Fotografien S. 182/183, 185,

Kleihues + Kleihues, Gesellschaft von Architekten mbH S. 140–143, 225, 228

KSP Engel und Zimmermann S. 171 links

Jürgen Kunstmann S. 90–95

Landesbetrieb Bau Sachsen-Anhalt, Niederlassung Ost S. 218
Landesbetrieb Liegenschafts- und Baubetreuung (LBB), NL Kaiserslautern S. 290–297
Landesbildarchiv Berlin S. 55 links
Ingeborg F. Lehmann S. 148, 150–153
Lindemann & Thamm S. 169
Lotsenhaus Bremerhaven S. 192 oben
Rainer Mader Umschlagabbildung vorne, S. 174 oben, 176/177, 178 unten links und rechts, 179
Mann + Partner S. 374/375
Istvan Matus S. 239, 334–337
meck architekten S. 74/75
MGF Architekten S. 327 unten, 328
Militärgeschichtliches Forschungsamt S. 266/267
Kohshi Miwa/Kokyu Miwa S. 327 oben
Christiane Möbus S. 171 rechts, 173
Klaus P. Müller S. 388, 389 unten, 390/391
Stefan Müller S. 18, 19
Stefan Müller-Naumann S. 298–301
Niederlassung Bielefeld des Bau- und Liegenschaftsbetriebs Nordrhein-Westfalen (BLB NRW) S. 306/307
OFD Chemnitz, Staatsbetrieb SIB NL Leipzig I S. 122
Klemens Orthmeyer S. 168
pfp Architekten S. 368 unten, 369 Mitte oben und unten
Pitz & Hoh – Werkstatt für Architektur und Denkmalpflege S. 34 unten, 35
Prof. Friedrich, Hamburg S. 270 unten, 272 links
Florian Profitlich S. 34 oben, 36, 37, 425
Rainer Rehfeld S. 126
Reiner Becker Architekten BDA S. 392/393
Michael Reisch S. 322 oben, 324 oben, 325
Manfred Richter S. 163
Ralph Richter architekturphoto S. 314–317
Richter + Piquard Architekten S. 339 rechts, 341 oben rechts
Christian Richters Umschlagabbildung hinten, S. 241, 376 oben, 380–383, 404, 406/407, 407, 424 unten rechts, 429, 430 oben, 434, 436 oben rechts, 437
Tomas Riehle/artur S. 48–53, 124, 127
rolf + hotz architekten S. 302 unten links
Rolf Mühlethaler Architekt BSA SIA S. 68–71
Peter Sandbiller S. 217
Sauerbruch Hutton Architekten S. 180 unten, S. 181
Jan Gerrit Schäfer, Hannover in Despang Architekten/Hannover S. 276/277
Walter Schettler S. 353
Hans-Christian Schink S. 365
Johannes-Maria Schlorke S. 398 oben und unten links, 399, 400/401
Schmidt-Schicketanz, München S. 274 unten links, 275
Schroeder + Schevardo Architekten S. 129, 132/133 unten
Michael Schrölkamp S. 24, 32, 38 unten, 40 oben, 41 oben
Schultes Frank Architekten S. 246
Ulrich Schwarz S. 118, 119 oben, 408, 411
Martin Seidel S. 109
Thorsten Seidel S. 110 oben
Frank Springer S. 27
Staatliches Baumanagement Niedersachsen S. 268/269
Staatliches Hochbauamt Baden-Baden S. 88 oben
Staatliches Hochbauamt Freiburg S. 149, 302 oben und unten rechts, 303–305
Friedemann Steinhausen S. 172/173
Stiftung Denkmal für die ermordeten Juden Europas S. 417, 418
Stiftung Preußischer Kulturbesitz/ART+COM S. 424
Studio Jacques Obers, Swalmen (NL) (Ausschnitt) S. 55 rechts
Studio ThD – Georg Jirasek, Ladislav Dolezal S. 194, 196 unten links und rechts, 197 unten links und rechts
Kai Swillus S. 284, 286 oben, 287
Thomas Müller Ivan Reimann Architekten S. 62–67, 222/223
VG Bild-Kunst, Bonn S. 88 unten, 164, 168 unten rechts, 171 rechts, 173 unten, 186 oben, 298/299, 376, 403
Joerg von Bruchhausen S. 252, 432 oben
Jürgen Voss S. 170
Wikimedia S. 214
Ursula Wilms, Partnerin bei Heinle, Wischer und Partner, Freie Architekten GbR S. 134 Mitte und unten, 135, 137 unten links und rechts
Winfried Brenne ARCHITEKTEN S. 114 unten, 119 unten
WorldCCBonn S. 347 rechts
yes architecture S. 346 unten, 354/355, 356/357
Zentralarchiv der SMB S. 432 unten, 433 links
ZOOM VP Visual Presentations S. 414
Ute Zscharnt S. 424 unten links, 433 rechts, 435, 436 oben links, unten links und rechts
Gerald Zugmann S. 412 oben, 415 rechts